编委会

主　编：张瑞瑛　戴东辉　石　磊

副主编：张建社　王　南

编　委：张　波　王　淳　宋柳书

王建伟　王永森　付馨谊

前　言

本书是根据教育部制定的《全国普通高等学校体育课程教学指导纲要》编写的。党的二十大报告指出，到2035年建成教育强国、体育强国、健康中国，基本实现社会主义现代化；以中国式现代化全面推进中华民族伟大复兴。

全书以立德树人为根本任务，树立健康第一的教育理念，确保开齐开足体育课，帮助学生在体育锻炼中享受乐趣、增强体质、健全人格、锤炼意志。

充沛的精力源于健康的身体。埋头于知识海洋里孜孜以求的学子，体育运动可以使你才思泉涌、智慧倍增。为了更好地适应社会、改造社会、创造文明，愿你更多地参加体育运动吧！

本书由张瑞瑛、戴东辉、石磊、张建社、王南主持编写。参与本书编写的作者包括辽宁科技学院、沈阳建筑大学、北京航空航天大学的教师。在本书编写过程中曾参考和引用了有关著作和研究成果，在此对作者谨致以衷心的感谢。在编写过程中，得到了辽宁科技学院领导和教务部门领导的大力支持，在此深表谢意。

编　者

2024年3月

目　录

第一章　体育锻炼的价值与作用

章节导读

习近平总书记强调："体育是提高人民健康水平的重要手段，也是实现中国梦的重要内容，能为中华民族伟大复兴提供凝心聚气的强大精神力量。"体育承载着国家强盛、民族振兴、人民幸福的梦想。体育强则中国强，国运兴则体育兴。大学生要在体育锻炼中享受乐趣、增强体质、健全人格、锤炼意志。

体育锻炼有益于人们的身心健康，这是一个不争的事实。但为什么要进行体育锻炼？体育健身对人体有什么作用？这些概念在许多人的头脑里是模糊的。为此，本章通过针对性的、通俗易懂的论述，使学生懂得坚持有规律的、科学的、适宜的体育运动锻炼，能有效地增强体质、促进健康。

第一节　体育的价值和作用

了解并认识体育的价值和作用。建立科学合理的健身概念，养成经常进行体育锻炼的习惯。

一、体育的价值

（一）体育健身的价值

体育健身是体育的本质属性。它针对人的身体，从改善人的体质入手，提高躯体素质，增强体质，促进身体健康和增强适应能力，创造和完善人体（包括体形、体格、体质）。

（二）体育教育的价值

体育教育，将体育融入教育体系成为素质教育的重要组成部分，成为使大学生在身体、知识、科学与精神等方面全面发展的重要手段，成为培养身心健康的合格的社会主义现代化建设者与接班人的重要内容。

（三）体育竞技的价值

体育竞技是人们进行体育活动的一种方式，是主体间以竞争为手段，通过对极限的挑战和自我超越寻求"更快、更高、更强"的精神境界，通过运动竞赛培养团结协作、和谐统一的团队精神，增强人们的凝聚力和向心力，从而达到精神与身体的满足。

就体育的本质属性来说，最基本的功能和价值是强身健体、娱乐身心，表现出人的生物性功能和价值。同时，体育又与社会政治、经济、教育、科技、文化等因素密切联系，表现出社会功能与价值。

二、体育的作用

（一）社会与人发展的需要

随着社会的进步、科学技术的发展，体育的价值和功能进一步被认识、被开发、被利用，被不断地丰富和拓展。体育锻炼是增强体质、防治疾病、延年益寿、提高机体抵抗力的基本途径和有效手段，也是休闲娱乐、调节身心、保持精力和体力、提高生活质量的文化活动，是健康、文明、科学的生活方式的重要组成部分。

（二）培养高素质全面发展人才的重要内容

素质教育是学校教育改革的重要内容。人的素质主要包括思想道德素质、科学文化素质和身体素质。而人的身体素质是思想道德素质和科学文化素质的基础和载体。人的身体素质，表现为人的劳动工作适应社会活动等外表可视性的参与能力；智力则属于人的精神心理状态，表现为人的不可视和潜在的创造性能力。人类的一切活动离不开智力的指导，人的身体素质可看作智力与体力的综合。

（三）有效促进良好道德规范的养成

经过精心组织的各种类型的体育活动，能有效地培养人们爱国守法、明礼诚信、团结友善、勤俭自强、敬业奉献的精神，有助于健康向上、团结拼搏氛围的形成，激发人们的团队精神和爱国热情。

（四）有助于养成良好的终身体育意识和能力

体育的教育、健身、娱乐和审美等方面的功能和价值，决定了体育健身是大学生综合素质提升的重要因素。大学生作为我国社会主义现代化的建设者和接班人，思想道德是否良好、身心健康与否、科学文化知识掌握的程度，是实现中华民族伟大复兴的关键因素。作为当代大学生，应积极参加体育锻炼，培养良好的终身体育意识与能力，以适应现代化社会的发展与未来社会的需要。

思考与研究

（1）说明大学体育在素质教育中的重要作用。

（2）体育的价值和作用应包含哪些内容？

第二节　体育锻炼对人体各器官系统的作用

本节通过对人体的神经系统、循环系统、呼吸系统和运动系统等知识的介绍，阐述科学体育锻炼对其的作用，为培养学生自我学习、自我锻炼提供理论上的参考依据。

一、体育锻炼对神经系统的作用

人体的神经系统是由中枢神经系统和周围神经系统两部分组成的。中枢神经系统是专门接收体内外各种信息、储存信息，并进行分析判断，做出决策，向躯体各个部位发出指令的终端；周围神经系统是负责传递信息和指令的。人的大脑统率着整个中枢神经系统和周围神经系统，从而调控人体各个器官的活动及彼此间的协调合作。大脑半球对人体的管理是对侧性的，左半脑支配右侧躯体，右半脑支配左侧躯体。世界上大部分人习惯于用右手工作，使得右手比左手灵活有力。对于大脑来说，左脑是优势半脑，其潜能要比右脑发挥得好。人们在思考问题时，首先要利用形象，运用右脑；到了整理表达思考的结果时，才需要使用分管逻辑和语言功能的左脑。左脑进行的是熟练性思维，右脑进行的是创造性思维。科研人员关于“体育锻炼促进脑潜能开发模式”的研究，探讨了脑潜能与利手运动优势。所谓利手运动优势，是指惯用手在运动项目中所表现出来的运动能力优势。在体育比赛中常常见到一些左手运动员能较好地发挥自身优势，使比赛出现意想不到的结果，这是左、右两脑半球的结构和功能在利手上表现出来的差异，左利手者更多地表现出右脑的功能优势，从而形成了运动能力的差异。

在提倡发展学生的实践能力和创新精神之际，右脑的开发可以激发学生的好奇心和想象力。在体育活动中，绝大多数是左右平衡、上下协调的全身运动，躯干两侧肢体得到平衡发展。如果人们有意识地使用左手进行体育运动项目的锻炼，既可使身体协调发展，又有利于开发右脑。

二、体育锻炼对循环系统的作用

人体的循环系统包括体循环和肺循环。进行体循环时，血液从左心室经过主动脉，流入躯体各个大小分支动脉，最后流到遍布人体各组织细胞间的血管中。来自左心室、含氧量多的动脉血，在毛细血管和组织细胞之间进行交换后，把氧气和养料供给组织细胞，同时把组织细胞中含有大量产生的二氧化碳和废物输送到静脉，最后汇入上下腔静脉中流向心脏的右心房。

进行肺循环时，血液从右心室经过肺动脉流入大小分支的肺动脉，最后到达肺的毛细血管。来自右心室含有大量二氧化碳的静脉血，通过毛细血管与肺交换，血液中的二氧化碳进入肺部，肺内的氧气通过毛细血管进入血液。经过交换，静脉血变成了动脉血，由肺静脉流回心脏的左心房。

人体循环系统的起点和终点是人体最重要的部位——心脏，它的功能是衡量一个人健康程度的极为重要的标志。

每个人的心脏功能不尽相同。测量的标准是每分钟心输出量——左心室每分钟泵出的血量（心输出量=每搏输出量×心率）。心脏每搏动一次，通常以左心室射入主动脉的血量称为每搏输出量。正常成年人安静时，每搏输出量约为 70 mL，心率平均约为 75 次/分。经常参加体育锻炼的人，心脏的重量和容量都会增大，容量可达1015～1027 mL；而缺乏体育锻炼的人，容量为 765～785 mL。我国运动医学专家经过调查研究发现，长期坚持体育锻炼的人，血液循环旺盛、心跳加快、心肌舒张充分，容纳流回心脏的血量也增多，会增强心肌收缩力。此外，心脏营养性神经作用会得到改善，能改进心肌的物质代谢过程，心肌的收缩蛋白质增多，特别是肌红蛋白血增多，会使心肌纤维增粗、增大、增厚，通常人们称之为运动性心肌增厚，即运动员的心脏。

经常进行体育锻炼，可促使人体心血管系统的形态、机能和调节能力产生良好的适应，以使人们有可能具有运动员的心脏。当进行运动时，由于心脏的肌红蛋白增多，携带氧气的量大大增加，弥补了氧气量的不足，心肌得到充足血液供应，发挥较高的收缩能力，从而有助于提高学习和工作的效率。

三、体育锻炼对呼吸系统的作用

人体的呼吸系统包括呼吸道和肺两大部分。经常参加体育锻炼可以提高其功能。因为在锻炼过程中，由于肌肉剧烈运动，要消耗大量的氧气和养料，产生大量的二氧化碳，在神经系统的调节下，系统必须加强工作，长此以往，呼吸系统的结构和功能就会得到改善。

据统计，经常进行体育锻炼的大学生，胸围一般比同龄的学生要大2~3 cm，肺活量（尽力吸气后，再尽力呼气，所呼出的气量）大400~1000 mL。

由于提高了肺的容量，在定量活动中，经常参加体育锻炼的学生呼吸次数比一般学生少，而呼吸深度比一般学生大。一般学生的呼吸深度为300~600 mL，经常参加锻炼的学生可达500~600 mL。锻炼时进行合理呼吸，有利于保持体内环境的基本恒定，提高锻炼效果和人体的机能。人在剧烈运动时，由于肌肉要消耗大量的氧气，会出现暂时供氧不足或缺氧现象，称为“氧债”。经常参加体育锻炼的人，由于其呼吸功能和血液循环系统功能的提高，运动时欠下的“氧债”少，因此运动能持续较长时间，运动结束后恢复得也非常快。

四、体育锻炼对运动系统的作用

人体的运动系统是由骨骼和肌肉组成的。人体内的骨骼有206块，坚硬而且富有弹性，对人体起到支撑、保护和运动等作用。人体的肌肉有三种：平滑肌、心肌和骨骼肌。骨骼肌是人体运动时的主要参与者，是附在骨骼上的肌肉，故得名骨骼肌。人的骨骼肌共有600余块，约占人体重量的35%~45%。骨骼肌在神经的调控下可以收缩，并牵动相邻的骨骼产生动作。人体的所有动作，如举手、抬腿、跑步、转头、弯腰等都是由骨骼肌收缩，牵动与它相连的骨骼而产生的。人的一举一动，是多块骨骼肌组成的肌群，在神经的支配下，互相配合共同完成的。一个人长得高矮，要看骨骼的长势。长势好，骨的生长快。脊椎骨长得慢而晚，通常要到20—22岁才停止生长，而下肢骨比脊椎骨长得快。所以，身高的增长主要取决于下肢骨。若想高一些、壮一些，就要积极参加体育锻炼，这样能促进血液循环加快、骨营养增加，从而促使骨骼更好地生长发育，肌肉变得发达。

体育锻炼时，由于肌肉活动的加强，需要消耗许多能量。为了适应肌肉活动的需要，心脏跳动加快，收缩力加强，血液循环加速，流过肌肉组织的血量增加。这样，肌肉新陈代谢过程加快，从而得到丰富的营养物质。经常参加体育锻炼的人，肌肉内蛋白质含量会增加，肌纤维增粗，肌肉间的结缔组织增厚，肌肉里的毛细血管数量增多。一般人的肌肉只占体重的35%~45%，而经过系统体育锻炼的运动员的肌肉可达到体重的45%~52%。

综上所述，人的任何运动都要依赖于神经系统的支配传导、呼吸系统的吐故纳新、运动系统的协同配合、循环系统的往返运输。在这些系统的支持下，进行一切体育锻炼都将促进人体各器官系统的机能提高。

思考与研究

（1）说明体育价值包含哪些内容。

（2）体育锻炼对人体器官系统的影响有哪些？

第三节 体育锻炼与心理健康

本节旨在使学生了解参加体育锻炼对增进个体心理健康水平的意义，发挥体育活动的心理促进效应，调节情绪状态，消除心理障碍，以健康的心理面对人生和社会的挑战。

大学阶段是人生中心理变化最复杂的时期，是培养健康心理的关键时期。大量研究结果表明，长期的体育锻炼对心理健康具有调控、促进作用。大学生应学会通过体育锻炼获得健心效用，形成健康心理。

一、心理健康的定义及标准

（一）心理健康的定义

对于心理健康的认识，许多学者有不同的观点和解释。综合各种观点和解释，可以认为：心理健康是指个体的一种持续的、积极的内部状态，个体表现出良好的社会适应性，并充分发挥其身心的各种潜能，在应对各种问题和环境时更多地表现出积极的倾向。

（二）心理健康的标准

心理健康应符合以下条件。

（1）智力发展正常。智力是个体从事一切社会活动的前提和基础，是了解、认识外部世界的十分必要的条件。智力正常且能使其充分发挥的人，往往表现出强烈的求知欲，乐于学习，积极探索，有意识地培养自己的观察力、思维力、想象力、判断力和记忆力等能力，并在认识活动、实践活动中充分地发挥作用。

（2）人格完整。人格是指个体比较稳定的心理特征的总和。人格完整的基本特征是，自我意识清醒，有自知之明，能正确把握自己、支配自己，具备适当的情绪调节能力，积极进取，有强烈的责任感，对生活充满信心和希望。

（3）良好的心理承受能力。表现为具有坚韧的意志和坚强的毅力，善于控制和调节自己的情绪，自我评价恰当，快乐有度，悲伤亦有度，在各种环境下均保持稳定的心态。

（4）和谐的人际关系。表现为乐于并善于与人交往，不卑不亢，能用正确的态度对待他人和社会，在人际交往中善于取长补短，宽以待人，乐于助人。

二、体育锻炼对心理健康的积极作用

1992 年，国际运动心理学会发表了名为《身体健康与心理效应》的声明，充分肯定了体育锻炼对健康心理的积极作用。通过体育锻炼，可以保持积极的情绪状态，充分发挥自己的潜能，培养自己克服困难、应对挫折的能力。

（一）体育锻炼能促进智力发展

体育锻炼可以促进大脑的发育和改善神经系统的工作能力，使锻炼者的注意、反应、思维、记忆和想象等能力得到提高。体育锻炼所引起的一些非智力成分的良好变化，如情绪稳定、性格开朗、疲劳感下降等，均对智力的提高有重要的促进作用。研究结果表明，体育锻炼能有效地促进血液循环，增强心肺功能，使大脑获取更多的氧气，给大脑的记忆和思维能力提供必要的物质保障，进而提高脑力劳动的效率，而且可以提高人的视觉、听觉、本体感觉、神经传导速度、神经过程的均衡性和灵活性，促进神经系统功能的增强。

（二）体育锻炼有助于良好的情绪体验

情绪状态的调控能力，是衡量体育锻炼对心理健康影响的最主要的指标。个体在复杂多变的社会环境中，常常会产生紧张、压抑和忧虑等不良情绪反应，体育锻炼可以使人从烦恼和痛苦中解脱出来。研究结果表明，经常参加体育锻炼的人，其焦虑、抑郁、紧张和心理紊乱等消极的心理变量水平明显低于不参加体育锻炼者，而愉快和轻松等积极的心理变量水平则明显要高一些。

体育锻炼之所以能够调节情绪，是因为体育锻炼的参与者能够体验到运动带来的愉快感觉。心理学家认为，适度负荷的体育锻炼能够促进人体释放一种多肽物质——内啡肽，它能使人们获得愉快、兴奋的情绪体验。当人们参与自己喜爱和擅长的体育锻炼时，可以从中得到乐趣、振奋精神、缓解压力，从而产生良好的情绪体验。

（三）体育锻炼有助于人格的完善

体育锻炼是一种身体活动，在这一过程中人会碰到各种困难，如生理不适、气候环境的变化、动作学习的难度、畏惧心理、疲劳及运动损伤等。在克服这些困难的同时，培养了坚韧顽强的意志品质，增强了承受挫折的能力，有助于个体形成积极进取、乐观向上的生活态度和勇敢顽强、不怕困难的意志品质。

（四）体育锻炼能确立良好的自我概念

自我概念是个体主观上对自己的身体、思想和感情的整体评价，它是由许许多多的自我认识所组成的，如我是什么人，我主张什么，我喜欢什么，等等。自我概念与身体表象（头脑中形成的身体图像）和身体自尊（个体对自己运动能力及身体外貌、身体抵抗力和健康状况的评价）有关。

坚持体育锻炼，对于改善人的身体表象和身体自尊至关重要。研究结果表明，锻炼者比非锻炼者具有更积极的总体自我概念，体能强的人比体能弱的人倾向于具有更高水平的自我概念和身体概念，肌肉力量与身体自尊、情绪稳定性和自信心呈正相关。

（五）体育锻炼有助于形成和谐的人际关系

现代社会生活节奏的加快和网络的高速发展，使人们越来越缺乏直接的社会交往机会，人际关系变得疏远。体育锻炼则打破了这种失衡状态，让不同职业、年龄、性别、文化素质的人相聚在运动场上，进行平等、友好、和谐的交往，使人们相互之间产生信任感，有效地进行情感和信息的交流。研究结果表明，增加与社会的联系，会给个体带来心理上的益处，可使个体忘却烦恼痛苦，消除孤独感，同时能有效地促进与他人协作能力的养成。

（六）体育锻炼能帮助消除心理疾患

社会竞争的日益激烈和生活压力的增加，可能会使人们产生悲观、失望的情绪，进而导致忧郁、孤独和焦虑等各种心理障碍。人们积极参加体育锻炼，会使身体素质得到改善，个体会以自我锻炼反馈的方式传递其成就信息至大脑，从而获得自我成就的认知和情感体验，产生幸福感。因此，适宜的体育锻炼能克服心理障碍，使个体获得心理满足。体育锻炼作为一种心理治疗手段已在国际流行。临床研究结果表明，通过参加慢跑、打球、体操等身体锻炼，能有效减轻焦虑和抑郁症状，增强自信心。学生通过体育锻炼，可以减缓或消除由学习或其他方面的挫折所引起的焦虑和抑郁等症状，为不良情绪的宣泄提供一种合理有效的手段，防止和克服心理障碍或疾病的产生。

三、影响体育锻炼产生良好心理效应的因素

体育锻炼要达到产生良好心理效应的目的，消除不利影响，应注意以下因素。

（1）喜爱体育锻炼并从中获得乐趣是体育锻炼产生良好心理效应的基础。如果对体育锻炼没有兴趣，就很难从中获得乐趣，也就不可能产生满足感和良好的情绪体验。

（2）体育锻炼方式以有氧运动为主，采用重复性与有节律的身体活动，如慢跑、游泳、骑车、跳绳、健美操等。

（3）研究结果表明，不同的运动项目或不同的运动形式所获得的心理效应是不同的。避免那些竞争激烈的运动项目，可多选择以个人进行的项目，这样无论是运动时间、空间，还是动作节奏，都更易于控制，更容易获得良好的情绪体验。

（4）锻炼者应注意运动强度和时间。要想获得良好的健身效果，运动强度应以中等为好，即心率控制在最高心率（最高心率=220−年龄）的60%~80%，一次锻炼的持续时间控制在20~30 min。运动强度过大，易产生紧张感和疲劳感；运动强度过小，很可能心理效应尚未出现；而运动时间过长，又可能造成厌倦、疲劳，引起不良情绪反应。

（5）体育锻炼应持之以恒。研究结果表明，身体练习的系统性越强，体育锻炼所产生的良好效应就越明显。

思考与研究

（1）说明自我心理健康评价的方法。

（2）心理健康的标准包括哪些内容？

第四节　体育锻炼与合理营养

营养是构成有机体组织的物质基础，体育锻炼促进了机体的新陈代谢，增加了营养物质的消耗。要注意体育锻炼本身对营养的特殊要求，在摄取食物时，保持能量的平衡，合理安排膳食。

一、人体的营养和营养素

机体从外界环境中摄取、消化食物，并对其中的营养成分进行吸收和利用的过程就是一个营养的过程。食物中所含的营养成分种类很多，具体归纳为六类。这六大营养素

是维持生命必不可少的物质，缺少一种人就会死亡。

（一）六大营养素

1. 蛋白质——生命的物质基础

蛋白质是构成人体细胞的基本成分之一，是人体生长发育、更新修补组织、调节生理功能和供给热能的营养物质。表1-4-1所列的是常见食物中蛋白质含量及其利用率。

表1-4-1　常见食物中蛋白质含量及其利用率

食物名称	蛋白质含量	利用率	食物名称	蛋白质含量	利用率
鸡蛋	11.8%	94%	大米（糙）	8.0%	70%
牛乳	3.5%	82%	精大米	7.0%	63%
鱼	19.0%	81%	面粉	11.0%	51%
猪肉	9.5%	73%	玉米	10.0%	53%
牛肉	18.0%	73%	马铃薯	2.0%	60%
羊肉	11.1%	69%	红薯	1.8%	72%
大豆	35.0%	66%	高粱	8.4%	56%
花生	26.0%	48%	绿叶菜	1.5%~4.5%	54%

2. 碳水化合物——人体热能的主要来源

碳水化合物即糖类，是人体细胞的重要组成部分，是心肌细胞、大脑细胞的重要养料。其主要来源是谷类和薯类、根茎类蔬菜、豆类等。碳水化合物每日供给量约占总热量的60%~70%。

3. 脂肪——人体不可缺少的营养素

脂肪的主要成分包括甘油三酯、磷脂和胆固醇。脂肪是构成人体细胞的主要成分之一，是高能物质，有调节体温、保护内脏器官、促进脂溶性维生素吸收的作用。由脂肪供给的热量一般占每日人体所需总热量的20%~25%。

4. 维生素——维持生命的元素

维生素是人体不可缺少的物质，缺少它就会导致维生素缺乏症。维生素是生命所必需的，人体自己不能制造，必须由食物供给。维生素具有如下几方面的特点。

（1）维生素具有微量性。维生素在饮食中所占的比例只有十万分之几，但它是维持生命所必不可少的要素。

（2）维生素具有外源性。也就是说，人类只能通过食物获取维生素。

（3）维生素具有调节性。各种维生素都参与了体内物质代谢或能量转变，调节广泛的生理和生化过程，从而维持了机体的正常活动。

（4）维生素具有特异性。如果缺乏维生素，人体往往要产生特异的病症。比如，人体因缺乏维生素A而产生干眼病和夜盲症，因缺乏维生素C而产生坏血病。一些维生素缺乏症的后果无法消除，特别是当不能再生的组织（如角膜、神经组织、钙化的骨骼）遭到损害时更是如此。这也提示人们要注意经常从食物中获取各种足够的维生素。

5. 矿物质（无机盐）——人体重要的元素

矿物质包括不同的金属与非金属元素和微量元素，它的主要生理功能是构成机体组织的材料。如钙、磷、镁是骨骼、牙齿的重要成分。矿物质常常是酶的活化剂，调节生理功能；矿物质还参与调节体液平衡及维持机体的酸碱平衡。

6. 水——生命中必需的营养物

水是人体含量最多，也最普通的物质，约占人体重的65%，在血液中高达90%。水的主要生理功能是帮助体内消化、吸收、循环及排泄等生理作用，它是细胞和体液的主要成分，是体腔、关节和肌肉的润滑剂，维持和调节体温。

（二）营养素的功能

营养素在体内具有3种主要功能。

第一，供给人体所需的能量。人体借助热能维持体温，进行呼吸、循环、消化、吸收、分泌、排泄，以及表现于体外的劳动和各种活动等。

第二，人体生长、发育和组织所需的原料。

第三，调节生理机能。人体是一个极为复杂的有机整体，不同的组织或器官都有特定的生理作用。营养素能适时地促进或抑制体内的化学反应，从而维持身体各组织和器官的正常运转。

二、不同锻炼方式的代谢特点及营养补充

进行体育锻炼时，机体的能量消耗比安静时大大增加。要合理安排锻炼期间的饮食，加速运动后的体力恢复，防止过度疲劳。合理的营养补充是非常重要的。

1. 速度性强的运动（无氧代谢）

快速跑时，对神经过程的灵活性和协调性要求高，同时体内高度缺氧，故能量的来源主要是糖的无氧分解，短时间内将有大量代谢产物在体内堆积，酸性物质增多，容易产生疲劳。锻炼后，应多食含有丰富蛋白质和糖类的食物，还需有足够的磷、维生素 B_1、维生素 B_2、维生素 C、铁。此外，还应多吃蔬菜、水果等碱性食物，进一步调节体内酸碱平衡。

2. 耐力性运动（有氧运动）

耐力性运动指强度较低、持续时间长的运动，如长跑、远距离骑自行车等，运动时所需总热能大，能量代谢以有氧供能为主。为了保证热能的来源充足，增强机体的摄氧能力，锻炼前后应食用含有较高的糖、维生素 B_1、维生素 B_2、维生素 C 及含铁、钾、钙、镁等元素的食物，并适量补充脂肪和蛋白质。

3. 力量性运动

力量性运动如举重物、器械体操、投掷等项目，由于练习时消耗的能量较多，故膳食要多搭配含有足够糖、蛋白质和脂肪类食物。

4. 灵巧性运动和球类运动

灵巧性运动（如健美操）和各项球类运动，动作复杂、多样化，对人体要求较全面，对力量、速度、耐力和灵敏度等身体素质均有较高的要求，需要有良好的协调性和灵巧性，对神经系统的要求较高。膳食中的糖、蛋白质、维生素 B_1、维生素 B_2、维生素 C、磷等一定要充足。

5. 体育锻炼与水的补充

体育锻炼时水的代谢特别旺盛，在高温环境下运动出汗量更大。体温升高，机体排汗时会使一部分热量散发，体温降低，这对运动是有利的，但同时失去了体内许多盐分（如钠盐、镁盐等），如不及时补充，不但降低运动效果，脱水严重还会导致休克等现

象，对健康有不良影响。因此，在锻炼中、锻炼后，要及时补充水分，同时注意补充含钠、钾盐和糖的水分。但一次饮水量不能太多，以150~200 mL为宜。

思考与研究

（1）体育锻炼如何做到合理营养？

（2）营养的种类和作用有哪些？

第五节　运动损伤

体育锻炼若违反体育运动的规律、规则，忽视对造成人体伤害的预防，就会产生对机体的伤害。进行体育锻炼，应该懂得有关运动损伤的基本知识和现场处置的方法。

一、运动损伤的原因及其预防

在体育锻炼和运动训练中产生的各种损伤，统称为运动损伤。造成运动损伤的原因是复杂的、多方面的。只有充分认识产生运动损伤的原因，才能真正重视预防措施，有效防止运动损伤的发生。可以从以下几方面来认识运动损伤的原因及其预防。

（1）思想麻痹大意。这是造成运动损伤的最主要因素。由于思想麻痹大意，参加运动时易心血来潮，不顾主客观条件，冒失进行体育锻炼。因此，必须增强安全意识，掌握运动损伤基础知识，树立良好的体育作风，团结友爱，互相帮助，互相保护，遵守锻炼纪律和比赛规则。

（2）不做准备活动或准备活动不充分。如果神经系统、运动系统和内脏器官还未充分动员，还没有达到运动状态，往往易造成肌肉拉伤和关节韧带扭伤。因此，要根据个体的机能状态、运动项目特点和天气条件等，做好充分的、有针对性的准备活动。

（3）身心状态不良。如在睡眠不足或休息不好、患病受伤或伤病初愈、情绪不稳、感到压力、过分紧张等情况下参加运动，都有可能因神经调节功能不灵敏、反应迟钝、体能下降、动作准确度及协调能力下降而引起损伤。因此，要学会调节情绪，培养稳定的心理状态。运动时，应精神饱满，注意力集中，轻松愉快。躯体疲惫时，应注意休息，暂不进行锻炼。

（4）运动负荷过大。运动负荷超过了躯体承受能力，或者局部负荷过大，都会造成运动损伤。因此，要自觉遵守科学锻炼原则，学会自我监督，根据实际情况合理安排运动量，注意防止局部运动器官负担过重。

（5）运动技术不合理。由技术动作不正确所造成的损伤较为多见，如挺身式跳远中展体过大过猛，易造成腰部损伤；排球传球时，如果手形不正确，易造成手指挫伤等。因此，要重视技术动作的学习，在未熟练掌握技术时，不宜加大力度。

（6）运动场地、器材及服装未达安全要求。运动场地过窄、地面不平坦、地面有小碎石且滑，运动器械安装不当、不坚固或年久失修，未穿运动服或衣袋内有杂物（如小刀、笔等），均易造成运动损伤。因此，锻炼前要进行场地器材的安全检查，应穿适合运动的服装和鞋进行运动。

二、常见运动损伤的症状及其处理

（一）擦　伤

擦伤是指运动时机体表面与粗糙的物体相互摩擦而引起的皮肤表层损伤，如跑步摔倒、体操运动时身体与器械摩擦受伤。

擦伤的主要症状是，伤处皮肤表层被擦破剥脱，有小出血点和组织液渗出。擦伤的处理可视轻重而稍有区别：如擦伤伤口浅、面积不大，可用生理盐水清洗伤口，再用1%~2%红汞或1%~2%龙胆紫涂抹，无须包扎；如擦伤伤口较深、面积较大，则用75%酒精或双氧水消毒伤口，用生理盐水清洗伤口异物，清洗后外敷消炎粉并用消毒纱布包扎，由于伤口面积较大，应注意每日换药，最好到医院做进一步检查治疗。

（二）肌肉拉伤

肌肉拉伤，是指肌肉主动强烈地收缩或被动过度地拉长所造成的肌纤维微细损伤、肌肉部分撕裂或完全断裂。

肌肉拉伤的主要症状是损伤后局部肌肉疼痛、肿胀，有压痛感，肌肉紧张或痉挛、发硬，出现功能障碍，如肌肉断裂，触摸局部有凹陷及一端异常隆起等特殊体征。

肌肉轻度损伤，可即刻对痛点进行局部冷敷，30 min后用海绵或棉花加压包扎，并抬高患肢，24 h后可施行按摩和理疗；如果肌肉大部分或完全断裂，应在加压包扎急救之后，立即送医院进行手术治疗。

（三）韧带损伤

韧带损伤是指由用力过大、过度牵伸而导致的不同程度的韧带纤维或其附着处的断裂。韧带有较强的抗张能力，附着在邻近骨端上，用以连接两骨，并保护关节在正常范围内活动。当外力使关节异常活动超越韧带所能承受的范围时，就会发生韧带损伤。韧带损伤易发生的部位主要是踝关节、腕关节和膝关节。为了减少这些部位的韧带损伤，可在锻炼时佩戴一些支持保护带，如进行排球运动时使用护膝，进行篮球、羽毛球运动时使用护腕等。

韧带损伤时，一般都有局部水肿，韧带损伤处有明显压痛。严重损伤时，有明显的出血、血肿形成。韧带发生损伤后，应立即冷敷，用绷带固定包扎，抬高伤肢。24 h后，根据伤情采取措施，如对伤部进行热敷、按摩或外敷药物等。如损伤严重，出现韧带大量或完全撕裂、分离，应尽早到医院进行韧带断端的接合术。

（四）胫腓骨疲劳性骨膜炎

胫腓骨疲劳性骨膜炎，是指小腿肌肉在胫腓骨的附着点受到过分牵拉而刺激骨膜引起的非细菌性炎症。这种损伤多发生在初锻炼者身上，也可由长时间的剧烈跑跳引起。

胫腓骨疲劳性骨膜炎的主要症状是疼痛、有明显压痛并出现骨膜水肿等。如果出现了胫腓骨疲劳性骨膜炎，首先要停止剧烈的跑跳练习，控制运动量。可每天用40~50 ℃的温水浸泡患处30 min，或进行热敷，以促进血液循环，加快渗出物的吸收。如果疼痛非常严重，应待彻底治愈后再进行锻炼。

（五）挫　伤

挫伤是指因撞击器械或练习者之间相互碰撞而造成的损伤。肌肉挫伤是足球、橄榄球运动中最常见的损伤。

肌肉挫伤的症状是，在损伤处出现红肿、皮下出血，并有疼痛。严重肌肉挫伤，可引起骨化性肌炎并发症，除局部疼痛外，还出现肌肉僵硬，以及往往可触及到肿块。肌肉挫伤后，在24 h内进行冷敷式加压包扎，抬高患肢或外敷中药；24 h后可进行理疗。

当器官出现挫伤时，会出现头晕、脸色苍白、出虚汗、心慌气短、四肢冰凉、烦躁不安，甚至休克症状。因此，如果内脏器官挫伤，在做了临时性处理后，应尽快到医院检查治疗。

（六）腰急性扭伤

腰急性扭伤，是指运动中躯体重心不稳定或肌肉收缩不协调所引起的腰部肌肉和韧带的损伤。发生腰急性扭伤，当时即有明显痛感，有时可听到瞬间“咯咯”的响声，有时出现腰部肌肉痉挛和运动限制。腰部急性扭伤后，要立即停止活动。如果剧烈疼痛，应用担架抬送医院检查治疗。处理后的休养中，应睡硬板床，为了使腰部肌肉放松，可在腰部垫上一个薄的软枕头。可用针灸、热敷、按摩等方法治疗。

思考与研究

（1）运动损伤的预防方法是什么？

（2）运动时出现运动损伤，应如何处置？举例说明。

第二章　学校体育运动竞赛

章节导读

习近平总书记在党的二十大报告中提出："广泛开展全民健身活动，加强青少年体育工作，促进群众体育和竞技体育全面发展，加快建设体育强国。"贯彻落实党的二十大精神，学校体育是教育事业和体育事业的重要组成部分，是增强学生体质、健全学生人格、锤炼学生意志的主阵地。学校要组织开展体育运动竞赛，给学生提供展示的平台，帮助学生树立正确的世界观、人生观、价值观，进而助推体育强国建设。

第一节　运动竞赛的类型与组织

学校体育运动竞赛是实现学校体育目的、任务的重要的组织形式。本节重点介绍学校体育运动竞赛的类型和组织运动竞赛应做的具体工作。

一、运动竞赛的类型

学校体育运动竞赛的类型，可根据竞赛的性质和目的来划分。其基本类型有表演赛、对抗赛、友谊赛、邀请赛、选拔赛、擂台赛和联赛等。

（1）表演赛。是指为了宣传和普及体育活动，扩大其影响，参加庆祝、纪念或增添节日庆典气氛，或为准备开展的项目做示范介绍所进行的技术、战术的演示而组织的比赛。表演赛一般在节假日、运动竞赛前或比赛结束时进行。表演赛着重于技术、战术的充分发挥，一般不计名次，也有一些表演赛主要是为了活跃群众的业余文化生活。

（2）对抗赛。是指由两个或两个以上运动技术水平相近的基层单位联合组织，对参赛的人数和条件有一定限制的比赛。特点是参加单位规模小，时间、人数、队数较少，各队实力相当，具有鲜明的对抗性。目的是交流经验，增进各队之间的了解。

（3）友谊赛。是指为增进相互间的友谊和团结，相互学习，共同提高运动技术水平而进行的非正式比赛。如校际、班际比赛。其特点是规则比较轻松，各种限制较少。

（4）邀请赛。是指由一个或几个单位组织或由名人发起，邀请其他单位进行的竞赛。这种比赛的目的是增进友谊和团结，互相学习，共同提高某项技术水平。其特点类似于友谊赛。

（5）选拔赛。是指为了选拔优秀运动员组成代表队而举行的比赛。主要任务是准备参加高一级的比赛。高校每年新生入学后，都组织各种项目的选拔赛来发现体育人才，充实学校体育代表队。

（6）擂台赛。是指以争取优胜为主要目的的比赛。比赛设擂主及攻擂者，由攻擂者依次向擂主挑战。胜者为擂主，负者淘汰出局，直到决出最后的擂主。其特点是具有激烈的对抗性、挑战性。

（7）联赛。是指每年或每学期举行的一种有计划、有组织、规模较大的比赛，如全校足球联赛、篮球联赛、排球联赛等。在高等学校中，为了使比赛更加公平，以利于调动各参赛单位的积极性，在举办联赛时，可根据各单位的大小或水平高低分成甲、乙组，采用升降级制度，这样会使联赛更加精彩。

二、运动竞赛的组织

运动竞赛的组织工作是保证整个竞赛工作顺利进行的中心。无论哪种类型、项目的竞赛，主办单位都应根据竞赛工作计划，召集各有关单位，成立运动竞赛的领导组织机构——组织委员会（或筹备小组）。讨论决定这一类型、项目竞赛的组织方案、竞赛规程、组织机构及其分工、工作计划等重大问题。

（一）组织方案

1. 运动竞赛的名称、目的、任务

根据当前的中心任务、竞赛计划规定的竞赛性质和其他特殊要求确定运动竞赛的名称、目的、任务。

2. 运动竞赛的规模

根据运动竞赛的目的和任务确定，主要内容包括运动竞赛的主办单位、竞赛组别、竞赛项目、参加单位、参加人数（运动员、裁判员、工作人员）、竞赛的地址和日期等。

3. 运动竞赛的组织机构

根据工作需要建立竞赛的组织机构。包括组织形式、工作人员名额、组织委员会下设的主要部门及负责人员名单等。

4. 运动竞赛的经费预算

根据实际需要作出预算计划。包括会场布置、场地修建、器材设置、食宿、交通、招待、医疗、印刷、奖品、文具、邮费等费用。

5. 工作进行步骤

说明竞赛筹备工作主要阶段的划分、各阶段的中心工作及主要的进行步骤。

（二）竞赛规程

竞赛规程是运动竞赛最基本的文件，是运动竞赛工作的依据。一般包括下列内容。

（1）运动竞赛的名称、目的、任务与要求、主办单位、比赛日期与地点、参加单位及组别等。

（2）比赛项目。根据运动竞赛的性质、规模、运动员的成绩、运动组别和经常开展的运动项目等实际情况确定。

（3）比赛办法。每单位参赛人数（男、女运动员）、报项办法及参赛资格的规定等。

（4）报名办法。报名地点、报名表格填写方法、报名起止日期、报名条件及身体检查的有关规定等。

（5）计分及奖励办法。各项录取的名额、运动项目的计分方法及奖励办法。

（6）比赛规则。采用国家审定的各运动项目最新规则及各类相关文献。

（7）参加竞赛单位注意事项。规定报到日期、地址、赛会类别、号码制作规格，以及对各单位政治思想作风方面和器械用品方面的具体要求等。

（三）组织机构及其分工

1. 大型运动竞赛的组织机构

运动竞赛的组织与进行是一项较为复杂、细致的工作。必须建立一定的组织机构，其形式与规模应根据实际需要确定。大型运动竞赛的组织机构如下：①组织委员会；②秘书处（办公室）；③政宣处；④竞赛处；⑤后勤部；⑥会务处。

2. 竞赛组织机构的各部门职责

各部门应根据本部门的职责搞好工作。既有明确分工，又要互相协作，保证赛会的顺利进行。具体分工如下。

（1）组织委员会。组织委员会领导大会筹备工作，是大会的决策机构。因此，组织委员会成员，应包括有关方面的领导。工作中需要研究解决下列问题。

①掌握类式竞赛的方针与进程。

②研究和批准类式竞赛的工作计划。

③研究和批准类式竞赛的竞赛规程。

④随时听取筹备工作汇报，研究未解决的问题。

⑤确定大会各组负责人。

⑥会后听取和批准大会总结报告，处理善后未解决的问题。

（2）秘书处（办公室）。

①根据组织委员会的决议进行工作，组织和落实各部门的工作人员。

②拟订工作日程计划表（须注明日期、时间、负责人），主要内容如下。

a. 组织委员会全体会议。

b. 各代表队报到日期、迎接和动员大会。

c. 裁判员报到、学习、检查场地和器材、现场实习。

d. 运动会场地器材的准备。

e. 赛前相互观摩及各队训练场地安排。

f. 各代表队领队、裁判长、教练员及各部门负责人联席会议。

g. 宣传组工作人员会议。

h. 后勤组工作会议。

i. 组织群众参加开幕式、闭幕式、表演等会议。

j. 经验交流、电影或文娱晚会。

③编制预算，准备文具用品，购置器材、奖品，安排交通。

④制定各种大会制度与须知。

⑤对外联系，对内疏通解决各处各组的协调问题。

⑥赞助、广告。

（3）政宣处。主要负责思想教育、宣传报道、党团工作等。

①研究制定评先进集体和个人的具体办法及组织评选工作。

②准备学习文件，制订学习计划。

③大会会场布置，主席台的布置及广播宣传内容。组织通讯报道与编印会刊等。

④组织大会党团活动及文娱活动。

（4）后勤部。后勤保障工作。

①场地清理与维护。

②设备清点与维修。

③垃圾清理与分类。

（5）竞赛处。主要负责裁判工作、参加比赛人员的资格审查、场地器材、编印秩序册。

①裁判工作。制订裁判员聘任计划、学习和实习计划。

②组织编排工作。编印秩序册、成绩册，准备各种卡片和表格。

③准备大会所用的场地器材。

④组织安排各队赛前练习时间和场地器材。

⑤会前召开领队、裁判、裁判长、各处与教练员联席会议。会上对规则作说明，对临时产生的比赛规则、补充比赛方法、竞赛规程中有争议的各种问题进行解释。

（6）会务处。主要负责以下工作。

①编制大会期间的经费预算。

②提供大会所需要的食宿、交通、医药、物品供给等。

③召开各单位管理人员会议，及时解决大会期间生活管理工作方面的问题。

④一切属于大会的后勤工作都需要统管起来。例如，大会期间的饮水、休息地点、离会的车票预订、疏散问题等。

（四）工作计划

为保证运动竞赛的顺利进行，各项工作应在组委会领导下，拟订出主要工作计划，竞赛组委会通过后分工执行。其内容如下。

（1）宣传、动员。向大会工作人员进行思想动员，使裁判员、运动员、工作人员具有良好的竞赛风格和求实作风，保证大会顺利进行，圆满结束。

（2）裁判工作。组织裁判员学习讨论竞赛规则和裁判法，进行现场实习。

（3）会场和场地布置及各种竞赛器材的准备。

（4）编印竞赛秩序册，印刷各种比赛表格。

（5）召开领队、教练员会议，研究商定有关比赛问题。

（6）组织开幕式、闭幕式、表演项目及比赛。

（7）组织评选精神文明先进集体和先进个人。

（8）宣传教育、新闻报道及录像等工作。

（9）安排赛前训练，组织观摩学习、经验交流工作。

（10）编制大会经费预算。

（11）大会总结工作。

思考与研究

（1）学校体育运动竞赛应做好哪些准备工作?

（2）学校体育运动竞赛的类型有哪几种?

第二节　运动竞赛的制度与编排

体育运动竞赛的编排是细致、繁杂的工作。本节具体介绍运动竞赛制度及编排运动竞赛秩序的操作方法，便于人们组织各类体育竞赛活动。

在体育运动竞赛中，常用的竞赛制度有淘汰制、循环制和混合制等。这些竞赛制度都有各自的特点。选择哪一种竞赛制度，要根据比赛的任务、时间、参赛队或人数的多少、场地设备、经费投入及裁判员的数量等实际情况而定。

一、淘汰制

淘汰制是指在比赛中失败一次或两次之后即失去参赛的资格，连续获胜的队（或人）继续参加比赛，直到最后确定优胜队（或优胜者）为止。

淘汰制一般在参加比赛队或人数多而比赛时间短的情况下采用，可以节省时间，但不能合理地确定冠军以后各队的名次。为了弥补此项缺点，可以采用种子法编排，把种子队有计划地安排在比赛表中的不同区域，避免强队过早相遇，使他们在比赛的最后阶段相遇，这样会使比赛越来越激烈精彩。淘汰制分为单淘汰和双淘汰两种方法。

（一）单淘汰

在比赛中失败一次即失去比赛资格的方法为单淘汰。

1. 单淘汰比赛轮次和场数的计算方法

（1）单淘汰比赛轮次的计算方法。如果参赛的队（或人）数是 2 的乘方数，则比赛轮次正好等于 2 的指数。例如，8 个队参加比赛，其轮次为 3，即 8 个队参赛共赛 3 轮（见图 2-2-1）。如果参赛队数不是 2 的乘方数，则比赛的轮次为略大于参赛队（或人）的 2 的指数。例如，12 个队参加比赛，则按 16 个队的轮数（4 轮）来计算。

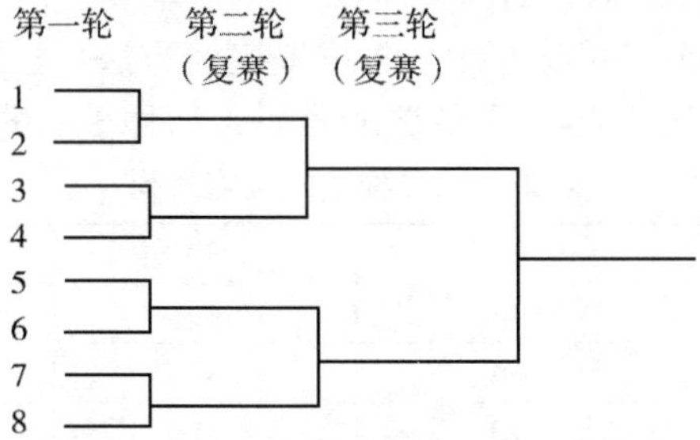

图 2-2-1　8 个队参赛单淘汰比赛轮次

（2）单淘汰比赛场数的计算方法。单淘汰比赛总场数等于参赛队（或人）数减 1。例如，8 个队参加比赛总场数为 7 场，13 个队参加比赛总场数为 12 场（见图 2-2-2）。

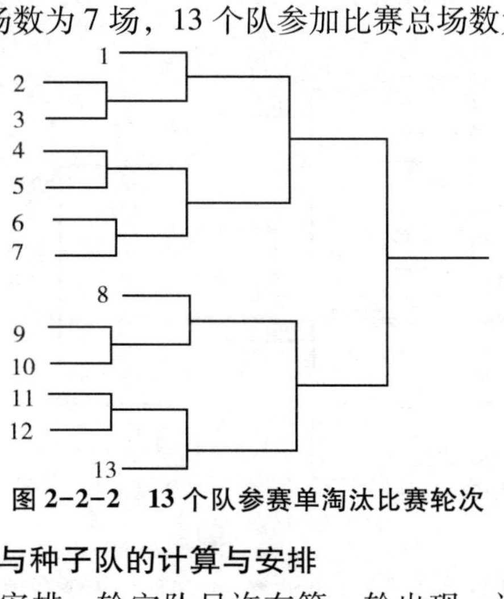

图 2-2-2　13 个队参赛单淘汰比赛轮次

2. 单淘汰比赛轮空队与种子队的计算与安排

（1）轮空队的计算与安排。轮空队只许在第一轮出现。计算第一轮比赛的轮空队数，可以用大于队数的 2 的乘方数减去参赛队数的方法。例如，13 个队参赛，第一轮轮空队数为 16-13=3，即第一轮比赛中 10 个队参赛，3 个队轮空。如有轮空队，首先让种子队轮空。编制比赛表时，可先用号码代表比赛队（或人），再抽签对号入座。

轮空队的分布应安排合理，平均分配在各个区内，最方便的办法是利用轮空位置表。下面介绍 64 队以下的轮空位置数。

例如，10 个队参加比赛，轮空队数为 16-10=6。在轮空位置表中依次逐行由左向右摘出小于比赛号码位置数的 6 个号码：2，15，10，7，6，11，即为轮空位置；与轮空号码相对应的 1，16，9，8，5，12 号位，就是第一轮不参加比赛的轮空队的号位（见表 2-2-1）。

表 2-2-1　10 个队参赛的轮空位置

2	63	34	31	18	47	50	15
10	55	42	23	26	39	58	7
6	59	38	27	22	43	54	11
14	51	46	19	30	35	62	3

这样，经过第一轮的淘汰，使参加第二轮比赛的队数为 2 的乘方数。

（2）种子队的设置与排位。设种子队的目的是使技术水平较高的队能在最后相遇，使比赛在决赛阶段达到最高潮。种子队可在抽签前评出，数目不宜过多，且均匀地分布在固定的区内，数目一般为 2 的乘方数。

为确保种子队合理分布，可查用种子队位置表，方法是根据应设种子队的数目，依次逐行由左向右摘出小于或等于比赛号码位置的号码，即种子队的位置号码（见表2-2-2）。

表 2-2-2　种子队位置号码

1	64	33	32
17	48	49	16
9	56	41	24
25	40	57	8

如有 32 个队参加比赛，设 4 个种子队，用查种子队位置表法摘出 1，32，17，16 共 4 个号码位置。抽签时，按评定的种子队的顺序，依次排入种子队号码位置（见图2-2-3）。

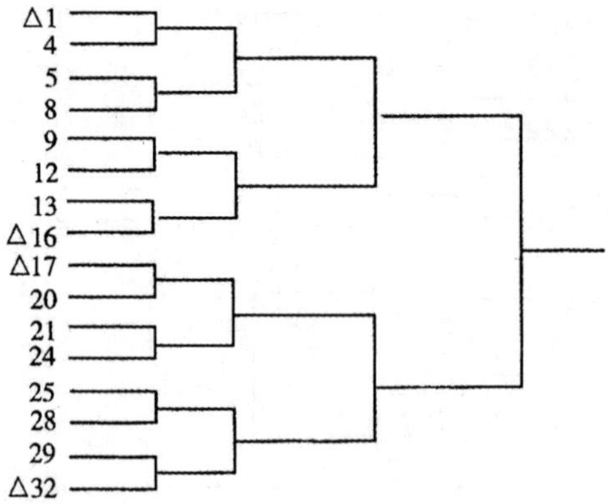

注：“△”表示种子队位置。

图 2-2-3　32 个队参赛，种子队的设置与排位

（二）双淘汰

在比赛中失败两次即失去比赛资格的方法为双淘汰。它可以弥补单淘汰中偶然失败的不足，初次失败者增加了一次比赛的机会，并有可能参加决赛甚至夺取冠军。双淘汰制竞赛分为胜负两部，比赛过程中，凡未失败过的队（或人）留在胜部继续比赛，在胜部失败一场则进入负部比赛，如果在负部再失败一次就彻底被淘汰，直到胜部剩下一场未败的队（或人）和负部剩下一场未败的队（或人）争夺冠军。在决赛中，如果胜部取胜即为冠军。如果胜部失败就形成两部各负一场的局面，还需进行第二场决赛。在第二场决赛中，胜者为冠军，负者为亚军（见图 2-2-4）。

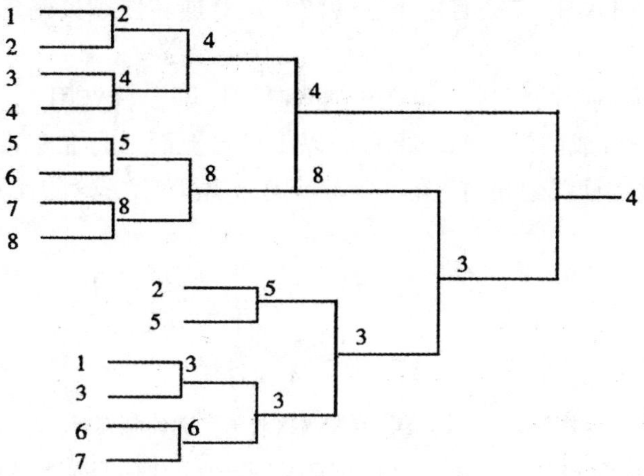

注：如果4失败，则因4与3都只败一次，需再加赛一次决定冠军。

图 2-2-4 双淘汰比赛轮次

二、循环制

循环制分单循环、双循环和分组循环。

（一）单循环

单循环是指所有参赛者在比赛中均能相遇一次，最后按照全部比赛过程中胜负场数、得分多少排列名次。此种方法一般在参赛队（或人）数少，而竞赛时间又较长时采用。

1. 单循环比赛轮次和场数的计算方法

（1）单循环比赛轮次的计算方法。如果参加比赛的队（或人）数是奇数，其轮次等于队（或人）数。例如，5 个队参加比赛，比赛的轮次为 5 轮。如果参加比赛的队（或人）数是偶数，其轮次等于队（或人）数减 1。例如，6 个队参加比赛，比赛的轮次为 6-1=5，即 6 个队参加比赛，比赛要进行 5 轮（见表 2-2-3）。

表 2-2-3 单循环轮次表

第一轮	第二轮	第三轮	第四轮	第五轮
1—6	1—5	1—4	1—3	1—2
2—5	6—4	5—3	4—2	3—6
3—4	2—3	6—2	5—6	4—5

（2）单循环比赛场数的计算方法。单循环比赛的场数，可用下列公式计算。

$$比赛场数=\frac{N\ (N-1)}{2}$$

式中，N——参加比赛队数。

例如，12 个队参加比赛，比赛的总场数是：

$$比赛场数=\frac{12\times\ (12-1)}{2}=66$$

2. 单循环比赛秩序的编排方法

单循环比赛秩序的编排方法有定 1 逆转法、定 0 逆转法和贝格尔编排法等。这里只介绍定 1 逆转法。

（1）比赛队数为偶数的编排。如有 6 个队参加比赛，首先用 1，2，3，…号码将参赛队顺序编号，平均分成两半，前一半号码以 1 号自上而下写在左边，后一半号码自下而上写在右边，然后用横线把相对应的号码连起来，就是第一轮的比赛对阵（见图 2-2-5）。

左 ↓　1——6　↑

2——5

3——4　右

图2-2-5　比赛队数为偶数时第一轮比赛对阵

第二轮至第五轮的排法是：将 1 号位置固定不动，其他号码按逆时针方向转动一个位置，就是第二轮的比赛对阵。以此类推，可排出第三、四、五轮的比赛对阵（见表 2-2-3）。

（2）比赛队数为奇数的编排。如果比赛队数是奇数，可以加一个“0”，使其成为偶数，碰到“0”的队轮空一次。如 5 个队参加比赛，第一轮比赛的对阵形式见图 2-2-6。

左 ↓　1——0　↑

2——5

3——4　右

图2-2-6　比赛队数为奇数时第一轮比赛对阵

同偶数队的编排方法一样，可排出第二轮到第五轮的比赛对阵。

（二）双循环

双循环是指所有参加比赛的队在比赛中均能相遇两次，最后按各队在全部比赛中的胜负场数、得分多少排列名次。双循环同单循环一样，也是在参加比赛队（或人）数少，而竞赛时间又相对较长的情况下采用。

双循环的比赛秩序编排与单循环相同，但比赛的轮次数和比赛场数比单循环增加了一倍。同时增加了与双循环中的第一轮循环相同的比赛轮次表。

（三）分组循环

把参赛队（或人）分成若干小组，采用两或三个阶段进行循环比赛的方法称为分组循环。在参赛队（或人）数多、时间短的情况下，分组循环能够比较合理地确定各参赛队（或人）的名次。

例如，16 个队参加比赛，可平均分成 4 个小组进行单循环比赛决定各组名次，然后决赛阶段有以下几种办法。

（1）将每组同名次的队划为一组进行决赛。如将各组第一名划为一组决第一至第四名；将各组第二名划为一组决第五至第八名，以此类推。

（2）将各组前两名划为一组，决第一至第八名。将各组三至四名划为一组，决第九至第十六名。也可以只决第一至第八名，而第九至第十六名不再决出。

（四）循环制的抽签方法

根据规程规定，在赛前由主办单位召集各领队举行公开抽签，排好比赛秩序表，使各队明确比赛的时间、秩序。

（1）单循环赛的抽签。按参加比赛的队数排好比赛轮次表，抽签后将队名填入比赛轮次表中。

（2）分组循环的抽签。首先确定种子队。一般分几个循环组设几个种子队，为了更加合理，也可以多设几个种子队，但必须是组数的倍数。如果按照成绩（或技术水平）设 8 个种子队，那么合理的种子队的分组为：1，8 号为一组；2，7 号为一组；3，6 号为一组；4，5 号为一组。

抽签方法：种子队先抽签，确定各种子队的组别。然后是其他队抽签，定组别。例如，16 个队分成 4 个小组，除 8 个种子队外，其他 8 个队再抽签，签号为 4 组，每组有相同的两个签，各队抽签确定组别后分别填入各组的比赛轮次表中。

三、混合制

一次竞赛中同时采用循环制和淘汰制的比赛方法叫混合制。混合制是把比赛分为两个阶段进行，第一阶段采用分组循环制，第二阶段采用淘汰制，或者相反。

（一）交叉赛

交叉赛即采取两个阶段进行比赛。第一阶段采用分组循环，排出各组名次。第二阶段淘汰时，采用交叉赛，即两个小组的第一名分别与另一组的第二名进行比赛。交叉赛后的两个胜队决第一名与第二名，两个负队决第三名与第四名。然后用同样的方法决出后面的名次。

（二）佩奇制（PAGE 制）

佩奇制是为了使比赛更加公正、合理，避免偶然性而采用的一种比赛方法。但它只适用于 4 个队之间的比赛。其操作方法是将第一阶段循环产生的前 4 名或两组循环产生的前 2 名按下面顺序进行淘汰。

（1）第一半决赛，第三名与第四名（或各组第二名）。

（2）第二半决赛，第一名与第二名（或各组第一名）。

（3）决赛，第一半决赛胜队与第二半决赛负队。

（4）主决赛，第二半决赛胜队与决赛胜队。

名次决定：主决赛胜队为冠军，负队为亚军，决赛负队为第三名，第一半决赛负队为第四名。

四、成绩和名次评定方法

（一）评定成绩和名次分类

（1）田径、游泳、自行车、速度滑冰和赛艇等，以时间和距离评定成绩。

（2）举重与射击，以重量和环数评定成绩。

（3）篮球、足球、手球、冰球和曲棍球等，在规定的时间内以命中数或折合分数决定胜负。

（4）乒乓球、网球、排球和羽毛球等，以谁先获得规定的分数决定名次。

（5）以动作难度、质量和编排的水平等评定分数确定名次的项目有竞技体操、艺术体操、武术、跳水、花样游泳和花样滑冰等。

（二）团体名次的评定办法

团体名次是在个人成绩和名次的基础上计算评定的。一般采用以下几种方法。

（1）在田径、游泳和速度滑冰等项目中，以全队规定人数的各项得分总和决定团体名次。例如，在田径比赛中，每项录取前8名，按8，7，6，5，4，3，2，1计分，把全队被录取的运动员分数相加，即为团体总分。

（2）在体操、跳水等项目中，以全队规定人数各项得分总和决定团体名次。采用此种方法时，各单位参赛人数相等。

思考与研究

（1）单淘汰和单循环的场次是怎样计算的？

（2）单淘汰时种子队位置的设置有哪些要求？

第三章　体育欣赏

章节导读

习近平总书记强调：“要在全社会树立科学的人才观、成才观、教育观，加快扭转教育功利化倾向，形成健康的教育环境和生态。”教育是国之大计、党之大计。培养什么人、怎样培养人、为谁培养人是教育的根本问题。习近平总书记强调：“全面贯彻党的教育方针，落实立德树人根本任务，培养德智体美劳全面发展的社会主义建设者和接班人。”体育欣赏可以帮助学生树立审美意识，以美育人，以文化人，让学生更好地认识美、爱好美、创造美。促进学生全面发展，提升综合素质，这样才能让青年人的心灵更丰盈、精神更饱满、人格更完善、能力更彰显。

第一节　体育欣赏的意义和作用

体育欣赏是通过体育竞赛及竞技表演来丰富人们的文化生活，满足人们精神方面的需要。精彩的竞赛和竞技表演吸引着亿万观众，紧张、激烈、惊险、拼搏的场面扣人心弦，令人赏心悦目、回味无穷，鼓舞、激励、感染着人们不断进取。

作为上层建筑的体育，越来越起到重要的作用。体育欣赏可以给个人、家庭带来乐趣和幸福，给集体带来干劲和凝聚力，给社会带来安定，能有效地占领社会主义思想文化阵地。通过体育欣赏，能使更多的人认识体育运动、参与体育运动，从而促进体育运动的进一步发展。

人们在学习、工作之余，欣赏体育比赛和表演能陶冶情操，使身心得到休息。运动员独特的表演，健、力、美和谐的统一、鲜明的对比、默契的配合，表现出诗的情感，艺术的造型，给人以美的享受，从而达到愉悦身心，增进情趣，忘掉忧愁、烦恼，有效地调整失衡的心理，改善人们的心理不良障碍的目的，使人们朝气蓬勃、充满活力、健康快乐。人们在欣赏体育比赛的过程中可以看到运动员之间、运动员与裁判员之间、观众和运动员之间发生着频繁而激烈的思想斗争及感情和行为上的交流。从中可以看到个人与集体的关系，人与人之间的合作精神、谅解精神、相互鼓励的精神。在激烈的竞争中，运动员受严格的规则限制，要具有职业道德修养和严密的组织纪律性。因此，体育欣赏能培养人们的合作精神、豁达合群的性格。

在体育欣赏的过程中，人们可以学到许多体育方面的知识。通过播音员对现场的解说及观众之间的相互交流，可以了解到许多体育项目的发展状况、许多优秀运动员的情况、许多国家和地区的民俗风情，以及许多项目的裁判规则等。这样可以开阔人们的视野，增长体育知识，增进各国运动员和人民之间的了解和友谊。

在大型的国际比赛中，当国歌奏响、国旗缓缓升起的时刻，更能激发人们的爱国热情和民族自豪感。当我国体育健儿在奥运会上实现“零”的突破，在“冲出亚洲，走向世界”的征途中，为祖国的荣誉和民族精神夺得一个又一个世界冠军，打破一项又一项世界纪录时，他们为中华民族赢得了荣誉，给人民以极大的鼓舞和激励。当我国男排健儿在国际比赛中战胜强队获取胜利后，北京大学的师生欣喜若狂，喊出了“团结起来，振兴中华”的口号，使我们整个民族具有强大的凝聚力，使我们的民族朝气蓬勃、充满生机，使人民对生活、对国家的前途充满信心。体育比赛的胜负具有对人民的教育作用，对社会主义精神文明建设起着重要的作用。

体育比赛的作用，好像视频演示教学的大课堂。它能给我们提供一个学习运动员拼搏进取、无私奉献、为国争光精神的大课堂。一名在异国他乡打破世界纪录的运动员，站在冠军领奖台上，眼含着热泪望着在庄严的国歌声中冉冉升起的五星红旗，他没有在掌声和鲜花中陶醉，他首先想到的是自己的祖国，是教练的辛勤培养、队友的热情鼓励。他说，自己是大海里的一滴水，之所以永不干枯，就在于寄身于海洋；自己是岸边的礁石，之所以能经受风浪的考验，就在于祖国和人民的培养；自己是一棵树木，之所以枝叶茂盛，就在于植根于祖国肥沃的土壤。当中国女排第一次夺取世界冠军后，各大报刊称赞中国女排精神，女排姑娘们为中华民族争了光，是中国最美的人，是民族美的化身。这种精神、这种美正是我们欣赏体育比赛需要学习和追求的。

在体育比赛中，运动员只有做到你追我赶、争分夺秒、奋力拼搏，才能战胜对手取得最后的胜利。体现了“更快、更高、更强——更团结”的奥林匹克精神，体现了体育的竞争意识、竞争精神。这种竞争意识、竞争精神集中地反映了人类勇于接受挑战、敢于拼搏、善于拼搏、顽强进取的风貌和勇于战胜一切困难的决心。这充分说明了人们征服自然、改造社会、超越自我的理想和信念。

第二节　体育比赛的美学欣赏

一、运动美的欣赏

（一）动作美的欣赏

在运动过程中，人的动作姿态、动作一瞬间的造型所展现的美，称为动作美。从体育运动的实质看，运动的整个过程都体现了一个“动”字。运动，是一种青春活力的美，是对生命活力的具体展现。体育比赛恰恰巧妙地编织出了技术动作动与静的结合，使体育比赛更具有观赏性。

运动美的欣赏，主要是对体育比赛中技术动作完美性的欣赏。首先观赏动作姿态、动作速度、动作节奏、动作表情。其次观赏动作的衔接，它包括技术动作动与动、动与静衔接的表现力。动与动，例如，篮球比赛中的运球—投篮。动与静，一般有两种情况：先动后静，例如，吊环中的大回环接十字支撑；先静后动，例如，蹲踞式起跑，当鸣枪后，运动员两手推离地面，两臂积极摆动，脚猛蹬离起跑器，使身体像一支离弦之箭迅速向前跑出。这一时刻是非常美的，美就美在动与动、动与静巧妙结合的动作上。

（二）技术美的欣赏

技术美是指人在完成各种技术动作时，从动作技术、技巧方面所展现出来的美。当人们观赏优美的高、难、险、新的运动技术时，会获得赏心悦目的美感享受。例如，世界跳水冠军伏明霞的跳水技术，轻盈地一跳，空中造型、翻腾、旋转，从容干净利落地压花入水，使人赏心悦目；体操运动员李小双在自由体操中高而飘的跟头；中国女排主攻手郎平的扣球，力大球沉，落地开花，号称“铁榔头”，而张蓉芳的扣球，球路刁钻，被誉为“怪球手”。这些无不给人们以美的享受和震撼。

对技术美的欣赏不仅是欣赏技术动作的高、难、险、新等方面，还应结合技术动作的合理性、准确性和技巧性等方面欣赏。合理、准确给人以稳定、有效、安全之感，巧妙、灵巧给人以惊讶、好奇、兴奋之感。

（三）战术美的欣赏

战术美，是指体育比赛中个人技术的合理运用和队员之间的协调配合，在竞争中取胜所表现出来的美。

现代体育运动竞赛，都是在激烈的对抗、竞争中求发展。这种对抗与竞争不仅是运动员的体力、技术、心理、智力等方面的角逐，也是战术水平的较量。所以，战术被称为发挥个人技术的先导、驾驭比赛的灵魂，是夺取胜利的法宝。

战术美的表现形式：第一，技术既是战术的基础，又是战术的表现形式，全面、熟练、准确、实用的技术是实施战术计划的先决条件。第二，战术的运用，必须根据比赛的具体情况，灵活机动地加以变换，任何单一的战术都不会取得好的比赛效果。第三，比赛中战术的变化，需要运动员具备良好的战术意识。战术美的展现往往错综复杂，仅仅以上几条经验还不够，要求人们必须不断积累美感经验，形成一定的体育审美观点，并掌握每项运动的特点，才能逐渐由外行变为内行。

（四）风格美的欣赏

风格美包括思想风格和技术风格两个方面。

1. 思想风格

思想风格，是指运动员在比赛中所表现出来的思想品质、道德修养、行为作风等综合思想、道德情操所体现的美。在观赏体育比赛时，欣赏运动员良好的思想作风同样是一种享受。

2. 技术风格

技术风格，实质上是个人技术的升华。一个运动员（队）在技术、战术方面，根据自身的条件和特点，创造出与众不同的风格，构成自己独特的风格之美。

思想风格与技术风格之间有密切的联系，这两种风格在其形成上，往往是相互促进、相互制约、共同表现出来的。

二、身体美的欣赏

现代人之所以喜欢体育比赛，一个很重要的原因就是运动员的身体美吸引着人们。体育运动能塑造健美的人体，而健美的人体又能给人以美的精神享受。对身体美的欣赏，能给人一种特殊的美感，同时会产生一种生机勃勃的感受。

身体美由多种因素构成。基本包括：健康美、强壮美、体态美、体型美、体质美、风度美等。

（一）健康美

健康美，不仅表现在人体的外部形态上（如身高、体重、胸围等），还表现在机能、身体素质、运动能力等方面。人的精神面貌状况和心理发展水平，如积极进取、乐观向上、对事业充满信心等，也是健康美的具体表现。

（二）强壮美

强壮美，是一种魁梧美。表现为身体魁梧、肌肉发达，给人以力量壮实、充满生命活力和能量的感觉。

（三）体态美

体态美，是指人的形态和姿态的美。表现在身体比例匀称、线条和谐等方面。

身体比例合理，是体育运动项目选材的目标之一。古人提出了“黄金分割方法”和“头身比例法”。数学上黄金分割的比例关系（1∶0.618）同样适用于人体。如人体以肚脐分界，如果下半身长，人体就显得美。还有头和身的比例，如果人的头和身体的比例为1∶8，人就显得美。

匀称的身体能充分地表现出体态美。如两臂不一样长、两腿不一样粗的人，肯定是不美的。

身体的线条，是指人身体的外部轮廓。人们的一般审美观点是男性魁梧高大，具有阳刚之气，体态线条多平直，有棱角，显出一种刚劲有力、粗犷豪放之美。女性的魅力在阴柔之美，其体态线条圆润，显示出秀美、柔和，流动感很强。

（四）体型美

体型，是指人的身体结构。一个人的体型受遗传、环境和饮食的影响。但是，它可以通过体育锻炼加以改变，并进一步塑造出优美的体型。和谐、匀称、适中的身体结构类型是最美的体型。

（五）体质美

体质美，是指人在身体素质方面所呈现的美，以特殊的形式存在于身体美之中。人的身体素质，就是人体活动的一种能力，是通过运动实践、生产实践和生活劳动显现出来的力量、速度、耐力、灵敏性和柔韧等素质。力量是人在肌肉紧张收缩时表现出的能力，如拳击、举重等比赛会显示出力量美。速度是人快速运动的能力，如短跑比赛，运动员表现出来的就是速度美。耐力是在尽可能长的时间内进行肌肉活动的能力，如马拉松赛，运动员在长时间运动的能力表现出来的是耐力美。灵敏性是人在运动过程中迅速改变时空的能力。柔韧性是人通过关节、韧带、肌腱、皮肤的伸展活动所表现出的曲线变化的能力，如球类、体操比赛中运动员表现出来的灵敏和柔韧美。运动员在比赛中通过精彩动人的体育运动现象，把人的力量、速度、耐力、灵敏和柔韧等素质所表现出的美展现于人们的面前，能使人产生强烈的美感体验。

（六）风度美

风度美，是指人的风采、气质的美。是运动员在长期的体育实践和体育比赛中形成的气质，进而表现为一种风度，并且具有较高的审美价值。例如，举止大方、语言文明、乐于助人、服从裁判、仪表端正等，往往给人以高尚、典雅的感觉。

第三节　观赏体育比赛应具有的修养

在观赏体育比赛时，由于观众的生活经历、文化教育、个人素养和审美观点不同，观看体育比赛的水平存在着一定差异。一般来讲，这种差异可以区分为两种类型。

第一种是不成熟的观众。其特征是对比赛胜负极感兴趣，通常是以纯功利因素来支配情绪。

第二种是成熟型观众。他们虽然注重比赛胜负，也受一定功利因素影响，但在观赏比赛的过程中，心理因素表现得相当丰厚博大，很有气度，决不会受功利欲的制约。

成熟型观众是推动体育事业前进的一种动力。如果赛场上有一定数量的成熟型观众，那么就会呈现热烈而活跃的气氛。

一、思想修养

运动员（队）的竞赛活动，无不与观赏者有着千丝万缕的联系。由于观赏者所处国家、民族、地区、年龄、性别不同，观赏者的心里总是带有一定的倾向性，总是希望与自己有关联的运动员（队）取得好成绩，夺取胜利。因此，在运动竞赛中，有时竞赛的结果与自己的愿望相吻合，有时则事与愿违。如果没有一个正确的思想认识，就很难调控自己的感情来正确地评价运动竞赛的结果。

在赛场上有成功，也有失败。运动员（队）夺冠时，作为观众都应该为他们祝贺，一旦成绩不佳绝不能产生抱怨、沮丧，甚至指责情绪。

在荣誉问题上，观众也应正确对待。在观赏比赛时，要严格区分爱国主义和狭隘的民族主义、集体主义与个人主义、博大思想和功利思想，这样才能提高观赏比赛的水平。

二、审美修养

在观赏体育比赛的过程中，观众会按照一定尺度来判定美与丑，这种尺度就变成了人们的审美标准。然而，审美标准是受年龄、性别、民族、知识结构、个体差异影响的，为此，评价审美标准具有一定的差异性。

尽管在观赏体育比赛中没有统一的审美标准，但是观众要从赛场上获得美的享受，就必须不断地提高自己的审美标准。

作为观众，要提高审美修养，主要是通过学习美学知识、艺术知识、体育知识、心理学知识、体育竞赛规则和参与一定的体育实践活动来实现。

三、道德修养

所谓道德，是调整人与人之间、个体与社会之间关系的行为准则和规范的总称。观赏体育比赛，观众必须不断加强道德修养，否则，很难对体育比赛中的各种行为、是非观念作出正确的判断，甚至有可能出现伤害他人或社会的行为。

提高道德修养，不仅是观赏者的需要，也是社会的需要。观众道德的不断提高，不仅有助于净化社会环境，而且推动了体育事业不断发展。

四、在体育欣赏中培养文明高尚的体育道德

我国体育比赛的目的是增进团结和友谊，推动体育运动技术水平不断提高，丰富人民群众的文化生活，它是建设社会主义精神文明的重要组成部分。欣赏体育比赛要做到言谈举止文明，既要对运动员的精彩表演和高超技艺报以热烈的掌声，又要对运动员的偶尔失误表示理解和鼓励。在欣赏体育比赛时，应增强法治观念，遵纪守法，维护赛场纪律，用文明的举止和高尚的体育道德去推动社会精神文明建设和体育运动的健康发展。

第四节　体育比赛的技术和战术欣赏

体育比赛极富趣味性和观赏性。人们经常把观赏时的感觉，比作绝妙的艺术享受。高、难、险、新的场面扣人心弦，使人在观赏高水平体育比赛的过程中身心得到改善，有美的享受。但是，欣赏体育比赛也是有学问的，正如俗话说的那样，内行看门道，外行看热闹。为了提高观赏效果，应从以下几个方面入手：①学习体育理论知识和比赛规则；②从技术、战术视角欣赏比赛，可以得到美的享受；③了解国内外明星队员的基本情况，能增加观赏比赛的兴趣。

一、球　类

（一）足　球

在欣赏足球比赛时，观众特别喜欢看精彩的射门。足球射门是进攻的归宿，一般来说，射门的次数越多，获胜的可能性就越大。在第十二届世界杯足球赛上，意大利球星罗西中路快速突破射门得分的整个过程一气呵成，快而不乱。在第十三届世界杯足球赛中，阿根廷球星马拉多纳摆脱对手，快速带球，躲过4名对手的阻截射门得分，其技术之精湛令人叹为观止。在第三届世界杯女子足球赛上，中国运动员刘爱玲在半决赛对挪威队的两个精彩的远距离射门已被国际足联作为女足射门的典型范例。这场比赛，使观众无不欢欣鼓舞。

足球比赛中，战术更是灵活多变、复杂多样。在战术上首先要解决的是比赛阵形，而阵形的选择主要依据本队的特点及队员技术水平的差异来决定，同时要考虑双方力量对比及其他客观条件。一般阵形有4-3-3式、4-4-2式、3-5-2式等。

比赛中常见的战术有进攻战术、防守战术和定位球战术。进攻战术可分为边线进攻、中路进攻、转移进攻和反越位战术。一般常见的防守战术有区域防守、紧逼盯人防守、紧逼盯人结合区域防守和制造越位战术等。定位球战术主要有开球战术、罚点球战术、角球战术、掷界外球战术、任意球战术和球门球战术等。世界上流行的全攻全守打法把足球比赛水平带进了一个新的境界。这种战术最大限度地发挥了集体力量，调动了全队的积极性。攻势足球是进一步强调和提倡的打法，鼓励多射门，争取多进球。阿根廷教练梅诺蒂说："进攻是足球的基础，只有进攻才能取得胜利。"足球比赛向快速、全面的方向发展，全攻全守型打法将进一步得到更新，比赛将更加激烈、精彩。

(二) 篮　球

篮球运动是将球投入对方的球篮，以得分的多少决定胜负的集体球类运动项目。在全世界范围内经常举行世界性、地区性的大赛，国际交往比较频繁，发展非常迅速，已成为最受人们喜爱的竞技运动项目之一。

篮球运动的发展很快，新技术不断出现，如跳起空中换手投篮、勾手投篮、后仰投篮，以及单双手正、反扣篮，三分投篮等。还可以欣赏到运动员传接球、运球、突破、抢篮板球及防守等技术。

现代篮球具有灵活快速多变的战术，在进攻过程中基本配合包括传切、突分、掩护和策应等，防守过程中的基本战术配合包括挤过、绕过、交换防守、关门、补位和夹击等，以及攻防转换过程中的战术变化等。

美国职业篮球联赛（NBA）由于拥有世界顶级的篮球巨星、先进的技术、纷繁复杂的战术，令无数球迷为之倾倒。

(三) 排　球

排球比赛中除了移动、传球、发球、扣球、拦网等常见的基本技术得到迅速发展外，快球技术发展也很快。我国排球健儿还创造和发展了时间差、位置差等快球技术，起到自身掩护、甩掉拦网的作用。日本名将广纪江有背溜快攻的绝技，中国的吴咏梅反应敏捷、步伐灵活……这些精湛的技术使人耳目一新。

现代排球战术在不断发展、变化。过去的高快结合逐渐变成高、快、灵。主要战术有中一二、边一二、两次球、后排插上、后排进攻、拦网等。两次球（当一传垫到网边扣球点的位置时，前排队员随即扣球）战术的运用真真假假、虚虚实实，使对方拦网捉摸不透，防不胜防，能起到突然袭击的作用。战术的内容和质量是很重要的。有时，简单的战术形式可以打出高质量、多变的球。

二、体　操

体操比赛对运动员的技术动作要求不仅有高、难、险、新，还有舒展、大方、流畅、准确、优美、幅度大等。在欣赏体操比赛时，首先要了解规则、套路编排的技巧、动作完成的难度和效果。

随着体操动作技术水平的发展和提高，将会出现许多高、难、险、新动作。例如，美国运动员雷顿在高低杠上表演了腹弹低杠，然后后摆前空翻坐高杠；李宁在自由体操和双杠比赛中表演了托马斯全旋。一套高水平的体操动作就是一个精彩的作品，它是教练员精心设计的一个作品，通过运动员刻苦训练和比赛呈现给观众。

三、田　径

在田径比赛中，战术是根据自己的特点和对手的情况而制定的。如中长跑运动员的体力分配，速度安排，跟随跑、冲刺跑等；跳高运动员为节省体力或给对方心理施加压力采取的免跳或对起跳高度的掌握等。在第二十四届奥运会上男子跳高的争夺中，苏联选手阿夫杰延科同曾经创造世界纪录的瑞典运动员舍贝里之间的心理战术十分引人注目，经验丰富的舍贝里一直用免跳战术同阿夫杰延科进行周旋，力求造成对方心理上的紧张，而后者不受干扰，稳扎稳打，力挫群雄，最后终于以 2.38 m 的成绩夺得了金牌。

体育比赛为人们展现了一个绚丽多姿的艺术世界，它能激发人们的种种联想，使人们在精神上得到美好的享受，这就是体育美学的作用。罗丹曾经说过：“自然界中没有任何东西比人体更美。”古希腊的雕像《掷铁饼者》刻画了运动员全神贯注、铁饼即将出手的刹那态势，全身动作的协调、力点的发挥、肌肉的强劲，把人体运动美表现得十分充分，使人不知不觉对健美体魄产生羡慕和向往。这既是体态之美，也是精神之美。体育运动使人体美得到充分的展现。健美比赛中，在舞台灯光的照射下，伴随着优美的乐曲，那隆起的肌肉群、雕塑般的身躯、匀称优美的造型展现在人们面前的时候，人们不由得陶醉在美的享受之中。健美运动员有节奏地把自己发达的肌肉展现出来，并肩比美，表现了人类对自身体魄的理解和欣赏，具有永恒的魅力。

体育运动中的技术美包括技巧美、统一美、韵律美、力量美和适应美等要素。竞技体操比赛是一幅幅美的画卷，运动员的动作既要难度高，又要稳健、准确、优美、节奏好、幅度大。在球类比赛中，紧张激烈，高潮迭起，精彩纷呈。在武术比赛中，可以看到运动员动静疾徐，刚柔虚实，不仅有固定套路，还有两人或多人斗智斗勇的格斗。观众既能欣赏到勇猛、快速，又可领略到轻快、矫捷，富有韵律之感。

体育运动丰富多彩，帆船运动员在惊涛骇浪中搏击，击剑运动员敏捷灵活、剑法快速多变，花样滑冰运动员在冰面上翩翩起舞……这些诗情画意的美，使人们萌动着对体育更高、更深层次的热爱。

音乐在体育中的应用日益广泛，一些名曲被体育音乐吸收，形成独特的音乐作品，像自由体操、花样滑冰、花样游泳、武术、健美操等运动项目都有不同特色的音乐伴奏，使人们在欣赏体育运动美的同时，也欣赏到体育音乐美。

思考与研究

（1）说明体育欣赏的意义和作用。

（2）说明观赏体育比赛应具有的修养。

第四章　田径运动

章节导读

微信扫码：精讲视频 配套题库

体育承载着国家强盛、民族振兴的梦想。习近平总书记强调：“体育代表着青春、健康、活力，关乎人民幸福，关乎民族未来。”深入学习贯彻党的二十大精神，以中国式现代化体育新道路推动体育强国建设。田径运动是“更高、更快、更强——更团结”最直接的展现，是“为国争光、无私奉献、科学求实、遵纪守法、团结协作、顽强拼搏”为主要内容的中华体育精神的重要体现。

第一节　跑步运动

跑步是人的一项最基本的活动技能，也是锻炼身体、增强体质的一种有效手段。跑步运动包括短跑、中长跑、马拉松跑、障碍跑和跨栏跑。其中短跑、跨栏跑是高校体育教学与竞赛的重要内容。通过对各种跑的技术的学习与实践，初步了解各种跑的基本动作要领，发展身体素质，提高奔跑能力。本节主要介绍了短跑、跨栏跑的完整动作技术及练习方法。

一、短　跑

短跑是用最快的速度跑完规定的较短距离，是人体运动器官和内脏器官在大量缺氧的条件下完成最大强度的工作，属于极限强度的运动。短跑是田径运动的基础，是其他运动项目身体训练和技术训练必不可少的手段。短跑的项目包括 100 米跑、200 米跑、400 米跑等。

（一）短跑的技术

重点提示：短跑的全程技术可分为起跑、起跑后的加速跑、途中跑和终点跑 4 个部分。其中，途中跑的距离最长，是全程技术中的主要环节。全程跑的成绩取决于起跑的反应速度、起跑后的加速能力，以及保持最高跑速的距离和各个部分技术完成的质量。

1. 起　跑

起跑的任务是获得较大的向前冲力，使身体迅速摆脱静止状态，为起跑后的加速跑创造有利条件。

（1）起跑器的安装。短跑的起跑一般采用起跑器的蹲踞式起跑，目的是使两脚有牢固的支撑，形成良好的预备姿势。

起跑器的安装方法有普通式和拉长式两种（图 4-1-1）。至于采用哪种更好，主要取决于个人的身高、体形、训练程度和技术水平。

如果是在弯道起跑（如 200 米跑和 400 米跑），为了便于起跑，应将起跑器安装在弯道的跑道右侧正对跑道的切点方向（图 4-1-2）。

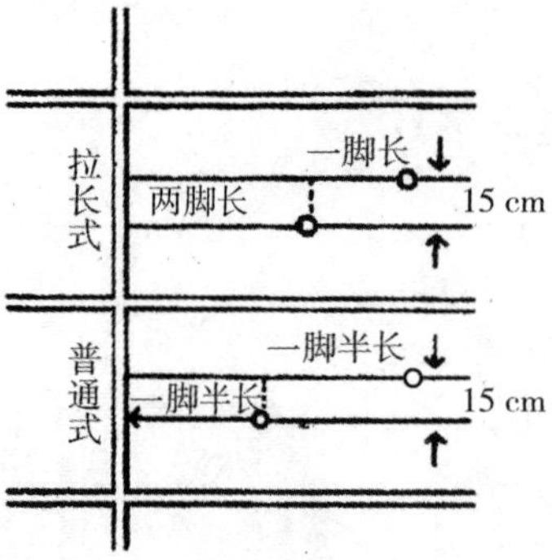

图 4-1-1　起跑器的安装方法

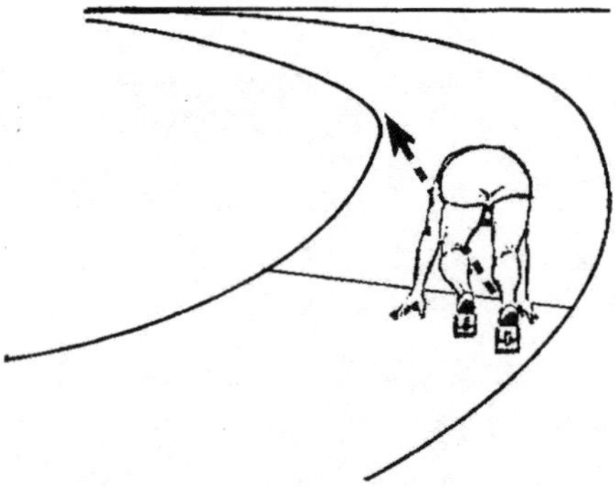

图 4-1-2　弯道起跑时起跑器的安装位置

（2）起跑技术。起跑过程包括“各就位”、“预备”和鸣枪 3 个阶段。听到“各就位”口令后，做几次深呼吸，轻松地走到起跑器前，两手撑地，两脚依次踏在前后起跑器的抵足板上，有力脚在前，后膝跪地，两手四指并拢和拇指成八字形撑地，两臂伸直，肩与起跑线平行，两手间隔略比肩宽（图 4-1-3）。

图 4-1-3　起跑过程

听到“预备”口令后，平稳地抬起臀部，与肩同高或高于肩，重心前移。肩部稍超出起跑线，重心落在两臂及前腿上（图 4-1-3）。

听到枪声，两手迅速推离地面，两臂屈肘有力地做前后摆动，两脚迅速蹬离起跑器，后腿在蹬离起跑器后迅速屈膝向前上方摆出，同时前腿快速有力地蹬伸髋、膝、踝 3 个关节（图 4-1-3）。

2. 起跑后的加速跑

起跑时，当前腿蹬离起跑器即转入加速跑阶段。加速跑时，两臂积极有力地前后摆动，两腿交替用力向后下方蹬地，随着步长的逐渐增加，两脚的着地点逐渐吻合在一条直线上（图 4-1-4），即转入了途中跑（图 4-1-5）。

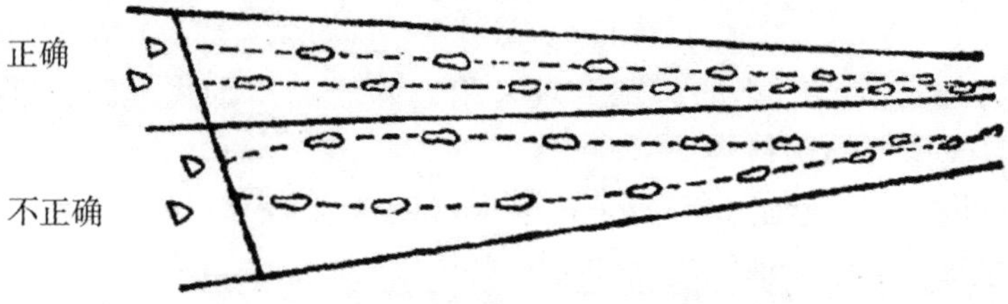

图 4-1-4　加速阶段两脚着地点正误示意图

图 4-1-5 转入途中跑阶段示意图

弯道起跑时，为了尽快进入弯道跑，加速跑的距离要比直道的距离短一些，较大前倾的身体也要早些抬起。

3. 途中跑

途中跑时，头部正直，上体稍前倾，两臂以肩关节为轴做前后轻松有力的摆动。正确的摆臂不仅能维持身体平衡，而且有助于加快两脚的动作频率和增大步长（图 4-1-6）。

图 4-1-6 途中跑示意图

弯道途中跑时，为了克服离心力的作用，整个身体要向左倾斜，右肩高于左肩，右臂摆幅和力量都大于左臂［图 4-1-7（1）］。脚落地时，右膝和右脚尖稍向内转，用前脚掌的内侧着地和蹬地；左膝和左脚尖稍向外转，用脚外侧着地和蹬地［图 4-1-7（2）］。

4. 终点跑

终点跑的技术与途中跑基本相同，但要加强两脚蹬地的力量和两臂的摆动，并适当加大身体的前倾幅度。离终点最后一步时，上体迅速前倾用胸部或肩部撞过终点线（图4-1-8），然后逐渐放慢跑速。

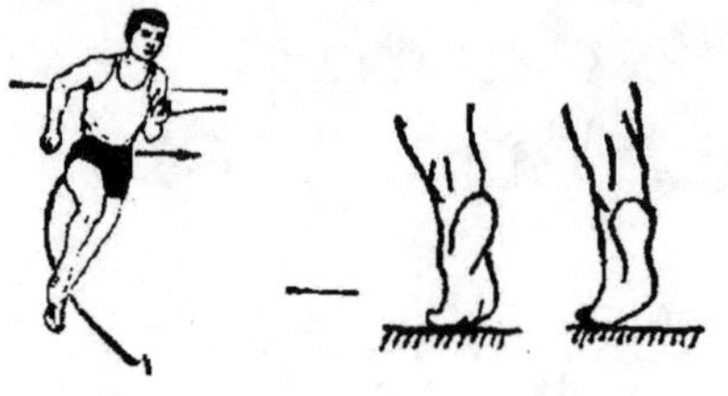

图4-1-7　弯道途中跑示意图

图4-1-8　终点跑示意图

（二）短跑的练习方法

1. 途中跑技术练习

（1）摆臂技术的练习。两脚前后开立，重心在前脚，原地前后摆臂练习，摆臂要以肩关节为轴（图4-1-9）。

（2）中等速度的40~60 m反复跑练习。要求跑的动作放松、协调。同时，强调支撑腿充分后蹬及摆动腿积极前摆的正确技术（图4-1-10）

图4-1-9　摆臂技术练习

图4-1-10　中等速度的反复跑练习

（3）弯道途中跑技术练习。在一个直径10~15 m的圆圈上跑，先用慢跑、中等速度跑，然后用快跑，体会随着速度的加快，身体向内倾斜的程度不断加大（图4-1-11）。

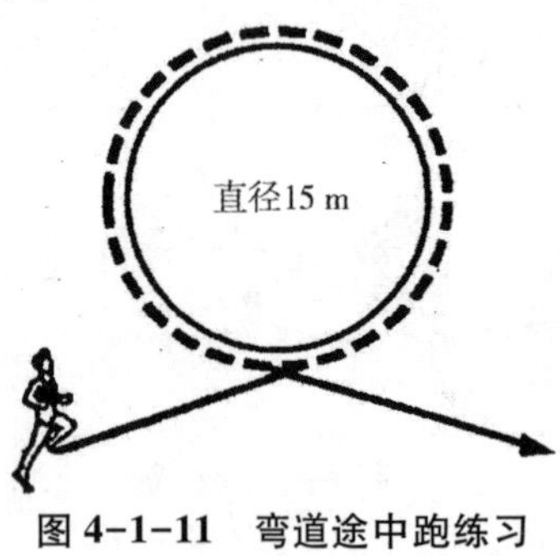

图4-1-11　弯道途中跑练习

图4-1-12　不用起跑器的蹲踞式起跑练习

2. 蹲踞式起跑和加速跑技术练习

（1）不用起跑器的蹲踞式起跑练习。从蹲踞开始做起跑动作（图4-1-12）。

（2）加速跑技术练习。两腿分前后站立，身体前倒，等身体失去平衡时，顺惯性跑出15~20 m（图4-1-13）。

（3）利用起跑器按“各就位”“预备”体会起跑的动作要领，主要体会双脚蹬离起跑器瞬间的感觉（图4-1-14）。

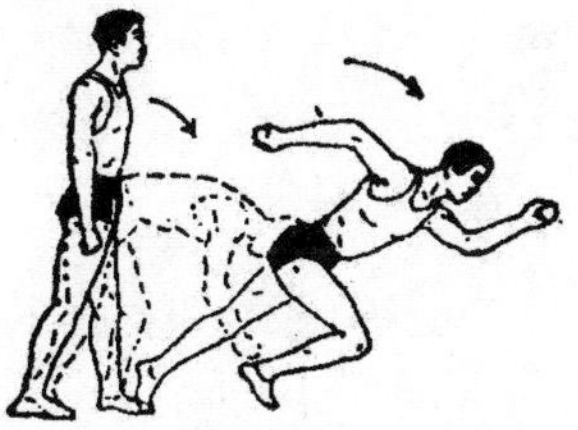

图 4-1-13 加速跑技术练习

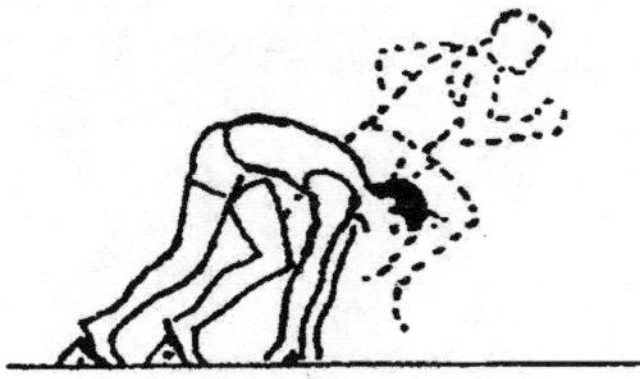

图 4-1-14 利用起跑器的起跑练习

3. 终点跑技术练习

（1）终点撞线技术练习。慢跑中，上体前倾用胸部做撞线的动作；中等速度跑，做胸部撞线动作。

（2）终点跑技术练习。20~30 m 快速跑过终点，不做撞线动作，注意身体适度前倾和加快步频及增大摆幅；20~30 m 快速跑在接近终点 1 m 处做胸部撞线动作，迅速跑过终点（图 4-1-8）。在做终点撞线动作时，要防止跳起撞线。终点撞线后，要逐渐放慢跑速，以防止突停而造成伤害事故。

二、跨栏跑

重点提示：跨栏跑是途中设有固定数量、固定距离和固定高度栏架的短跑项目，也是田径运动中技术较复杂、节奏感较强、锻炼价值较高的项目。

由于跨栏跑是在快速的奔跑中连续跨过一系列有一定高度的栏架，因此，练习跨栏跑可以培养学生勇敢顽强、不屈不挠的意志品质。同时，这项集速度、力量、耐力、灵敏和柔韧于一身的运动练习，对于人的身体素质全面发展的促进作用是任何项目都不可替代的。

国际比赛男子 110 米栏和 400 米栏，女子 100 米栏和 400 米栏相关数据见表 4-1-1。

表 4-1-1 国际比赛跨栏相关数据

性 别	距离/m	栏高/m	从起点至一栏的距离/m	栏间距离/m	从最后一栏至终点线的距离/m
男	110 400	1. 067 0. 914	13. 72 45	9. 14 35	14. 02 40
女	100 400	0. 840 0. 762	13 45	8. 5 35	10. 5 40

（一）跨栏跑的技术（以男子 110 米栏为例）

合理的跨栏技术应当是像跑一样跨过栏架，因此，跨栏跑的关键是快。这就要求一是跑得快，二是完成跨越栏架的一系列动作要快。

正确的技术应当体现出：

（1）直线性。全程跨栏步的步点要像短跑一样，应当在一条直线上。

（2）平衡性。从攻栏至过栏的一刹那，上体应适当前倾，两臂协调配合，过栏动作身体平衡（图 4-1-15）。

图 4-1-15　跨栏跑平衡技术

（3）节奏感强。过栏时，摆动腿、起跨腿、臂和上体的动作应是紧密结合的，任何的间隔与停顿，都会破坏动作的完整性。栏间跑要符合短跑的要求，合理地分配各步的长度。

1. 起跑至第一栏的技术

国际比赛男子 110 米栏运动员起跑至第一栏的距离为 13.72 m。起跑至第一栏跑的技术，基本上类似于短跑，起跨前一步的技术对完成起跨有直接影响。这一步一般要比倒数第二步小 10~15 cm。缩短这一步的步长，减少起跨腿的摆动时间，使着地点更接近身体重心的投影点，因此，起跨腿的脚着地会更加积极有力地踏上起跨点，为迅速地跨越第一栏做好准备。

起跑至第一栏一般跑 8 步。起跑器的安装方法基本上等同于短跑。如果起跑至第一栏跑偶数步，应将起跨腿放在前面；如果跑奇数步，则将起跨腿放在后面。

2. 过　栏

合理的过栏技术应当是过栏时间短，为栏间跑创造有利条件。

过栏的整个动作通常叫作跨栏步，它是由起跨脚着地起跨开始，到摆动脚过栏后着地为止，包括起跨攻栏、离地过栏和下栏着地 3 个阶段。跨栏步是跨栏跑中最重要、最基本的技术。

（1）起跨攻栏。在起跨腿的前脚掌正对前方积极着地后，随着身体重心的快速前移，摆动腿迅速向前上方摆动，当身体重心移过垂直部位时，起跨腿迅速蹬直。在蹬离地面的一刹那，上体与髋、膝、踝 3 个关节几乎在一条直线上。由于两腿蹬摆的积极动作，髋部迅速前移，摆动腿的异侧臂有力地向前伸摆。这样，既可以保证起跨角度适宜（65°~70°），不致过大而造成过栏腾空过高延误时间，又可增加攻栏力量，从而发挥向前的水平速度（图 4-1-16）。

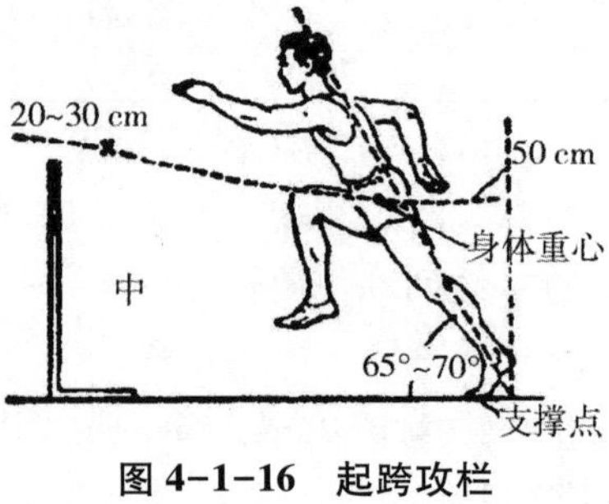

图 4-1-16　起跨攻栏

（2）离地过栏。身体腾空后，摆动腿的小腿迅速前摆，在栏上摆动腿几乎伸直，脚尖勾起。这时上体前倾最大，胸部几乎接近摆动腿的大腿。起跨腿小腿随蹬地后的惯性自然弯曲，在摆动腿压栏的同时，起跨腿以大腿带小腿，脚尖勾起，屈膝外展，膝高于踝，以膝领先收紧小腿经体侧向正前方迅速提拉到胸前，这一瞬间两腿在空中形成一个协调有力的“剪绞”动作。与此同时，已在前伸的摆动腿的异侧臂配合下肢动作由前向侧下、向后方划动，而另一臂则自然地配合，由后摆向前方（图 4-1-17）。

图 4-1-17　离地过栏

（3）下栏着地。摆动腿压栏的动作几乎是擦着栏板进行的。当臀部移过栏架时，伸直的摆动腿更加积极下压，用脚前掌着地（图 4-1-18）。

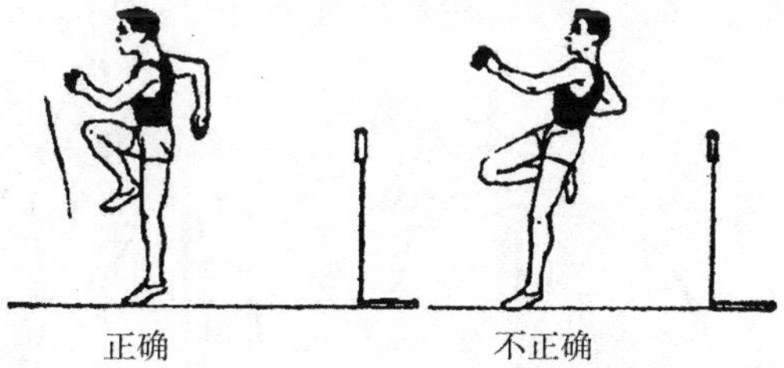

图 4-1-18　下栏着地正误姿势

3. 栏间跑

国际比赛男子 110 米栏栏间距离为 9. 14 m，一般跑 3 步，但因素质、身材不同，也可能跑 4~5 步。如果跑 4 步，就必须学会左、右腿都能起跨，即“左右开攻”。如果能够 3 步跑完栏间距，则必须迅速正确地跑好第一步。一般 3 步距离的分配是，第一步最小，第二步最大，第三步适中（图 4-1-19）。

图 4-1-19　栏间跑

4. 终点冲刺和全程跑

在跨过倒数第二个栏时，应尽量保持最高速度并开始冲刺。当下最后一栏时，摆动腿的切栏动作应更加积极，起跨腿越过栏板后，膝关节不必像前 9 个栏那样抬高至胸前，而是尽快地向前落地奋力跑出。接近终点时，加大上体前倾，其撞线动作与短跑相同。

（二）跨栏跑的练习方法

1. 跨栏步练习

（1）摆动腿的攻摆练习。

①原地攻摆练习。原地站好，起跨腿支撑，摆动腿向前高抬，小腿折叠，然后脚发力，向前踹直后积极下压，直膝后扒（图 4-1-20）。

图 4-1-20　跨栏步练习

②行进间做上述动作。开始走着做，然后可以慢跑和高抬腿跑做。

③利用木马做攻摆练习。可以原地做或慢跑做，注意支撑腿距木马的距离可逐渐加远，以做出用力蹬地送髋前移，培养攻栏意识（图 4-1-21）。

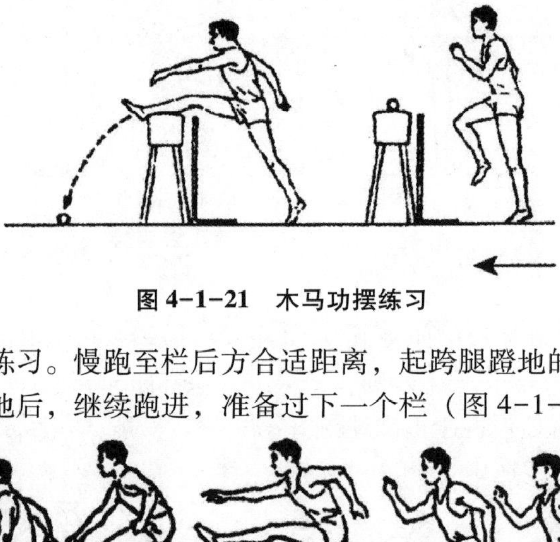

图 4-1-21　木马功摆练习

④栏侧攻摆过栏练习。慢跑至栏后方合适距离，起跨腿蹬地的同时，摆动腿屈膝向前抬起，大腿下压落地后，继续跑进，准备过下一个栏（图 4-1-22）。

图 4-1-22　栏侧攻摆过栏练习转入途中跑阶段示意图

（2）起跨腿的过栏练习。

①原地徒手练习。两脚前后开立，摆动腿在前，然后将后面的起跨腿向后摆起，接

着屈膝外展，足尖勾起，自体后经侧以膝关节领先提拉至体前落下（图 4-1-23）。

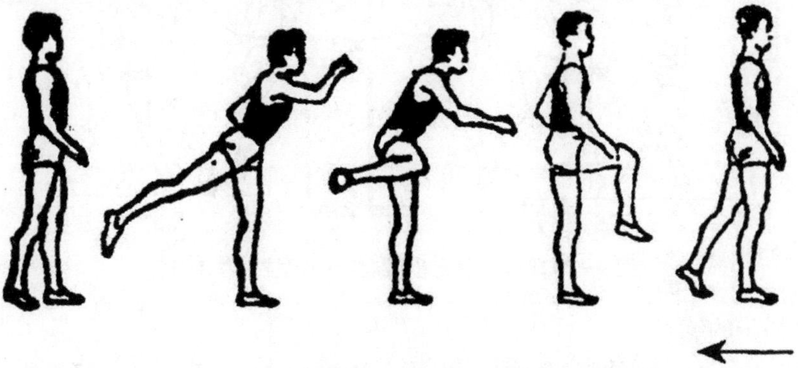

图 4-1-23 原地徒步练习

②利用肋木和栏架练习原地过栏。手扶肋木站立，体侧纵或横放一栏架，做起跨腿提拉练习。注意提拉至体侧后，膝关节尽量高抬，髋关节不能后坐及外转（图 4-1-24）。

(1)

(2)

图 4-1-24 利用肋木和栏架练习原地过栏

③栏侧原地、走步做起跨腿提拉过程动作。随着技术的掌握，可用慢跑或中速跑由过一个栏架到连续过几个栏架（图 4-1-25 和图 4-1-26）。

图 4-1-25 栏侧原地做起跨腿提拉过程动作

图 4-1-26　栏侧走步做起跨腿提拉过程动作

（3）跨栏步的练习。

①利用皮筋练习。在两杆之间系一皮筋，高约 0.8 m。然后练习者慢跑做跨栏步练习，做此练习时皮筋不可太紧（图 4-1-27）。

图 4-1-27　利用皮筋练习

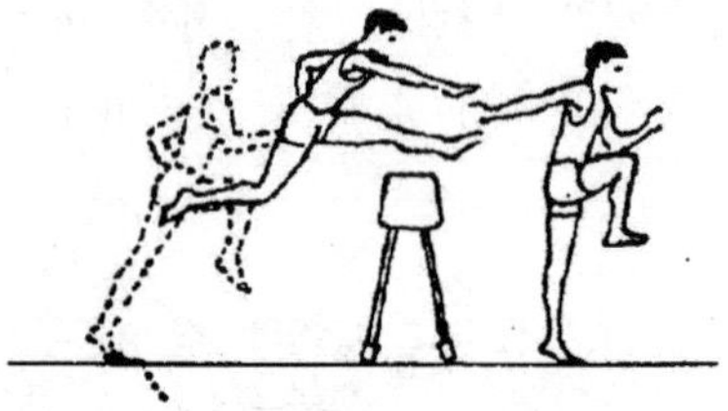

图 4-1-28　利用木马练习

②利用木马练习。用4~6步助跑，做跨跳木马（高0.6 m）的动作。助跑的最后一步要踏在标志线上，空中体会“剪绞”动作（图 4-1-28）。

③慢跑或高抬腿跑接做过栏动作，下栏后继续前跑准备过下一个栏（图 4-1-29）。

图 4-1-29　慢跑或高抬腿跑接做过栏动作

2. 起跑过第一栏技术练习

（1）起跑练习。站立式或蹲踞式，以最高速度跑8步，以确定适宜的步长和起跨距离。8步上栏，起跨腿在前；9步上栏，则摆动腿在前。

（2）栏前起跑过横杆练习。在第一栏处放一横杆，高度因人而异，练习者快速跑进跨越横杆。

（3）蹲踞式起跑跨越第一栏。听到信号后迅速起动，高速跑跨过第一栏，要求跑得轻快，起跨积极。

3. 栏间跑技术练习

（1）非标准栏间距离的练习。站立式起跑反复跨3~5个栏架，栏架高度及栏间距根据练习者的具体情况而调整。

（2）栏间距跑5步的过栏练习。一般为初学者采用，主要体会栏间跑的节奏感及直线性。

思考与研究

（1）短跑起跑技术分为哪几个部分？

（2）途中跑时应注意哪些要领？

（3）正确的跨栏技术应表现在哪些方面？

（4）跨栏步分为几个阶段？

第二节 跳跃运动

跳高、跳远是田径运动中重要的竞赛项目，也是学校体育教学、运动竞赛的主要内容。本节主要介绍跳高、跳远的完整技术及提高这两项运动成绩的练习方法。通过学习，初步掌握跳跃项目最基本的技术动作，为业余锻炼打下良好的基础。

一、跳 高

跳高是一项历史悠久的运动项目。早在我国春秋战国时期，各封建君主就把跳高列为训练士兵的手段之一。1774 年，德国培斯都学校把跳高作为一种训练学生的手段。后来英国把跳高列为体操的比赛项目之一。跳高姿势的真正形成是 1864 年出现的跨越式（图 4–2–1），后来在跳高运动不断向前发展的进程中先后出现了剪式（图 4–2–2）、滚式和俯卧式（图 4–2–3）。但人们采用滚式比较少，其盛行时间也很短。值得一提的是，我国运动员郑凤荣和倪志钦，曾在 1957 年和 1970 年分别采用剪式和俯卧式打破了当时的女子、男子跳高的世界纪录，成绩为 1. 77 m 和 2. 29 m，使我国在跳高运动中较早地达到了世界先进水平。直到 1968 年墨西哥城举办的第十九届奥运会，美国人福斯贝里以独特的弧线助跑、背向横杆的过杆方法，跳过了 2. 24 m，摘取了该项目比赛的桂冠，促使跳高界对该项技术进行研究，推动了背越式跳高在各国运动员中的普及。目前，世界上公认背越式跳高方法最为合理，其已为绝大多数运动员所采用。这里，重点介绍背越式跳高的基本技术。

（一）背越式跳高技术

重点提示：背越式跳高技术可分为助跑、起跳、腾空过杆和落地几个部分。起跳是决定跳高成绩的关键。

1. 助 跑

背越式跳高是用远离横杆的脚起跳。背越式跳高的助跑，一般在前段跑直线，后段跑弧线。整个助跑跑 8~10 步，弧线约跑 4 步。直线助跑的前几步与普通加速跑相似，只是重心略高些。转入弧线助跑时，身体要向圆心方向倾斜。

要使全程助跑自然、快速，需要有一个准确的助跑步点，一般用走步丈量法来丈量（图 4–2–4）。即确定起跳点后，从起跳点向助跑一侧平行于横杆的方向自然走 5 步，然后向助跑起点方向走 6 步，此处做一标记为直弧段交界处，再继续向前走 7 步做一标记，即为起跑点（此方法适用于直线和弧线段都跑 4 步的丈量方法）。

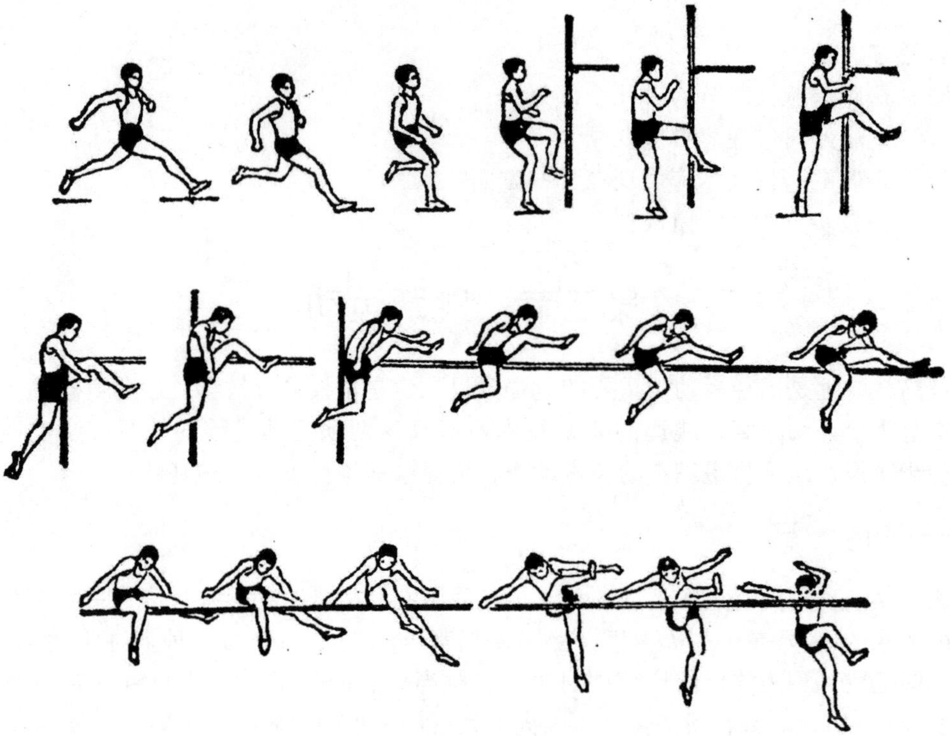

图 4-2-1　跨越式跳高

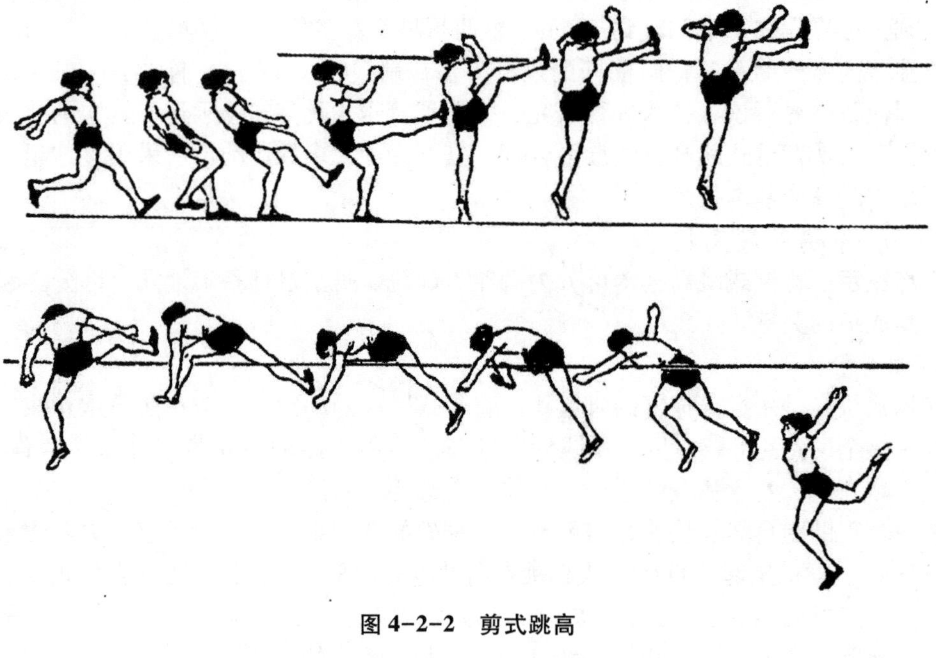

图 4-2-2　剪式跳高

图 4-2-3 俯卧式跳高

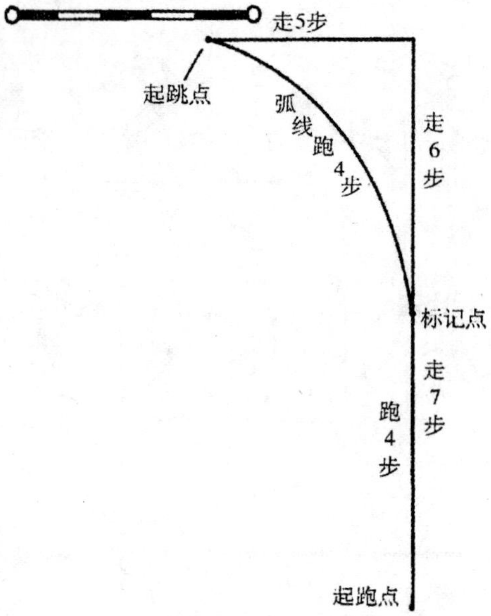

图 4-2-4　走步丈量法

2. 起　跳

起跳是跳高技术中最重要的一环。背越式跳高的起跳点距横杆的垂直面为 60～80 cm，随着高度的升高，起跳点会越来越远。起跳时，一般约与横杆垂直面成 10°～15° 夹角，即与助跑弧线的切线方向一致。起跳脚沿弧线切线方向迈出时，用脚跟外侧先接触地面向前滚动并转成全脚掌着地。同时，身体由倾斜转为垂直，摆动腿以髋带动大腿迅速前摆，并带动骨盆扭转，同时蹬伸起跳腿。两臂配合腿的动作向上提肩摆臂，为身体腾空后完成过杆做好准备。

3. 腾空过杆和落地

起跳结束后，身体按弧线的切线方向腾起，腾起初期身体应保持起跳动作。当人体腾空后，身体继续转成背对横杆的姿势。摆动腿的膝关节放松，起跳腿蹬离地面后自然下垂，肩继续向横杆伸展，头和肩先过横杆，髋部向上升起充分挺开，两膝关节弯曲，在杆上成背卧反弓形的姿势。髋部伸展动作要延续到臀部越过横杆后，借助后弓的反弹作用，把未过杆的双腿上举，使其越过横杆，身体过杆后用肩背首先落于海绵垫子上（图 4-2-5）。

图 4-2-5　背越式跳高

身体越过横杆的一刹那，一定要注意充分伸展髋关节，不要过早收腹举腿，否则会使臀部下降碰落横杆。

（二）背越式跳高的练习方法

1. 练习掌握起跳技术

（1）原地起跳练习。

①侧向站立，摆动腿同侧手扶支撑物。做摆腿、送髋和起跳腿蹬伸的练习（图4-2-6）。

②同上练习，只是把起跳腿放在后面，向前迈一步做此练习，体会起跳腿向前迈步、放脚并积极下压落地，在摆动腿配合下积极蹬伸。

（2）行进间起跳练习。

①助跑二三步，在摆动腿起跳后，把摆动腿放在 40~60 cm 高的横梁上，练习时要注意起跳腿的蹬伸和摆动腿及两臂的大幅度摆动（图 4-2-7）。

图 4-2-6　原地起跳练习

图 4-2-7　行进间起跳练习

②走动中做走步起跳的模仿练习，接着起跳腿蹬离地面完成起跳动作后，由于摆臂和摆腿的作用，使身体沿纵轴向起跳腿一侧旋转。

2. 练习掌握助跑技术及助跑结合起跳技术

（1）弧线助跑练习。沿直径约 10~15 m 的圆圈做中、快速跑练习，注意身体向内倾斜，跑的技术与弯道跑相似（图 4-2-8）。

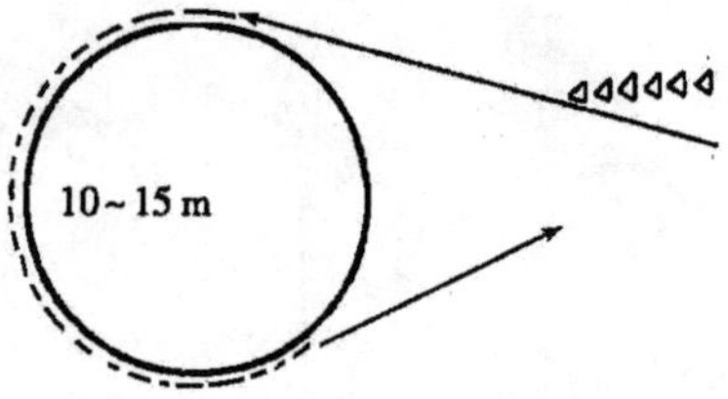

图 4-2-8　弧线助跑练习

（2）助跑结合起跳练习。

①沿直径 10~15 m 的圆圈做中速跑，每跑三四步做一次起跳，起跳时，上体由倾斜迅速转成正直，起跳后提肩，提腰送髋，头向上顶，同时身体转成正对圆心。

②弧线助跑起跳后，用头触及高处。

③弧线助跑在较高的横杆旁起跳，要求垂直向上“旋起”，成背向横杆，在横杆远端落地（图 4-2-9）。

④弧线助跑起跳后，坐在垫子上。注意体会助跑与起跳的结合（图 4-2-10）。

图 4-2-9　助跑结合起跳练习

图 4-2-10　助跑与起跳的结合

3. 练习掌握过杆与落地技术

（1）原地过杆技术练习。

①仰卧在垫子或草地上，用两肩和两脚撑地，向上做提髋动作。

②背对肋木稍下蹲，用手反握与肩同高的横梁，向前做挺髋展腹的动作。此练习也可以在单杠、双杠上做（图 4-2-11）。

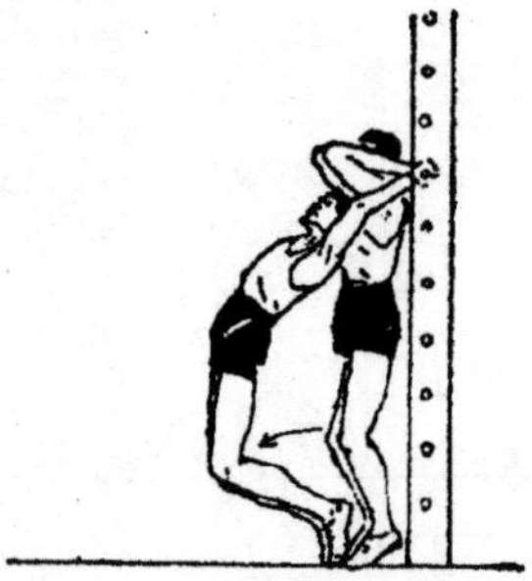

图 4-2-11　挺髋展腹练习

③背对放垫子的跳马站立，提踵挺髋，接着挺胸，两肩后引倒落在垫子上，并顺势成后滚翻练习（图 4-2-12）。

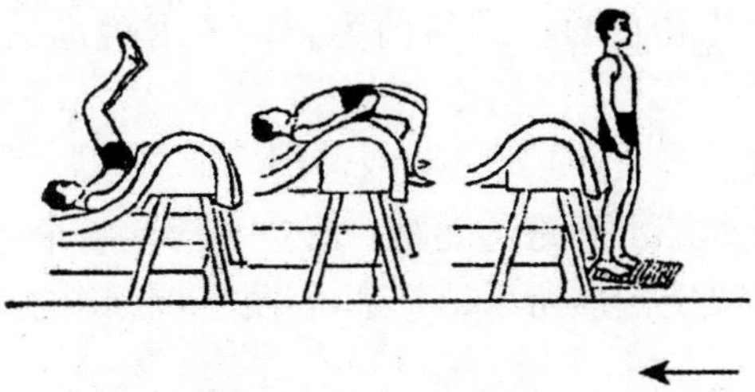

图 4-2-12　后滚翻练习

④原地背越式跳高。两腿屈膝半蹲，然后用力向上跳起，两臂上摆，肩后引，挺髋，成背越式姿势过杆，臀部过杆后，小腿积极向上甩起（图 4-2-13）。

图 4-2-13　原地背越式跳高练习

（2）过杆与落地技术的完整练习。

①弧线助跑起跳腾空后背对垫子，双肩积极后引，同时挺髋，身体呈反弓形，落在垫子上（图 4-2-14）。

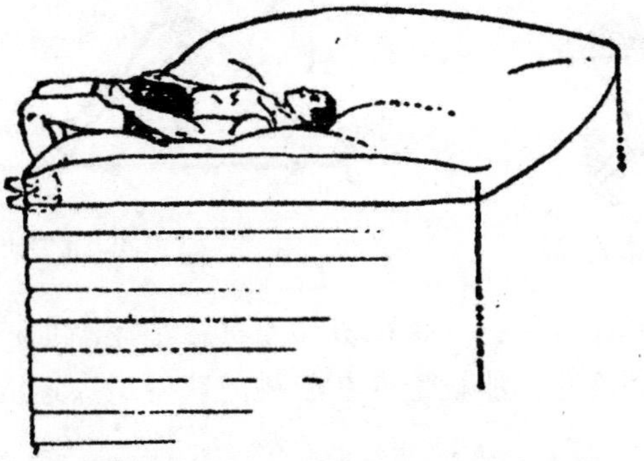

图 4-2-14　过杆与落地技术的完整练习

② 4 步弧线助跑跳过低杆，要求步点准确有节奏，起跳充分向上，过杆时身体舒展成“桥”，与横杆大致成十字交叉。

二、跳　远

跳远是田径比赛的主要项目之一。跳远运动项目场地设备简单，技术也比较好学，在群众中很容易普及。经常从事跳远练习，可以发展人的速度、弹跳力和协调性等身体素质，增进人的健康和各器官系统的功能。

1896年，在雅典举办的第一届现代奥运会就把男子跳远列为正式的比赛项目，美国运动员克拉克以6.35 m获得冠军。半个世纪之后的1948年，在伦敦举办的第十四届奥运会又将女子跳远列为比赛项目。到目前为止，男子跳远的世界纪录为8.95 m，女子为7.52 m。

（一）跳远的技术

重点提示：跳远的技术是由助跑、起跳、腾空和落地4个部分组成的。跳远的成绩是由助跑速度和起跳技术决定的。所以，快速的助跑和正确的起跳动作相结合是跳远技术的关键。

1. 助　跑

助跑的目的是获得较高的水平速度，并为准确的踏板和起跳做好准备。

（1）助跑的距离。助跑的距离是根据每个人发挥速度的快慢来确定的。发挥速度较快的人，助跑距离可短一些；发挥速度较慢的人，助跑距离可适当长些。男子一般为35~40 m，跑18~20步；女子一般为30~35 m，跑16~20步。

助跑距离的确定有两种丈量方法。一是走步丈量法，如果确定助跑16步，就从踏跳板前沿开始往助跑起点走自然步28步，最后一步起跳脚着地点即为助跑起点；二是跑步丈量法，从踏板前沿开始往助跑起点按照一定的速度和节奏跑至所需的步数，最后一步起跳脚落点即为助跑起点。

（2）助跑方法。助跑的开始姿势有两种：一种是从静止开始，采用半蹲式（图4-2-15）或“站立式”起跑（图4-2-16），其优点是第一步的步幅和速度比较稳定，有利于提高助跑的准确性；第二种是从行进间开始，即先走或慢跑几步，踏上起跑点后开始加速跑，这种方法的优点是动作比较放松自然。

图4-2-15　半蹲式起跑

图4-2-16　站立式起跑

起跑后的加速方式也有两种：一是积极加速；二是逐渐加速。无论采用哪种加速方式，都必须遵循一个前提条件，那就是要在起跳前获得最大速度，并有助于踏上起跳板和正确起跳。

2. 起　跳

合理的起跳技术要求在最大限度地保持水平速度的同时，又能使身体获得理想的垂直速度，所以说，起跳是跳远的重中之重。

助跑的最后一步在用摆动腿支撑时，上体要保持正直，踏跳腿屈膝并以大腿带动小腿向前摆，在支撑的摆动腿刚蹬离地面时，踏跳腿应积极下压大腿，以全脚掌着板，当身体重心刚刚移到踏跳腿支撑点上方的一刹那，就要用全力蹬伸起跳腿，使踏跳腿的踝、膝、髋3个关节伸直，摆动腿积极前摆，两臂配合腿的动作，起跳腿的同侧臂屈肘向前上方摆起，异侧臂屈肘向侧摆，同时提肩、拔腰、挺胸、顶头（图4-2-17）。

3. 腾　空

起跳腾空后，所做的任何动作都是为了保持身体平衡，推迟着地时间，为落地创造有利条件。

腾空初期的姿势称为腾空步（图 4-2-18）。腾空步以后的空中动作，一般有蹲踞式和挺身式。

图 4-2-17　起跳动作

图 4-2-18　腾空步

（1）蹲踞式。在腾空步至最高点时，起跳腿迅速向前与摆动腿靠拢，两臂自然向下摆，上体稍前倾，在空中成蹲踞姿势向前飞进，并借助收大腿使之靠近身体的惯性，把小腿向前伸出（图 4-2-19）。

图 4-2-19　蹲踞式腾空

（2）挺身式。在腾空步后，起跳腿放松地放在体后，摆动腿自然下落，两臂向侧下摆动，同时挺身，使体前肌肉群充分拉长，当身体约在整个腾空过程 2/3 的地方时，要用力收腹，上体适度前倾，双腿迅速充分前伸，双臂由体侧经后上方向前摆动（图 4-2-20）。

图 4-2-20　挺身式腾空

4. 落　地

落地前，大腿尽量上举靠近胸部，将要着地时，小腿积极前伸，双脚接触沙面后，迅速屈膝缓冲，臀部前移，上体前倾，双臂积极后摆，使身体重心迅速移过支撑点（图

4-2-21）。

图 4-2-21 落地动作

（二）跳远技术的练习方法

1. 助跑与起跳结合的技术练习

（1）原地模仿起跳练习。练习时，起跳腿迅速蹬直，摆动腿向前上方摆动，身体各部分配合协调（图 4-2-22）。

（2）上步起跳练习。摆动腿在前，起跳腿在后，起跳腿向前迈步，摆动腿大腿迅速向前上方摆动，提肩，拔腰，两臂上摆，头向上顶，同时起跳腿用力蹬地跳起（图 4-2-23）。

图 4-2-22 原地模仿起跳练习

图 4-2-23 上步起跳练习

（3）4~6 步助跑做上述练习。练习时，要注意将快速助跑与强有力的踏跳很好地结合。

（4）中程、全程助跑的起跳练习。助跑要快速、轻松、平稳、准确，起跳时要充分蹬直踝、膝、髋 3 个关节。

2. 空中姿势和落地动作练习

因蹲踞式的空中姿势比较简单，而走步式的空中姿势相对复杂，只有挺身式跳远的空中姿势适合大学生的身体素质与特点，因此，这里只介绍挺身式跳远空中动作的练习方法。

（1）原地做挺身式的模仿练习，体会放腿和伸腿的展体动作（图 4-2-24）。

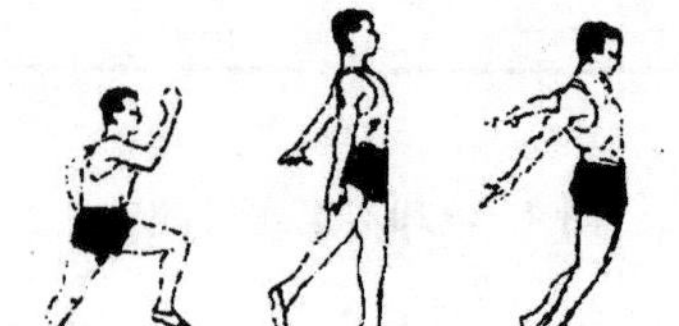
图 4-2-24 原地做挺身式的模仿练习

（2）上步做上述动作的模仿练习。

（3）由高向下跳的模仿练习。站在 50 cm 或 100 cm 高的跳箱上做挺身或跳远的练习，然后收腹举腿，前伸小腿落入沙坑（图 4-2-25）。

图 4-2-25　由高向下跳的模仿练习

（4）助跑结合弹跳板的挺身练习。助跑后在弹跳板上起跳，做挺身动作落入沙坑（图 4-2-26）。

图 4-2-26　助跑结合弹跳板的挺身练习

（5）短程、全程助跑挺身式跳远练习。要求腾空步后下放摆动腿且送髋挺身充分。

3. 跳远技术的辅助练习

（1）立定跳远。借助双臂大幅度摆动的惯性向前奋力跃出，双脚着地前注意收腹举腿，落在沙坑内或松软的草地上（图 4-2-27）。

图 4-2-27　立定跳远

（2）立定三级跳远。为了能获得一定的速度，第一跳之前要多做几次预摆，然后在起跳时一定要使着地的脚掌快速滚动以获得较快的速度（图 4-2-28）。

图 4-2-28　立定三级跳远

（3）利用跳箱练习。跨步跳上一节跳箱后再跳到沙坑或垫子上（图 4-2-29）。

图 4-2-29　利用跳箱练习

（4）左、右交叉跳。在一条直线上做左、右腿交叉跳练习（图 4-2-30）。

（5）蛙跳。双腿并拢，连续向前跳，注意双臂大幅度前后摆动配合练习（图 4-2-31）。

图 4-2-30　左右交叉跳

图 4-2-31　蛙跳

思考与研究

（1）跳高的完整动作由哪几个部分组成？哪个部分最重要？

（2）跳远中最关键的技术是什么？

（3）跳远的空中姿势有哪几种？

第三节　投掷运动（铅球）

推铅球是田径运动中重要的竞赛项目。本节系统介绍了背向滑步推铅球的正确技术及掌握合理技术应采用的练习步骤与方法。

一、推铅球的技术（背向滑步）

重点提示：推铅球是在直径为 2. 135 m 的圆圈内进行比赛的。它要求投掷者以单臂从肩上把球推出去，推出去的球要落在 40°的扇形区内。推铅球是一个完整、连贯的技术动作（图 4-3-1），技术上可分为握球与持球、预备姿势、滑步、最后用力和维持身体平衡 5 个部分。

图 4-3-1　推铅球动作

（一）握球与持球

1. 握　球

五指自然分开，把球放在食指、中指和无名指的指根上，球体重量大部分在食指和中指之间，拇指和小手指扶在球的两侧，手腕背曲，这样可以防止球滑落（图 4-3-2）。

2. 持　球

握好球后，将铅球放在肩上锁骨窝处，贴着颈部，使球稳定，持球臂屈肘，掌心向前（图 4-3-3）。

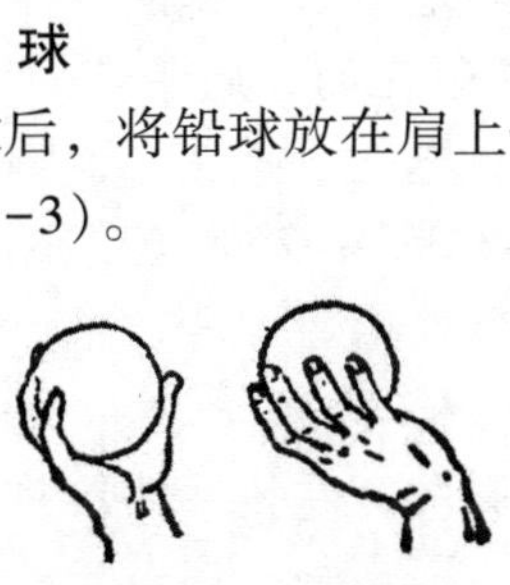

图 4-3-2　握球动作

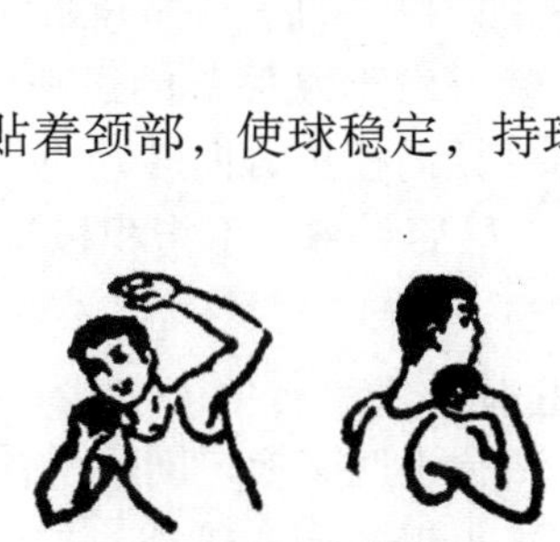

图 4-3-3　持球动作

（二）预备姿势

1. 高姿势

持球后，背对投掷方向，两脚前后站立，相距 30~40 cm，右脚在前（右手推球），脚尖靠近投掷圈，左腿在后并自然弯曲，上体正直放松，左臂自然上举（图 4-3-4）。

2. 低姿势

持球后背对投掷方向，两脚前后开立，距离 50~60 cm，右脚在前，脚跟正对投掷方向，左脚以前脚掌着地，左臂自然下垂，左肩稍向内扣，两腿弯曲，上体前倾（图 4-3-5）。

图 4-3-4　高姿势动作

图 4-3-5　低姿势动作

（三）滑　步

滑步前先做一两次预摆，其动作是左腿向上摆起，同时大腿弯曲，左膝靠近右膝呈屈膝前俯动作。紧接着左腿以大腿带动小腿向抵趾板方向摆出，同时右脚蹬地，左腿伸直，当右脚蹬地和左腿的摆动结束后，迅速拉收右腿，在收腿的过程中，右脚、右膝向内转动。此时，左腿积极下压，用前脚掌内侧着地。滑步结束时，右脚位于直径线上，左脚尖位于直径线左侧约 10 cm 的地方，重心在右腿上，左臂保持内扣，拉长腰背肌肉，为最后用力做好准备（图 4-3-6）。

图 4-3-6　滑步动作

（四）最后用力

最后用力是在左脚触地的一刹那开始的。当左脚一着地，右脚积极蹬伸，并向投掷方向转动右膝和右髋。由于髋关节的迅速转动，形成了髋在前、肩手在后的“超越器械”状态。当上体开始向投掷方向转动时，球离开颈部，这时，抬头、挺胸、转肩、推臂，使出全力推球。最后手腕、手指积极推球，使球沿着 38°~42°的角度飞出（图4-3-7）。

（五）维持身体平衡

铅球离手后，两腿迅速交换，同时上体前倾，右膝微屈，左腿后伸，并向左转体以维持身体平衡，防止犯规（图 4-3-8）。

图 4-3-7　最后用力动作

图 4-3-8　维持身体平衡动作

二、推铅球技术的练习方法

（一）原地推铅球

1. 徒手原地推球练习

面对投掷方向，左脚在前，右脚在后，两脚的距离同肩宽，然后，按照技术部分的要求，完成徒手握铅球的动作（图 4-3-9）。

2. 持球原地推球

侧对投掷方向，两脚开立，左脚在前，右脚在后，右手持球，左臂自然上举，然后按照技术部分的要求，完成推铅球的动作（图 4-3-10）。

图 4-3-9　徒手原地推球练习

图 4-3-10　持球原地推球练习

3. 推铅球过横杆

将铅球推过 2.0~2.5 m 高的横杆，可先做正面推，然后侧向和背向推，目的是体会出球时有较高的出手点（图 4-3-11）。

图 4-3-11　推铅球过横杆

（二）背向滑步技术练习

1. 模仿练习

右手成持球姿势，左手拉住与肩同高的肋木做蹬伸右腿练习，体会左腿的后摆和重心的后移。

2. 徒手滑步练习

做徒手滑步时，要与最后用力动作很好地衔接。

3. 滑步推铅球练习

由准备姿势开始，做背向完整的滑步推铅球练习。

（三）推铅球的辅助练习

1. 原地掷实心球练习

面对投掷方向，两脚前后或左右开立，膝关节弯曲，上体后仰成背弓，重心移到后脚上（左右开立时，重心在两腿之间）。两手自然张开，拇指相对，持球的后部。投掷时，后脚用力蹬地，两腿迅速伸直，身体重心由后脚移到前脚，收腹屈体，同时，两臂急速前摆，当球摆到头上时，用力甩腕将球投出（图 4-3-12）。

图 4-3-12　原地掷实心球练习

2. 双手向前、向后抛实心球或铅球练习

两脚左右开立，与肩同宽，持球半蹲，然后两腿用力蹬起并伸展躯干，把头抬起，同时，把球抛出。两腿蹬直时，脚跟离地，但不能跳起，两腿的蹬直和两臂的伸直是同时的（图 4-3-13）。

（a）向前抛球　　（b）向后抛球

图 4-3-13　双手向前、向后抛实心球或铅球练习

3. 原地正面推实心球练习

双手持实心球于胸前，两脚前后开立，向前推实心球。

思考与研究

（1）推铅球的完整动作包括哪几个部分？哪部分最重要？

（2）铅球的投掷区域有哪些规定？

第五章　篮球运动

章节导读

微信扫码

精讲视频

配套题库

党的二十大报告明确提出，要加快建设体育强国。篮球作为我国体育事业的重要组成部分，肩负着推动我国体育事业发展的重任。此外，篮球运动所蕴含的团队精神、拼搏精神与我国社会主义核心价值观高度契合，发挥着凝聚民族精神、提升国家软实力的作用。学生通过篮球运动中的移动、运球、传球、投篮和战术配合等技战术的学习，不仅可以提升身体素质，而且能培养创新精神和团队协作能力。使学生在篮球运动中不断勇攀高峰，追求卓越，增强集体荣誉感，弘扬中华民族团结拼搏的精神，为实现中华民族伟大复兴的中国梦而努力奋斗。

篮球运动在我国是一项深受广大人民群众和青少年喜爱的球类项目，这项运动有着极强的趣味性、观赏性和竞技性。本章主要介绍常用的篮球基本技术、基本战术和一些比较简便的练习方法，在提高篮球运动水平的同时，提高各项身体素质，如速度、弹跳、灵敏、柔韧、力量和控制身体平衡等能力，以及培养高尚的情操，勇敢顽强、迎难而上的拼搏精神，机智果断敢于面对突发问题的能力，团队互相协作不屈不挠的勇气。

第一节　篮球的起源与发展

一、篮球运动的起源

篮球的起源可以追溯到 19 世纪末的美国。最初是由马萨诸塞州斯普林菲尔德基督教青年会训练学校的体育教师，侨居美国的加拿大人詹姆斯·奈史密斯博士于 1891 年发明的。奈史密斯博士为制订冬季室内体育课教学内容，把在儿童装桃的游戏中受到的启发，综合了橄榄球和其他球类项目特点，并将这些元素加以融合，发明了这项球类体育运动。篮球很快成为一项流行的运动，并吸引了大量的观众。

篮球运动最初的形式比较简单，对场地大小和参加游戏的人数没有限制。主要目的是在冬季的室内体育课上，给学生提供一个有趣的活动方式，比赛队员分成人数相等的两队，分别站在球场的两端，在裁判员向球场中央抛球后，双方队员立即冲进场内抢球，并力争将球投进对方的桃筐。因为桃筐是有底的，球投中以后就留在桃筐里，人必须登上专设的梯子才能将球从桃筐里取出。随着场地设施的不断改进，桃筐取消了筐底，并改用铁圈代替桃筐，用木板制成篮板代替铁丝挡网，场地增设了中线、中圈和罚球线，比赛改由中场跳球开始。与此同时，场上比赛队员也改为每队 5 人，开始有后卫、守卫、中锋、前锋、留守等位置之分。此外，奈史密斯制订了一个不太完善的竞赛规则，共13个条款，其中规定不允许带球跑、抱人、推人、绊人、打人等。这大大提高了篮球游戏的趣味性，并且吸引了更多的人来参加这一游戏，从而使篮球运动很快普及到了全美国。

二、篮球运动的发展

1892年，篮球运动首先从美国传入墨西哥，并很快在墨西哥各地得到开展。这样，墨西哥成为除美国外第一个开展篮球运动的国家。此后，这项运动先后传入法国、英国、中国、巴西、捷克斯洛伐克、澳大利亚、黎巴嫩等国家，在世界范围内得到了开展、普及和发展。1895年，美国人鲍勃盖利将篮球传入中国，1896年天津基督教育青年会举行了中国第一次篮球游戏表演。之后在天津、北京等城市的青年会中开展起来。在新中国成立之前首届全国运动会上，篮球首次被列为表演项目。1914年的第二届全运会上篮球被列为男子正式竞赛项目，1924年在第三届全运会上被列为女子正式竞赛项目。篮球自1951年起一直是亚运会的正式比赛项目。1932年国际业余篮球联合会成立，男子篮球被国际奥委会承认为奥运会正式比赛项目。1946年，美国出现职业篮球联赛，并发展为NBA。1976年，女子篮球被列为奥运会正式比赛项目。

篮球运动之所以受到广泛的欢迎，主要是因为它具有许多独特的魅力。第一，篮球运动是一项充满活力和激情的运动，需要球员具备高超的技巧和卓越的体能。第二，篮球是一项团队合作的运动，需要球员相互协作，发挥集体力量。第三，篮球比赛的规则简单易懂，使得这项运动能够吸引不同年龄和层次的人们参与其中。篮球运动的发展并非一帆风顺。在早期阶段，篮球运动面临着许多挑战，包括缺乏统一的规则和组织，以及社会对这项运动的接受程度有限。然而，随着篮球运动的普及和职业联赛的建立，篮球逐渐成为一项全球性的运动。

如今，篮球运动不仅是一项体育比赛，更是一种文化现象和精神象征。在篮球比赛中，球员通过团队协作、个人技巧和顽强拼搏的精神，不断追求卓越和胜利。这种精神也激励着人们不断追求无限可能和更高的目标。

同样，篮球运动的发展也受到了许多因素的影响。首先，篮球的规则和比赛方式不断改进，以适应不同人群的需求和兴趣。例如，国际篮球联合会（FIBA）和美国职业篮球联赛（NBA）都对篮球的规则进行了多次修改和调整。此外，篮球的场地和设备也得到了不断的改进和优化，使得比赛更加公平和安全。其次，篮球的文化和社会意义也在不断演变。篮球不仅仅是一项运动，还代表了一种精神和文化。许多人都认为篮球是一项充满活力和激情的运动，它可以激发人们的团结协作的精神。在许多国家和地区，篮球已经成为了一项重要的文化活动，吸引了大量的球迷和参与者。最后，篮球运动的商业化和职业化也对篮球的发展产生了重要影响。随着篮球的普及和受欢迎程度的提高，许多商业品牌和赞助商开始涉足篮球领域，为篮球的发展提供了资金和资源。此外，职业篮球联赛的出现也为篮球的发展注入了新的动力。职业球员和教练的加入，为篮球的发展提供了更加专业的人才和技术支持。

篮球的起源与发展是一个漫长而复杂的过程。从最初的一项室内运动，到如今成为一项全球性的文化和商业现象，篮球已经走过了很长一段路。未来，随着人们对健康、娱乐和文化的需求不断提高，相信篮球运动会继续发展和壮大。

三、篮球运动对大学生的积极影响

篮球运动不仅是一项充满活力和激情的体育项目，更是一种精神寄托和情感表达的方式。在篮球场上，学生可以尽情释放自己的能量和情感，感受到团队合作和竞技对抗的快乐。篮球运动不仅能够锻炼身体，提高身体素质，更能够培养学生的自信心、意志力和团队合作精神。

在篮球比赛中，每个球员都需要发挥自己的特长，与队友密切配合，共同面对对手的挑战。这种竞技环境可以激发学生的竞争意识和进取心，让他们在比赛中不断挑战自我、突破自我。同时，篮球比赛中的团队协作和沟通交流也能够培养学生的领导力和沟通能力，让他们在未来的生活和工作中更加出色。

此外，篮球运动还具有社交功能。大学生可以通过篮球结交志同道合的朋友，拓展社交圈。在篮球场上，无论是队友还是对手，都可以互相学习、交流，共同成长。这种健康的社交环境有助于培养青少年的社交能力和人际交往能力，为他们未来的发展打下坚实的基础。

总之，篮球运动是一项充满活力、激情、挑战和机遇的体育项目。通过参与篮球运动，学生们可以锻炼身体、提高素质、培养团队合作精神和领导力，也可以拓展社交圈，提升人际交往能力。因此，应该鼓励学生积极参与篮球运动，享受运动带来的快乐和成长。

第二节　篮球基本技战术与练习方法

一、移动技术

篮球比赛中的移动技术是篮球运动的基础，也是比赛中运用最多的一项基本动作。它包括起动、跑、跳、急停、跨步、转身、滑步、后撤步、交叉步、攻击步、绕步、碎步等多种动作。

在篮球比赛中，移动技术的运用非常频繁。无论是进攻还是防守，队员都需要运用移动技术来调整自己的位置和方向，以更好地完成技术动作。比如在进攻时，队员可以通过移动来摆脱防守队员，创造进攻机会；在防守时，队员则可以通过移动来盯防对手，干扰对手的进攻。

移动技术的运用也需要根据比赛情况灵活多变。在比赛中，队员需要根据场上的情况及时调整自己的移动方式，以适应比赛的变化。比如在对方采用全场紧逼战术时，队员需要运用快速、灵活的移动技术来破解对方的防守；在对方采用区域联防战术时，队员则需要注意移动的节奏和位置的选择，以更好地控制球权和进攻机会。

移动技术是篮球比赛中不可或缺的一部分。队员需要熟练掌握各种移动技术，并根据比赛情况灵活运用。只有掌握了良好的移动技术，才能在比赛中更好地发挥自己的实力，为球队争取胜利。

（一）基本站立姿势

在篮球比赛中，基本站立姿势是至关重要的，它是所有移动技术的准备姿势。正确的站立姿势可以帮助球员在比赛中保持平衡，提高移动的效率和灵活性。

动作方法方面，球员需要两脚开立，与肩同宽，这样可以保证身体的稳定性。同时，两腿微屈，上体稍前倾，这样可以让球员更好地应对对手的防守和进攻。身体重心要放在两脚之间，这样可以保持身体的平衡，避免在快速移动中摔倒。两臂自然弯曲于体侧，这样可以让球员更好地控制球和身体。最后，两眼要关注全场情况，时刻观察对手和队友的位置和动作，以便做出正确的判断和反应。

基本站立姿势的细节也是非常重要的。例如，脚尖应该指向正前方，这样可以避免脚踝扭伤。膝盖应该微微弯曲，这样可以减少受伤的风险。背部应该挺直，这样可以保持良好的呼吸和身体的弹性。肩膀应该放松，这样可以更好地控制球和身体。手部应该放松，这样可以更好地掌控球和做出细微的动作。

在比赛中，正确的站立姿势可以帮助球员更好地应对对手的防守和进攻。例如，当对手进攻时，球员可以通过正确的站立姿势快速移动到合适的位置，干扰对手的进攻。当队友进攻时，球员可以通过正确的站立姿势为队友创造空间和机会，帮助球队更好地掌控比赛的节奏。

基本站立姿势是篮球比赛中非常重要的技术之一。通过正确的站立姿势，球员可以保持平衡、提高移动的效率和灵活性、减少受伤的风险、更好地应对对手的防守和进攻、为球队创造机会和控制比赛的节奏。因此，球员需要认真练习和掌握基本站立姿势，以提高自己的篮球技术和比赛表现。

（二）起　动

起动是篮球移动技术中的重要动作之一，它能够使球员在最短的时间内发挥出最大的速度。在起动时，需要从基本站立姿势开始，集中注意力，准备好身体的各个部位。

首先，向前起动时，要以后脚掌短促有力地蹬地，向侧起动时，以异侧脚的前脚掌短促有力地蹬地，这是起动的关键动作。通过这个动作，可以将身体的重心迅速向前或侧方移动。同时，上体要迅速前倾或侧转，以配合重心的移动。手臂也要快速摆动，以增加身体的惯性和稳定性。

在起动的过程中，要充分利用蹬地的反作用力，使身体迅速向跑的方向迈出。这样可以最大限度地发挥速度潜力。

总的来说，起动的要点在于快速、有力地蹬地，同时配合身体姿势和手臂的摆动。在起动后的前两三步中，需要注意保持身体的稳定性和平衡感，以确保能够顺利地进入加速阶段。通过不断练习和反复尝试，可以逐渐提高起动时的速度和效率，从而更快速地摆脱、快下、突破或防守等。

（三）跑

跑是基本的移动方法，有侧身跑、变向跑、变速跑、后退跑等。

1. 侧身跑

侧身跑是一种在篮球移动技术中常见的跑动方式，它的动作要领在于保持身体侧向，头部和上体转向球的方向，以便更好地观察场上情况。侧身跑的动作要点在于侧转肩，这样可以让球员更好地观察球的方向和落点。

侧身跑的优点在于可以提高球员的观察能力和反应速度。在比赛中，球员需要时刻保持警觉，观察球场上的情况，以便做出最佳的决策。侧身跑可以让球员更好地观察球和对手的位置和动作，从而更快地做出反应。

此外，侧身跑还可以提高球员的速度和耐力。在侧身跑的过程中，球员需要快速变换方向并加速，这可以提高球员的速度和耐力水平。在比赛中，球员需要不断变换跑动方向和速度，以适应比赛场上的变化。

侧身跑是一种非常实用的移动技术动作，它可以提高球员的观察能力、反应速度、速度和耐力等方面的能力。在比赛中，球员需要根据场上的情况选择合适的跑动方式，以便更好地完成比赛任务。

2. 变向跑

变向跑可以帮助运动员在比赛中快速改变方向，躲避对手的拦截，或者在训练中提高速度和灵活性。

（1）顺步变向跑。当需要从左向右变向时，首先，左脚落地并进行制动。其次，迅速屈膝降低身体重心，以保持平衡。最后，用左脚前脚掌内侧蹬地，提供变向的动力。同时，腰部和髋部迅速扭转，右脚向右跨步，落地后，迅速加速前进。

（2）交叉步变向跑。当需要从左向右变向时，左脚落地并进行制动。同时，腰部和髋部迅速向右转动。接着，左脚以前脚掌内侧用力蹬地向右侧跨步，提供变向的动力。在左脚落地的同时，迅速加速前进。

动作要点：第一，左脚蹬地移重心，进行变向跑时，左脚要利用前脚掌内侧进行有效的蹬地，以提供变向的动力。同时，要注意将身体重心转移到右脚上，以保持平衡并提高速度。第二，腰部快转加速度，在变向过程中，腰部要迅速扭转向新的方向，以带动身体快速转动并加速前进。

尤其值得注意的是，保持平衡，在进行变向跑时，要注意保持身体平衡，避免因失去平衡而摔倒。节奏控制，变向跑需要掌握好节奏，不要过快或过慢，以免影响动作的准确性和效率。训练时要注意安全，在进行变向跑训练时，要注意周围环境的安全，避免与其他人或物体发生危险碰撞。

3. 变速跑

首先，加速时，需要将身体前倾，用前脚掌积极蹬地，并迅速摆臂。通过这种方式，可以增加步频，提高跑步速度。还需要注意呼吸的节奏，以提供足够的氧气给肌肉。其次，减速时，需要将身体挺直，增大步幅。同时，用前脚掌抵地以缓冲降速。通过这种方式，可以逐渐降低速度，避免突然停止对身体造成过大压力。

重点：加速时步频加快；减速时步幅加大。

4. 后退跑

后退跑是一项重要的篮球脚步移动技术，可以帮助球员更好地观察球场上的攻守情况。后退跑的方法是背对前进方向，利用两脚提踵和脚前掌交替蹬地的方式向后跑动。在后退跑的过程中，球员需要保持上体放松直起，两臂肘关节弯曲相应交替摆动以保持身体平衡。

后退跑的要点在于脚步的协调和平衡。两脚提踵可以让球员更好地掌握平衡，避免重心不稳而摔倒，同时脚前掌蹬地可以提供足够的推动力。在后退跑时，球员还需要注意身体的姿势，上体要放松直起，这样可以更好地观察场上的情况，尤其是注意防守和进攻队员的动作和位置，另外，两臂的摆动也是保持平衡的重要因素之一。

在篮球比赛中，在防守时，球员可以利用后退跑来观察对方进攻队员的动作和意图，从而更好地进行防守。在进攻时，球员可以利用后退跑来寻找空位或者观察队友的位置和动作，以便更好地进行配合和进攻，从而快速做出相应的反应，更好地在比赛中发挥自己的能力并取得更好的成绩。

（四）跳

跳在篮球场上十分常见，运用很广，它是控制空间、争取高度和远度的有效手段。无论是进攻还是防守，球员都需要运用跳跃技巧来获得优势，需要不断地跳跃来争夺篮板球、抢断球和封盖对手的投篮。此外，在进攻中，球员可以通过跳跃将球投入篮筐；而在防守中，可以使用跳跃来干扰对手的投篮。

为了更好地发挥跳跃在篮球场上的作用，球员需要不断进行训练和练习。球员需要加强腿部和核心肌肉的力量，提高自己的爆发力和协调性。此外，球员还需要学习正确的跳跃技巧，包括起跳、落地和在空中保持平衡的方法。

1. 双脚起跳

双脚起跳的动作方法相对简单，但需要掌握正确的姿势和技巧。首先，两脚自然开立，与肩同宽或略宽于肩。两膝保持深屈或微屈，用来蓄力。同时，重心要下降，尽量保持身体稳定。其次，两臂弯曲并稍向后摆，为接下来的动作做好准备。起跳时，双脚蹬地，两臂用力上摆，同时提腰展体，使身体充分伸展。最后，落地时要注意屈膝缓冲，以吸收冲击力并保持身体平衡。

要点在于双脚起跳时，蹬地、摆臂、提腰要协调一致，确保身体在空中有足够的动力和稳定性。

以下是一些常见的练习方法。

（1）原地双脚起跳。

（2）助跑双脚起跳。

（3）障碍双脚起跳。

（4）力量训练。

2. 单脚起跳

单脚起跳多在助跑情况下进行。助跑时，最后一步一般较小，从脚跟先着地过渡到前脚掌蹬地，两臂上摆提腰，另一腿屈膝上提，当身体达到最高点时，摆动腿自然下放，落地时屈膝缓冲。

单脚起跳在助跑时，最后一步一般要小，这样有利于保持身体的平衡和起跳的稳定性。脚跟先着地可以有效地过渡到前脚掌蹬地，使身体得到更好的推动力。同时，两臂上摆和提腰的动作也需要协调配合，以增加起跳的力量。另一腿屈膝上提，当身体达到最高点时，摆动腿自然下放，身体在空中保持平衡，落地时屈膝缓冲可以有效地吸收冲击力，减少受伤的风险。

为了更好地掌握单脚起跳的动作要领，需要注意以下几点。首先，制动性起跳是非常关键的，它可以帮助身体迅速积蓄能量并提高起跳高度。其次，摆臂和提腰的协调配合也非常关键。在练习单脚起跳时，需要注意安全问题。初学者可以从原地起跳开始练习，逐渐过渡到助跑起跳。在练习过程中，要注意身体的姿势和动作的协调性，避免出现受伤的情况。通过正确的动作方法和练习，可以提高身体的协调性和灵活性，增强肌肉力量和爆发力。在练习过程中，要注意安全问题并逐渐提高难度和要求。

（五）急　停

在篮球运动中，急停是指在跑动移动中突然停止或减缓速度，以便进行下一步动作。急停可分为跨步急停（两步急停）与跳步急停（一步急停）两种。跨步急停是利用单脚向任一方向迈出一大步，脚后跟先着地再过渡到全脚掌撑地，同时屈膝降低重心，另一只脚迅速跟上落地，宽度大概与肩同宽或宽于肩，使身体迅速停住，重点在于“跨”字。这种急停方式适用于快速改变方向或需要快速减速的情况。跳步急停则是利用单脚或双脚同时起跳，在空中做出一个类似于“停顿”的动作，然后两脚同时落地，屈膝缓冲保持身体平衡，落地后重心在两脚之间。

1. 急停的作用

（1）调整位置。在篮球比赛中，球员需要不断地调整自己的位置以获得更好的进攻或防守机会。急停技术能够帮助球员在跑动中迅速停止，从而更好地占据有利位置。

（2）创造进攻机会。通过急停，球员可以摆脱防守，获得更好的投篮、突破或传球机会。例如，当球员面对防守时，可以利用急停突然改变方向，从而突破防守者的防线。

2. 急停的练习方法

（1）跨步急停练习。在跑动中突然向任一方向迈出一大步，同时降低重心，使身体迅速停止。注意保持身体平衡，同时保持双脚在地面上稳定。

（2）跳步急停练习。在跑动中突然双脚起跳，在空中做出一个类似于“停顿”的动作，然后落地时呈跨步姿势。注意起跳时要保持身体平衡，同时落地时要稳定重心。

（3）变向急停练习。在跑动中突然改变方向，并利用急停技术使身体迅速停止。注意保持身体平衡，同时要注意变向的时机和角度。

（4）结合其他技术练习。将急停技术与其他技术（如运球、突破、投篮等）结合起来练习，以提高实战中的应用能力。

通过不断地练习和强化，球员可以更好地掌握这一技术，并在比赛中发挥其重要作用。

（六）滑　步

滑步是篮球比赛中防守动作的一种，它是运动员在防守移动中经常使用的主要动作。在篮球比赛中，防守球员需要根据进攻球员的动作和位置，快速、准确地移动自己的脚步，以保持与进攻球员的对位防守。而滑步，就是一种非常实用的防守脚步移动方法。

滑步可以分为三种基本类型：侧滑步、前滑步和后滑步。

1. 侧滑步

侧滑步是一项非常实用的移动技巧，尤其在需要对进攻对手进行防守的时候。这个动作方法主要涉及身体的协调性和灵活性，需要反复练习才能熟练掌握。

在滑步之前，首先要保持两脚呈左右开立的姿势，膝盖弯曲，重心下降，上体稍微前倾，同时手臂向两侧张开以保持平衡。这个姿势可以更容易地控制身体重心，保持稳定。

当向左滑步时，要利用右脚前脚掌内侧蹬地的力量，然后左脚迅速向左跨出一步，落地的同时右脚迅速跟随滑行。这个动作需要流畅而迅速，并且要保持眼神的注视，以便随时观察对手的反应和动态。

向右滑步时，动作与向左滑步相反。需要注意的是，手臂张开可以帮助保持平衡，提高稳定性。

2. 前滑步

前滑步需要由两脚前后站立的姿势开始，重心应该落在双脚之间。向前滑步时，后脚的前脚掌需要用力蹬地，产生向前的推力。同时，前脚需要跨出一步，在着地时，后脚紧随着向前滑动，保持前后开立的姿势。在这个过程中，需要注意屈膝降低重心，这样可以保持身体的平衡，让动作更加流畅自然。

3. 后滑步

后滑步的动作方法和侧滑步相同，但滑步方向是向侧后方移动。在滑步过程中，保持屈膝降低重心是非常重要的，这有助于保持身体的稳定性和平衡。同时，两脚的协调配合也是至关重要的，蹬跨有力才能保证动作流畅有力，在进行后滑步时，由于方向的不断变化，重心调整的难度会增加。因此，要注意调整重心，保持身体的平衡和稳定。

（七）转　身

转身能帮助球员改变方向，突破对手的防线寻找出手机会等。转身是以一只脚做中枢脚，另一只脚蹬地向前或向后跨出进行旋转，从而改变原来身体方向的一种动作方法。这个动作可根据转身的方向分为前转身和后转身。

除了在进攻端的应用，转身在防守端也具有重要的作用。例如，防守一个突破能力强的球员时，可以使用转身来改变自己的防守方向，提高防守的针对性等。

1. 前转身

前转身的动作方法相对简单，但要正确执行需要一定的练习，此外还要注意细节。在转身时，移动脚需要向自己的身前（中枢脚前的方向）跨出，同时中枢脚需要碾地旋转，以使身体改变方向。这个过程中，身体需要保持平衡，稳定重心。

要点在于在执行前转身动作时，需要屈膝降低身体的重心，同时提踵以增加稳定性，移动脚的跨出和中枢脚的旋转应当协调一致，这样可以更好地控制身体的平衡，保持动作的流畅性。

2. 后转身

后转身的动作方法是移动脚向自己身后跨出的同时，中枢脚碾地旋转使身体改变方向。

要点在于两脚用力蹬碾地，重心平稳不起伏。

这个动作要求球员的移动脚通过向自己身后（中枢脚后的方向）跨出一只脚，同时利用中枢脚碾地旋转身体，以达到改变运动方向的目的。

（八）后撤步

在执行后撤步时，前脚需要用力蹬地，并利用腰部力量带动身体转胯。后脚的前脚掌要积极碾地蹬地，以保持身体平衡和防守姿势。同时，要注意后撤步的角度不宜过大，以保持动作的灵活性和平衡。在实战应用中，要根据对手的反应和实际情况灵活调整后撤步的角度和速度，以达到最佳的防守和进攻效果。

（九）交叉步

交叉步的实质是面对对手时的侧身快跑动作，因此，它是一种有效的应对对手攻击的方式。在实践中，交叉步的使用需要与对手的位置和动作相结合，以达到最佳的防御和攻击效果。

在向右移动时，首先需要做好起动准备，左脚用力蹬地，然后迅速将左脚从右脚前向右迈出。在这个过程中，上体保持稳定，稍微向后转，以保持身体的平衡。左脚落地后，右脚迅速地向右跨步，两脚交叉动作要快。交叉动作完成后，重心应该落在两脚之间，确保身体平稳，不要上下起伏。

动作要点：一是两脚蹬转起动，在起动时，需要利用脚尖的指向来控制跑步的方向。通过蹬转动作，可以提供更快的速度和更大的动力。二是速度快，在交叉步移动时，速度是非常重要的因素。三是降重心，交叉步移动时，需要保持较低的身体重心，这样可以增加稳定性和平衡性。

在实际应用中，交叉步需要与其他移动脚步相结合，以达到最佳效果，比如单脚前后交替的侧交叉步跑，后退交叉步跑等。同时，练习者需要根据自己的身体条件和对手的情况来调整交叉步的使用方式，以达到最佳效果。

二、球性练习和运球技术

（一）原地多种球性练习介绍

1. 原地双手胸前指尖拨球

单手自然托球于胸前，把球从左手轻拨到右手，再从右手拨回左手，整个过程始终只有单手持球。当能做到闭上眼睛依然能够稳定拨球换手，且速度越来越快，左右手间距离可随意变化时，就说明熟练程度达标了。

2. 原地双手胸前抛接球

双手持球于胸前，运用抖腕的力量将球垂直向上抛出，随后接住，反复完成多次，注意在抛接球过程中仅用手腕发力。

3. 原地双手胸前向上抛球后击掌接球

这个动作是双手胸前抛接球的进阶版本，在接球准备的过程中，双手胸前击掌 3~5 次，并在球落地前将球接住。练习过程中可以增减击掌的次数，调节练习的难易程度，从一次开始，次数越多难度越高，可循序渐进。

4. 原地双手胸前抛球后转身接球

将双手胸前抛接球后做的击掌改为转身 360°或者 720°，也就是一圈或者两圈，并在球落地前将球接住，就算完成这一动作。这个动作要求抛球轨迹垂直于地面。

5. 原地持球全身“8”字绕环练习

全身“8”字环绕练习，也就是说分别绕着头、腰、膝盖 3 个部位进行球的环绕传递练习。以头为例，单手托球至头部高度，反复绕头传递篮球到另一只手上，使球不间断地进行顺时针、逆时针的运动，当能做到闭上眼睛仍能随意改变环绕速度和方向时，就说明熟练程度达标了。

腰间与膝盖部位的绕法与头部类似，要求也基本相同，待各部位熟练之后，可进行

3 个位置的全身连续绕环。

6. 原地单腿胯下持球绕环

双腿分开站立与肩同宽，随后稍微弯腰做篮球环绕单侧腿的动作，连续完成规定圈数后，换另一侧进行，可以通过改变环绕速度和方向来调整难度。经常练习这个动作，能更容易掌握胯下运球并熟悉落点，也能提高上下肢之间的协调性。

7. 原地单手环绕同侧低运球

这个动作可以在学会并熟悉低运球与持球绕环后再进行练习，是结合运球和单腿胯下盘球的较复杂的动作。练习过程中应降低重心，要求动作流畅且有节奏。

8. 原地“8”字低运球练习

这个动作同样应在学会并熟悉低运球及绕环后再进行练习，是单手环绕同侧低运球的进阶版。与胯下绕环和“8”字绕环的动作类似，动作同样较为复杂。在练习过程中要注意降低身体重心，并且尽量保证运球时的节奏短促有力。

9. 原地双手胯下前后抛接球

这个动作主要练习双手的灵活性与节奏感，双腿分开略宽于肩屈膝下蹲，双手持球从前方穿过胯下轻抛篮球，在抛出的同时快速将双手绕身体外侧至后方接球。接球后立即再从后方穿过胯下向前轻抛篮球，双手再次快速环绕身体外侧至前方接球，抛球时注意把握力度，保证球的滞空时间能更容易完成动作。

10. 双手胯下左右手前后交叉抛接球

这个动作要求双手在身体的不同侧，越过胯下持球，在轻抛篮球后，双手绕身体外侧前后交替接球，抛球时注意力度，保证球的滞空时间能更容易完成动作。

11. 高抬腿胯下传递球

这个动作要求在高抬腿的过程中将球交替在胯下传递。这一练习能够提高上下肢的节奏感、协调性及身体的平衡能力等。

12. 左右手交替抛接球

一手从下至上抛球，反手接球。抛球的高度可以逐渐超过头顶。抛球时，手指和手腕要有向上“抖”的动作，要找到手指、手腕发力的感觉。反手接球能更好地控制球并将球引回身体的方向，在篮球比赛中，反手接球的概率非常高。

在练习中，要注意从下至上的抛球路线，并主动伸臂去迎接球。当球经过头顶时，要伸展手臂主动找球用反手将球接住。这个过程中，要特别注意手指和手腕外旋的发力方式，要在接球瞬间对球产生一个惯性的吸力，使球能够更好地被控制。

13. 单手背后交替抛接球

单手背后交替抛接球是一项具有挑战性的篮球基本功技巧。下面以右手为例来讲解这个技巧的动作要领。首先，手心朝上托球，用手指和手腕的力量控制球的位置和高度。然后，以肘关节为轴，小臂向下内旋，将球从背后向身体前方抛出。在抛球的过程中，手指要发力，手腕要向上抖腕，让球从背后到胸前划出一道弧线，球越过左肩后，左手迅速迎上接住球，并继续重复背后抛球这个动作，越过右肩至体前，由右手接球。

练习单手背后抛球时，需要注意以下几点：首先，要保持身体的平衡和协调性，不要让球离身体太远或太高；其次，要掌握好球的力度和方向，确保球能够准确地越过左肩并由左手接住；最后，要注意节奏和速度的掌握，逐渐提高练习的难度和速度。背后传球是单手背后抛球的进阶版。

14. 双手前后抛接球

双手持球于胸前，由下至上越过头顶向身后抛球，两手迅速从身体外侧移至背后，两手心朝上，双手在背后将球接住，再将球越过头顶抛回体前，并用双手接住球。这项球性练习对运动方位的感知要求极高，向后抛球的力量不能过大，否则会导致无法顺利接住球，注意不要弯腰抛接球，避免砸伤后背和头部。初学者可以尝试先将球抛向右前方，主动转身用后背去找球接住，先克服怕被球砸到的心理，再循序渐进地练习以达到标准动作。

（二）运球技术

运球，是指持球队员在原地或行进中，运用单手连续按拍由地面反弹起来的球的一种技术动作方法，这一动作不仅作为个人摆脱、吸引、突破防守的进攻手段，还是组织全队战术配合的纽带。尤其在发动快攻和应对紧逼防守方面，运球发挥着至关重要的作用。掌握好运球技术，不仅可以提高个人进攻能力，还能增强全队的战术配合，是篮球运动员必备的一项技能。

原地运球练习一般有高低运球，体前变向运球，背后运球，胯下运球，单手体前左右、体侧前后推拉运球，转身运球，绕双腿“8”字低运球等，可以与行进间运球组合练习。下面介绍几种常见的运球方式。

1. 体前变向运球

变向时，用左手拍球的侧后上方，使球击地反弹至右侧上方，同时左腿立即向右侧前方跨步，左肩前探，右手接着运球向前（图 5-2-1）。

图 5-2-1 体前变向运球

通过上面的描述，已经了解了体前变向运球的基本步骤。接下来，将更深入地探讨这一技巧的细节和要点。

首先，在变向时，要充分利用手腕的力量。左手拍球的侧后上方，使球击地反弹至右侧上方。这一过程中，手腕要灵活运用，掌握好拍球的力度和角度。过轻地拍球会使球反弹不高，过重地拍球则会使球失去控制。因此，在练习过程中，要不断调整手腕的力度，找到适合自己的拍球力度。

其次，左腿在变向时要及时向右侧前方跨步。跨步的过程中，左腿要有力地踩在地上，保持身体稳定。同时，左肩前探，保持低姿态，为下一步的运球做好准备。这一动作要求在跨步时，迅速改变身体的重心，以便于迅速转向。接下来，当左手完成拍球后，右手要迅速接住球，继续向前运球。

最后，在体前变向运球时，还应注意观察对手的动作，寻找突破口。在实际比赛中，对手会不断调整防守位置，要根据对手的动作，灵活调整自己的运球方向和速度，以求达到突破防线的目的。

体前变向运球的练习需要长时间的积累和不断的改进。在反复练习的过程中，要保持耐心，不怕失败，勇于挑战自己的极限。

2. 运球急停急起

在快速运球过程中，迅速实现急停要降低身体重心，脚下运用两步急停制动，手按拍球的前上方，使球瞬间停止前进。目光始终注视前方，准备起动时，双脚用力蹬地，身体重心前移，上体前倾，保持低姿态，与此同时，五指按拍球的后侧上方，保持人球同步，加速向前运球推进（图 5-2-2）。

运球急停急起的关键在于掌握好停止和起动的时机，注意球手之间及身体各部位的协调配合。

图 5-2-2 运球急停急起

3. 背后运球

采用右手将球拉至身体后侧，不要让球失控，同时右脚向前跨步，降低重心同时收紧腹部和背部肌肉，使自己更加稳定。拍击球的外侧将球从身后拍至左脚的侧前方时，立即切换至左手进行运球，以突破防守队员（图 5-2-3）。

图 5-2-3 背后运球

在训练过程中，运动员还需注意以下几点。

（1）保持低重心运球，眼睛注视前方，随时观察场上形势。

（2）拍击球时，既要保证球的反弹高度，又要避免球过高而容易被防守队员抢断。要注意拍击球的力度和角度。力度要适中，太轻的话球无法顺利向前推进，太重的话容易让球失控。拍击球的角度也要注意，尽量让球沿着预定的轨迹前进。

（3）保持身体平衡，避免因失去重心而摔倒。

4. 后转身运球

在面临对手封堵右侧行进路线时，应迅速作出反应，上左脚，屈膝降低身体重心，并将重心移至左脚。紧接着，以左脚前脚掌为轴，右脚向后蹬转完成后转身。在此过程中，右手在球侧将球拉至身体后侧方，不要翻腕，并按拍球使其落在身体外侧方。随后，切换至左手运球，加速超越防守。整个后转身过程需注意控制好重心与球，确保转身迅速，蹬、转、拍动作协调连贯。同时，要全程保持身体重心不抬高，以防被防守队员抢断球或摔倒。

（三）运球技术练习方法

（1）原地各种运球练习，熟悉单个基本动作。

（2）全场行进间直线运球。

（3）全场行进间过障碍运球，过障碍时运用各种运球技术（图 5-2-4）。

（4）对抗练习，全场或半场一攻一防练习，运用并体会学过的运球技术。

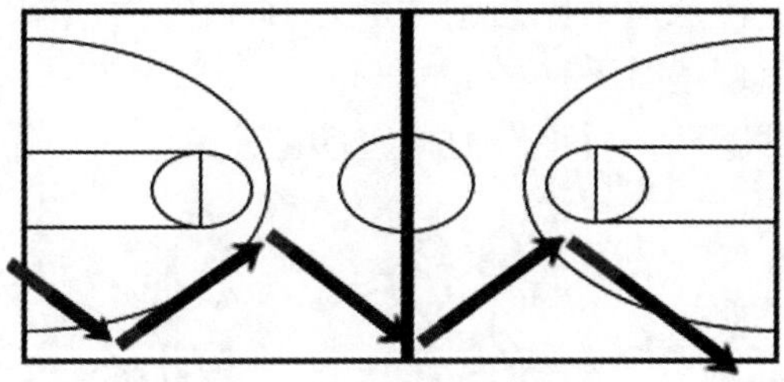

图 5-2-4　行进间过障碍运球

三、持球突破技术

持球突破技术集脚步动作、运球技术于一身，旨在快速超越对手，打破防线。持球突破技术并非单一动作，而是由一系列脚步动作和运球技巧组成的。然而，仅仅掌握持球突破技术还不够，要想在比赛中发挥出最大的威力，还需要与其他技术动作有机结合。例如，突破过程中可以巧妙地运用投篮、传球、假动作等技巧，丰富自己的进攻手段。这样，持球突破技术将变得更加灵活多变，攻击性更强。

（一）持球突破技术的组成

持球突破依据动作结构可分为持球交叉步（异侧）突破和持球顺步（同侧）突破。持球突破技术动作通常从接到球之后的“三威胁”动作开始，主要由持球动作、蹬跨脚步、转体探肩、推放球加速 4 个环节组成。

1. 持球动作

持球队员从原地持球快速起动突破对手，主要是依靠两脚快速有力地蹬地和及时地跨步抢位。因此，要求持球队员首先要保持屈膝降低重心并上体前倾的“三威胁”姿势。

2. 蹬跨脚步

突破时，中枢脚用力碾地发力，通过重心的快速前移和积极有力地蹬地，获得超越对手的加速度。突破时，跨出的第一步要稍大些，抢占有利的攻击位置，但身体要保持好平衡，以不失去重心为宜。跨出的脚要落在紧靠对手的侧面，脚尖指向突破方向，以便第二步蹬地加速，突破防守。

3. 转体探肩

随着脚的跨出，上体前移与转体探肩同时进行，重心向里靠，内侧手前摆，迅速占据空间有利位置，便于突破对手并保护球。

4. 推放球加速

在一脚突然蹬跨、转体探肩的同时，及时将球迅速向前下方推放。球的落点应在跨步脚外侧稍前方，并以身体和无球手保护球，球离手后，后脚（中枢脚）迅速蹬地发力加速超越对手。加速是突破技术的重要环节，对突破防守起着决定性作用。

（二）持球突破技术动作方法

1. 持球交叉步突破

动作方法：以左脚做中枢脚为例。突破时，右脚以刺探步的动作向前方跨出半步，做向右突破的假动作，当对手重心向左移动时，右脚前脚掌内侧迅速蹬地，向对手右侧跨出一大步，同时上体左转探肩，贴近对手；球移至左手，向右脚的左斜前方推放球，左脚迅速蹬地跨步，加速超越对手（图 5-2-5）。

动作要点：假动作要逼真，后蹬有力，起动迅速突然，动作连贯。

图 5-2-5　持球交叉步突破

2. 持球顺步突破

动作方法：以左脚做中枢脚为例。突破时，左脚内侧蹬地，右脚迅速向对手左侧方跨出一大步，同时向右侧转体探肩，重心前移，球移至右手并推放球于右脚斜前方，用身体和左手臂保护球，左脚迅速跨步抢位，加速超越对手。

动作要点：起动突然，跨步、推放球快速连贯，中枢脚离地前球要离手，以免出现带球走违例，突破时，右脚前脚掌内侧蹬地，左脚迅速向右前方跨出一步，同时上体右转探肩，右手推放球于右腿侧前方，左脚再迅速蹬地上步，快速超越防守（图 5-2-6）。

图 5-2-6　持球顺步突破

3. 持球后转身突破

突破时，以左脚为轴转身，右脚向右侧后方跨步，上体右转，脚尖向侧后方，左手向左脚前方放球，左脚内侧迅速蹬地向球篮方向跨出，突破防守（图 5-2-7）。

（三）持球突破技术练习方法

（1）原地徒手或结合球做持球突破的各种脚步动作练习。每人一球，利用假动作做交叉步、顺步突破的脚步动作练习，主要体会持球动作、蹬跨脚步、转体探肩、推放球加速几个技术环节的衔接和连贯动作。

（2）行进间自抛自接，接球后做交叉步、顺步突破练习。

图 5-2-7 持球后转身突破

（3）原地持球突破练习，每人一球，位于三分线外 45°角处成一纵队，做原地持球交叉步突破和顺步突破后运球上篮，投篮后抢篮板球运球至队尾，依次进行。

（4）在有防守的情况下做连续突破练习：接球急停突破上篮练习、接侧向球急停突破上篮练习、插上接球后突破上篮练习。

（5）持球突破技术综合练习："一攻一守"持球突破练习，全场三对三攻守练习，防守只能采用人盯人防守，进攻主要利用投篮和突破技术结合。

（四）易犯错误

（1）交叉步突破时跨步脚尖方向不对，造成转体过大。

（2）突破时侧身、探肩不够，身体重心高、后蹬无力，加速不快。

（3）运球突破时，球的落点靠后，没有放在脚的侧前方。

（4）推放球动作之后，身体及无球手对球的保护动作不够。

（5）中枢脚离地过早或中枢脚不以前掌作轴，突破瞬间未提踵，造成带球走违例。

四、传接球技术

（一）篮球传接球技术简介

依据球出手时的位置可分为双手胸前传球、双手头上传球、单手肩上传球、双手接球、双手击地反弹传球、低手传球、勾手传球、单手背后传球等。

除此之外，传球还可以依据球的飞行路线分为直线传球和弧线传球；依据球的飞行高度可分为高传球、中传球和低传球；依据传球的动作结构可分为单手传球和双手传球。

不同的传球方式适用于不同的场合和需求。例如，双手胸前传球是最基本的传球方式，适用于一般的传球需求；双手头上传球适用于长距离传球；单手肩上传球更适用于投掷和远距离传球；而双手接球则是接住对方传球的基本方式。

每种传球方式都有其独特的技巧和要点。例如，双手胸前传球时，要保持双手紧贴胸前，用手指将球推出；单手肩上传球时，则需要利用肩部的力量将球推出。只有掌握了每种传球方式的技巧和要点，才能在比赛中运用自如，有效地传递球。

1. 双手胸前传球

双手胸前传球是一种快速、有效的传球方式，也是篮球比赛中最为常见的传球方式之一。通过双手胸前传球，球员能够将球准确地传递给队友，并保持控球的稳定性。在进行双手胸前传球时，球员需要站立稳定，双脚前后开立，与肩同宽或略宽，同时，球员需要将五指分开，用指根以上的部分持球，掌心空出，这样能够更好地控制球并减少失误的可能性。两个拇指应该呈“八”字形，这样能够更好地固定球的位置并提高传球的准确性。双手持球时，球员需要将球放在胸腹之间，双臂自然放在身体两侧，不要支肘。这样做能够保证传球的流畅性和稳定性。在传球时，球员需要用大臂带动小臂发力，通过快速翻转手腕和手指拨球的动作，将球准确地传给队友（图 5-2-8）。

2. 双手头上传球

双手头上传球是一种在篮球比赛中常见的传球方式，特别是在抢到篮板球后，将球传给远处的队友时使用，这种传球方式的优势在于可以越过防守队员，并且传球距离较远。

在进行双手头上传球时，需要注意一些要点。首先，双手从球的两侧持球，手指尖朝上，置于头顶，肘部微屈，向传球方向跨一步的同时手腕向后转，球移至脑后。其次，小臂前摆将球向前抛出，腰腹核心也要跟着发力，手腕前扣外翻，拇指、食指、中指用力拨球将球传出。最后，做好随球动作，确保传球准确无误（图 5-2-9）。通过不断的练习和经验积累，可以提高传球的准确性和效率，使队友更好地接球。

图 5-2-8　双手胸前传球

图 5-2-9　双手头上传球

3. 单手肩上传球

单手肩上传球要求球员在快速、准确地传递球的同时，保持身体的平衡和动作的协调。以右手传球为例，在进行单手肩上传球时，球员需要将球引至右眉上方，这一动作是为了确保球的位置在传球时能够与目标对齐。为了完成这个动作，球员需要利用下肢蹬转的力量，通过转腰、转肩的动作，伴随小臂前摆手腕向下内扣带动食指、中指、无名指用力拨球把球传向目标（图 5-2-10）。

图 5-2-10　单手肩上传球

在这个步骤中，力量和协调性的运用是非常重要的，球员需要充分运用腰部和肩部的力量，以及手腕的控制力，才能准确地将球传出。此外，在进行单手肩上传球时，球员还需要注意一些细节问题。例如，传球的路线要尽量保持直线路径，避免弧度过大；

传球的力度要适中，既要保证球能够准确地传递到目标位置，又不能过于用力导致失误。同时，球员还需要根据实际情况进行判断，根据球场上的形势选择合适的传球路线和力度。

4. 双手接球

要学好双手接球这个动作，需要注意以下几点：首先，要提前预判。接球之前，要观察来球的方向和速度，判断好自己的站位和接球的方式，这样才能提前做好准备，更好地迎接来球。其次，要掌握正确的姿势。接球时，要将两手伸出，沿着来球方向主动迎球，两拇指要成“八”字形，两手要成一个半圆形，这样的姿势可以更好地缓冲来球的力量，避免受伤。最后，要注意手指的接触，当手指接触球时，要用指尖轻轻地托住球，而不是用整个手掌去压球，两臂随着来球方向后引缓冲力量，同时屈膝降低重心，这样可以更好地控制球，让球更容易被接住。接住球后，要将球的位置固定在胸腹之间，这样可以更好地保护球，避免球轻易脱手（图 5-2-11）。同时，要避免因为接球而失去平衡。双手接球虽然看似简单，但要真正掌握好这个动作，需要不断地练习和摸索。

图 5-2-11 双手接球

5. 双手击地反弹传球

这种传球方式主要用于将球从防守队员张开的手臂下传出，它要求传球者具备准确掌握击球点和传球力量的能力。首先，双手击地反弹传球的动作要点与双手胸前传球的动作几乎一致，只不过出手方向和球的落点有所改变，传球时手指向下用力，使球能够碰地板反弹后到达接球队友的腰部位置。这种传球方式的关键在于掌握好传球的力度和角度，使球能够准确地反弹并传给队友。其次，传球击地的落点一般需要在距离同伴三分之二的地方，这样可以确保球在反弹后能够准确地到达接球队友的腰部位置。在比赛中，双手击地反弹传球的运用要根据具体情况而定。在快攻或突破时，传球者可以利用击地反弹传球将球快速准确地传递给队友，而在阵地进攻时，传球者则可以根据队友的跑位和防守情况选择合适的传球方式。

6. 低手传球

低手传球的优势在于，由于球的位置较低，对手难以抢断，同时可以避免被对方拦截。在比赛中，低手传球通常用于将球传递给离自己较近的队友，是一种非常实用的传球方式。要掌握低手传球技术，需要注意几个要点：首先，要用手指托住球的下半部，这样可以更好地控制球的方向和速度；其次，在伸臂出球时，要向传球方向迈一步，这样可以增加传球的力量和准确性；再次，做随球动作时需要固定手腕，这样可以保证球的轨迹更加稳定；最后，要将球传向接球队友的腰部位置，这样可以保证接球队友能够顺利地接住球。除了以上几个要点外，低手传球也需要和队友之间建立默契和信任感，这样才能更好地配合和协作。

7. 勾手传球

勾手传球的优势在于它的出手点高，能够越过防守球员的头顶，让队友轻松接球并进攻。以右手传球为例，首先，要学会用左脚向前跨步并转体的动作来调整自己的位置，让自己的左肩对着传球方向。其次，在右臂沿体侧绕环上摆的同时，右腿要屈膝提起，左脚起跳，以便更好地控制身体平衡和传球的力量。最后，当球摆至头部右侧上方时，要急促扣腕，手指拨球，将球传出。

除了掌握动作要领外，还需要在实战中不断运用和调整。在快攻中，可以利用勾手传球将球快速、准确地传递给队友；在内线进攻时，可以利用勾手传球破解防守，创造得分机会；在关键时刻传球时，可以利用勾手传球打破僵局，取得比赛胜利。

8. 单手背后传球

在进行单手背后传球时，球员需要掌握正确的动作要领。以右手传球为例，球员应该双手持球于胸前，侧对接球队员。在传球时，左脚向前迈出一步，双手持球向右摆动，当球摆置于身体右侧时，左手离开球，右手引球继续沿髋关节向后绕环。当前臂摆到背后时，右手腕向传球方向急促前屈，食指、中指用力拨球将球传出。

要掌握好单手背后传球的技巧，球员需要进行大量的练习。首先，需要掌握正确的姿势和动作，包括持球的方式、传球的力度和方向等。其次，球员需要学会观察场上形势，判断何时使用这种传球方式最合适。最后，球员还需要提高自己的反应速度和协调能力，以便更好地应对场上的变化。

单手背后传球具有很多优点。第一，这种传球方式可以避免被对手察觉，从而达到出其不意的效果。第二，背后传球可以迅速将球传递给队友，有利于快攻、以多打少和进攻的组织。第三，单手背后传球可以帮助球员更好地掌控球权，避免失误和被抢断的情况发生。

在比赛中运用单手背后传球时，球员还需要注意一些问题：首先，球员应该注意传球的准确性和稳定性，避免出现传球失误或被抢断的情况；其次，球员应该根据场上形势选择合适的时机使用这种传球方式，不要过于依赖这种传球方式而忽略了其他传球技巧；最后，球员应该注意自己的动作和姿势的规范性，避免因为不规范的动作而发生失误或受伤的情况。

（二）传接球技术练习方法

1. 双手胸前传接球的练习方法

（1）原地徒手模仿练习。

通过徒手练习，深入体会原地双手胸前传球的出球手法。参与者分为两列横队，确保每队成员前后左右间隔 2 m 左右。在此条件下，进行原地双手胸前传球的徒手无球练习。

（2）原地持球翻腕练习。

训练原地双手胸前传球的翻腕技巧，采用两人一组的训练模式，其中一人负责持球进行翻腕动作的练习，另一人则负责扶持球以协助练习。在整个练习过程中，要求练习者保持身体直立，双腿固定不动，集中注意力体会持球翻腕的感觉和技巧。

（3）原地对墙传球练习。

深切体会原地双手胸前传球的手法技巧。每名练习者持一个篮球，与墙面保持 2~3 m 的距离，进行原地双手胸前传球练习。在练习过程中，需保持身体略微前倾，重点关注伸臂、翻腕和拨指的动作，以充分体会传球的手法。

（4）原地自抛自接球练习。

目的是让练习者体会正确的原地持球动作。练习时，要求每人持一球，双手将球前平举，然后向上将球抛高，高度按照自身能力去抛，初学者建议抛 1~2 m 高度，再接住球。在接球的过程中，要保持手臂的伸展，并注意检查持球手型是否正确。同时，双脚应平行开立，身体保持直立姿势，以确保持球动作的正确性。通过这样的练习，可以帮助练习者更加熟练掌握正确的接球技巧，提高篮球基本功水平。

（5）原地传接球练习。

通过练习，了解原地双手胸前传球的完整动作要领。两人一组，共用一球，保持面对面且相距 3~4 m。在练习过程中，需注重上下肢动作的协调配合，注意传球的手型和落点，球要被同伴接得很舒适，并确保传球手法准确无误，多次练习继而增大两人之间的距离，提高传接球技术。

（6）原地三角、四角传球练习。

原地三角、四角传球练习是一种富有实效的基础传接球训练方法。这个练习的目的在于让球员更好地掌握原地双手胸前传球的技巧，通过不断实践来提高传球的速度、准确性和稳定性。

在进行原地三角、四角传球练习时，首先需要将球员分成 3 人或 4 人一组，站成近似等边三角形或正方形。这样做的好处是可以保证每名球员在传球时都能有足够的空间和角度，同时也能让球员更好地掌握传球的力度和方向。在这个三角形或正方形中，球员需要按照顺时针或逆时针的顺序依次传球。通过这种顺序，可以让球员更好地掌握传球的节奏和时机，同时能提高球员的反应速度和协调能力。在进行传球时，需要注意接传球的动作要连贯、协调，上下肢动作要配合得当。这样可以让球员更好地掌握传球的技巧，同时能提高球员的体能和协调性。

除了以上要点外，在进行原地三角、四角传球练习时还需要注意以下几点：第一，传球时要控制好力度和方向，避免传球失误或偏离目标；第二，接球时要主动迎球，保持手型正确；第三，在练习过程中要保持专注和耐心，不要急于求成。

（7）迎面跑动传接球练习。

可以强化双手胸前传接球技术动作的掌握，这对于球队的配合和进攻转换有着至关重要的作用。为了帮助队员更好地掌握这项技术，并培养他们传球后迅速起动的意识和习惯，可以采用以下练习方法。

首先，将 6~8 人分为一组，形成两纵队站立，每队间距 4~6 m。这样可以保证队员之间的距离适中，便于传球和跑动。同时，分组的队形可以让队员更好地配合和协作，提高训练效果。

其次，队员间进行传球，并在传球后迅速跑至对方队伍的末尾。这个练习可以强化双手胸前传接球技术动作的掌握，同时培养队员传球后迅速起动的意识和习惯。在传球时，队员应该注意传球的准确性和力度，以便让队友能够轻松接住球。在跑动时，队员应该注意速度和节奏，以便与队友配合形成默契。

最后，在训练中要强调技术要求，确保传球手法准确，动作协调，同时在传球后应迅速起动。为了达到这些要求，队员需要进行反复的练习和磨合，不断提高自己的技能水平。

（8）全场二人行进间跑动传接球练习。

全场二人行进间跑动传接球练习的目的是让球员在实际运动状态下，体会双手胸前传球的完整动作技术。这种练习可以帮助球员更好地掌握传球时的手法、力度和角度，提高传球的准确性和稳定性。同时，通过跑动中的传接球练习，球员的全身协调性和反应能力也能得到锻炼和提高。

在进行全场二人行进间跑动传接球练习时，每组需要两名球员，相距3～5 m进行全场传球接球练习。球员可以采用侧身跑的方式进行传接球，要求传球手法准确，全身动作协调配合。在传球阶段，球员需要注意传球的准确性和全身动作的协调性，保证传球动作的流畅和准确。在接球阶段，接球者需要跑动积极、协调，双手主动迎球以确保能够平稳地接住球。

练习过程中重点注意的是，接球者需要时刻保持警觉，提高反应速度，以便在接到传球后能够迅速做出下一步动作；无论是传球还是接球，都要注意准确性。难点在于传球时要尽量预判同伴的跑动速度和位置，球的落点要留出大概在同伴前一步的提前量。

要想熟练掌握行进间跑动传接球的技巧，需要进行大量的重复练习。通过不断的练习，球员可以逐渐提高自己的技能水平，使传接球更加准确、稳定、快速。

（9）全场三人一组行进间跑动传接球练习。

为了提升行进间传接球的连贯性和衔接性，可以进行全场三人一组跑动传接球的练习。在练习过程中，三人需持一球平行站位，每两人之间的距离控制在3～5 m。传接球时，以中间队员拿球起始为例，可以传给两侧的任意一名队员，在接到球后需迅速将球传回给中间的队员，而中间的队员需将球再传给另一侧的队员。在跑动过程中，两侧的队员应保持积极主动的侧身跑动，而中间的队员则需具备快速反应和预判能力，以便准确接球并完成下一次传球。通过这样的练习，可以提升行进间三人传接球的连贯性和衔接性，为比赛中的团队协作打下坚实的基础。

在练习过程中，还需要注意一些细节问题：首先，队员之间的传球力度要适中，既不能太大也不能太小，以保证球的准确性和稳定性；其次，队员在跑动中要注意保持身体平衡，避免因速度过快或动作不协调而摔倒或丢球；最后，队员之间要相互配合，协同完成传接球动作，以提高整个团队的默契度和协作能力。

经过不断的练习和磨合，可以逐渐增大三人之间的距离，也可以加快跑动速度，减少全场传球的次数，以提高三人之间的默契和熟练程度。

2. 双手头上传球的练习方法

（1）原地徒手模仿练习。

在进行原地徒手模仿练习时，要确保下肢静止，将注意力集中在上肢的出球手法上，以便更好地体会动作要领。通过这种方式，建立起正确的动作概念，为后续的练习打下坚实的基础。

（2）原地对墙传球练习。

在进行原地对墙传球练习时，需要保持腰腿静止，重点体会原地挥臂、扣腕、拨指动作的协调性。

（3）两人一组原地传接球练习。

体会双手头上传球技术的完整流程。

首先，两人组成一组，并保持面对面站立，相距 4～5 m 进行原地双手头上传球练习。在此过程中，注意保持身体平衡，确保传球手法的准确无误，并逐渐掌握双手头上传球技术的要领，提高传球的准确性和稳定性。

（4）扇形原地传球练习。

强化双手头上传球技巧，提升全身动作的协调性，同时优化传球手法。

需四人组成一组，共用一球。其中一人持球，其余三人则需以扇形站位。练习开始后，持球者需将球传给扇形中的一名队友，然后依次传递，直至传回持球者手中。在规定次数内完成传递后，队员之间进行轮换。在练习过程中，传球动作要保持连贯，同时注意上下肢的协调配合。

（5）原地五角隔人传球练习。

深化双手头上传球的技巧，提高团队协作与传球准确性。

将五人分为一组，按五角形站位，确保每人间距 4～6 m。按照顺时针或逆时针的顺序，依次进行隔人传球。在接球与传球过程中，动作需连贯，同时利用余光观察传、接球的状况，确保传球准确无误。

每名队员都需要集中精力，掌握好传球的力度和方向，以确保球能够准确传递给下一名队友。在传球过程中，还需要注意保持身体平衡，防止因为过度紧张或动作不协调而出现失误。

除了传球技能外，队员之间的默契和配合也是至关重要的。在五角形站位中，每名队员都需要了解自己的位置和队友的位置，以便预测球的传递路线。在训练过程中，队员需要不断调整自己的传球技巧和站位方式，才能更好地适应团队的需要。通过反复练习和磨合，队员之间的默契和配合会逐渐增强，隔人传球是一项需要高超技巧和默契配合的运动，通过不断练习和磨合，队员可以逐渐掌握传球的技巧和要领，提高整个团队的传球水平。

（6）传接球投篮练习。

体会双手头上传球的技巧与投篮动作的有机结合。

将队员分为 A、B 两组，每组 7～8 人。确保两组面对面分别站在篮球场的中线与两条边线的交接处，其中 A 组队员每人分配一个篮球，该组队员需使用双手头上传球的方式，将球传给站在对面的 B 组排在队首的成员，随后，A 组传球人应迅速切入篮下，接球的 B 组队员需使用双手头上传球方式回传给 A 组队员，然后 A 组队员接球并完成投篮。两名成员完成投篮后交换任务，并继续进行。关键点在于传接球必须准确、及时、到位。上下肢之间的配合要协调，确保接球与投篮动作流畅衔接。

3. 单手肩上传球的练习方法

（1）原地徒手模仿练习。

（2）原地传接球练习。

（3）四角传球练习。

进行该练习时，队员分为人数相等的四组，每组队员需按照四角形站位进行单手肩上传接球练习。在完成传球后，传球人应迅速跑至接球组排尾，以确保练习的连续性。传接球动作要求连贯、准确，传球人不得走步。在练习过程中，可采用顺时针或逆时针方向进行，以提高队员的传球技能和应变能力。

在这个过程中，队员需要认真体会单手肩上传球的完整动作要领。掌握正确的传球姿势和力度，以确保传球准确、有力。同时，还需要注意观察队友的位置和跑位方向，以便更好地配合传球。

（4）两人全场快攻传接球练习。

目的：提升行进间单手肩上传球的技巧。

队员两人一组，每组持一个球。在全场范围内，一人边线一侧注视有球队员并采用侧身跑快下，另外一人运球拉开跟进，采用单手肩上传球给同伴完成快攻投篮或者上篮。队员在传球过程中，要上下肢协调配合，侧身蹬转发力，避免带球走或者两次运球违例，这是对技术细节的严格要求。

要求队员在练习过程中互相配合，注意传球时机和准确性；传球时要注意传球的力度和角度，尽量让队友接球舒服；队员在练习过程中要保持专注，避免走神或者放松警惕出现碰撞或者摔伤等意外情况。

（5）三人全场传接球投篮练习。

为了提高队员之间的配合默契度和传接球技术，三人一球进行全场传接球投篮练习。练习开始时，三人位于端线起始，中间队员持球，另外两名队员分散在两侧，后半场采用行进间单手肩上传球，在进入前场的过程中，一侧的队员要迅速切入篮下，在篮下接球后，进行投篮。在此过程中，全身动作要协调一致，以确保传球的准确性和投篮的稳定性。同时，所有动作必须符合比赛规则，不能出现走步等违例。

（6）传接球加防守练习。

目的：体会在有防守的情况下，运用单手肩上传球动作技术。

方法：五人一组一球，“三打二”进行传接球练习，练习一定时间后进行攻守交换。传球者要用余光观察防守者的情况，传球要准确、及时、到位。

4. 单、双手击地反弹传球的练习方法

（1）原地徒手模仿练习。

（2）原地对墙传球练习。

（3）两人一组原地单、双手击地反弹传接球练习。

（4）单、双手击地反弹传球跑动练习。

将队员分为两组用一球，其中一组排头持球，另一组不持球。持球组进行击地反弹传球练习，传球后迅速跑至对方队伍的末尾。在传球过程中，力量要适中，避免过猛或过轻。接球时要主动迎球，不要走步违例。同时，要确保传球后能够迅速起动。

（5）“两传一防”练习。

目的：体会在有防守的情况下，运用单手或者双手击地反弹传球动作技术。

方法：三人一组一球，二人进行单手或者双手击地反弹传接球，一人进行防守练习，练习一段时间之后再交换。防守者积极滑动脚步，挥动手臂去封堵传球，传球者可以尝试做虚晃等假动作迷惑防守队员，捕捉时机及时传球，传球要准确到位。队员在有防守的情况下，体会击地反弹传接球技术动作的运用，同时提高传球和防守的能力。

练习需要三名队员，其中两人进行双手击地反弹传球，另一人在中间进行防守抢断练习。在练习过程中，防守者需要积极挥臂封堵传球，以提高防守能力。传球者则需要用假动作迷惑对方，以提高传球的准确性和速度。重点之一在于，队员在传球前要观察防守者的位置和动向，以便选择合适的传球时机；重点之二在于，队员在传球时要控制好力度和角度，确保球能够准确地反弹到队友手中不被防守抢断。

（6）单、双手击地反弹传接球投篮练习。

5. 单手背后传球的练习方法

（1）原地徒手模仿练习。

（2）原地持球扣腕练习。

（3）两人一组原地单手背后传接球练习。

在执行传球动作时，应逐渐加速，同时确保手指和手腕对球的控制力度适中。此外，还需密切关注传球的方向和预期落点，以确保传球的准确性和稳定性。

（4）三角传球练习。

（5）背后传接球三步上篮练习。

6. 传接球综合技术的练习方法

（1）全场侧身弧线跑传接球练习。

目的：体会在行进间单手或双手传接球的完整动作技术。

方法：找三人做固定位置传接球，其他人每人一球做侧身及弧线跑传接球练习。传接球要快速，动作要连贯、准确，上下肢要配合协调。

通过实际跑动，加强行进间各种传接球的技巧。首先，选定三人担任在场地固定位置传接球的练习者，其余队员则每人持一球进行侧身及弧线跑传接球的练习。在练习过程中，要求传接球动作迅速，跑动积极，队友之间传接球配合连贯、准确。其次，要注重上下肢的协调配合，确保传接球的流畅。

全场侧身弧线跑传接球练习可以帮助队员更好地掌握传球和接球的技巧。在练习中，队员需要快速、准确地传递球，同时要注意上下肢的协调配合；时刻保持高度警惕，快速反应并准确传递球。这种训练方式可以有效地提高队员的反应速度和协调性，使他们在比赛中更加灵活自如。此外，侧身弧线跑传接球练习还可以帮助队员更好地适应比赛中的强度变化，比如对手的防守盯人夹击、抢断等。通过侧身弧线跑传接球练习，可以更好地提高球场的适应能力。

（2）四角传球练习。

体会传接球及传球之后迅速斜插跑动要球之间的运用能力。练习方法（图 5-2-12）：由 1 拿球起始传给 2，然后迅速起动，逆时针向右前方斜插跑弧线，2 原地接球，马上传回给 1 之后起动，逆时针向右前方跑弧线，1 接球立刻传给对角线的 3，传完球跑到 3 的排尾，以此类推进行。斜插时起动要突然，要侧身接球，传球要快速、有力、到位，并传到接球人身前一步左右的胸部高度，传球后要明显加速。斜插时，虚晃起动要突然，这是非常重要的。在攻守对抗中，突然起动可以让防守者措手不及，从而创造出进攻机会。斜插的同时，球员需要注意侧身跑动接球，这样可以让接球更加稳定，同时便于保护球。

四角传球可以从全队单球练习进阶到两球练习，这样对队员注意力的要求更为严格，要全神贯注在训练场地，反应敏捷，跑动迅速，传球落点准确，同伴之间配合要默契，尽量减少失误。

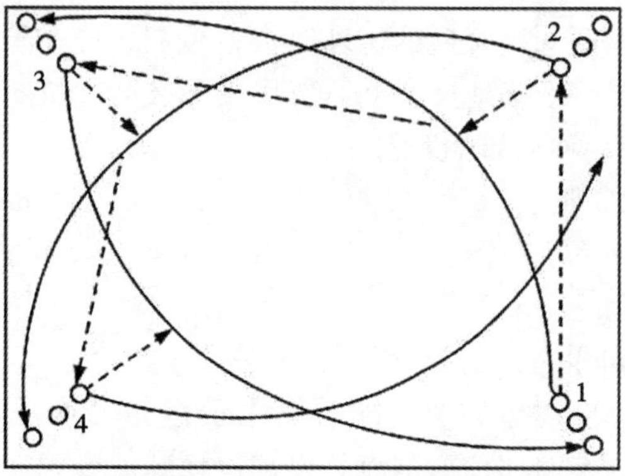

虚线：传球路线　　　　实线：移动路线
重点：侧身弧线跑动的路线及接球的跑位
难点：移动传接球和身体的协调配合

图 5-2-12　四角传球

（3）全场行进间三人“8”字围绕传接球练习。

这是一种全场三人之间轮转插上跑位要球的传接球练习，首先，三人在端线处站成一排，中间人拿球起始，传给两侧插上要球的其中一人，传球后，传球人始终要从接球人背后绕切至前方再次接球，以确保“8”字围绕的连贯性，三人依次进行轮转练习（见图 5-2-13）。其次，在练习过程中，加速绕切和保持身体平衡是非常重要的。每一次传球和接球都必须迅速而准确，这样才能使整个练习流畅进行。最后，接近篮下时，三人要分散成三角队形，要以球领人。这个练习不仅提高了队员的传球和接球能力，还增强了他们的反应速度和球场上无球跑动的积极性。

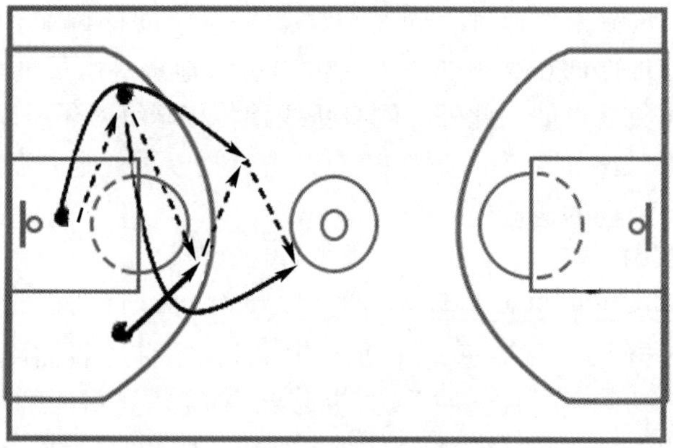

图 5-2-13　三人“8”字围绕传球

（4）两人一组全场长距离传球练习。

在篮球训练中，全场长距离传球练习是一种非常实用的传接球练习方法。全场长距离传球练习的目的是让球员体会在行进间长距离传球力量、路线和手法的运用。通过这种练习，球员可以提升传球的速度、准确性和力量，同伴快下跑动接球上篮，也可以增强球员之间的默契和团队快攻能力。

练习方法：两人为一组，一人将球掷向篮板，另一人抢篮板球之后迅速回传给同伴并沿边线快下，侧身跑随时准备接球上篮或者投篮，有球队员的传球方式可以选择单手肩上传球或者行进间双手胸前传球到篮下。

重难点在于，两人跑动要拉开，避免跑成一条直线阻碍传接球的视线；快下队员侧身跑的同时要全神贯注在有球队员身上，随时准备接球；传球队员的传球时机要准确，尽量不要超过中线越到前场传球。

（5）全场三人一组“二打一”传接球练习。

准备时，将队员分为三人一组，每组分配一个球。其中两人为进攻方，一人担任防守方。进攻方持球在端线起始，全场范围内进行传接球练习，不得运球，防守方则积极地进行封断，试图抢断球权。要求进攻的两人传球要隐蔽、快速、及时、到位，并充分利用球场宽度和深度，充分调动防守方的位置，以找到最佳的传球时机。防守方应保持警觉，积极移动脚步，封断传球路线，并试图抢断球权，通过积极的防守，提高自己的抢断成功率。每组结束后防守方轮转一人，以保证每名队员都能体验到不同的角色。

通过这个练习，队员可以更好地理解在有防守的情况下如何进行有效的传接球，提高自己的传接球运用能力。同时，通过积极的防守，队员也可以提高自己的抢断能力。

（6）全场“三打二”传接球投篮练习。

（7）全场五打五综合传球练习。

将队员分为两队，五人进攻，五人防守。进行全场的传接球攻守练习，进攻队伍的队员不得运球或带球跑，只能通过积极跑动寻找空位和传接球来制造机会，如果球在某名队员手中停留超过 3 秒，则被视为违例。进攻队必须完成三次以上的传接球才能投篮或上篮。在攻守转换过程中，防守时要注意不要犯规。

在全场五打五的比赛中，传接球的运用显得尤为重要。这种练习方式可以有效地提升队员的传接球技巧，使他们更好地应对比赛中的防守压力。此外，通过限制进攻方式，这种练习还可以帮助队员更好地理解团队配合的重要性。在进攻时，队员必须学会相互信任，准确地将球传给队友，以制造出最佳的得分机会。而防守方则需要通过紧密的盯防和团队配合，尽可能地干扰对方的传接球。为了使这种练习更具挑战性，可以设置时间限制或增加防守强度。例如，可以要求进攻方在规定时间内完成一定次数的有效进攻，或者要求防守方在对方进攻时更加严密地盯防。

全场五打五综合传球练习是一种非常有效的训练方式，可以帮助队员提升传接球技巧、团队配合和应对防守的能力。通过这种练习，队员可以更好地适应比赛中的压力，提高比赛表现。

五、投　篮

（一）投篮技术简介

投篮是篮球运动中的一项基本技术，它是比赛得分的关键。投篮技术包括双手持球、瞄准、蹬地、伸臂、手腕的发力等多个动作，需要运动员具备一定的身体素质和协调能力。投篮的瞄准点一般是篮筐前沿，需要保持稳定的手指和手腕姿势，同时要保持手臂的伸直和身体平衡。在投篮时，需要注意起跳和手臂的配合，保持稳定的节奏和动作连贯性。训练投篮技术需要反复练习，提高出手速度和准确性，以及增强身体的协调性和力量。

1. 单手肩上投篮

以右手投篮为例，右手腕需要后倒，指跟以上部位持球于肩上，掌心空出，大臂与小臂尽量成90°角，左手扶于球侧。投篮时，眼睛瞄准篮筐，下肢需要蹬地发力，右大臂带动小臂向前上方伸直，手腕前屈，手指用力拨球将球投出（图5-2-14）。拇指、食指和中指是主要发力的手指，食指用来指方向。无论站在篮筐的哪个角度，都应该瞄准所能看到的篮筐前沿投篮。球出手后的运行轨迹应该是一条有弧度的高抛物线，使球顺利进入篮筐。

图5-2-14　单手肩上投篮

单手肩上投篮需要注意细节和技巧。比如持球的位置要准确，力量要均匀，姿势要稳定，视线要始终注视着篮筐前沿。同时，还需要注意身体的协调性和平衡性，上下肢协调发力，以及投篮时机的把握。

单手肩上投篮在练习时可以从基础动作开始，逐渐增加角度和距离。通过反复练习和不断调整，可以提高投篮的准确性和稳定性，从而在比赛中获得更好的成绩。总之，只有掌握了正确的姿势和动作，注意细节和技巧，并经过长期训练和实践，才能成为一名出色的投手。

2. 双手胸前投篮

在投篮前，双手指跟以上部位持球于胸前，掌心空出，两个拇指成大写的“八”字，两臂自然放在身体两侧，不要支肘外翻。投篮时，下肢蹬地发力，大臂带动小臂发力通过指端，两臂向前上方伸直，食指、中指用力拨球将球向篮筐方向投出，球出手后，两手背相对，十指发力要均匀（图5-2-15）。这种投篮方式的优点是稳定性高，容易掌握，比较适合初学者和力量较小的女生。

图 5-2-15　双手胸前投篮

在学习投篮技术时，需要注意以下几点：首先，要掌握正确的姿势和动作，包括持球姿势、手臂和手腕的动作、下肢的发力等；其次，要多加练习，通过反复练习提高命中率和稳定性；最后，要注意与队友的配合和战术运用，根据比赛情况选择合适的投篮方式和时机。

3. 原地跳投

原地跳投要求队员在跳起的同时将球投出。在进行原地跳投时，球员需要掌握正确的姿势和技巧。首先，队员需要将手臂向上摆动的同时举球起跳。其次，当身体跳到接近最高点时，右臂向前上方伸直。此时，队员需要利用手腕的力量，通过食指和中指的拨球动作将球投出（图 5-2-16）。

图 5-2-16　原地跳投

原地跳投的优点在于它的出手点相对较高，不易被封盖。然而，要想掌握原地跳投的技巧并不容易。首先，球员需要掌握正确的姿势和动作要领。在跳起的同时，要保持身体的平衡和协调性，避免出现动作脱节或变形的情况。其次，球员需要加强手腕的力量和灵活性，以便更好地控制球的方向和力度。最后，球员需要通过大量的练习来提高跳起投篮出手的稳定性和准确性。原地跳投能够帮助球员在比赛中获得更多的得分机会，还能够提高球员的技术水平和自信心。因此，对于喜欢打篮球的人来说，掌握原地跳投的技巧是非常有必要的。

图 5-2-17 展示了正确的持球方法、持球手和扶球手的姿势及球的出手方式，请参照此图进行练习。

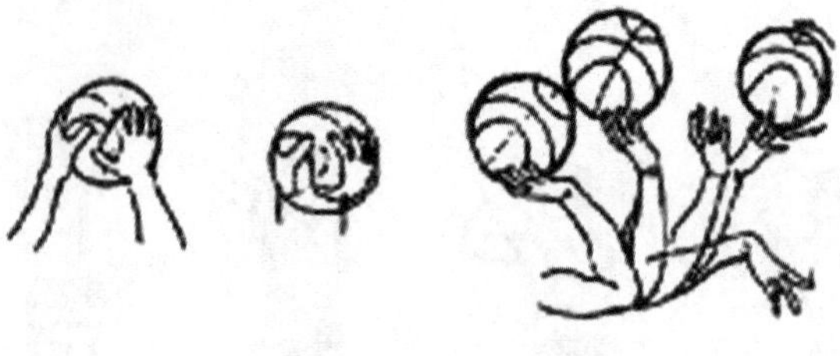

图 5-2-17　出手方法

4. 行进间单手低手投篮

行进间单手低手投篮，通常也称作三步低手上篮，是一种在行进间完成的投篮动作。这种投篮方式在篮球比赛中非常常见，是球员必须掌握的基本技能之一。

在进行行进间单手低手投篮时，球员需要快速准确地判断自己的位置和对方防守的情况。动作要领方面，以右手上篮、右腿起步为例，球员需要一跨右腿接球，二迈左脚缓冲起跳，三右腿提膝高抬，在空中带动身体伸展无限接近篮筐，挺肘、伸臂，利用挑腕的力量将球投出（图 5-2-18），脚步可以总结成一句顺口溜："一大、二小、三高跳。"在右腿跨步接球时，球员应该用身体和手护住球，防止被对方抢断。在起跳投篮时，球员需要掌握好身体的平衡和力度，以便将球准确地投进篮筐。同时，球员需要注重身体素质的训练，特别是加强腿部和手腕部的力量训练，以提高低手投篮的命中率。

图 5-2-18　行进间单手低手投篮

5. 运球急停跳投

运球急停跳投在比赛中的应用非常广泛，它是进攻球员在比赛中创造投篮机会的一种重要手段。在激烈的比赛中，球员需要快速移动并寻找最佳的投篮机会。运球急停跳投可以帮助球员在对手面前创造空间，使自己有足够的时间和空间完成投篮（图 5-2-19）。

运球急停跳投动作要领主要包括以下几个方面。

首先，在快速运球中，球员需要掌握好节奏和速度，在最后一两步时，球员需要稍微减速，以便更好地调整身体姿态和准备接下来的动作。

其次，在跨步（两步）或跳步（一步）急停时，球员需要快速、准确地控制好自己的脚步。这样做的目的是使身体快速停稳，为跳投做好准备。同时，球员需要注意保持身体的平衡和稳定，避免因急停而失去平衡或摔倒。

最后，在跳投时，球员需要突然向上起跳，同时将球准确地投向篮筐。在起跳时，需要注意控制好身体的姿态和重心，以便更好地控制球的轨迹和力度。

除了以上几个方面的动作要领外，运球急停跳起投篮还需要球员加强身体素质训练，比如拥有较好的爆发力和弹跳力才能更好地完成急停和起跳的动作。而且，运球急停跳投还需要球员具备良好的运球技巧和节奏感，在运球过程中快速、准确地找到对手的防守漏洞，并利用突然的急停和跳投来打破对手的防守。所以对球员的灵活性和协调性，以及判断力和反应速度，也是要求极高的。

除了个人技巧外，出色的战术意识也至关重要。球员需要了解比赛的形势和对手的防守策略，以便更好地选择投篮时机和位置。同时，球员需要与队友密切配合，利用团队的力量来创造更好的投篮机会。

图 5-2-19 运球急停跳投

（二）投篮技术练习方法

良好的投篮技术可以为球队赢得比赛提供有力的支持，投篮命中率的高低直接影响球队的得分能力。量变产生质变，想要投篮的命中率高，就需要在投篮训练中积累进球数。因此，在篮球训练中，投篮训练是必不可少的一环。下面是一些篮球投篮训练方法的介绍。

1. 投空心篮练习

在投篮训练中，投空心篮是一种重要且基础的练习方式，对于培养球员的投篮技巧和自信心有着至关重要的作用。它要求球员在没有防守的情况下，采用标准的投篮姿势将球投出，确保球能够顺利进入篮筐，不与篮板或篮筐发生接触。这个练习重点在于球员手臂、手腕与身体的协调配合，以培养规范且准确的投篮动作。在投篮的过程中，球员需要保持身体的平衡和稳定，手臂和手腕的发力要均匀，不可用力过猛或过轻，以免影响球的运行轨迹，通过投空心篮的练习，球员可以循序渐进地掌握投篮的动作要领，加速动作定型，从而提高投篮的稳定性和命中率。在练习过程中，可以设置不同的投篮距离和角度，从近到远逐渐增加难度。还可以通过观察和反思自己的投篮动作，发现并纠正不正确的姿势和技巧，进一步提高投篮水平。

此外，当球员能够熟练地掌握投篮技巧并提高命中率时，在比赛中也会更加自信，敢于出手并相信自己的投篮能力。这种自信心可以帮助球员更好地应对比赛中的压力和挑战，提高比赛表现。

2. 中距离自投自抢练习

在进行训练时，球员需要一人一球，在围绕篮圈的中距离展开练习。这个练习要求球员以罚球线到篮筐的距离为半径，在各个角度进行中距离的投篮。投篮后，球员需要迅速抢下篮板，这一过程不仅能够提升球员的投篮技巧，还能增强他们冲抢篮板球的能力。通过不断地练习和改进，球员可以逐渐提高自己的投篮准确性和预判篮板球的能力，为实战比赛打下坚实的基础。

3. 行进间运球急停跳投练习

在行进间运球急停跳投的过程中，球员需要快速调整自己的姿势，起跳时保持稳定的手腕动作，以便准确地投篮。这种练习方法能够帮助球员在实际比赛中更好地捕捉投篮的时机，从而提高投篮的命中率。为了模拟实际比赛环境，球员在练习时可以调整不同的运球路线和节奏，以便更好地适应各种比赛状况。通过这种训练，球员将更有可能在比赛中发挥出稳定的投篮水平。

4. 三分线外远投练习

三分球不仅是增加得分的有效手段，更是对防守方施加心理压力的重要武器。对于篮球运动员来说，提高三分球命中率对体能和力量都有很高的要求。尤其在比赛的关键时刻，一记三分球往往能够扭转局势，让球队反败为胜。三分球已经成为现代篮球运动中一种不可或缺的技战术。在比赛中，一个命中率高的队员往往能够成为球队的得分王和比赛的胜负手。

三分球对防守方造成的心理压力也是不可忽视的。当进攻方连续命中三分球时，防守方的士气往往会受到打击，导致防守质量下降。这时候，进攻方往往会利用三分球的威慑力，制造防守漏洞，获得更多的进攻机会。因此，从心理层面来看，三分球对于比赛的影响也是非常深远的。想要提高三分球命中率，需要付出大量的努力和汗水，不断练习投篮技巧，培养出手的稳定性和准确性。同时，需要加强身体素质和心理素质的培养，以应对比赛中出现的各种挑战和压力。

5. 两人一组全场或半场行进间传接球跳投或上篮

此练习要求同伴之间相互配合，快速跑动并且不断调整自己的位置和步伐，准确地传球和接球，同时要注意进攻的节奏和投篮的命中率。

6. 带防守投篮练习

带防守投篮练习是指在有防守的情况下进行投篮练习。在比赛中，球员经常面临防守压力，投篮的难度也会随之增大。因此，带防守投篮练习可以提高在有防守情况下的投篮技巧和命中率，培养在面对对手干扰时投篮的能力，更好地应对比赛中的挑战。

在进行带防守投篮练习时，可以选择不同的防守方式和强度。例如，可以使用一名球员进行一对一的防守，或者使用多名球员进行团队防守。防守的强度也可以逐渐增加，从轻微的干扰到强力的对抗，以模拟比赛中的不同情况。

通过带防守投篮练习，球员可以提高以下方面的技能。

（1）抗干扰能力：在有防守的情况下，球员需要学会排除干扰，集中注意力完成投篮动作。这可以帮助球员在比赛中更好地应对对手的干扰和压力。

（2）快速反应能力：带防守投篮练习要求球员在瞬间做出正确的判断和动作，这可以提高球员的反应速度和敏捷性。

（3）投篮技巧：在有防守的情况下，球员需要掌握正确的投篮技巧，包括手腕的控制、力量的运用等。这可以帮助球员在比赛中更好地把握投篮时机和提高命中率。

（4）心理素质：带防守投篮练习要求球员具备较高的心理素质，如自信心、毅力等。这可以帮助球员在比赛中更好地应对压力和挑战。

7. 时间限制投篮训练

在投篮训练中，设置时间限制是一个有效的手段，用于提高球员的投篮速度和决断能力。通过这种方式，球员必须在紧迫的时间内完成要求的投篮次数，从而培养比赛中的快速反应和准确判断能力。

时间限制有助于提升球员的投篮速度。在篮球比赛中，快速出手是取得优势的关键之一。通过在投篮训练中设置时间限制，球员必须加快投篮节奏，提高出手速度。这不仅有助于提高球员的投篮命中率，还可以使他们在比赛中更好地应对防守压力。

时间限制有助于培养球员的决断能力。在紧张的比赛中，球员需要在瞬间做出正确的决策。通过在训练中设置时间限制，球员们学会了如何在压力下迅速判断场上形势，并做出最佳的投篮选择。这种决断能力的培养有助于球员在比赛中更好地把握机会，提高进攻效率。

为了使时间限制训练更有效，可以根据球员的水平和场上位置制定个性化的训练计划。例如，对于新球员，可以设置相对较长的时间限制，让他们有足够的时间适应和掌握基本的投篮技巧。对于高水平球员，则可以缩短时间限制，以激发他们的速度和反应能力。

此外，为了增加训练的趣味性，还可以引入竞争机制。例如，可以将球员分成几个小组，在规定的时间内进行投篮比赛。这样不仅可以激发球员的训练热情，还可以培养他们的团队协作和竞争意识。这种训练方法不仅适用于职业球员，也适用于各个水平的篮球爱好者。

8. 团队协作投篮练习

团队协作投篮练习，顾名思义，是一种在多人配合的情境下进行的投篮练习。这种练习方式不仅有助于提升个人的投篮技巧，更强调团队之间的默契与配合。例如，通过练习快攻配合投篮、挡拆投篮等，球员可以更好地理解如何在实战中运用这些战术，提升整个团队的战斗力。

在快攻配合投篮的练习中，球员需要迅速判断场上形势，抓住对手防守漏洞，以及准确快速地传球和跑位并完成投篮。通过反复练习，提高快攻得分的能力。

挡拆投篮是一种常见的团队配合战术，通过挡拆的配合，为队友创造出投篮的机会。在练习中，球员要熟练掌握掩护的技巧，包括如何合理地站位、如何有效地挡住防守球员等。同时，需要学会在掩护后快速移动到合适的空位，接球并完成投篮。

9. 根据不同的情景设计不同的投篮训练

例如，在模拟比赛阵地战中，球员需要具备更强的运球和突破能力，以便在多人防守的情况下找到投篮的机会。

模拟教学比赛还可以通过记录球员的投篮位置、角度、速度和命中率等数据来分析他们的投篮水平，以及场上的表现和不足之处。这些数据可以提供更加客观和准确的评估依据，使球员找到自身的不足并加以提高改正，并能帮助球员更好地适应比赛的节奏和强度，提高他们的投篮技能和战术水平。通过模拟不同的比赛情景，可以让训练更加接近实战，从而为球员提供更好的训练效果。

六、防　守

防守技术是球员在防守时为了阻挠和破坏对手的进攻，达到夺球反攻的目的所采取的各种专门动作方法的总称。防守的移动脚步大致会运用到移动基本姿势、滑步、攻击步、交叉步、后撤步、碎步、绕步等。

（一）防有球队员

主要任务是运用各种防守技巧，如抢、打、盖帽等，对有球的进攻队员在传球、运球、突破和投篮过程中进行积极干扰和破坏。为了更好地完成这一任务，防守队员需要遵循以下几个方面的策略。

1. 防守的位置与距离

防守人应站在对手与球篮之间，使对方、自己、球篮在一条直线上。一般对手离篮近些则防守者应离对手近些，离篮远则离对手远些。此外，应根据对手的特点调整防守距离。

2. 防守姿势

分为平步防守和斜步防守。平步防守两脚平行站立，两手臂侧伸不停摆动，防守面积大，攻击性强，便于左右移动适合于防运球、突破。斜步防守前后站立，前脚同侧手臂向前上方伸出，另一手臂侧伸。这种姿势便于前后移动，便于防投篮。

3. 抢打球

运用抢打球技术可将球权从对方手中夺过来，达到反守为攻的目的。准确的判断是有效抢、打球的前提。动作幅度不宜过大，身体不要用力过猛，注意控制身体平衡，以免犯规。

打球重点：出手要快且准，不要失掉重心和防守位置（图 5-2-20）。

图 5-2-20　打球提示动作

抢球重点：要隐蔽，看准对手持球空隙，快速而有力地抓住球（图 5-2-21）。

图 5-2-21 抢球提示动作

4. 盖帽重点

要判断准确，快速起跳，手臂充分伸展，前臂不要下压，以免犯规（图 5-2-22）。

图 5-2-22 盖帽提示动作

5. 防突破、防运球重点

重心要低，保持一臂防守距离，脚步移动要快（图 5-2-23）。

图 5-2-23 防突破、防运球提示动作

（二）防无球队员

无球队员的移动摆脱、横切、纵切和接球往往具有很大的进攻威胁。要提高防守的主动性、攻击性，要抢断，有效地制止对手进攻，必须增强防无球队员的认识，提高防无球队员的技能。

1. 防守的位置与距离

根据对手的位置，做到“球—我—他”，始终位于对手和球篮之间，并偏向有球一侧，与球和对手要组成钝角三角形，防守者始终位于钝角处。并注意强侧和弱侧防守，做到“内紧外松”“近球紧、远球松”，松紧相结合（图 5-2-24）。当进攻方无球队员在有球队员的同侧（强侧）时，防守者站在对手上侧，采用面向对手、侧向球斜前站位姿势（错位防守）。当进攻方无球队员处在球的异侧（弱侧）时，防守者选择侧面或侧下面的位置，采用面向球，侧向对手的站立姿势。防止无球队员空切，协助强侧防守（协防），不让对手在攻击区和习惯位置接球，并随时抢断球。

2. 防守姿势

应根据对手是处于强侧还是弱侧，以及防守者和球的距离远近来选择。

根据球和人的移动、合理运用脚步占据有利位置，争取主动。

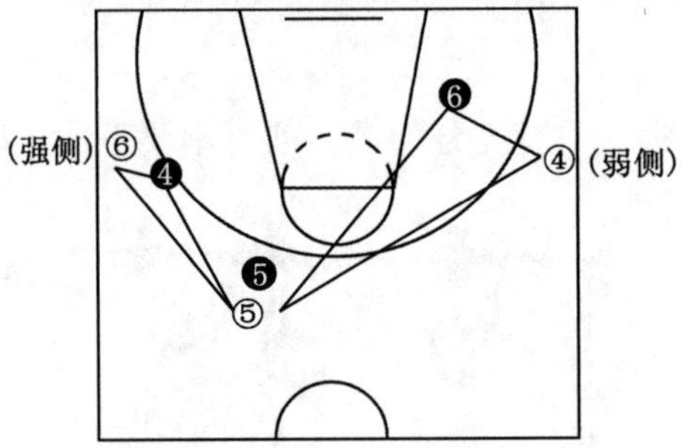

图 5-2-24　防守站位

（三）防守易犯错误

（1）防守选位、站位不当。

（2）防守姿势高、重心不稳、移动慢且步法乱。

（3）手臂动作运用不当或手臂动作僵硬，缺乏断球意识。

（4）断球时步法不灵活，贻误断球时机。

七、抢篮板球

抢篮板球由判断、抢占位置、起跳、抢球动作和得球后的动作组成。

（一）判　断

（1）根据投篮队员的位置、距离，判断球不中时的反弹点、角度和区域。

（2）观察对方球员的动作，预测他们下一次投篮不中的可能性。

（3）利用身体和手臂占据地面和空间面积，突然抢到对方的身前或体侧。

（二）抢占位置

（1）防守队员的抢位主要是先挡人，利用后转身、前转身等动作把对手挡在自己身后。

（2）保持与对手的距离，堵住进攻队员向篮下冲抢的线路。

（3）与队友保持良好的沟通，协同防守，提高抢篮板球的成功率（图 5-2-25）。

（三）起　跳

（1）在判断和抢占位置的基础上，迅速起跳。

（2）利用腿部的力量，提高起跳高度。

（3）保持身体平衡，为抢球动作做好准备。

（四）抢球动作

（1）在空中完成抢球动作，利用手臂的力量抓住篮板球。

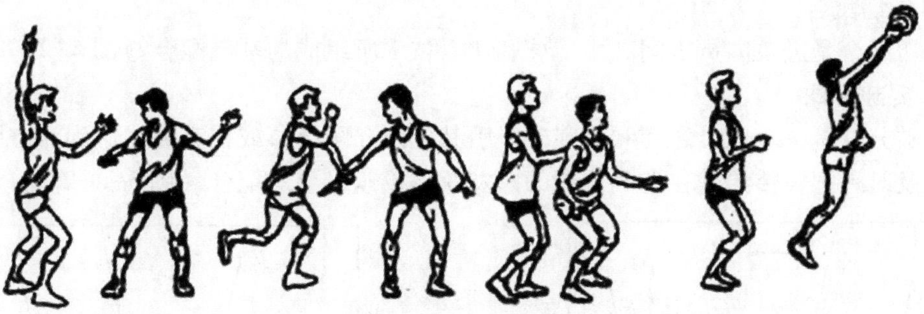

图 5-2-25　抢篮板球动作

（2）用手臂和身体将球控制在手中，防止对手抢走。

（3）抢到球后，迅速做出下一步决策（进攻或者传球）（图 5-2-26）。

图 5-2-26　抢球动作

（五）得球后的动作

（1）抢到篮板球后，迅速评估进攻机会，决定是否直接投篮。

（2）如果条件不允许，就将球传给队友，寻求更好的进攻机会。

（3）加强身体对抗，保护篮板球，防止对手抢走。

八、基础战术配合

1. 快　攻

快攻是指获球后，在对方还没有形成防守阵形之前，用最快的速度进行反击配合的方法（图 5-2-27）。

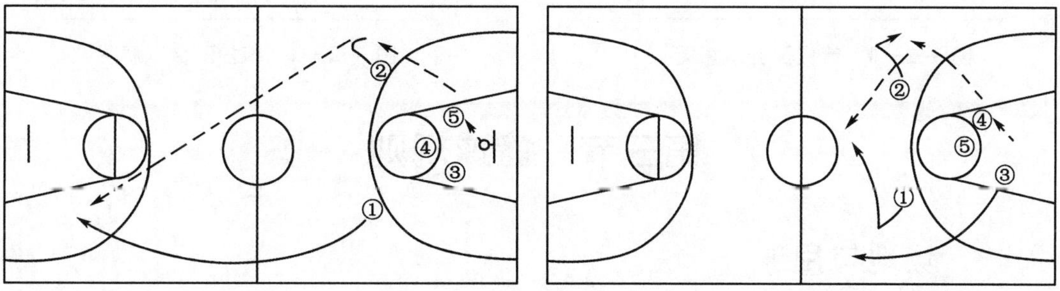

图 5-2-27　快攻示意图

2. 传切配合

传切配合是进攻队员之间利用传球和切入技术所组成的基础配合（图5-2-28）。

3. 突破分球

突破分球是进攻队员之间利用突破吸引其他防守队员，或在突破时遇到对方队员补防时，及时地把球传给处在有利位置的队友获得投篮机会的配合（图5-2-29）。

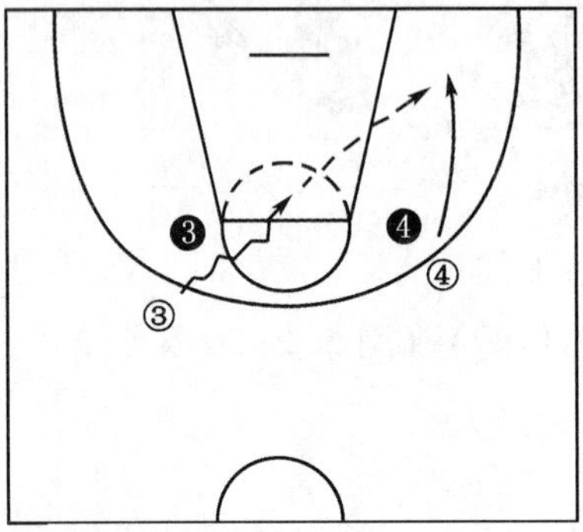

图5-2-28　传切配合示意图

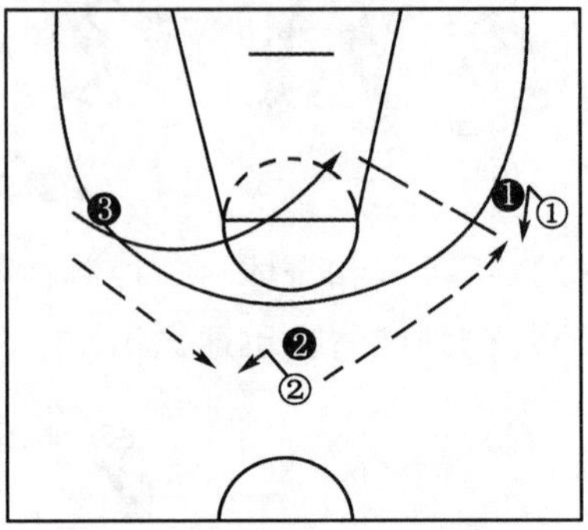

图5-2-29　突破分球示意图

4. 策应配合

策应配合是进攻队员背对篮或侧对篮接球，由其做枢纽与队友空切相互配合形成的一种里应外合的进攻方法（图5-2-30）。

5. 掩护配合

掩护配合是掩护队员采用合理的行动，用自己的身体挡住队友的防守者的移动路线，使队友借以摆脱对手或利用队友的身体和位置使自己摆脱防守的一种配合方法（图5-2-31）。

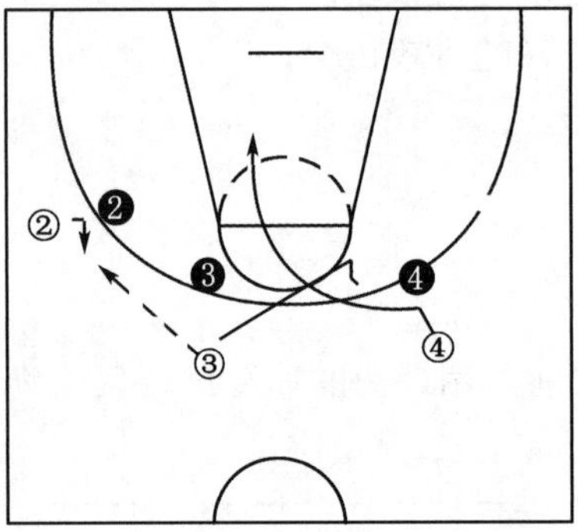

图5-2-30　策应配合示意图

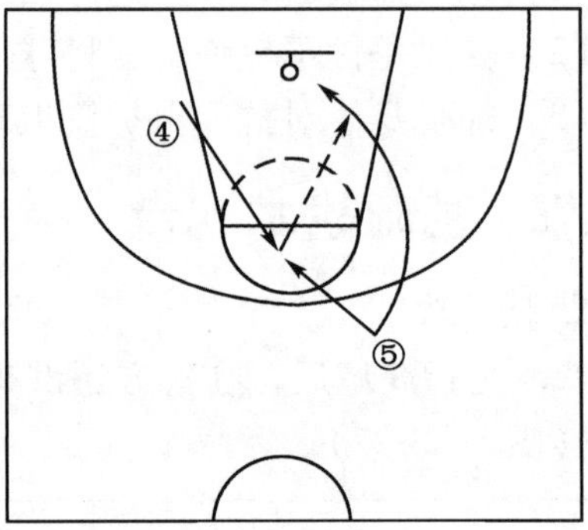

图5-2-31　掩护配合示意图

第三节　篮球规则

一、场地与用球

标准篮球场应为28 m×15 m的长方形，三人篮球使用标准篮球场的半场进行比赛。场地的丈量从界线的内沿量起，而场内的各区、线、圈的丈量均从界线的外沿量起，场上各线线宽均为 5 cm。地面应坚实平坦，至少在周围 2 m 以内无障碍物。球队席区域有 2 条 2 m 长的线，其颜色与边线和端线的颜色应有悬殊的差别（图 5-3-1）。男篮使用 7 号球，女篮使用 6 号球。

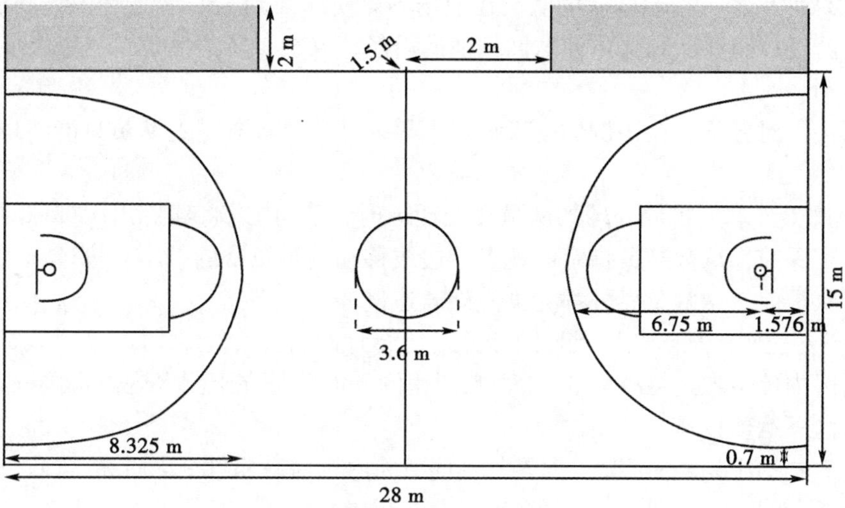

图 5-3-1　篮球比赛场地

二、赛　制

五人制：比赛由 4 节组成，每节 10 min，在第一节和第二节之间、第三节和第四节之间，以及每一决胜期之前应有 2 min 的休息时间。半场时间的休息应为 15 min。如果在第四节比赛时间终了时比分相等，为打破平局，需要一个或多个 5 min 的决胜期来继续比赛。在所有的决胜期中，球队进攻方向应与第 4 节进攻方向相同。

三、交替拥有

交替拥有是以掷球入界而不是以跳球来使球成活球的一种方法。在所有的跳球情况中，双方球队将交替拥有在最靠近发生跳球情况地点的掷球入界权。在第 1 节开始的跳球后未在场上获得控制球的队应开始交替拥有。在任一节结束时对下一次交替拥有权的队应在记录台对面中线的延长部分以掷球入界开始下一节。

四、违　例

违反规则而未构成犯规的行为统称违例。宣判违例后球成死球。其罚则是除干扰球和罚球时的违例外，都判违例队失去球，裁判员将球直接递交或将球放在可处理处，由对方在违例地点最近的边线外掷界外球。

（1）带球走违例：当队员在场上持着一个活球，其一脚或双脚超出本规则所述的限制向任意方向非法移动属于带球走。当一名队员持球时跌倒和滑动，或躺或坐在地面上获得控制球是合法的。如果之后该队员持着球滚动或试图站起来是违例。

（2）两次运球违例：队员运球后，用双手同时触球一刹那，或使球在手中停顿一刹那，运球就算完毕。一次运球完毕，除非他失去对球的控制然后重新控制球外，不得再次运球，如再运球为运球违例。

（3）拳击球、故意脚踢球：队员用拳击球即判违例，队员故意用脚踢球或用脚的任何部位拦截球应判违例。但队员的脚或腿偶然地触及球不算违例。

（4）球回后场：控制球队的队员在前场不得使球回到他的后场（中线属后场）。最后触球的前场控制球队的队员使球回到他的后场，又被该队的队员首先触及了球，为球回后场违例。

罚则：由对方队员在违例的就近地点掷界外球。掷界外球的队员只能将球传给前场任一队员。

（5）掷界外球：掷界外球的队员在处理球时，5 s 内未将球掷出；掷球时脚踏过界线；掷球离手前，从裁判员指定的地点沿边线移动超过正常的一步；掷球离手后，在球接触场上队员前，球触及界外都为掷界外球违例。

（6）3 s 违例：某队在场上控制球并且比赛计时钟正在走动时，该队队员不得在对方的限制区内停留超过持续的 3 s，否则判违例。但队员在限制区内停留接近 3 s 时，可允许他向篮下运球投篮。

（7）5 s 违例分 3 种情况：掷界外球时 5 s 内未将球掷出；场上持球队员被严密防守（距离不超过 1 m，在 5 s 内没有传、投或运球）。

罚则：由对方在违例地点最近的边线外掷界外球。

罚球时裁判员递交球后，罚球队员 5s 内未投篮，判违例。

罚则：判一次罚球违例。如是最末次罚球的违例，则判给对方在罚球线延长线外掷界外球。

（8）8 s 违例：进攻队从后场控制活球开始，必须在 8 s 内使球进入前场（当球触及中线前的场地，或触及有部分身体接触中线前的地面的该队队员算是球进入前场，否则判违例）。

（9）24 s 违例：一个队在场上控制活球时，必须在 24 s 内尝试投篮，在 24 s 装置的信号发出前，球必须离开投篮队员的手，并且球离开投篮队员的手后，在 24 s 装置的信号发出前球必须触及篮圈。当一次投篮尝试临近 24 s 周期结束时，在球离开投篮队员的手后，球在空中时 24 s 信号响了，并且球进入球篮，应计中篮得分。

五、犯　规

犯规是规则的违犯，包含与对方队员的身体接触和违反体育道德的举止。

（1）侵人犯规：在球进入比赛状态时，无论是活球还是死球，队员通过伸展臂、肩、髋、膝，或过分地弯曲身体成不正常姿势以阻挡、阻挠、推人、撞人、绊人来阻碍对方行进，或使用粗野动作者，应判侵人犯规。

罚则：在任何情况下，都给犯规队员记 1 次犯规。如该队员犯规已达 5 次（包括技术犯规）必须自动退出比赛。对非投篮队员侵人犯规时，不罚球，由被侵犯队的队员在犯规最近的边线外掷界外球。若犯规队该节犯规累计已超过 4 次，应判给被侵犯的队员罚球 2 次。

对正在做投篮动作的队员犯规，如投中，得分有效，再判给 1 次罚球。如投篮不中，则判给 2 次或 3 次罚球。

（2）违反体育道德的犯规：根据裁判员的判断，一名队员与对方队员发生接触，并且这一接触不是按规则的精神和意图去直接针对球的争抢，而是直接对人的严重接触，是违反体育道德的犯规。当队员被登记2次违反体育道德的犯规时，其应被取消比赛资格。

双方犯规是两名互为对方队的队员几乎同时互相发生接触犯规的情况。

（3）技术犯规：任何故意的或一再的不合作，或不遵守本规则精神，被认为是1次技术犯规。技术犯规包括队员的技术犯规和教练员的技术犯规。教练员、助理教练员、替补队员、随队人员的技术犯规登记教练员犯规1次。如犯规性质严重，或教练员累计犯规已达3次，则取消教练员指导比赛资格，并令其离开球场附近。

（4）全队4次犯规：比赛在一节中（在任一决胜期内发生的全队犯规应被认为是第四节的一部分），一个队的队员侵人犯规和技术犯规累计已达4次后，所有随后发生的对未做投篮动作的队员的侵人犯规应判2次罚球，代替掷球入界。控制球队的队员犯规时，只登记犯规，不执行罚球，而由对方在最近的边线外掷界外球。如该队员是故意犯规或技术犯规，则按相应的罚则处理。

进攻犯规不产生罚球。

所有的技术犯规都将判给对手1次罚球，以及发生犯规时有球权的队发界外球，如果当时两队都没有球权，那么按照球权指示器执行。所有的违体犯规都判给对手2次罚球及随后的球权。

六、暂　停

规则规定，在第一个半时的任何时间，每队准予两次要登记的暂停；第二个半时内，准予3次要登记的暂停；以及每一决胜期的任何时间准予1次要登记的暂停。未用过的暂停，不得遗留给下一个半时或决胜期，每次暂停为1 min，在比赛中，只有教练员或助理教练员有权请求要登记的暂停。教练员或助理教练员应亲自到记录员处清楚地要求暂停，并做出规定的暂停手势。在比赛中，教练员请求暂停的时机为，当裁判员鸣哨球成死球，计时钟停止时；球中篮得分时，非得分队可以请求暂停；最后一次和仅有一次的罚球，球中篮时，记录台可发出信号允许暂停。

七、替　换

在比赛中，只有替补队员有权请求替换。替补队员应到记录台前清楚地要求替换，做出替换手势或坐在替换席上，并做好比赛准备。在比赛中，当某队请求替换时，只有当球成死球，比赛计时钟停止，裁判员已结束了与记录台联系时，或在第四节的最后两分钟或每一决胜期的最后两分钟内，投篮得分时，非得分队的队员请求替换，记录台可发出信号允许替换。

思考与研究

（1）简要说明篮球基本技术的组成。

（2）试分析投篮技术。

第六章 排球运动

章节导读

微信扫码 精讲视频 配套题库

习近平总书记指出：“加快建设体育强国，就要弘扬中华体育精神”，在新征程上加快建设体育强国，要把握好体育强国梦与中国梦的关系，把弘扬中华体育精神同坚定文化自信结合起来，推动新时代体育事业高质量发展，激励中华儿女向着实现中华民族伟大复兴的中国梦奋勇前进。排球运动包含垫球、传球、发球、拦网等基础动作。在练习过程中培养学生勤学苦练、无所畏惧、刻苦钻研的意志品质。排球运动所蕴含的顽强拼搏、永不放弃的精神，正是我国社会主义核心价值观的体现。

本章主要介绍排球知识、基本技术、简单的战术与练习方法，以及排球运动的发展和锻炼价值。通过学习，学生能运用于实践，学习高水平比赛的知识，提高观赏水平。

第一节 排球基本技术与练习方法

排球运动始于1895年，创始人是美国马萨诸塞州霍利约克基督教青年会干事威廉·摩根。1905年，排球传入我国。在排球运动的历史发展长河中，中国人创造了不少先进技术，如快板球、小轮臂扣球、大轮臂扣球、单脚起跳扣球、勾手大力发球、盖帽拦网和鱼跃救球等，大大丰富了世界排球技术宝库。

排球运动深受广大青少年喜爱，它能提高中枢神经系统和内脏器官的功能，促进身心健康发展，提高力量、弹跳、反应、灵敏、速度等身体素质，培养勇敢、顽强、机智、勇于拼搏的良好品质和竞争意识，是一项趣味性与观赏性、竞技性相结合的体育项目。

排球比赛每队上场6人，每球得1分，每局25分，24分平局时必须胜2分，五局三胜制，决胜局先打至15分并领先对方2分者胜。

比赛场地：长18 m，宽9 m，国际排联世界性比赛场地边线外的无障碍区至少5 m，端线外至少8 m，比赛场地上空的无障碍空间至少12. 5 m，男子网高2. 43 m，女子网高2. 24 m，线宽均为5 cm。

一、正面传球

技术要领：蹬地伸臂对正球，额前上方迎击球；触球手型呈半球，指腕缓冲反弹球。

练习方法如下。

（1）分析要领与图示（图6-1-1）。重点是手型、伸臂动作、击球点、全身协调配合、手指手腕击球动作。

（2）练习顺序：徒手传—原地传—移动传—配合传。

图 6-1-1 正面传球

二、正面、体侧双手垫球

技术要领：插——两臂前伸插到球下；夹——两臂夹紧，手腕下压；提——蹬地抬臂、提肩顶肘迎击球。

练习方法如下。

(1) 分析要领与图示（图 6-1-2)。重点是手臂动作和协调用力。

(2) 练习顺序：徒手传—结合球练—与同伴练—比赛练。

图 6-1-2 正面、体侧双手垫球

垫球易犯错误和纠正方法，见表 6-1-1。

表 6-1-1 垫球易犯错误和纠正方法

易犯错误	纠正方法
两臂不并拢，垫击面不平	垫固定球或抛球，原地自垫
移动不及时，对不正来球	两人相距 4 m 抛球，快移对准抛球人垫球
垫球不抬臂，身体向上顶	徒手模仿抬臂垫球的全身协调动作、两臂前插动作

三、正面下手发球

技术要领：腹前低抛球，掌根或虎口击球后下部，蹬地重心移（图 6-1-3)。

图 6-1-3　正面下手发球

四、正面上手发球

技术要领：抛球右肩前上方，垂直上抛 1 m 高；转体收腹带挥臂，挥臂动作如鞭打；全掌击球中下部，手腕推压球上旋。

练习方法如下。

（1）分析要领与图示（图 6-1-4）。抛球是前提，击球是关键。

图 6-1-4　正面上手发球

（2）练习顺序：抛球方法—挥臂手法—下肢和腰腹配合。

发球易犯错误和纠正方法，见表 6-1-2。

表 6-1-2　发球易犯错误和纠正方法

易犯错误	纠正方法
抛球不到位，击球位不对	反复练习向上抛球和下落击球
抛球与挥臂动作配合不好	多做徒手练习，再抛、挥相结合练习
无推压动作	对墙轻发，打上旋球
全身用力不协调	对墙发球练习或徒手练习

五、正面扣球

技术要领：助跑幅度小到大，一步定向两步跨；两臂前摆猛蹬起，腰腹发力要领先；向上挥臂如甩鞭，全掌包球打得满。

练习方法如下。

（1）分析要领与图示（图 6-1-5）。重点是助跑起跳、挥臂动作和击球手法。

（2）练习顺序：助跑起跳—击球手法—挥臂法—完整扣球动作—配合。

图 6-1-5 正面扣球

扣球易犯错误和纠正方法，见表 6-1-3。

表 6-1-3 扣球易犯错误和纠正方法

易犯错误	纠正方法
起跳过早或过迟	做对网的自抛自扣
前冲过大	徒手练习最后跨出一大步制动动作
扣球时手臂未甩直	徒手挥臂击打吊球
手掌包不住球	原地对墙扣球或自抛自扣

六、拦　网

技术要领：找准位置，垂直起跳勿前冲；伸臂提肩腕下压，捂盖球的前上方。

练习方法如下。

（1）分析要领与图示（图 6-1-6）。重点结合扣球练习。

（2）练习顺序：原地起跳徒手拦网—原地起跳拦高台扣球—结合扣球练习拦网—拦 4 号位或 3 号位扣球。

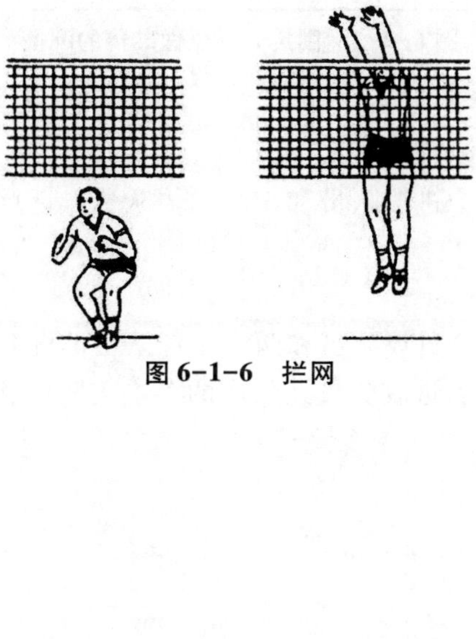

图 6-1-6 拦网

第二节　排球战术与教学训练

一、排球战术的分类

排球战术可分为个人战术和集体战术两大类。个人战术是个人根据临场情况有目的地运用各种技术的过程。集体战术根据对方来球的特点和对方先防后攻的规律可分为发球进攻、接扣球进攻、拦网球进攻、传垫球进攻 4 个战术系统，每个战术系统又可分为防守战术阵形和进攻战术阵形两部分。在各个战术阵形中又有各种战术打法。

二、阵容配备

阵容配备是合理安排上场队员的一种组织手段，其目的是将全队每一个人的力量有效地组织起来，最大限度地发挥全队的集体力量和每一名队员的作用及特长。阵容配备的方法主要如下。

（一）固定 3 号位做二传的配备

在学习排球战术和比赛方法的开始阶段，为使每一名队员初步体会“中一二”进攻战术的组织方法和每一名队员在攻防中的作用，可采用固定由 3 号位队员做二传的方法，即谁轮到 3 号位，谁就担任二传手（图 6-2-1）。

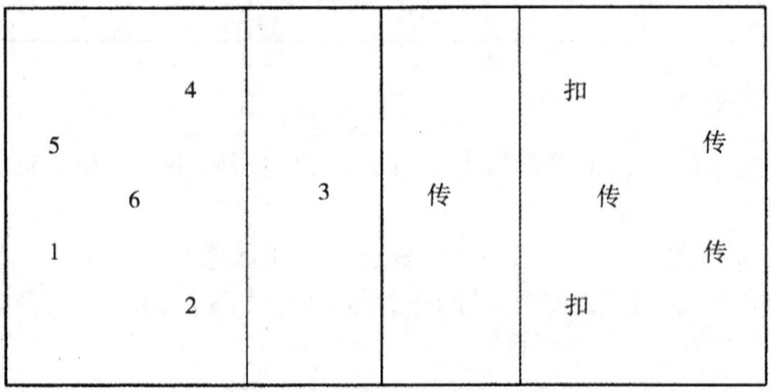

图 6-2-1　固定 3 号位做二传的配备

用此方法学习“中一二”甚至“边一二”进攻战术，有利于发现和培养二传手。

（二）“三三”配备

“三三”配备即安排 3 个进攻队员和 3 个二传队员，适用于初学者和一般水平的球队。

（三）“四二”配备

“四二”配备即安排 4 个进攻队员和两个二传队员的配备方法。此配备适合有一定训练水平的运动队使用。4 名进攻队员又分成两个主攻队员和两个副攻队员，他们和两个二传手分别站在对角位置上（图 6-2-2）。

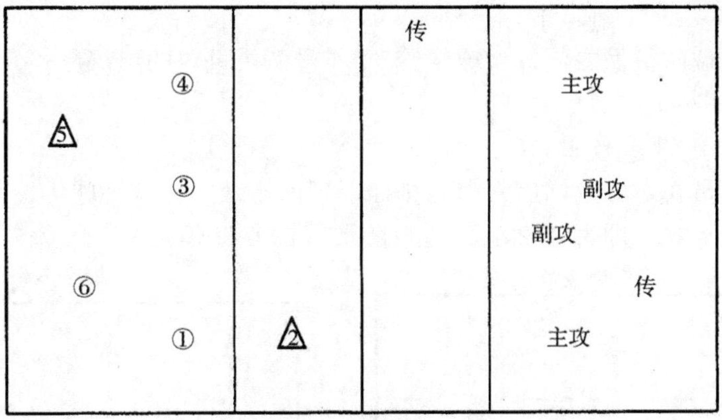

图 6-2-2 “四二”配备

（四）“五一”配备

“五一”配备即安排 5 个进攻队员和 1 个二传队员。这是当前优秀排球队普遍采用的阵容配备方法（图 6-2-3）。

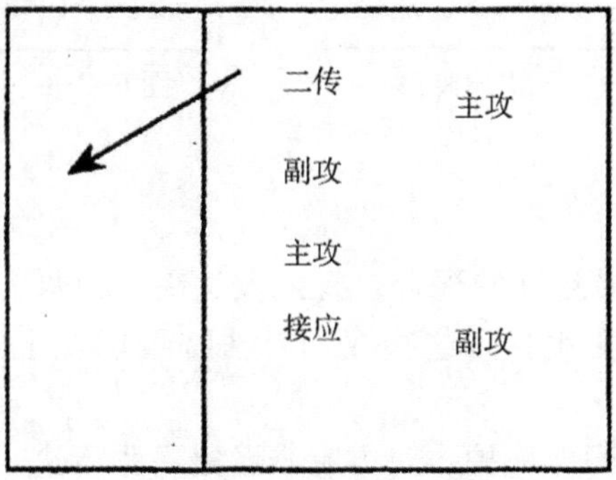

图 6-2-3 “五一”配备

三、进攻阵形

（一）“中一二”进攻阵形

前排中间的 3 号位队员做二传，将球给 4，2 号队员进攻的组织形式，即为“中一二”进攻阵形（图 6-2-4）。

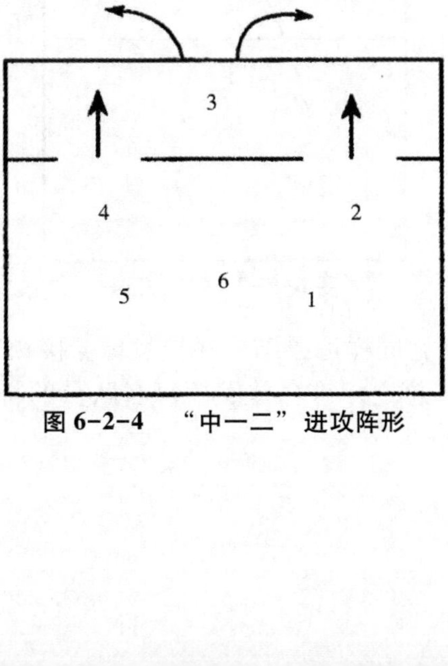

图 6-2-4 “中一二”进攻阵形

（二）“边一二”进攻阵形

前排边 2 号位队员做二传，将球传给 3，4 号队员进攻的组织形式，即为“边一二”进攻阵形（图 6-2-5）。

（三）“插上”进攻阵形

后排一个队员在对方发球后，由后排插上到前排做二传，将球传给前排 4，3，2 号队员进攻的组织形式，即为“插上”进攻阵形（图 6-2-6）。

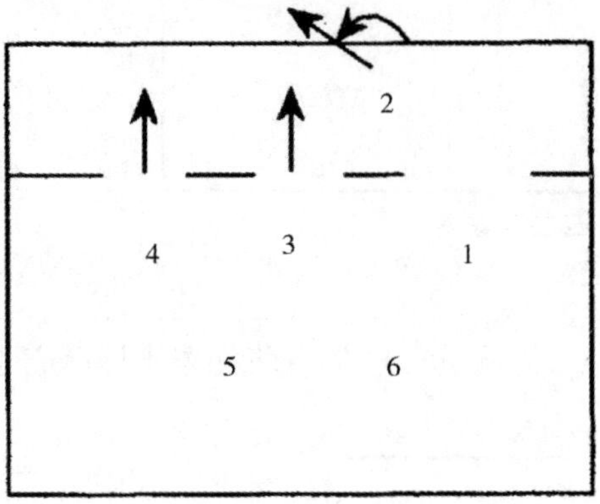

图 6-2-5 “边一二”进攻阵形

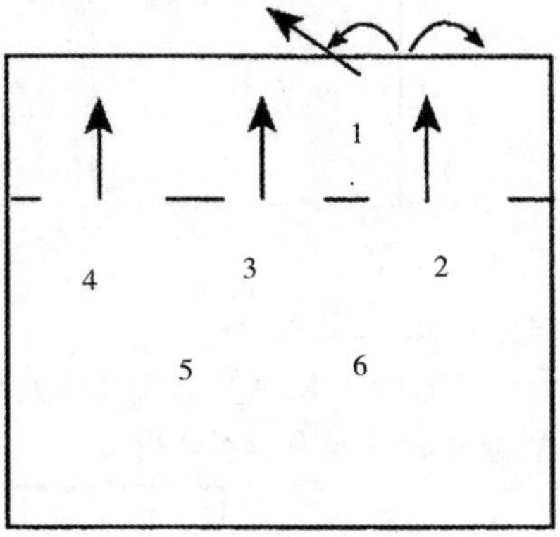

图 6-2-6 “插上”进攻阵形

四、进攻打法

进攻打法是指进攻队员之间的配合，有强攻、快攻和两次进攻 3 种基本打法，每种打法又有多种不同的战术变化。而这些战术打法都可以在上述 3 种进攻阵形中具体运用。

（1）强攻。指在没有同伴掩护、对方有准备之下强行进攻，一般是指传点球进攻。

（2）快攻。是指二传队员传出各种平、快球，以及用这些平、快球做掩护所组成的各种战术配合。实践中常用的有近体快、短平快、背快、平拉快，以及先进一些的调整快、远网快、后排快、单脚快等（图 6-2-7）。

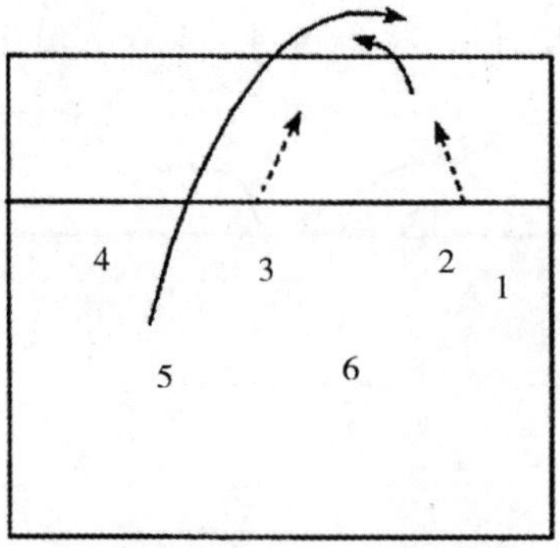

图 6-2-7 快攻打法

上述两种进攻战术打法，同样可以结合在接发球、接扣球、接拦网球或接对方传、垫过来的球之后选择运用。总之，符合并发挥每名队员的特长，有利于形成全队的特点。

第三节 气排球

一、气排球的起源

中国人对排球运动并不陌生，但是传统的竞技排球对运动员的技术和身体素质要求很高，在非运动员人群中很难做到广泛普及。

气排球是我国本土的一项群众性排球运动，1984 年，呼和浩特铁路局集宁分局计划开展老年群体的体育运动，组织了离退休职工，没有制定比赛规则，运用套在一起的两个气球在排球场上进行娱乐，之后又改为用儿童专用的软塑球打着玩。最后又根据排球比赛的规则制定了一套较为简单的比赛规则，并为这项娱乐运动取名为“气排球”。

气排球项目是集娱乐、运动和休闲为一体的群体性体育项目，近年来，作为一项新的体育项目，受到了老年群体的喜爱。是全国老年体协中五大竞技项目之一，是货真价实的“中国制造”。自从中国火车头老年体协将该体育项目推出后，先后在南方等地得到了广泛推广，运用气排球运动强身健体的老年群体逐渐壮大，尤其在广西普及得最好。

气排球因为运动过程中不太激烈，运动适量，男女都可以一起进场参与，适合各个年龄段人士进行活动。

二、气排球运动的发展

自 2004 年开始，我国气排球运动步入不断提高的阶段。气排球从原来的娱乐性质慢慢向竞技性质转变，最先发展的是老年群体气排球比赛：2004 年 10 月首次在浙江省举办了全国第一届“利群杯”老年气排球比赛，从此之后年年举办，并且制定了一套全国统一的老年气排球比赛规则，同时为了更方便老年人使用，改良了更适合老年人使用的气排球比赛用球。老年气排球比赛正规程度高，有较大的规模和知名度，参与人数不断增加。

气排球的重量较轻，体积较大，材质比较柔软，所以不同年龄、不同性别和不同技能水平的群体都可以参与，没有排球基础的参与者也可以参加初级比赛。气排球的一些特性使得它的技巧性较排球有所降低，比赛中，球在空中移动速度较慢，往返球的次数较多，击球的技巧增加，降低了初学者的畏难心理，因此使气排球的趣味性和观赏性提高很多。气排球虽然起源于老年群体的体育活动，但现在已经不再是老年群体的专有运动，企事业单位、大学和社会自由组织团体都广为推广和参与，也成为了很多人休闲时一项必不可少的体育娱乐活动。

高校气排球项目发展趋势良好，逐渐向中小学蔓延开展：1995 年，时任国际奥委会主席萨马兰奇前往北京考察群众体育活动时对气排球运动给予了较高的评价：“气排球很不错，既适合老年群体，也适合中年和青少年群体。”因为气排球运动不被技术水平高低所限制，也逐渐发展成了很多高校教职工活动开展的主要方式，并且也感染了很多学生，很多高校排球专项的体育教师，在进行硬排教学时也会向学生普及气排球，使气排球受众群体逐渐扩大到大学生群体。现在气排球运动也在逐渐向中小学学生普及。

三、气排球对大学生的积极影响

由于气排球运动具有球体较大、较为柔软、重量较轻、球移动速度过慢、入门比较容易、娱乐性较强等特性，对参加的学生来说压力较小，能够对身体和心理产生健康积极的作用，既能促进学生之间的交流和合作，培养友谊，还能强身健体。

气排球运动是一项集体运动，使参与者时常聚到一起，能够一起享受团队合作的愉快感，增进彼此的友谊，拉近人与人之间的距离，增加彼此的交流，产生良好的情绪，形成健康的心理状态。常常参加气排球运动的人，能够在参与过程中学到控制和调节自己情绪和心理的办法，比如在经历接连失误、比分落后的情况下，怎样让自己重拾信心，鼓足士气扭转局面，增强自信心等，都能够培养出良好的心理素质。

四、气排球的基本技能战术与练习方法

（一）半蹲准备姿势

双脚左右开立与肩同宽，脚尖稍内叩，双膝盖弯曲成半蹲。脚后跟微微提起，身体重心前移，双臂自然弯曲置两侧。双眼注视来球方向，双脚始终保持微微移动。（图6-3-1）

图6-3-1 半蹲准备姿势

（二）垫　球

垫球的技术动作要点可用“插、夹、提、压”四个字概括。

插——双手互握，在球距离自己一臂时，将手臂迅速插入球下；

夹——双臂伸直夹紧；

提——垫球时提肩；

压——手腕往下压。

用手腕上方约10 cm的前臂击球，击在球的后中下方位置（图6-3-2）。

图6-3-2 垫球

（三）正面下手发球

准备姿势：面向球网，双脚前后站立，左脚前，双膝微屈，上身前倾，重心偏向后脚，左手持球置于腹前，右臂自然下垂。

引臂：击球手臂直臂向后方摆臂。

抛球：左手将球向上托送竖直抛起，抛出球的高度大概为 30 cm。

挥臂击球：右腿用力蹬地，身体的重心随右臂直臂的前摆向前移动，在腹前用手掌的坚硬部位击球的后下部。同时身体重心随着击球动作前移（图 6-3-3）。

图 6-3-3 正面下手发球

（四）正面上手传球

准备姿势：目视来球方向，迅速移动到球的落点下，身体对正来球，双脚左右开立，与肩同宽，左脚稍稍在前，右脚脚跟稍稍提起，双膝微屈，上体稍稍向前倾，双臂弯曲置于胸前，双肘自然下垂，双手成传球手形，双眼注视来球方向。

手型：当双手触到球时，手腕稍稍向后仰，双手自然张开，手指成半球状微屈。两拇指相对成“一”字形或“八”字形，注意两拇指间的距离不可太大，防止漏球。

击球点：击球点位于额前上方大概一球距离。

球触手的部位：拇指外侧、食指的全部、中指的二三指节，无名指的第三指节和小指的第三指节的半个指节。简称为“3、2、1、半和拇指外侧”。

击球部位：球的后中下部

用力顺序：蹬腿—展腹—伸臂，力量经手臂到手指最后用手腕的弹力将球向前上方拨出（图 6-3-4）。

图 6-3-4 正面上手传球

（五）正面上手大力发球

准备姿势：面向球网方向站立，双脚自然开立与肩同宽，左脚在前，左手持球置于体前。

抛球：左手将球垂直抛于右肩的前上方位置，抛球的高度大约为1.5 m。

引臂：右臂屈肘向后展臂，上体稍向右转，手停于耳旁。

挥臂击球：收腹、振胸、挂肘，上臂带动前臂向前上方弧形挥摆，伸直手臂，在肩的上方用全掌击球的后中部。

击球手法：将球包满打转，一边包裹一边进行推压；用全手掌击球，使球呈上旋飞行（图6-3-5）。

图6-3-5　正面上手大力发球

（六）扣　球

准备姿势：双脚左右自然开立，双膝微屈，上体稍向前倾，观察二传来球。

助跑：左脚先向前迈出一步，右脚紧接着迅速跨出一大步，左脚及时并上落于右脚侧前方，两脚尖稍向右准备起跳。

起跳：双臂从后方积极向前方摆动，双脚蹬地向上起跳，双臂协调配合起跳动作用力上摆。

空中击球：起跳至接近最高点时用正面上手大力发球的挥臂动作在右肩前上方位置击球的中上部同时带腕。

落地：击球动作完成后，身体自然下落，双脚前脚掌先着地，同时顺势屈膝，对身体下落的力量进行缓冲。

五、气排球的规则

（一）比赛要求

（1）每队最多可有8名队员，队员上衣必须有号码，应为1号至8号。身前号码大小为10 cm^2，身后号码大小为15 cm^2。场上队长应在上衣胸前有一明显标志。

（2）教练员和队员应了解并遵守规则，以良好的体育道德作风服从裁判员的判定。如有疑问只有场上队长可向裁判员请求解释，教练员不得对判定提出异议或要求解释。

（3）教练员和队员必须尊重裁判和对方队员，不得以任何行为影响裁判的判断。不得以任何行动和表现拖延死球时间或被认为有意延误比赛。

（二）比赛规则

（1）队员场上位置：双方队员各分为前排3名，后排2名。前排左边为4号位，中间为3号位，右边为2号位，后排左边为5号位，右边为1号位。每局比赛开始，场上队员必须到位置表排定的次序站位，在该局中不得调换。在新的一局，每个队上场队员的位置可重新安排。

（2）暂停：每局比赛中，每个队可请求2次暂停，每次暂停时间为1 min。只有成死球时经教练员或场上队长向第二或第一裁判员请求后才准予暂停。第一裁判员鸣哨后，比赛应立即继续进行。某队请求第三次暂停，应予拒绝并提出警告。第一裁判员已鸣哨发球，队员尚未将球发出或鸣哨的同时请求暂停，均应拒绝，如第二裁判员在此时间错误鸣哨允许暂停，第一裁判员也不得同意，应再次鸣哨发球。

（3）换人：每局每队最多可替换6人次，一下一上为1人次。某队换人时应由教练员或场上队长在死球时向第二或第一裁判员提出要求，并说明替换人数和队员的号码。裁判员准许换人时，上场队员应已做好准备并从前场区上下场，如队员未做好准备，则判罚该队一次暂停。

（三）比赛成绩计算

（1）得分：比赛采用每球得分制，当某队胜一球时，即得一分，同时获得发球权。

（2）胜一场：比赛采用三局两胜制，胜两局的队为胜一场。如果1∶1平局，则进行决胜局（第三局）的比赛。

（3）胜一局：第1，2局先得21分同时超过对方2分为胜一局，当比分为20∶20时，比赛继续进行至某队领先两分（22∶20，23∶21，……）为胜一局。决胜局，先得15分同时超过对方2分的队获胜，当比分为14∶14时，比赛继续进行至某队领先两分（16∶14，17∶15，……）为胜一局。决胜局8分时双方队员交换场地进行比赛，比赛按照交换时的阵容继续进行。

某队被召唤后拒绝比赛或无正当理由而未准时到达比赛场地，则宣布该队弃权。对方以每局21∶0的比分和2∶0的比局获胜。某队被宣布一局或一场比赛阵容不完整时，则输掉该局或该场比赛，判给对方胜该局或该场比赛所必要的分数和局数。阵容不完整的队保留其所得分数和局数。

（四）动作和犯规

1. 发　球

（1）发球队胜一球或接发球队取得发球权时，该队队员必须按顺时针方向轮转一个位置，由轮转到1号位的队员发球，如没有按照发球次序轮转发球，则为轮转错误，必须立即纠正，并判失去发球权。

（2）发球队员必须在第一裁判员鸣哨发球后8 s内将球发出，球被抛出后发球队员未击球，球也未触及发球队员而落地，允许继续发球。

（3）发球队的队员不得以任何方式阻挡对方观察发球队员和球的飞行路线。

（4）发球时判断队员的位置错误，应以队员身体着地部分为依据，在发球队员击球的一刹那，球未击出前，同排队员的站位不得左右超越或平行，前后排队员不得前后超越或平行。即4号位队员不得站在3，2号位队员的右边，5号队员不得站在2，3，4号位队员的前面或平行。否则，应判失球权或对方得分。发球队员与本方5号位队员不受站位的限制。

（5）发球触网算违例，发球和比赛过程中球触顶按违例处理。

2. 击　球

击球队员击球时，有意或无意把球接住停在手中，或用双臂将球夹住停留时间较长，或用手将球顺势冲至停留时间较长再将球送出，判击球犯规。队员身体任何部位连续触球多于一次，则判连击犯规（拦网除外）。

3. 过中线和触网

过中线和触网比赛进行中，队员踏越中线，应判过中线犯规，队员身体任何部位触及球网，判触网犯规，因对方击球入网而使网触及本方队员时，不算触网犯规。

4. 进攻性击球

（1）队员在后场区可以对任何高度的球做进攻性击球，但在起跳时不得踏及或踏越限制线，否则即为违例犯规。

（2）队员有前场区，采用攻击力强的扣、抹、压吊动作，将高于球网上沿的球击入对区，则判犯规。如采用攻击力小的传、顶、挑的动作，击球的底部或下半部，使球具有一定向上的弧度过网不算犯规。

（3）队员在前场区，对低于球网上沿的球，可用任何击球动作将球击入对区。

5. 拦网与过网

（1）后排两名队员不得拦网。如有参加拦网并起到拦网作用时应判犯规。

（2）拦网的触球不算作球队三次击球中的一次击球，拦网后可以由任何一名队员进行第一次击球，包括拦网时已经触球的队员。

（3）不得拦对方的发球和对方队员进入前场区直接击过网的球，只允许拦对方队员在后场区直接击过网的球。

（4）甲方队员完成直接向对方击球前，乙方队员的手触及甲方地区上空的球时，应判乙方队员过网犯规。

第四节　软式排球

软式排球1988年诞生于日本山梨县，很快成为当地中老年人和家庭娱乐健身的一种选择，并迅速普及到中小学校。1995年开始传入中国。软式排球的突出特点是，球由橡胶或海绵材料制作，质地柔软、重量轻、飞行速度慢、接球难度小、来回球次数多、易于掌握，从而增加了趣味性。软式排球活动方法简单，不受年龄、体质和技术水平的限制，场上队员组合形式多样，易于开展和普及，已成为一项很有发展潜力的健身娱乐项目。

一、场地与器材

（1）球场长16.6 m，宽6.1 m，进攻线至中心线距离为2.2 m，场地界线宽5 cm。

（2）成人组网高为2.2 m，家庭组和12岁以下组为2.1 m，10岁以下组为2 m。标志带宽0.04~0.06 m，长0.8 m，彩色。标志杆长1.6 m，直径0.01 m，高出球网上沿0.8 m。

（3）球用柔软的橡胶或海绵材料制成。成人组和12岁以上组，球的周长为(66±1)cm,重量为（180±10）g；10岁以下组球的周长为（64±1）cm，重量为

(150±10) g。

二、比赛和组织方法

软式排球由于易开展，可以进行多种多样的游戏，人数、方法不受限制，是锻炼身体的好项目。

比赛分家庭组和年龄组两种组制。一个队由 3~8 名队员组成，比赛时双方上场 4 名队员（家庭组上场 3 名，为一对夫妇和一名 12 岁以下的儿童）。上场的 4 名队员，分别是①、②、③、④号位队员，后排队员不得在前排拦网和踏越进攻线进攻或将高于球网的球直接击入对方场区。

发球必须采用下手发球。交换发球时，位置按顺时针轮转，垫球、传球、扣球、拦网等技术与一般排球相同。发球队员击球时，双方上场的 4 名队员（发球队员除外）必须在本场区内按 1 号位队员为后排队员、2 号位队员为前排右、3 号位队员为前排中、4 号位队员为前排左队员站好位置，不得造成位置错误。发球队员击球后，双方队员在场内可以自由换位。

比赛采用三局两胜制，前两局采用发球权得分制，以某队至少高出对方 2 分并赢得 15 分为该局获胜（如 15：13，16：14），最高限制为 17 分（如 17：16）。第三局采用每球得分制，无最高分限制，某队必须高出对方 2 分，至少赢得 15 分（如 18：16）。

第五节 沙滩排球

沙滩排球在国际上被公认为 21 世纪最流行的运动项目之一，现已风靡 100 多个国家和地区。起源于 20 世纪 20 年代的沙滩排球，最早出现在美国加利福尼亚的海滩上。当时，人们为了躲避夏季的炎热来到海边，只是把它作为在海滩上休闲的一种娱乐活动。进入 20 世纪 50 年代，沙滩排球已形成一定的规模，每当夏季来临，在美国和欧洲的海滨沙滩上，沙滩排球处处可见。此时，人们再也不满足于将它仅仅作为一种休闲娱乐活动，开始了 3 人、4 人和 6 人的规则不尽相同的比赛。1947 年，诞生了男子 2 人沙滩排球的正式比赛。

1989 年，国际排联创立了 2 人制男子沙滩排球巡回赛。通过此次比赛，国际排联不仅将沙滩排球列为其正式竞技比赛项目，而且还确定了其最高等级的赛事为世界沙滩排球巡回赛。至此，沙滩排球有了统一的竞赛规则。比赛采用双败淘汰赛制。参赛运动员必须先注册，并通过比赛进行积分排名。1992 年，世界女子沙滩排球巡回赛诞生。1996 年，沙滩排球被确定为奥运会的正式比赛项目。

沙滩排球使用与室内排球同样的网高，两名运动员要在 64 m^2 的比赛场上完成诸如发球、垫球、传球、扣球、拦网等在内的各项技术动作，这些动作在室内排球运动中是需要 6 名运动员共同完成的。沙滩排球需要运动员具备良好的体能、超凡的球技、优良的品质和惊人的毅力。所以，熟悉和了解沙滩排球运动的人都自豪地称，沙滩排球不仅是一种高水平的竞技比赛，而且更是一项融休闲、娱乐和健身为一体的观赏性的体育项目。

一、场地与器材

沙滩排球比赛场地、器材与室内排球基本相同。其不同有以下几点：国际排联组织的正式沙滩排球比赛场地，要求边线外的无障碍区至少为5 m，端线外的无障碍区至少为4 m；场地的地面必须是水平的沙滩，尽可能平坦；沙滩必须至少有40 cm深并由细沙组成；场地的所有界线宽5~8 cm，界线必须是由与沙滩不同颜色（最好为深蓝色）的坚固材料制成的缎带；没有中线和进攻线；球网的上、下各缝有宽5~8 cm的双层深蓝色或鲜明颜色的帆布带标志。

二、比赛方法

国际排联组织的正式比赛，采用2人制。除此以外，还有女子4人制、男女混合4人制、男女混合2人制、男女混合3人制的沙滩排球比赛。沙滩排球的比赛方式有如下两种。

（1）一局制，胜一局的队胜一场。比赛采用发球得分制，即只拥有发球权的队才能得分，否则只能得发球权。一个队先得15分并同时超过对方2分时即获得该场比赛的胜利，当比分为14：14时，比赛继续进行至某一队领先2分（如16：14，17：15）为止。比赛限最高分为17分，即16：16时，先获17分的队，即取得该场比赛的胜利。

（2）三局两胜制，胜两局的队胜一场。前两局比赛采用发球权得分制（同一局制），但当一队先得12分并同时超过对方2分时为胜一局。当比分为11：11时，比赛继续进行至某一队领先2分（如13：11，14：12，15：13）为止。但比赛限最高分为15分，即当比分为14：14时，先获15分的队，即使仅领先1分，也取得这局比赛的胜利。第三局即决胜局，比赛采用每球得分制，即任何一队胜一球得一分。决胜局中，一个队必须先得15分并同时超过对方2分才能获胜。当比分为14：14时，比赛继续进行，直至某队领先2分为止。第三局没有最高限分。

三、比赛规则

国际排联组织的2人制沙滩排球比赛的比赛规则与室内排球比赛规则的不同之处如下。

（1）一个队由两名队员组成。每队的两名队员必须始终在场上，不可换人。当发球队员击球时，除发球队员外，双方必须在本场区内，可随意站位，没有固定的位置，没有位置错误，但有发球次序错误。一局比赛每队首次发球时，记录员记录发球次序。比赛中，记录员应展示发球队员1号或2号的号码牌，指明该队的发球次序。发现发球次序错误，应在发球击球后立即通知裁判员。

（2）每队最多可击球3次，拦网触手也计一次击球，第三次必须将球从球网上空击回至对方场区。

（3）队员不得用手指吊球的动作来完成进攻性击球。

（4）队员用上手传球完成进攻性击球时，传球轨迹不垂直于双肩连线，即犯规。

（5）用上手传球防守重扣球时，允许球在手中有短暂的停滞。当双方队员网上同时触球时可以“持球”。

（6）在不妨碍对方比赛的情况下，允许队员穿入对方空间、场地和无障碍区。

（7）任何队员在本场区空间都可以对任何高度的球进行进攻性击球。

（8）每局比赛中，每队最多可请求4次暂停，每次暂停时间为30 s，任一队员都可以向裁判员提出请求。

（9）在任何方式的比赛中，当双方得分相加为5时，由记录员通知裁判员，随即双方交换场区。交换场区时可给球队最多30 s的休息时间，但三局两胜制的决胜局交换场区时没有休息时间。

（10）三局两胜制比赛时，所有局间休息均为5 min。

（11）若队员在比赛过程中受伤，可给予5 min的恢复时间，但一局比赛中最多给予同一名队员两次恢复时间。队员5 min内没有恢复或一局内同一名队员超过两次恢复时间，则宣布该队为阵容不完整。

思考与研究

（1）排球运动有哪些技术？你掌握了多少？

（2）沙滩排球与六人排球的区别是什么？

第七章　足球运动

章节导读

微信扫码：精讲视频 配套题库

习近平总书记指出，体育承载着国家强盛、民族振兴的梦想，体育强则中国强，国运兴则体育兴。少年强、青年强则中国强。少年强、青年强是多方面的，既包括思想品德、学习成绩、创新能力、动手能力，也包括身体健康、体魄强壮、体育精神积极向上。足球是一项以脚为主，控制和支配球，两支球队按照一定规则互相进行进攻、防守的体育运动。因足球运动具有对抗性强、战术多变、参与人数多等特点，故被称为“世界第一运动”。足球运动不仅可以提高学生各项身体素质，同时可培养学生的辩证思维能力、底线思维能力、战略思维能力和创新思维能力，符合使学生德智体美劳全面发展的要求。

足球运动是一项快速度、强对抗、拼抢凶猛的体育运动项目。本章主要介绍足球基本技术和战术，通过学习本章内容，学生可以掌握练习方法，了解足球的竞赛规则。

第一节　足球运动概述

一、古代足球的起源

足球是一项古老的运动。据文字记载，公元前 475—前 221 年的战国时代，中国就有足球游戏，并且作为军事训练项目之一。在欧洲古时亦有苏里特游戏、萨依游戏等，它们都属于足球游戏的范畴。

根据有文字记载的史料，世界最早的足球是中国古代的“鞠”——内充毛发之物，外裹皮革之“毬”。中国古代把踢球称为“蹴鞠”或“蹋鞠”，“蹴”和“蹋”都是踢的意思，“鞠”是球名。另外，根据史书记载，最早发明充气的球的也是中国。2004 年 7 月 15 日，国际足联主席布拉特在北京宣布，世界足球起源于中国。公元 16 世纪以后，足球游戏在欧洲一些国家盛行起来。

二、现代足球的起源及发展简况

1863 年 10 月 26 日，在伦敦成立了第一个足球运动组织——英格兰足球协会。因此，一般都把 1863 年 10 月 26 日这一天作为现代足球运动的诞生日，并且认为现代足球起源于英国。

1885 年，英国首创了足球职业俱乐部，后来欧洲一些国家相继成立了足球职业俱乐部。由于相互之间进行比赛，形势的发展迫切需要成立一个世界性的组织。1904 年 5 月 21 日，在巴黎由法国、瑞士、瑞典、比利时、西班牙、丹麦等国发起成立了国际性的足球组织——国际足球联合会（简称国际足联），英文缩写为 FIFA。

1846 年，英国剑桥大学为了适应本国各学校比赛而制订了一个简单的规则，称为《剑桥大学规则》。1863 年以后，修改了《剑桥大学规则》，制订了最早的足球竞赛规则，它是现代足球史上第一部统一的足球竞赛规则。

1896 年，足球运动作为表演项目进入首届现代奥林匹克运动会。从 1900 年第二届奥运会至今，足球运动一直被列为奥运会正式比赛项目。

因为国际奥委会规定只有业余运动员才能参加奥运会足球比赛，致使一些职业足球明星被排斥在外，因此各国无法派出实力最强的国家队参加奥运会的足球比赛。为了使各国优秀的职业足球运动员能够参加世界级比赛，1928 年国际足联在荷兰首都阿姆斯特丹举行会议决定从 1930 年起每 4 年举行一届世界足球锦标赛（后更名为世界杯赛）。国际足联于 1929 年接受了乌拉圭的申请，决定首届世界足球锦标赛于 1930 年在乌拉圭首都蒙得维的亚举行。

自 1930 年举行第一届世界足球锦标赛起，到 2022 年共举行了 22 届比赛。其中，因第二次世界大战中断了 12 年，直至 1950 年才恢复举行了第 4 届比赛。

第二节 足球技术

一、足球技术的概念

足球技术，是指运动员在足球比赛中所采取的合理动作的总称。它是在比赛实践中逐步形成、发展和完善起来的。

二、足球技术的分类

足球技术分为无球技术和有球技术。有球技术包括踢球技术、停球技术、头顶球技术、运球技术。

（一）踢球技术

1. 踢球技术分析

踢球是指运动员有目的地用脚的某一部位将球踢向预定目标的技术动作。踢球脚法很多，动作要领和方法也不尽相同，但无论采用哪种脚法踢球，均由助跑、支撑脚站位、踢球腿摆动、脚触球和踢球后的随前动作这 5 个环节组成。在这 5 个环节中又以支撑脚站位、踢球腿摆动和脚触球 3 个环节为决定踢球的力量大小及准确性的重要环节。

（1）助跑。助跑有两个作用：①通过助跑使人体摆脱静止状态，获得一定的向前水平速度，增大踢球的力量；②通过助跑来调整人与球之间的距离，使人体在踢球时有一个合理的支撑点，提高踢球的准确性。

（2）支撑脚站位。它是决定踢球是否准确的一个重要因素，踢球时支撑脚的位置是否合理，决定着踢球是否准确。

（3）踢球腿摆动。它是决定踢球力量大小的一个重要因素，在踢球过程中，踢球腿摆动速度越快，摆动幅度越大，则踢球力量就越大，球速就越快，反之则越小。

（4）脚触球。它是决定出球是否准确的一个重要环节，它包括球的部位和脚的部位。

（5）踢球后的随前动作。它的作用是保证前 4 个环节顺利进行及维持身体平衡。

2. 各种踢球技术的动作要领与特点

踢球的方法有很多，主要有脚内侧踢球、脚背正面踢球、脚背内侧踢球、脚背外侧踢球、脚尖踢球、脚跟踢球和颠球等。

（1）脚内侧踢球。

技术要领：直线助跑，最后一步稍大些，支撑脚站在球的侧方约 15 cm 处。脚尖正对出球方向，膝关节微屈，踢球腿以髋关节为轴，由后向前摆动，在摆动过程中，膝关节外展 90°，脚尖翘起，脚掌与地面平行，踝关节紧张，用脚内侧踢球的后中部，踢球后踢球腿随前摆动（图 7–2–1）。

图 7–2–1 脚内侧踢球

特点：踢球时脚与球接触面积大，出球准确平稳，且易于掌握，但由于踢球时要求踢球腿摆动时屈膝外转，故摆动腿的摆动幅度和摆动速度受到限制，因此出球力量相对较小，球速较慢。

（2）脚背正面踢球。

技术要领：直线助跑，最后一步稍大些，支撑脚站在球的侧方 10～12 cm 处，膝关节微屈，脚尖正对出球方向，在支撑脚落地的同时，踢球腿以髋关节为轴，大腿带动小腿，由后向前摆动，当膝关节摆至接近球的正上方时，小腿做爆发式前摆，脚背绷直，用脚背正面踢球的后中部，踢球后身体及踢球腿随球前移（图 7–2–2）。

图 7–2–2 脚背正面踢球

特点：脚背正面踢球由于摆动幅度大，摆动速度快，脚与球接触面积较大，准确性较强，但也由于上述条件，出球的方向及性质相对变化较小。

（3）脚背内侧踢球。

技术要领：斜线助跑，助跑方向与出球方向约成 45°，最后一步稍大，以支撑脚底靠外部成滚动式积极着地，脚尖指向出球方向，支撑脚踏在球的侧后方约 20～25 cm 处，膝关节微屈。在支撑脚落地的同时，踢球腿以髋关节为轴大腿带动小腿，由后向前摆动，在摆动的过程中，脚背绷直，脚尖外转，踝关节紧张，用脚背内侧踢球的后中部，踢球后踢球腿及身体继续随球向前摆动（图 7–2–3）。

图 7–2–3 脚背内侧踢球

特点：由于脚背内侧踢球时上体向支撑一侧倾斜，造成踢球腿摆动时的范围增大，故它除了脚背正面所能踢出的各种性质的球以外，还能踢出各种旋转球及远距离球（射门）。

（4）脚背外侧踢球。

技术要领：直线助跑，最后一步稍大些，支撑脚站在球的侧方 10~12 cm 处，脚尖正对出球方向，膝关节微屈，支撑脚落地的同时，摆动腿以髋关节为轴，大腿带动小腿由后向前摆动，脚背绷直，脚尖内收，用脚背外侧触击球的后中部，击球后身体跟随踢球腿摆动前移（图 7-2-4）。

图 7-2-4 脚背外侧踢球

特点：由于脚背外侧踢球，脚腕的灵活性较大，摆腿方向变化较多并且在助跑时又是正常跑动姿势，故其出球隐蔽性较强。

（5）脚尖踢球。这是一种用脚尖部位接触球的方法，由于用脚尖踢出的球异常迅速，尤其适合在雨天场地泥泞时使用。由于这种方法可以发挥踢球腿的最大长处，往往又用来踢那些距离身体较远的用正常脚法无法踢到的球，又称为脚尖捅球。

（6）脚跟踢球。这是用脚跟接触球的一种踢球方法。这种踢球方法产生的力量小，但由于其出球的方向向后，故有隐蔽性和突然性。

（7）颠球。这虽然不是一种踢球技术，但通过这种练习可使踢球者逐渐掌握球的性能和球在各种运动状态下的规律，逐步建立起良好的球感。

脚背正面颠球的技术要领：身体重心放在支撑腿上，颠球脚屈膝抬起，当球下落到膝关节以下部位时脚尖翘起，以膝关节为轴，柔和地向上甩动小腿，用脚背正面触击球的下部将球向上颠起。

3. 踢球技术的教学

（1）各种踢球技术的模仿练习。在地面设想有一足球，做跨步上前踢球动作练习，然后过渡到几步慢速助跑的踢球模仿动作练习，最后做快速助跑踢球的模仿动作练习。

（2）两人一球，一人用脚底挡球，另一人踢球，此练习要求注意支撑脚的位置以及触球的部位是否准确。

（3）距足球墙 5 m 左右进行踢球练习。此练习要注意腿的摆动方向、脚与球接触是否正确、支撑脚的位置是否准确，踢球者应从踢静止球逐渐过渡到踢活动球。

（4）两人练习。两人一球做各种踢球技术的练习，由静止传球逐渐过渡到行进间传球。在练习过程中，建议多用足球墙进行。尤其对初学者，使用足球墙可以充分利用练习时间，增加练习次数，使练习者较好地集中注意力与掌握技术。

4. 各种踢球技术使用过程中易犯错误及原因分析

（1）支撑脚位置偏后，踢球时身体后仰，或臀部后坐，脚触在球的后下部，踢出球偏高。

（2）踢球腿的后摆较小或没有后摆，而为了将球踢出前摆过分，造成踢球无力或出球较高。

（3）在前摆过程中，小腿爆发式的摆动过早，使得踢球时并非是小腿摆速最大之时，因而出球无力。

（4）踢球腿摆动方向不正确，使踢球时作用力没有通过球心，使球产生旋转。

（5）踢球时，脚背没有绷直，造成不能用脚的正确部位触球，使踢球力量与方向均受到影响，且容易受伤。

（6）踢球脚与球接触时未能按要求接触球的合适部位，影响踢球的准确性。

以上诸多易犯的错误均由未能深刻体会各技术细节所致，尤其重要的是支撑站位、踢球腿的摆动与脚触球3个环节。踢球腿的摆动不仅要求能协调，而且要求能控制，还要求使踢球的作用力通过球心，在这几个前提下，才能够踢到球的合适部位。

（二）停球技术

1. 停球技术分析

停球是指运动员有目的地用身体的合理部位触球，以改变运动中球的力量、方向，使其处于所需要的控制范围内。在足球比赛中，除守门员在本方罚球区内可以用手控球外，其他队员在场内任何地方都不允许用手或手臂推击或携带球。除此以外，身体其他各个部位都可以作为停球部位。停球的部位不同，停球时动作方法也不同，但无论哪种方法停球都是由移动与选择停球方法、削弱球的力量、随球移动3个环节组成。

（1）移动与选择停球方法。

在足球比赛中，并不是每一次来球都能传到想停球的位置上，因此在准备停球时，应根据球的速度、高度、运行轨迹（地滚球、低平球、半高球、高球，以及旋转与否等）及时移动到位，并根据临场情况，选择合理的停球方式和部位。

（2）削弱球的力量。

根据动量定理 $F\Delta t=MV-MV_0$，F 为停球时人体对球的作用力，Δt 为人体与球接触时间，M 为足球质量，V 为球与人体接触后的速度，V_0 为球运行的速度。根据以上分析，为使运行中的球停下来，则需 $V=0$，那么 $F\Delta t=MV-MV_0$ 可变为 $F\Delta t=-MV_0$，$F=-\frac{MV_0}{\Delta t}$。当 Δt 增大，即球与人体接触时间越长，则 F 越小。也就是人对球的作用力越小。因此在停球过程中，用增加人体与球接触的时间来缓冲来球的力量，将球停下来。

（3）随球移动。比赛中停球不是最终目的，停球是为下一个动作做准备，因此在球停下来后，身体也应随之移动，以便于更好地处理球。

2. 各种停球技术的动作要领及特点

（1）脚内侧停球。

技术要领：支撑脚脚尖正对来球，膝关节微屈，同侧肩正对来球，停球腿屈膝外展，脚尖翘起，脚底与地面平行，脚内侧正对来球并前迎，在脚与球接触的一刹那迅速后撤，缓冲来球力量，将球停在脚下（图7-2-5）。

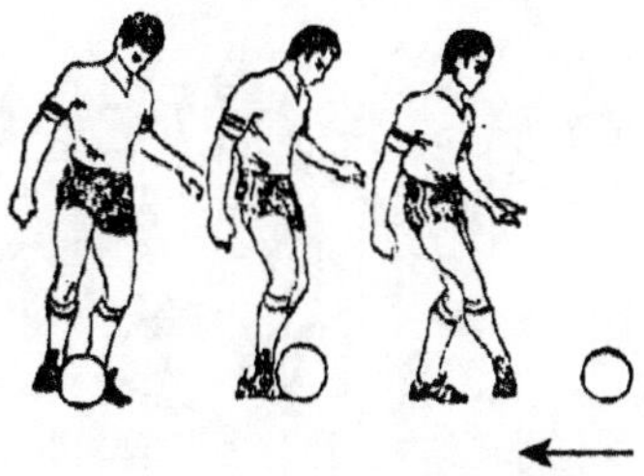

图 7-2-5　脚内侧停球

特点：由于脚与球接触面积较大，动作简单，较易掌握，在比赛中经常使用这种技术去接各种地滚球、平球、反弹球、空中球。

（2）脚背外侧停球。

技术要领：面对来球，身体重心放在支撑腿上，膝关节微屈，停球腿提起并屈膝，脚内翻使小腿和脚背外侧面与地面成一锐角，将停球点放在停球腿一侧，脚离地面的高度应略等于球的半径，然后大腿向停球后球将运行的方向推送，同时身体随球移动（图 7-2-6）。

图 7-2-6　脚背外侧停球

（3）脚底停球。

技术要领：身体正对来球方向，移动前迎，支撑脚站在球的侧方，脚尖正对来球方向，膝关节微屈，同时停球腿提起，膝关节微屈，脚尖翘起，使脚底与地面夹角约 45°（且脚跟离开地面），用脚掌触球的上部，将球停下（图 7-2-7）。

图 7-2-7　脚底停球

特点：由于脚底停球技术简单便于掌握，易于将球停到指定位置，故常被用于停各种地滚球和反弹球。

（4）挺胸式停球。

技术要领：面对来球站立（两脚左右或前后开立），两膝微屈，重心置于支撑面内，上体后仰，下颌微收，两臂自然张开，接触球瞬间，两脚蹬地，膝关节伸直，用胸部轻托球的下部，使球微微弹起于胸上方（图 7-2-8）。

图 7-2-8　挺胸式停球

3. 停球技术的教学

（1）利用足球墙进行练习，采用向足球墙踢地滚球的方式练习各种方法停地滚球。开始可以原地停，逐渐过渡到迎上去停；开始可停在脚下，逐渐过渡到停活动球。

（2）两人一组相距 10 m 左右，一人踢地滚球，另一人练习停球。

（3）两人一组在跑动中练习传停球。

（4）三人一组，每人相距 10 m 左右站成一条直线，甲传给乙，乙迎上来停球转身传给另一端的丙，丙迎上停球后再传给乙，乙停球转身再传给甲，如此循环，中间的乙可轮流担任。

4. 停地滚球过程中易犯错误及原因分析

（1）球从脚下漏过。主要是未能掌握好触球部位距离地面的高度。

（2）停球时将球卡死在停球地点（本想停活动球），触球部位距地面过高（接近球的直径）。

（3）停球后，球未能到达理想的位置，这就应当考虑缓冲是否恰当或加力是否足够。

（4）停球后身体不能及时跟上，造成停球后身体跟上的时间过长，不能及时控制住球造成失误，主要原因是在停球瞬间，身体重心未能随之主动调整移动。

（三）头顶球技术

1. 头顶球技术分析

头顶球是指运动员有目的地用前额将球击向预定目标的动作。它的动作结构由移动选位、身体的摆动、头触球、触球后的跟随移动 4 个环节组成。

（1）移动选位。运动员要根据来球的速度、运行的轨迹做出正确判断，选好击球点，及时到达顶球位置。

（2）身体的摆动。它是顶球力量的主要来源。

（3）头触球。它包括头的部位和球的部位，是顶球准确与否的重要环节。

（4）触球后的跟随移动。它主要是维持顶球后的身体平衡。

2. 常用头顶球技术的要领

前额正面头顶球。

技术要领：身体正对来球方向，眼睛注视运动中的球，两脚左右开立（或前后开立），膝关节微屈，重心置于两脚间的支撑面上（或后脚上），两臂自然张开，当球运行到将近通过重心垂直于地面的垂线时，两腿用力蹬地，迅速向前摆体，微收下颌，在触球前瞬间颈部做爆发式振摆，用前额正面击球中部，上体随球前摆（图 7-2-9）。

图 7-2-9　前额正面头顶球

3. 头顶球的教学

（1）做各种头顶球的模仿动作练习。

（2）原地自抛自顶球练习。

（3）两人一球面对面互抛互顶练习。

（4）两人一球进行近中距离的传球与顶球练习。

（四）运球技术

1. 运球技术分析

运球技术从狭义上讲，仅指运球的方法，即用身体的某一部分触球，使球能随运球者运动的一种方法；从广义上讲，则指不仅让球随人运动，还必须越过对方的防守，也就是说使用运球方法达到越过对方防守的目的。

运球技术动作通常由运球方法的选择与准备、跑动中间断触球、为下一个动作的连接做准备 3 个环节组成。

（1）运球方法的选择与准备。这一环节的进行是根据临场情况瞬间做出的，而且是随时根据需要而改变运球方法，所以这一环节仅仅指开始实施运球技术时所应进行的。

（2）跑动中间断触球。这一环节是运球技术的最关键部分，当开始实施运球技术后，应根据临场情况的需要使用合理的部位去间断触球，并使球始终处于自己的控制范围之内。为了达到这个目的，必须注意如何避开对手，注意触球时的力量及球运动的方向，球运行的方向也应根据场上的需要随时加以变化。遇到对手阻拦时，应用身体将对手与球隔开，用远离对手的一侧脚触球，这样就可以保护住球。

（3）为下一个动作的连接做准备。这里主要是指运球的任务已完成，接着需要传球或射门时，球所处的最佳位置，以及身体应处于何种状态更有利于下一个动作。这就要求在运球即将结束时做好上述准备。这种准备应是在运球过程中自然协调地进行，从而使运球和传球一气呵成。

2. 运　球

（1）运球部位与方法。运球时身体稍前倾，步幅选择要合理，膝关节微屈，运用相应部位触球，力量要适中（图 7-2-10）。主要有脚内侧运球、脚背内侧运球、脚背正面运球和脚背外侧运球。

图 7-2-10　运球部位与方法

（2）摆脱对手的常用动作。运球摆脱对手时步幅要小，身体重心稍低，运用动作要合理、突然，衔接下一个动作要快（图 7–2–11）。常用的动作有拨球、扣球、拉球、挑球、推或捅球。

图 7–2–11　摆脱对手的常用动作

（3）运球过人。运球过人是突破密集防守，创造射门机会的有效手段；是冲破紧逼盯人，寻找传球空当，获得射门机会的有效方法。快速触球和快速起动相结合超过对手，或利用摆脱对手的动作组合来超过对手（图 7–2–12）。主要的形式有强行过人、晃拨过人、人球分路过人。

图 7–2–12　运球过人

3. 运球技术的教学

（1）在走与慢跑中分别采用各种脚法沿直线运球，注意动作规范。

（2）在走与慢跑中沿中圈用脚内侧、脚背外侧做顺时针或逆时针运球练习。

（3）慢跑中单脚交替用脚内侧和脚背外侧沿折线运球。

（4）运球绕杆练习。队员排成一路纵队，每人一球，运球依次绕过杆后运球到排尾。

4. 运球技术教学过程中易犯错误及原因

（1）低头运球，不能随时观察周围的情况，因而不能根据临场情况及早采取措施，这主要是控球能力差和习惯性低头造成的。应学会用余光去观察或用脚去感觉球。

（2）身体动作不协调，造成不恰当的触球，多表现在触球时力量过大形成了“踢”球，多为运球技术生疏、思想紧张以致动作失误。

（3）运球时步幅过大，重心偏高，不能随心所欲地触球、控球。

（4）由于触球的部位不当，运球时球不能按照运球者的意图运行。

（5）球离运球者过远，不能随心所欲地控制球。

以上几种错误多发生在初学阶段，随着练习时间和练习次数的增加，错误会逐渐减少直至消失。

（五）抢截球

1. 抢截球技术分析

抢截球是指运动员运用合理的动作将对手控制的球、传出的球夺过来或破坏掉所采用的各种动作。抢截球包括抢球和截球两部分，抢球是指用规则所允许的条件和动作，把对手控制的球或将要控制的球夺过来、踢出去或破坏掉；截球是指用规则所允许的动作，把对方队员间的传球或射出的球堵截住或破坏掉。在比赛中，要选择恰当的防守位置，与对手保持一定的距离，掌握好抢球时机，动作快速及时，利用合理冲撞使对手失去平衡，乘机把球夺过来。

2. 抢截球的类型

（1）正面抢截球。这是比赛中运用最多的，控制对方队员从正面运球前进时采用的方法。面向对手，身体重心下降，抢球脚以脚内侧对正球并向球跨出一步，身体重心前移。

（2）侧面合理冲撞抢截球。与对手并肩跑动，在对手的外侧脚落地的同时，用肘关节以上的部位，冲撞对方相应部位，乘机将球控制起来。

（3）侧后抢截球。对手拨出球的一刹那，抢截者后蹬用力或跨步，上体后仰，前脚外侧沿地面向前滑动，脚尖脚背踢球或捅球。

3. 抢截球的教学

（1）原地跨步脚内侧抢截球模仿练习。

（2）一人传球，两人抢球练习。

（3）多人运球，多人抢球练习。

（六）掷界外球

1. 掷界外球技术分析

掷界外球是指运动员将比赛中越出边线的球，按照规则用双手掷入场内预定目标的动作。足球比赛规则中规定：直接接到界外球时没有越位限制，给进攻队员以充分的行动自由。但对动作要求很严格，身体面向出球方向，双手持球于头后，动作要连贯，两脚不得离地。

2. 原地或移动掷界外球

面向场内，两脚前后或左右开立，屈膝弓背，两手持球于头后，身体各环节协调用力，两脚不得离地，将球掷出（图 7-2-13）。

图 7-2-13 原地或移动掷界外球

3. 掷界外球的教学

（1）原地持球练习。

（2）助跑掷界外球练习。

（七）守门员技术

1. 守门员技术

守门员技术是指守门员运用一些动作，不让对方将球射入本方球门的动作过程。防守时，守门员是最后一道防线；进攻时，守门员是组织进攻的发动者。

2. 守门员技术内容

（1）准备姿势。两脚左右开立，两腿自然弯曲，上体稍前倾，两臂屈肘于体侧。

（2）位置选择。位于球门线中点与球的连线的任何一点上。

（3）接球。接地滚球（图 7-2-14）。

图 7-2-14　守门员接球

（4）扑球。采用侧滑步扑平高球（图 7-2-15）。

图 7-2-15　守门员扑球

3. 守门员技术的教学

（1）各种动作的模仿练习。

（2）两人一组一球，相距 6~10 m，相互练习。

（3）一人守门，轮流射门练习。

第三节　足球战术

足球战术是指在比赛中，为了战胜对手，根据主观、客观的实际所采取的个人行动和集体配合的总称。战术是集体的智慧，把每一名队员的特长有机地结合起来，并采用一定的阵形和配合方法，将会取得优异成绩。足球战术主要有比赛阵形、进攻战术和防守战术。

一、比赛阵形

比赛阵形是为了适应比赛的进攻和防守战术的需要，全体队员在场上的位置排列、职责分工和攻守力量搭配，是根据攻守需要而产生和发展的。

20 世纪 30 年代，英国人契甫曼创造了“WM”式阵形（图 7-3-1）。这是攻守平衡、分工明确的四平八稳的阵形。20 世纪 50 年代，匈牙利人创造了“四前锋”式阵形（图 7-3-2），被称为世界足球运动发展的第一次变革。

20 世纪 50 年代后期，巴西人创造了“4-2-4”式阵形（图 7-3-3）。这种阵形成为 20 世纪 60 年代世界最流行的基本阵形，被称为世界足球运动发展的第二次变革。

20 世纪 70 年代初，荷兰人和联邦德国人创造了“4-3-3”式阵形（图 7-3-4）。即进攻时队员能上得去，防守时队员能退回来，打法上进攻的隐蔽性和突然性更强，采用以多打少的全攻全守打法，也体现了现代足球运动的最高水平，被称为世界足球运动发展的第三次变革。

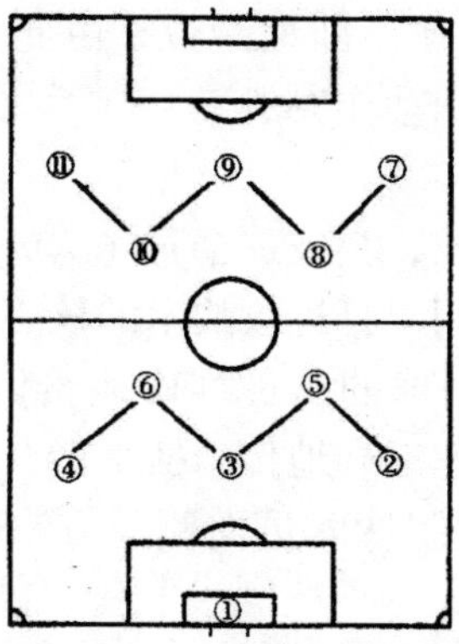

图 7-3-1 “WM”式阵形

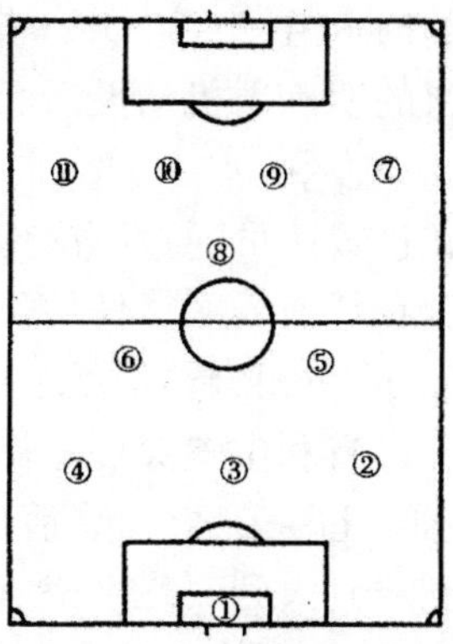

图 7-3-2 “四前锋”式阵形

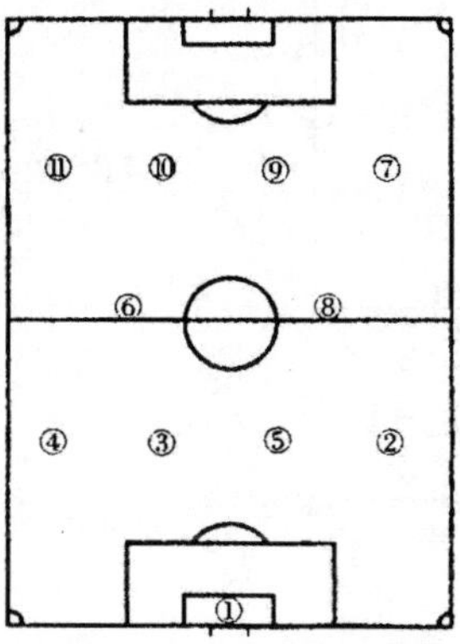

图 7-3-3 “4-2-4”式阵形

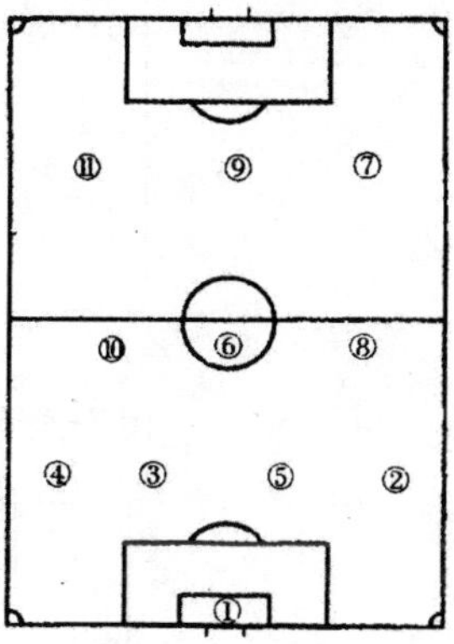

图 7-3-4 “4-3-3”阵形

二、进攻战术

（一）传球与跑位

传球是集体配合的基础，是完成战术配合、创造射门机会的主要手段。选择传球目标、掌握传球时机和控制传球力量，是传球的主要战术内容。跑位是摆脱防守队员的主要手段，接应、策动、牵制、突破是跑位的主要战术内容。

传球可分为短传（15 m 以内）、中传（15~25 m）和长传（25 m 以上）。高传一般指高于人体的空中球，低传一般指低于膝部的地滚球。长传的推进速度快，短传的准确性高。长传一般用高传，短传一般用低传。

（1）传球的目标一般可分为向脚下传和向空位传两种。向脚下传、空位传、横传、回传的目的是控制、调节比赛的速度，更好地组织进攻，更有效地向前、向空位传。过多地向脚下传和横传、回传，不符合快速的要求；单一地向前、向空位传，也收不到良好的战术效果，所以两者必须有机结合，灵活应用。

（2）传球的时机。一种是传球在先，跑位在后，以传球指挥跑位；另一种是跑位在先，传球在后，以跑位指挥传球。

（3）传球力量。一般说来，向空位传球力量应该适中，有利于接球者处理球；向脚下传球应该力量稍大些，有利于直接出球。

（4）接应、策动、牵制、突破，是随着场上情况的变化而变化的。在一场比赛中，队员平均控制球的时间在2～3 min，其他时间都在不断地跑位，由此可见跑位的重要性。跑位应做到目的明确、机动灵活、跑位及时和动作突然。

（二）二过一配合

在局部地域，进攻队员通过两次传递球和跑位，突破一个防守队员的配合称为二过一配合。这种配合在任何场区、任何位置都可运用，是进攻战术的核心内容。

（1）踢墙式二过一配合，简练、突然。控制球的队员准确地给做墙者传脚下球，并快速摆脱对手，向有利位置穿插。做墙者也快速准确地传给插上者（图7-3-5）。

（2）斜传直插二过一配合，灵活、机动。控制球队员向侧前方空位传球，配合者突然快速插上做到球到人到（图7-3-6）。

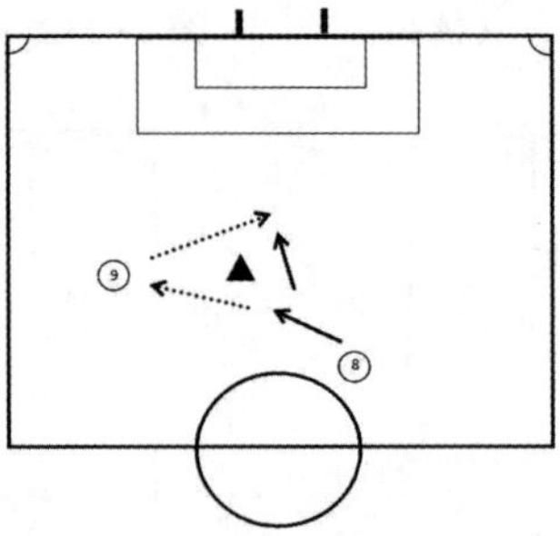

图7-3-5　踢墙式二过一配合

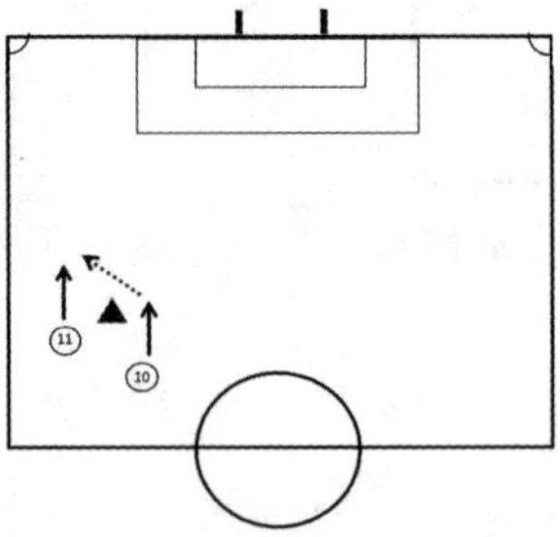

图7-3-6　斜传直插二过一配合

（3）直传斜插二过一配合，突然、快速、灵活。控制球队员向前方空位传球，配合者突然快速插上。

（4）回传反切二过一配合，突然、快速。插上的队员回撤迎球，回传脚下球，转身反切插上。

（三）二过一战术配合教学

（1）各种状态下两人的传球配合练习。

（2）多人传球、接球、运球相结合的配合练习。

（3）罚球弧前两人传切配合，结合射门练习。

（四）边路进攻

在对方半场两侧地带发动的进攻称为边路进攻。主要采用长传与短传相配合的方法推进对方场区，然后进行传中，同伴进行射门（图7-3-7）。

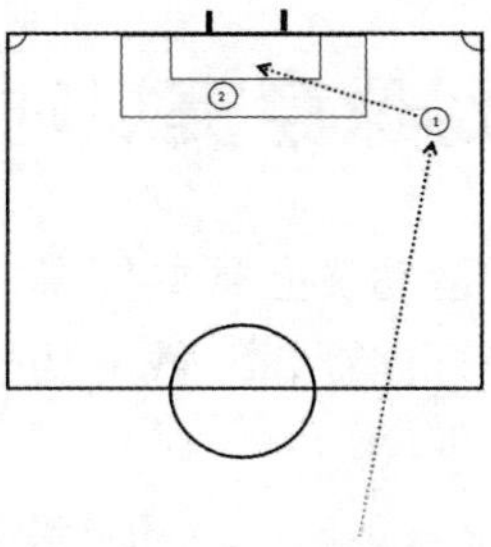

图 7-3-7　边路进攻

（五）中路进攻

在对方半场中间地带发动的进攻称为中路进攻。是采用长传与短传相配合的方法推进对方场区，进行配合射门（图 7-3-8）。

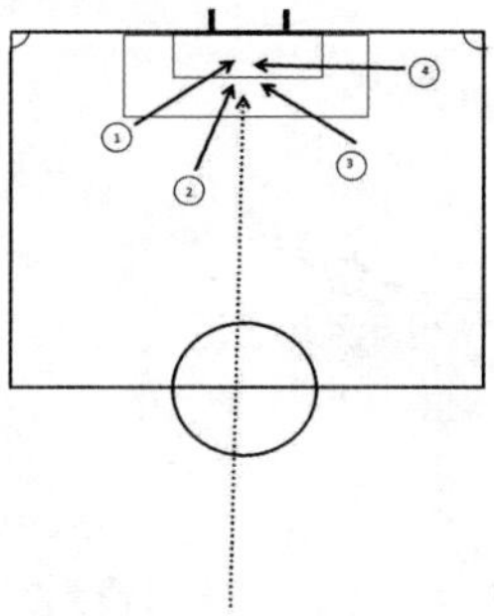

图 7-3-8　中路进攻

三、防守战术

（一）选位与盯人

选位是指防守队员根据对手及球所处的位置，结合进攻和防守原则来选择防守的位置。盯人是指防守队员本身所处的位置能够限制、约束进攻队员的活动，及时地封堵进攻队员接球或传球路线。对离球近或有可能控制球的队员和对球门有威胁的队员，采用紧逼盯人战术；对离球远或不可能控制球的队员，采用松动盯人战术。

（二）保护与补位

保护与补位是局部地区集体防守的基础，保护是补位的前提，有效的补位是在保护的基础上形成的，是防守队员间相互协作的集体战术。一种是队员补空当；另一种是队员相互补位置，即交换防守。

（三）全局防守战术

包括盯人防守、区域防守和混合防守。就是为了延缓对方的进攻，快速退守到位，保持防守层次，以达到稳固防守的目的。

（四）防守战术教学

（1）一对一运球、抢球练习。

（2）二对一传抢练习。

（3）三对二传抢练习。

（4）五对五半场比赛。

第四节 足球竞赛规则及裁判法

足球竞赛规则是足球比赛双方运动员必须共同遵守的行为规范和准则。目的是保护运动员的身体健康，公平合理地进行比赛，制裁一切故意犯规和不道德行为，促进足球运动的发展。

（一）边线和球门线

边线和球门线是判断球是否出界的标志线。当球的整体无论从地面还是空中越出边线和球门线时，为球出界（图7-4-1）。它们是判断球是否进门的标志。只有当球的整体无论从地面还是空中越过球门柱或线，进入球门（宽7.32 m，高2.44 m），方为球进门，执行罚球—点球—踢球前，守门员的双脚必须站在球门线上。

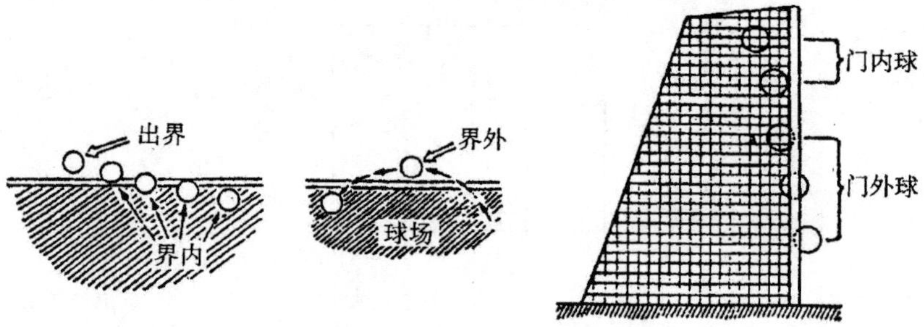

图7-4-1 边线和球门线判断出界

（二）球门区

球门区即踢球门球的位置。在本方球门区内无球时，守门员受到规则的保护。

（三）罚球区

守门员在本方罚球区内可以手触球；运动员在本方罚球区内违反规则（可判罚直接任意球的犯规）时，都应判罚给对方队一个球——点球。

（四）越 位

当队员传球时，同队队员在对方半场内并在球的前面，其与对方端线之间对方队员不足两人时，即为越位位置。当处于越位位置的队员与同队队员构成传接关系时，或裁判员认为处于越位位置的队员与同队队员传球的一刹那，该队员在干扰比赛、干扰对方、企图从越位位置取得利益时，应判罚该队员越位。直接接得球门球、角球、界外球、裁判员的坠球时，则不判该队员越位。

（五）足球比赛场地

国际足联规定，正规国际比赛场地标准为长100~110 m，宽64~75 m。

（六）裁判员各种手势与旗势

略。

第五节 五人制足球

一、简 介

室内五人制足球的发展可以追溯到1930年的乌拉圭首都蒙得维的亚，职业运动员利用体育馆的场地通过分队对抗练习而逐渐发展为一项有别于11人制的小足球运动项目。1982年出现了“室内国际足球联合会”组织，该组织委托巴西举办首届室内世界足球锦标赛，巴西队、巴拉圭队分获第一、二名。1985年，该组织准备在西班牙举办第二届比赛时，国际足联出面干预，指出该组织未被承认，各队若参赛将受到纪律处分，但比赛如期举行（1985年10月18—27日），巴西队蝉联冠军。直到1989年，国际足联将这项小足球运动正式命名为室内五人制足球赛。

国际足联于1988年4月颁布了五人制足球竞赛规则，决定五人制足球作为今后国际上开展的足球比赛项目之一。

1989年1月5—15日国际足联在荷兰举办了首届室内足球锦标赛，共有16个队参加，最后巴西队以2∶1战胜荷兰队夺得冠军，美国队以3∶2战胜比利队时获得第3名。

中国五人制足球运动发展概况：

1985年，“新华杯”室内五人制足球比赛在北京举行；

1987年，中国足协在广东举办五人制足球赛；

1989年，荷兰五人制世界杯中国足协派团考察学习；

1995年，上海举办五人制足球世界杯外围赛东亚区预选赛，中、日、韩、中国香港4队参赛，中国队出线。

二、五人制足球的技术、战术特点

（1）以脚内侧为主的短、低传多。由于场地小，场上运动员的密度大，队员相互间距小，因此在比赛中快速的短、低传运用得较多，长传反击和左右转移运用得较少。与此相对应的技术主要是用脚内侧踢球，其次是脚背外侧踢球。其他脚法，如脚背正面、脚背内侧、脚跟、脚尖等运用较少，只作为上述两种脚法的补充。

（2）射门频繁进球多。五人制足球比赛场地小，从守门员发球经过一两次传球配合即可创造射门的机会，因此比赛中争夺激烈，进球较多。

（3）战术简练。五人制足球比赛的战术主要以传切配合为主，即简单的各种二过一（斜传直插二过一，直传斜插二过一，撞墙式二过一，交叉掩护二过一）。

（4）防守紧逼盯人多。场地小、时间短、允许不断换人的特点为采用全场或半场紧逼盯人创造了条件。由于场上队员密度大、空间小，易于防守中的补位，因此解除了队员紧逼怕漏人的后顾之忧，所以五人制防守战术主要是紧逼盯人。

（5）比赛全攻全守多。除守门员外，其他4人分为锋卫两条线，采用“3-1”或“2-2”阵型，场地小、队员可轮换上场等条件与规定，使场上队员可以保持充沛的体力，因此五人制比赛有条件采用全攻全守的打法。

三、五人制竞赛的规则

（1）场地（罚球区、罚球点、替换区、球门）。五人制足球比赛场地为长方形，长度不得多于 42 m 或少于 38 m，宽度不得多于 22 m 或少于 18 m（图 7-5-1）。

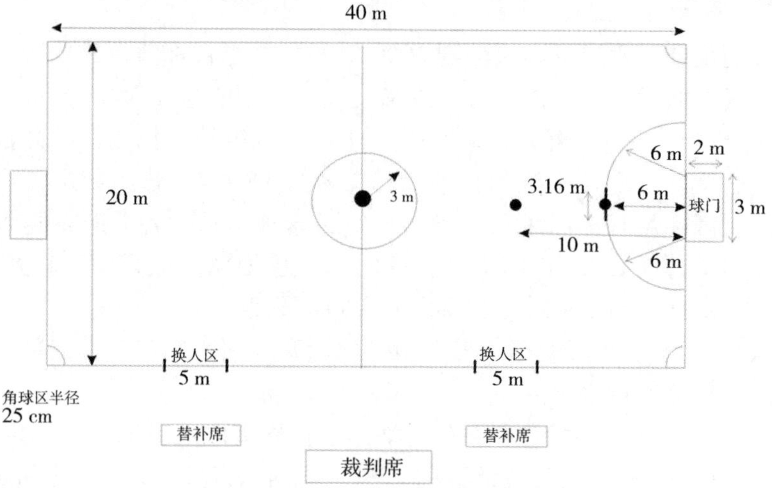

图 7-5-1　五人制足球比赛场地简图

（2）队员人数及队员装备。一场五人制足球赛应由两队参加，每队上场队员 5 名，其中 1 名守门员。在比赛中，任何一队因队员被罚出场，使得其场上队员少于 3 名时，裁判员有权终止该场比赛。正式比赛时，都可使用替补队员。换人次数不限，换下场的队员可重新上场比赛，换人时应在本方换人区进行且，实行先下后上。各队替补队员不得超过 7 名。

（3）球。五人制比赛所采用的球为圆周 62~64 cm，重量 400~440 g，充气后气压为 40. 26~60. 78 kPa。队员不得穿戴任何危及其他队员的装备。

（4）主裁判员、助理裁判员和计时员。每场比赛应委派一名主裁判员执行裁判任务，一名助理裁判员隔着场地配合主裁判员执行裁判任务，一名计时员记录比赛每半场 20 min 和罚出场队员的 2 min 处罚时间。

（5）踢界外球。五人制足球比赛，球从地面或空中越出边界时，以踢界外球的形式恢复比赛。

（6）掷球门球。五人制足球比赛中在球越出球门线时，采用掷球门球恢复比赛。

（7）踢角球。角球应将球放在球门线与边线的交点上踢出。角球可直接得分。

思考与研究

（1）试分析踢球动作结构。

（2）说明脚内侧停地滚球技术要领。

（3）简述五人制足球比赛场地的构成。

第八章　搏击运动

章节导读

搏击运动种类丰富，每个国家和地区基本上都有各具特色的搏击运动。如中国武术和散打、韩国跆拳道、泰拳、日本空手道等。搏击运动是一种综合性的锻炼，可以磨练人的意志，长时间的锻炼会增强人的毅力，不断地总结经验，不断地进取。搏击运动还会培养人的规则意识、团队精神、互相配合的能力。搏击还可以使人顽强拼搏、积极向上，培养坚韧不拔的意志品质。总之，搏击运动具有丰富的内涵，可以全方位地促进人的身心健康，使人的内心充满激情、充满活力，通过长时间的练习还可以形成锻炼习惯，形成终身体育锻炼意识。

第一节　武　术

本节主要介绍初级长拳的基本技术，常用动作术语、要求及练习方法。通过学习，要求初学者能从整体上了解武术项目的特点，具备一定的看图学练的能力。

武术是以踢、打、摔、拿、击、刺等搏击动作为素材，遵照攻守进退、动静疾缓、刚柔虚实等规律，组成套路的体育运动，包括拳术、器械、对练、集体操练 4 类。或在一定条件下遵照一定的规则，两人斗智较力，形成搏斗，以此来增强体质、培养意志、训练格斗技能的体育运动，具有内外合一、形神兼备的特点。武术是中华民族在长期生活与斗争实践中逐步积累和丰富起来的一项宝贵的文化遗产。

一、初级长拳（第三路）

重点提示：长拳是一种姿势舒展、动作灵活、快速有力、节奏鲜明，并有蹿蹦跳跃、闪展腾挪、起伏转折和跌扑滚翻等动作与技术的拳术。它能促进身体素质的全面发展，提高人体的心肺机能。初级长拳（第三路）共分 4 段 32 个动作，另加预备式和结束动作。

（一）预备动作

预备式：两脚并步站立，臂垂于身体两侧，五指并拢贴靠腿外侧，眼向前平视［图 8-1-1（1）］。

要点：头要端正，挺胸，塌腰，收腹。

1. 虚步亮掌

（1）右脚向右方撤成左弓步。右掌向右、向上、向前划弧，掌心向上，左臂屈肘，左掌提至腰侧，掌心向上，目视右掌［图 8-1-1（2）］。

（2）右腿微屈，重心后移，左掌以胸前从右臂上向前穿出伸直，右臂屈肘，右掌收至腰侧，掌心向上，目视左掌［图8-1-1（3）］。

（3）重心继续后移，左脚稍向右移，脚尖点地，成左虚步。左臂内旋向左、向后划弧成勾手，勾手向上；右手继续向后、向左、向前上划弧，屈肘抖腕，在头前上方成掌（横掌），掌心向上，掌指向左，目视左方［图8-1-1（4）］。

（1）　（2）　（3）　（4）

图8-1-1　虚步亮掌

要点：三个动作必须连贯。成虚步时，重心落于右脚上，右大腿与地面平行，左腿微屈，脚尖点地。

2. 并步对拳

（1）右腿蹬直，左腿提膝，脚尖内扣，上肢姿势不变［图8-1-2（5）］。

（2）左脚向上落步，重心前移。左臂屈肘，左勾手变掌经左肋前伸；右臂外旋向前落于左掌右侧，两掌同高，掌心均向上［图8-1-2（6）］。

（3）右腿前上一步，两臂下垂后摆［图8-1-2（7）］。

（4）左脚向右腿并步，两臂向外向上经胸前屈肘下按，两掌变拳，拳心向上，停于小腹前［图8-1-2（8）］。

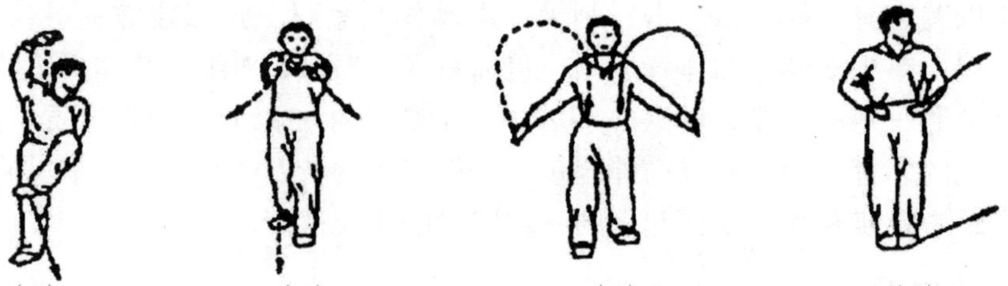

（5）　（6）　（7）　（8）

图8-1-2　并步对拳

要点：并步后挺胸、塌腰、对拳、并步、转头要同时完成。

（二）各节动作

第一段

1. 弓步冲拳

（1）左脚向上一步，脚尖向斜前方，右腿微屈，成半马步。左臂向上、向左格打，拳眼向后，拳肩同高；右拳收至腰侧，拳心向上，目视左拳［图8-1-3（1）］。

（2）右腿蹬直成左弓步，左拳收腰侧，拳心向上，右拳向前冲出，高与肩平，拳眼向上，目视右拳［图8-1-3（2）］。

2. 弹腿冲拳

重心前移至左腿，右腿屈膝提起，脚面绷直，猛力向前弹出伸直腰侧；高与腰平；右拳收至腰侧；左拳向前冲，目视前方［图8-1-3（3）］。

（1）　　（2）　　（3）

图 8-1-3　弓步冲拳和弹腿冲拳

要点：支撑腿可微屈，弹出腿要用爆发力，力点达于脚尖。

3. 马步冲拳

右脚向前落步，脚尖内扣，上体左转。左拳收腰间，两腿下蹲成马步；右拳向前冲出，目视右拳［图 8-1-4（4）］。

要点：成马步时，大腿要平，两腿平行，脚跟外蹬，挺胸，塌腰。

4. 弓步冲拳

（1）上体右转 90°，右脚尖外撇向斜前方，成半马步；右臂屈肘向右格打，拳眼向后，目视右拳［图 8-1-4（5）］。

（2）左腿蹬直成右弓步，右拳收腰侧；左拳向前冲出，目视左拳［图 8-1-4（6）］。

（4）　　（5）　　（6）

图 8-1-4　马步冲拳和弓步冲拳

要点：与本段的弓步冲拳相同，但左右方向相反。

5. 弹腿冲拳

重心前移至右腿，左腿屈膝提起，脚面绷直，猛力向前弹出伸直，高与腰平；左拳收至腰侧，右拳向前冲出，目视前方［图 8-1-5（7）］。

要点：与本段的弹腿冲拳相同，但左右方向相反。

6. 大跃步前穿

（1）左腿屈膝，右拳变掌内旋，以手背向下挂至左膝外侧，上体前倾，目视右手［图 8-1-5（8）］。

（2）左脚向前落步，两腿微屈，右掌继续后挂，左拳变掌，向后、向下伸直，目视左掌［图 8-1-5（9）］。

（3）右腿屈膝向前提起，左腿立即猛力蹬地向前跃出，两掌向前、向上划弧摆起，目视左掌［图 8-1-5（10）］。

（4）右腿落地全蹲，左腿随即落地向前铲出成仆步；右掌变拳抱于腰侧，左掌由上向右、向下划弧成立掌，停于右胸前，目视左脚［图 8-1-5（11）］。

要点：跃步远，落地轻，落地后立即做下一个动作。

（7）　（8）　（9）　（10）　（11）

图 8-1-5　弹腿冲拳和大跃步前穿

7. 弓步击掌

右腿猛力蹬直成左弓步，左掌经左脚面向后划弧至身后成勾手，左臂伸直，勾尖向上，右拳由腰侧变掌向前推出，掌指向上，掌外侧向前，目视右掌［图 8-1-6（12）］。

8. 马步架掌

（1）重心移至两腿中间，左脚尖里扣成马步，上体右转。右臂向左平摆，稍屈肘，同时左勾手变掌由后经左腰侧从右臂内向前上穿出，掌心均朝上，目视左手［图 8-1-6（13）］。

（2）右掌立于左胸前，左臂向左上屈肘，抖腕亮于头部左上方，掌心向前，目右转视［图 8-1-6（14）］。

（12）　（13）　（14）

图 8-1-6　弓步击掌和马步架掌

要点：马步同前。

第二段

9. 虚步栽拳

（1）右脚蹬地，屈膝提起，左腿伸直，以前脚掌为轴向右后转体 180°，右掌由左胸前向下经右腿外侧向后划弧成勾手，右臂随体转动并外旋，使掌心朝后，目视右手［图 8-1-7（15）］。

（2）右脚向右落地，屈膝提起，左腿伸直，以前脚掌为轴向右后转体 180°，右掌由左胸前向下经右腿外侧向后划弧成勾手，左臂随体转动并外旋，使掌心朝后，目视右手［图 8-1-7（16）］。

10. 提膝穿掌

（1）右腿稍伸直，右拳变掌收腰侧，掌心向上；左拳变掌由下向左、向上划弧盖压于头上方，掌心向前［图 8-1-7（17）］。

（2）右腿蹬直，左腿屈膝提起，脚尖内扣，右掌从腰侧经左臂内向右前上方穿出，掌心向上；左掌收至右胸前成立掌，目视右掌［图 8-1-7（18）］。

（15） （16） （17） （18）

图 8-1-7 虚步栽拳和提膝穿掌

要点：支撑腿与右臂充分伸直。

11. 仆步穿掌

右腿全蹲，左腿向左后方铲出成仆步，右臂不动，左掌由右胸前向下经左腿内侧向左脚面穿出，目随左掌转视［图 8-1-8（19）］。

12. 虚步挑掌

（1）右腿蹬直，重心前移至左腿，成左弓步；右掌稍下降，左掌随重心前移向前挑起［图 8-1-8（20）］。

（2）右腿向左前方上步，左腿半蹲成右虚步。身体随上步左转 180°，在右腿上步的同时，左掌由前向上、向后划弧成立掌，右掌由后向下、向前上挑成立掌，指尖与眼平，目视右掌［图 8-1-8（21）］。

（19） （20） （21）

图 8-1-8 仆步穿掌和虚步挑掌

要点：上步快，虚步稳。

13. 马步击掌

（1）右腿落实，脚尖外撇，重心稍升高并右移，右掌变拳收至腰侧，右掌俯掌向外掳手［图 8-1-9（22）］。

（2）左脚向前上一步，以右脚为轴向右、向后转体 180°，两腿成马步；左掌从右臂上成立掌向左侧击出，右掌变拳收至腰侧，目视左掌［图 8-1-9（23）］。

（22） （23）

图 8-1-9 马步击掌

要点：右手掳手时，先使臂内旋，腕伸直，手掌向下、向外转。

14. 叉步双摆掌

（1）重心稍右移，同时两掌向下、向后摆，掌指均向上，目视右掌［图8-1-10（24）］。

（2）右脚向左脚后插步，前脚掌着地，两臂继续由右向上、向左摆，停于身体左侧，均成立掌，右掌停于左肘窝处，目随双掌转视［图8-1-10（25）］。

要点：两臂划立圆，幅度大，摆掌与后插步一致。

15. 弓步击掌

（1）两腿不动，左掌收腰侧，掌心向上，右掌向上、向右划弧，掌心向下［图8-1-10（26）］。

（2）左腿后撤一步成右弓步；右掌向下、向后伸直摆动成勾手，勾尖向上；左掌成立掌向前推出，目视左掌［图8-1-10（27）］。

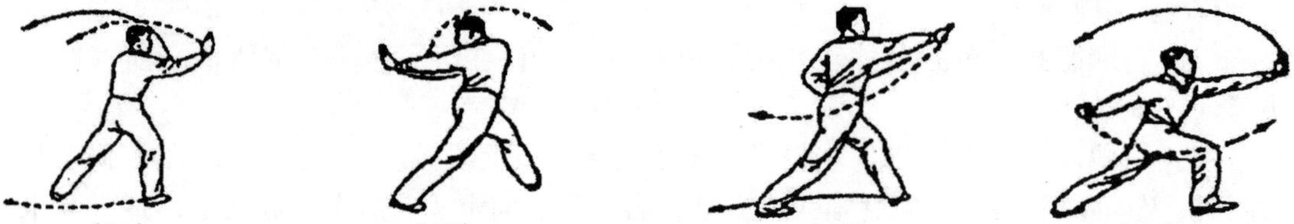

（24）　（25）　（26）　（27）

图8-1-10　叉步双摆掌和弓步击掌

16. 转身踢腿马步盘肘

（1）两腿以前脚掌为轴向左、向后转体180°，在转体的同时，左臂向上、向前划半立圆，右臂向下、向后划半立圆，左臂由前向下、向后划半立圆［图8-1-11（28）］。

（2）上动不停，两脚不动，右臂由后向上、向前划半立圆，左臂由前向下、向后划半立圆［图8-1-11（29）］。

（28）　（29）

图8-1-11　转身踢腿马步盘肘

（3）上动不停，右臂向下成反臂勾手，勾尖向上；左臂向上成亮掌，掌心向前上方；腿伸直，脚尖勾起，向额前踢［图8-1-12（30）］。

（4）右脚向前落地，脚尖内扣，右手不动，左臂屈肘下落至胸前，左掌心向下，目视左掌［图8-1-12（31）］。

（5）上体左转90°，两腿下蹲成马步；同时左掌向前、向左平掳变拳收腰侧，右勾手变拳，右臂伸直，由体后向右、向前平摆至体前时收肘，肘尖向前，高与肩平，拳心向下，目视肘尖［图8-1-12（32）］。

（30）（31）（32）

图 8-1-12 转身踢腿马步盘肘

要点：两臂抡动时要划立圆，动作连贯，盘肘时快速有力，右肩前倾。

第三段

17. 歇步抡砸拳

（1）重心稍升高，右脚尖外撇；右臂由胸前向上、向右抡直；左拳向下、向左，使臂抡直，目视右拳［图 8-1-13（33）］。

（2）上动不停，两脚以前脚掌为轴，向右、向后转体 180°，右臂向下、向后抡摆，左臂向上、向前随身体转动［图 8-1-13（34）］。

（3）紧接上动，两腿全蹲成歇步；左臂随身体下蹲向下平砸，拳心向上，臂部微屈，右臂伸直向上举起，目视左拳［图 8-1-13（35）］。

（33）（34）（35）

图 8-1-13 歇步抡砸拳

要点：抡臂动作连贯完成，划成立圆，歇步两腿交叉全蹲，左腿大、小腿靠紧，臀部贴于小腿外侧，膝关节在右小腿外侧，脚跟提起，右脚尖外撇，全脚掌着地。

18. 仆步亮掌

（1）左脚由右腿后抽出向前上一步，左腿蹬直，右腿半蹲成右弓步；上体微向右转，左拳收腰侧，右拳变掌经胸前向右横击掌，目视右掌［图 8-1-14（36）］。

（2）右脚蹬地屈膝抬起，上体右转；右拳变掌从右掌上向前穿出，掌心向上；右掌平收至左肘下［图 8-1-14（37）］。

（3）右脚向右落步，屈膝全蹲，左腿伸直，成仆步；左掌向下、向后划弧成勾手，勾尖向上；右掌平收至左肘下［图 8-1-14（38）］。

（36）（37）（38）

图 8-1-14 仆步亮掌

要点：仆步时，左腿充分伸直，脚尖内扣，右腿全蹲，两脚掌全部着地。

19. 弓步劈掌

（1）右腿蹬地立起，左腿收回并向左前方上步；右掌变拳收至腰侧，左勾手变掌由下向前上经胸前向左做掳手［图 8-1-15（39）］。

（2）右腿经左腿前方向左绕上一步，左腿蹬直成右弓步；左手向左平掳再向前挥摆，虎口朝前［图 8-1-15（40）］。

（3）在左手平掳的同时，右拳向后平摆然后再向前上方抡劈拳，拳高与耳平，拳心向上，左掌外旋接扶前臂，目视右拳［图 8-1-15（41）］。

（39）　（40）　（41）

图 8-1-15　弓步劈掌

要点：左右脚上步稍带弧形。

20. 换跳步弓步冲拳

（1）重心后移，右脚稍向后移动；右拳变掌，臂内旋以掌背向下划弧挂至右膝内侧，掌背贴靠右肘外侧，掌指向前，目视右掌［图 8-1-16（42）］。

（2）右腿自然抬起，上体稍向左扭转；右掌挂至体左侧，左掌伸向右腋下，目随右掌转视［图 8-1-16（43）］。

（3）右脚以全脚掌用力向下震脚，同时左脚急速离地抬起，右手由左向上、向前掳盖而后变拳收至腰侧；左掌伸直向下、向上、向前屈肘下按，掌心向下；上体右转，目视左掌［图 8-1-16（44）］。

（4）左脚向前落步，右腿蹬直成左弓步，右拳向前冲出，拳高与肩平；左掌藏于右腋下，掌背贴靠腋窝，目视右拳［图 8-1-16（45）］。

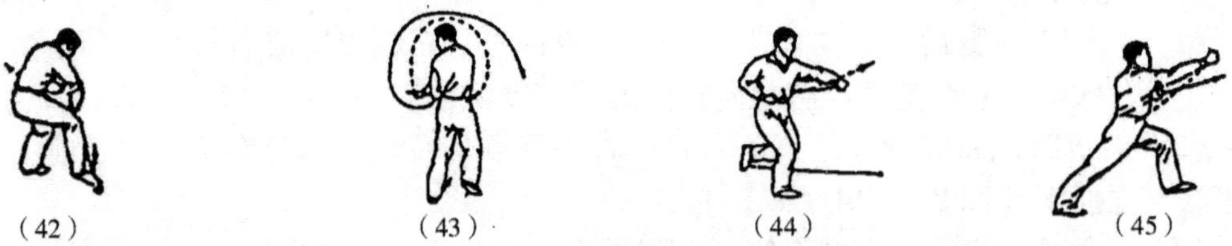

（42）　（43）　（44）　（45）

图 8-1-16　换跳步弓步冲拳

要点：换跳步动作要连贯、协调，震脚时腿要弯曲，全脚掌着地。

21. 马步冲拳

上体右转 90°，重心移至两腿中间成马步；右拳收至腰侧，左掌变拳向左冲出，拳眼向上，目视左拳［图 8-1-17（46）］。

22. 弓步下冲拳

右腿蹬直，左腿弯曲，上体稍向左转成左弓步；左拳变掌，向下经体前向上架于头左上方，掌心向上，左拳至腰侧向左斜下方冲出，目视右拳［图 8-1-17（47）］。

（46）　（47）

图 8-1-17　马步冲拳和弓步下冲拳

23. 叉步亮掌侧踹腿

（1）上体稍右转；左掌由头上下落于右手腕上；右拳变掌，双手交叉成十字，目视双手［图 8-1-18（48）］。

（2）右脚蹬地并向左腿后插步，以前脚掌着地；左掌由体前向下、向后划成勾手，勾尖向上，右掌由前向右、向上划弧抖腕亮掌，掌心向前，目视左侧［图 8-1-18（49）］。

（3）重心移向右腿，左腿屈膝提起，向左上方猛力踢出；上肢姿势不变，目视左侧［图 8-1-18（50）］。

（48）　（49）　（50）

图 8-1-18　叉步亮掌侧踹腿

要点：插步时上体稍向右斜，臂的动作一致。侧踹高度不能低于腰，大腿内旋，着力点在左脚跟。

24. 虚步挑拳

（1）左脚在左侧落地，右掌变拳稍后移，左勾手变拳由体后向左上挑，拳背向上［图 8-1-19（51）］。

（2）上体左转 180°，微含胸前俯。左拳继续向前、向上划弧上挑；右拳向下、向前划弧挂至右膝外侧，同时右膝提起；目视右拳［图 8-1-19（52）］。

（3）右脚向左前方上步，脚尖点地，重心落于左脚，左腿下蹲成右虚步。左拳向后划弧收至腰侧，拳心向上；右拳向前屈臂挑出，拳眼斜向上，拳与肩同高；目视右拳［图 8-1-19（53）］。

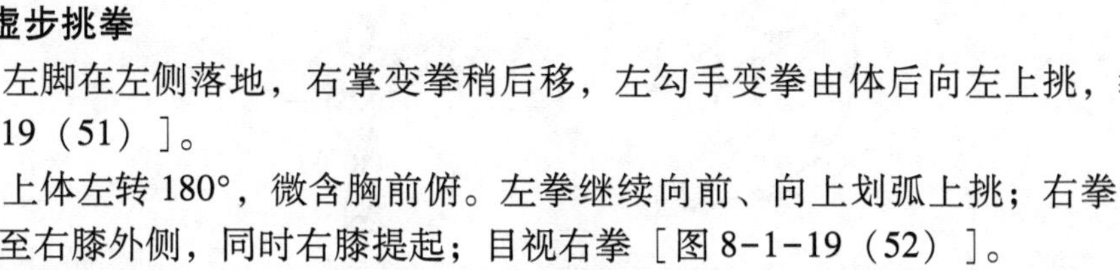

（51）　（52）　（53）

图 8-1-19　虚步挑拳

第四段

25. 弓步顶肘

（1）重心升高，右脚踏实；右臂内旋，向下直臂划弧，以拳背下挂至右膝内侧，左拳不变，目视前下方［图8-1-20（54）］。

（2）左腿蹬直，右腿屈膝上抬；左拳变掌，右拳不变，两臂向前、向上划弧摆起，目随右拳转视［图8-1-20（55）］。

（3）左脚蹬地起跳，身体腾空，两臂继续划弧至头上方［图8-1-20（56）］。

（4）右脚先落地，右腿屈膝，左脚向前落步，前脚掌着地；同时两臂向右、向下、屈肘停于右胸前，右拳变掌，左掌变拳，右掌心贴靠左拳面［图8-1-20（57）］。

（5）左脚向左上一步，左腿屈膝，右腿蹬直成左弓步；右掌推左拳冲出，高与肩平；目视前方［图8-1-20（58）］。

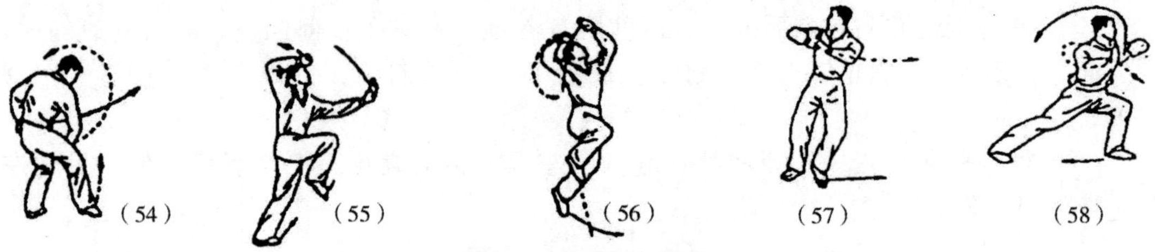

图8-1-20　弓步顶肘

要点：交换步时不要过高，但要快，两臂抡摆时要成圆弧形。

26. 转身左拍脚

（1）以两脚前掌为轴向右后转体180°；随着转体，右臂向上、向右、向下划弧抡摆，同时左拳变掌向下、向后、向前上抡摆［图8-1-21（59）］。

（2）左腿伸直向前上踢起，脚面绷平；左掌变拳收至腰侧，右掌由体后向前拍击左脚面［图8-1-21（60）］。

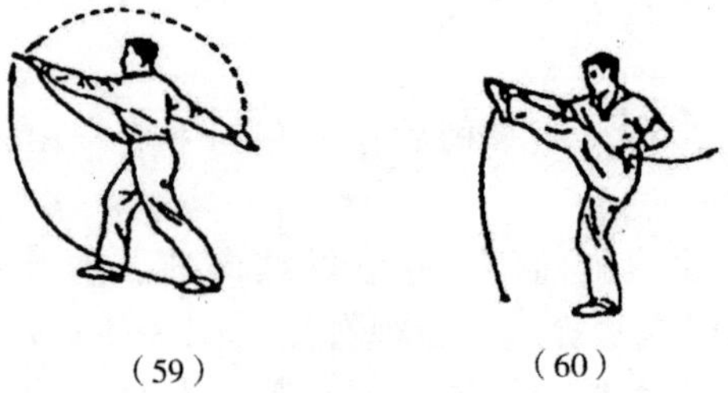

图8-1-21　转身左拍脚

要点：右掌拍脚时手掌稍横过来，拍脚时要准而响亮。

27. 右拍脚

（1）左脚向前落地，左拳变掌向下向后摆，右掌变拳收至腰侧［图8-1-22（61）］。

（2）右腿伸直向前上踢起，脚面绷平，左拳变掌由后向上、向前拍击右脚面［图8-1-22（62）］。

要点：与本段的转身左拍脚相同。

28. 腾空飞脚

（1）拍击落地［图8-1-23（63）］。

（2）左脚向前摆起，右脚猛力蹬地跳起，左膝屈膝继续向前、向上摆起，左掌先上摆，同时右拳变掌，向前、向上摆起，左掌向上摆，而后下降拍击右掌背［图8-1-

23（64）]。

（61）　　（62）

图 8-1-22　右拍脚

（3）右脚继续上摆，脚面绷平；右手拍击右脚面，左掌由体前向后上举［图 8-1-23（65）]。

（63）　　（64）　　（65）

图 8-1-23　腾空飞脚

要点：蹬地要向上，不要太向前冲，左膝尽量上提；击响要在腾空时完成，右臂伸直成水平。

29. 歇步下冲拳

（1）左、右脚先后相继落地，左掌变拳收至腰侧［图 8-1-24（66）]。

（2）身体右转 90°，两腿全蹲成歇步。右掌抓握，外旋变拳至腰侧；左拳由腰侧向前下方冲出，拳心向下，目视左拳［图 8-1-24（67）]。

30. 仆步抡劈掌

（1）重心升高，右臂由腰侧向体后伸直，左臂随身体重心升高向上摆起［图 8-1-24（68）]。

（2）以右脚前掌为轴，左膝屈膝提起，上体左转 270°，左拳由前向后下划立圆一周，右拳由后向下、向前上划立圆一周［图 8-1-24（69）]。

（3）左腿向后落一步，屈膝全蹲，右腿伸直，脚尖内扣成右仆步；右拳由上向下抡劈，拳眼向上；左拳后上举，拳眼向上，目视右拳［图 8-1-24（70）]。

（66）　　（67）　　（68）　　（69）　　（70）

图 8-1-24　歇步下冲拳和仆步抡劈掌

要点：抡劈时一定要划立圆。

31. 提膝挑掌

（1）重心前移成右弓步，同时右拳变掌由下向上抡摆，左拳变掌稍下落，右掌心向左，左掌心向右［图8-1-25（71）］。

（2）左、右臂在垂直面上由前向后各划立圆一周，右臂伸直停于头上，掌心向上；左臂伸直停于身后成反勾手；同时右膝屈膝提起，左腿挺膝伸直独立，目视前方［图8-1-25（72）］。

（71）　（72）

图8-1-25　提膝挑掌

要点：抡臂划立圆。

32. 提膝劈掌弓步冲拳

（1）下肢不动，右掌由上向下猛劈伸直，停于右小腿内侧，用力点在小指一侧；勾手变掌，屈臂向前停于右上臂内侧，掌心向左，目视右掌［图8-1-26（73）］。

（2）右脚向右后落地，身体右转90°，同时左掌变拳收至腰侧，右臂内旋向右划弧做劈掌［图8-1-26（74）］。

（3）上动不停，左腿蹬直成右弓步；右手抓握变拳收至腰侧，左拳由腰侧向左前方冲出，目视左拳［图8-1-26（75）］。

（73）　（74）　（75）

图8-1-26　提膝劈掌弓步冲拳

（三）结束动作

1. 虚步亮掌

（1）右脚扣于左膝后，两拳变掌，两臂右上左下屈肘交叉于体左前，目视左掌［图8-1-27（1）］。

（2）右脚向右后落步，重心后移，右腿半蹲，上体稍右转；同时右掌向上、向右、向下划弧停于左腋下；左掌向左、向上划弧停于右臂上与左胸前，两掌心左下右上，目视左掌［图8-1-27（2）］。

（3）左脚尖稍向右移，右腿下蹲成左虚步；左臂伸直向左、向后划弧成反勾手；右臂伸直向下、向右、向上划弧抖腕亮掌，掌心向前，目视左方［图8-1-27（3）］。

（1）　（2）　（3）

图8-1-27　虚步亮掌

2. 并步对拳

（1）左腿后撤一步，同时两掌从两腰侧向前穿出伸直，掌心向上［图 8-1-28（4）］。

（2）右脚后撤一步，同时两臂分别向体后下摆［图 8-1-28（5）］。

（3）左脚后退半步向右脚并拢。两臂由后向上经体前屈臂下按，两掌变拳，停于腹前，拳心向下，拳面相对，目视左方［图 8-1-28（6）］。

（4）还原，两臂自然下垂，目视正前方［图 8-1-28（7）］。

（4）　（5）　（6）　（7）

图 8-1-28　并步对拳

二、初级剑术

重点提示：剑术是短器械的武术套路。经整理后的初级剑术动作严谨规范，刚柔兼备，舒展自如，有较高的健身价值，全套共分 4 段 32 个动作，另加预备式和结束动作。

（一）预备式

身体正直，并步站立。左手持剑，以拇指为一侧，中指、无名指和小指为另一侧，分握护手与剑柄的分界处，掌心贴在护手盘下部，手背朝前，食指向下贴于剑柄，剑身贴于前臂后侧。

1. 预备动作 1

（1）右手握成剑指，食指和中指伸直并拢，无名指和小指屈向手心，拇指压在无名指的指甲上，手腕反屈，手背朝上，食指、中指内扣指向左下侧。两臂在体侧下垂，两肘微上提，目向左平视［图 8-1-29（1）］。

（2）上身半面向右转，右腿向上一步，屈膝。左脚前脚掌蹍地，脚跟外展，膝盖挺直，成右弓步。在右脚上步的同时，右手剑指从身体右侧经腹前展肘上提，至左肩经面前向右前方平伸指出，拇指一侧在上，目视剑指［图 8-1-29（2）］。

（3）上身右转，左手持剑由左侧直臂上举，经头部前上方向右侧划弧，到身前时，拇指一侧朝下做反臂平举；同时，右手剑指屈肘收于右腰侧，手心朝上［图 8-1-29（3）］。

（1）　（2）　（3）

图 8-1-29　预备动作 1

2. 预备动作2

（1）左脚向右脚并步，左手持剑随之下落，垂于身体左侧；同时，右手剑指向右侧平伸指出，拇指一侧在上，目视剑指［图8-1-30（4）］。

（2）左脚向左上一步，屈膝；右脚前脚掌蹍地，使脚跟外展，膝部挺直，成左弓步，上身随之向左转。在左脚上步的同时，左手持剑屈肘经胸前向上、向前弧形绕环，平举于身体左侧，拇指一侧在下［图8-1-30（5）］。

（3）左腿伸直站立，右脚向前并步。左手持剑随之从身前下落，垂于身体左侧；同时，右手剑指上屈肘沿右耳侧向前平伸指出，拇指一侧在上，目视剑指［图8-1-30（6）］。

（4）　　（5）　　（6）

图8-1-30　预备动作2

3. 预备动作3

（1）左手持剑，由右手剑指上面向前平伸穿出，拇指一侧在下；右手剑指顺左臂下面屈肘收于左肩前，并且屈腕使手指朝上。上身右转；右脚向右侧跨步，屈膝；左脚尖随之里扣，膝盖挺直，成右弓步，目向左手平视［图8-1-31（7）］。

（2）上身右转，右手剑指经身前向右侧平伸指出，拇指一侧在上，目视剑指［图8-1-31（8）］。

4. 预备动作4

右脚前脚掌里扣，上身左转，重心落于右腿，左腿随之后移半步，屈膝，成左虚步。在左腿移步的同时，左手持剑向胸前屈肘，手心朝外；右手剑指也向胸前屈肘，手心朝里，准备接握左手之剑，目视剑尖［图8-1-31（9）］。

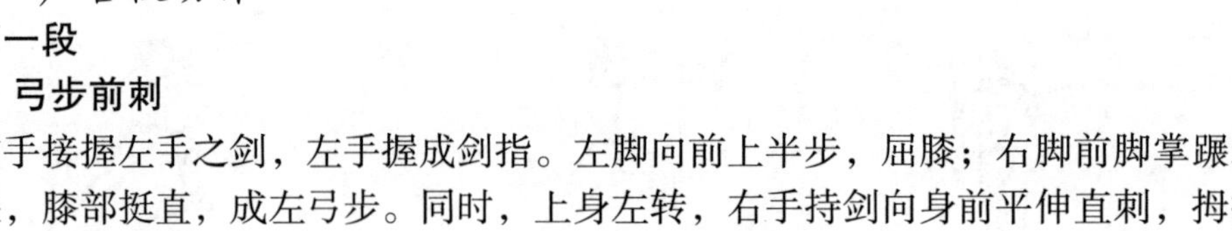

（7）　　（8）　　（9）

图8-1-31　预备动作3和预备动作4

（二）各段动作

第一段

1. 弓步前刺

右手接握左手之剑，左手握成剑指。左脚向前上半步，屈膝；右脚前脚掌蹍地，脚跟外展，膝部挺直，成左弓步。同时，上身左转，右手持剑向身前平伸直刺，拇指一侧在上；左手剑指随之伸向身后平举，拇指一侧在上，目视剑尖［图8-1-32（1）］。

2. 回身后劈

左脚不动，膝部伸直；右脚向前上一步，膝略屈，上身右转。同时，右手持剑经上向后劈剑，高与肩平，拇指一侧在上；左手剑指随之由下向前上弧形绕环，在头顶上方屈肘侧举，拇指一侧在下，目视剑尖［图 8-1-32（2）］。

3. 弓步平抹

左脚向左前方上一步，屈膝；右腿在后，膝部挺直，脚尖里扣，成左弓步。同时，左手剑指由胸前下降，经左下向上弧形绕环，在头顶上方屈肘侧举，拇指一侧在下；右手持剑（手心转向上）随之向前平抹，剑尖稍向右斜，目视前方［图 8-1-32（3）］。

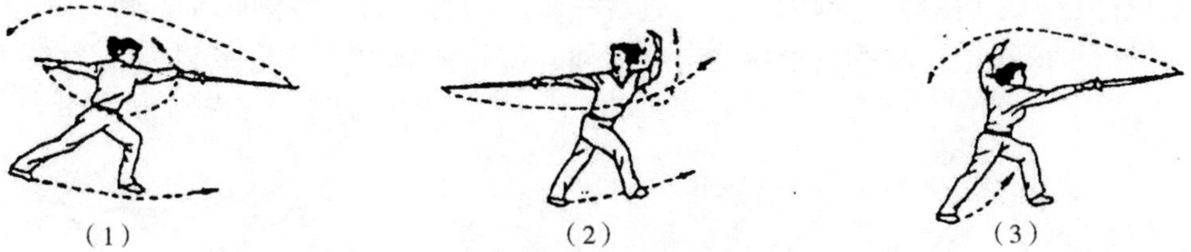
（1）（2）（3）

图 8-1-32 弓步前刺、回身后劈、弓步平抹

4. 弓步左撩

（1）上身左转，右腿屈膝在身前提起，脚尖下垂，脚背绷直。同时，右手持剑臂外旋使剑由前向上、向后划弧，至后方时，屈肘使手腕、前臂贴靠腹部，手心朝里；左手剑指随之由头顶上方下落，附于右手腕部（手心朝下）。目视剑身［图 8-1-33（4）］。

（2）右腿向右前方落步，屈膝；左腿在后蹬直，脚尖里扣，成右弓步。同时，右手持剑由后向下、向前反手撩起，小指一侧在上；左手剑指随右手运动，仍附于右手腕处。目视剑尖［图 8-1-33（5）］。

5. 提膝平斩

左脚向前上步，右手手腕向左上翻转、屈肘，使剑向左平绕至头部前上方，右脚随之由后向身前屈膝提起。右手继续翻转手腕，使剑向右手绕至右方后（手心朝上），再用力向前平斩；左手剑指由下向左、向上弧形绕环，屈肘横举于头部左上方。目视前方［图 8-1-33（6）］。

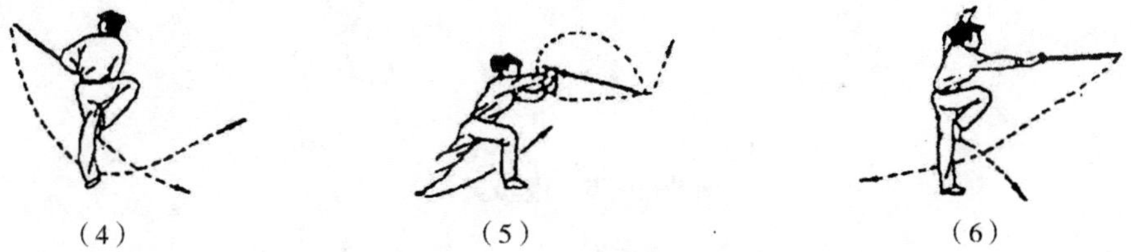
（4）（5）（6）

图 8-1-33 弓步左撩、提膝平斩

6. 回身下刺

右脚向前落步，脚尖外撇，膝略屈，上身右转。同时，右手持剑手腕反屈，使剑尖下垂，随之向后下方直刺，剑尖低于膝，拇指一侧在上；左手剑指先向身前的右手靠拢，然后在刺剑的同时，向前上方伸直，拇指一侧在上。目视剑尖［图 8-1-34（7）］。

7. 挂剑直刺

（1）左脚向前上一步，屈膝略蹲，右臂内旋，先使拇指一侧朝下成反手，然后翘腕、摆臂，使剑尖向左、向上抄挂，当持剑手抄至左肩时，再屈肘使剑平落于胸前，手心朝里；此时左腿伸直站立，右腿随之在身前屈膝提起，左手剑指屈肘附于右手腕处［图8–1–34（8）］。

（2）接着，以左脚前脚掌蹍地，上身右转，右手持剑使剑向下插，左手剑指仍附于右手腕处，目视剑尖［图8–1–34（9）］。

（3）上动不停，仍以左脚前脚掌为轴蹍地，右脚向身后跨一大步、屈膝，上身从右向后转；左脚在后蹬直，脚尖里扣，成右弓步。同时，右手持剑向前直刺，剑尖与肩同高，拇指一侧在上；左手剑指随之向后平伸，拇指一侧在上。目视剑尖［图8–1–34（10）］。

（7）　（8）　（9）　（10）

图8–1–34　回身下刺、挂剑直刺

8. 虚步架剑

（1）右手持剑先将剑尖由左向右搅一小圈，臂内旋使持剑手的拇指一侧朝下。同时，以右脚跟和左脚前脚掌为轴蹍地，右脚尖外撇，上身从右向后转，左脚向前收拢半步，两膝均略屈成交叉步。在转身的同时，右手持剑反手向后上方屈肘上架；左手剑指屈肘经左肩前附于右手腕处。目向左平视［图8–1–35（11）］。

（2）右腿屈膝不动，左脚向前进一步，膝盖稍屈，前脚掌虚着地面，重心落于右腿，成左虚步。在右手持剑略向后牵引的同时，左手剑指向前平伸指出，手心朝下。目视剑指［图8–1–35（12）］。

（11）　（12）

图8–1–35　虚步架剑

第二段

9. 虚步平劈

左脚脚跟外展，上身右转，重心移于左腿，右脚跟随之离地，成为前脚掌虚着地面的右虚步。在转身的同时，右手持剑向下平劈，拇指一侧在上；左手剑指即向上屈肘，手心向左上方。目视剑尖［图8–1–36（13）］。

10. 弓步下劈

右腿踏实，身体重心前移，左手剑指伸向右腋下，右手持剑臂内旋使手心朝下。左脚随即向左前方上步、屈膝；右腿在后蹬直，脚尖里扣，成左弓步。在左脚上步的同时，右手持剑屈腕向左平绕，划一小圈后向前下方劈剑，剑尖高与膝平；左手剑指随之由右腋下面向左、向上绕环，在头顶上方屈肘侧举，上身略前俯。目视剑尖［图 8-1-36（14）］。

11. 带剑前点

（1）右脚向左脚靠拢，以前脚掌虚着地面，两腿均屈膝略蹲。右手持剑向上屈腕，使剑向右耳际带回，肘微屈；左手剑指随之由前下落，附于右手腕处。目向右前方平视［图 8-1-36（15）］。

（2）上动不停，右脚向右前方跃一步，落地后即屈膝半蹲，全脚掌着地；左脚随之跟进，向右脚并步屈膝，以脚尖着地，成丁步。同时，右手持剑向前点击，拇指一侧在上，左手剑指即屈肘向头顶上方侧举，手心朝上。目视剑尖［图 8-1-36（16）］。

（13）　（14）　（15）　（16）

图 8-1-36　虚步平劈、弓步下劈、带剑前点

12. 提膝下截

（1）右腿伸直，左腿退步后屈膝，上身后仰。右臂外旋手心朝上，使剑向右、向后上方弧形绕环；左手剑指不动［图 8-1-37（17）］。

（2）上动不停，右臂内旋使手心朝下，继续使剑向左、向前下方划弧下截，同时上身向前探倾，左腿屈膝提起。目视剑尖［图 8-1-37（18）］。

13. 提膝直刺

（1）右腿略屈膝，左脚向前落步，脚尖外撇。右臂外旋使手心朝上，并在左脚落步的同时向上屈肘，将剑柄收抱于胸前，手心朝里，剑尖高与肩平；左手剑指随之下落，屈肘按于剑柄上。此时两脚成交叉步，目视剑尖［图 8-1-37（19）］。

（2）右腿向身前屈膝提起，左腿伸直站立，右手持剑向前平直刺出，拇指一侧在上；同时左手剑指向后平伸指出，手心朝下。目视剑尖［图 8-1-37（20）］。

（17）　（18）　（19）　（20）

图 8-1-37　提膝下截、提膝直刺

14. 回身平崩

（1）右脚向前落步，脚尖外撇；左脚前脚掌蹍地，使脚跟外转，屈膝略蹲，同时上身向后转成交叉步。右手持剑臂外旋使手心朝上，屈肘向胸前收回，剑身与右前臂成水平直线；左手剑指随之直臂上举，经左耳侧屈肘前落，附于右手心上面。目视剑尖［图 8-1-38（21）］。

（2）上身稍向右转，左腿挺膝伸直，右腿略屈膝。同时，右手持剑使剑的前端用力向右平崩，手心仍朝上；左手剑指屈肘向额部左上方侧举。目视剑尖［图8-1-38（22）］。

（21）　（22）

图8-1-38　回身平崩

15. 弓步下劈

右脚蹬地起跳，左脚向左跃步横跨一步，落地后，右腿即向左腿后侧插步，继而两腿屈膝全蹲，成歇步。在跃步的同时，右手持剑向上举起，并在形成歇步时向左下劈，拇指一侧在上，剑尖与踝关节同高；左手剑指随着下劈动作，下按于右手腕上面。目视剑身［图8-1-39（23）］。

16. 提膝下点

（1）右手持剑先使手心朝下成平剑，然后以两脚的前脚掌蹍地，上身经右、向后转动，两腿边转边站立，右手持剑平绕一周。当剑绕至上身右侧时，上身稍向左后仰，同时剑身继续向外、向上弧形绕环，剑尖接近右耳侧；此时左手剑指离开右手腕向上屈肘侧举。目视前下方［图8-1-39（24）］。

（2）上动不停，右腿伸直站立，左腿屈膝提起，上身向右侧下探俯，同时右手持剑向前下点出，拇指一侧在上。目视剑尖［图8-1-39（25）］。

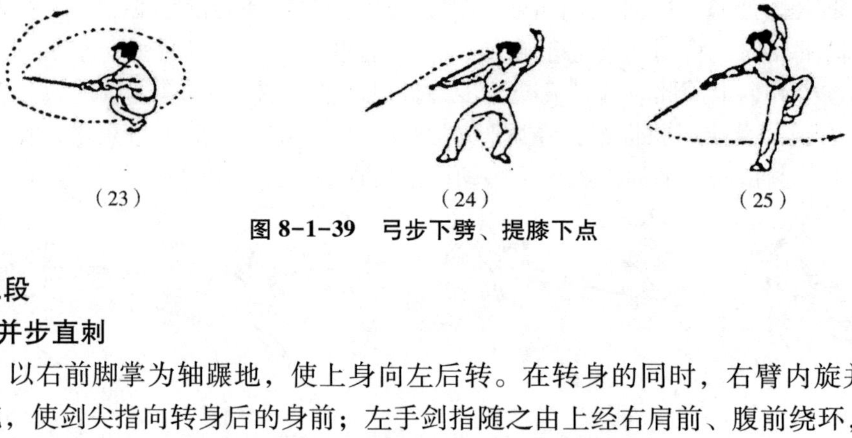

（23）　（24）　（25）

图8-1-39　弓步下劈、提膝下点

第三段

17. 并步直刺

（1）以右前脚掌为轴蹍地，使上身向左后转。在转身的同时，右臂内旋并向拇指一侧屈腕，使剑尖指向转身后的身前；左手剑指随之由上经右肩前、腹前绕环，向正前方指出，手心朝下。目视剑指［图8-1-40（26）］。

（2）左脚向前落步，右脚随之跟进并步，两腿均屈膝半蹲。同时，右手持剑向前平伸直刺，拇指一侧在上；左手剑指顺势附于右手腕处。目视剑尖［图8-1-40（27）］。

18. 弓步上挑

右脚上步屈膝，同时左脚跟稍内转，左腿挺膝伸直，成右弓步。右手持剑直臂向上挑举，剑尖向上，手心朝左；左手剑指仍向前平伸指出，手心朝下。上身稍前倾，目视剑尖路线［图 8-1-40（28）］。

19. 歇步下劈

右腿伸直，左脚向前上步，脚尖外撇，随之两腿交叉屈膝全蹲，成歇步。同时，右手持剑向前下劈，拇指一侧在上，剑尖与踝同高；左手剑指屈肘附于右腕里侧。上身稍前俯，目视剑尖［图 8-1-40（29）］。

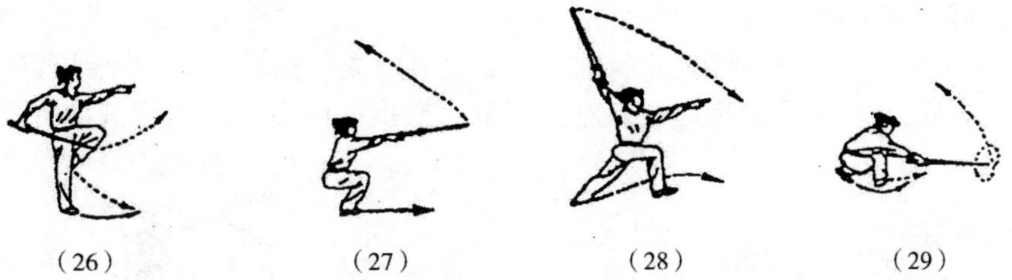

图 8-1-40　并步直刺、弓步上挑、歇步下劈

20. 右截腕

两脚以前脚掌蹍地，并且两腿稍伸直立起，使上身右转，右腿屈膝半蹲，左腿稍屈膝，左脚前脚掌虚着地面，成左虚步。右臂内旋使拇指一侧朝下，用剑的前端下刃向前上方划弧翻转，随着上身起立成虚步，右手持剑再向右后上方托起；左手剑指仍附于右手腕，两肘均微屈。目视剑的前端［图 8-1-41（30）］。

21. 左截腕

左脚向前上半步，并以前脚掌蹍地使上身向左后转，右脚随之向前上一步，前脚掌着地，两腿均屈膝，成左实右虚步。在右脚进步的同时，右臂外旋，使剑身的前端向左前上方划弧翻转，手心朝上，剑身与地面平行；左手剑指随之离开右手腕，屈肘向上侧举。目视剑的前端［图 8-1-41（31）］。

22. 跃步上挑

（1）左脚经身前上一步，右脚随之在身后离地，小腿后弯。同时，右臂外旋手心朝里，使剑由右向上、向左屈肘划弧，剑至上身左侧时，右手靠近左胯旁，拇指一侧在上并向上屈腕；左手剑指在右手向左下落时附于右手腕上。目视剑尖［图 8-1-41（32）］。

（2）左脚蹬地，右脚向右侧跃步，落地后屈膝略蹲，左脚随之离地屈膝从身后伸向右侧方，形成望月式平衡。上身向左侧倾俯。在右脚跃步的同时，右手持剑由左胯旁向下、向右划弧，当剑到达右侧时，臂外旋并向拇指一侧屈腕，使剑向上挑击；左手剑指即向左上方屈肘横举，拇指一侧在下。目视右侧方［图 8-1-41（33）］。

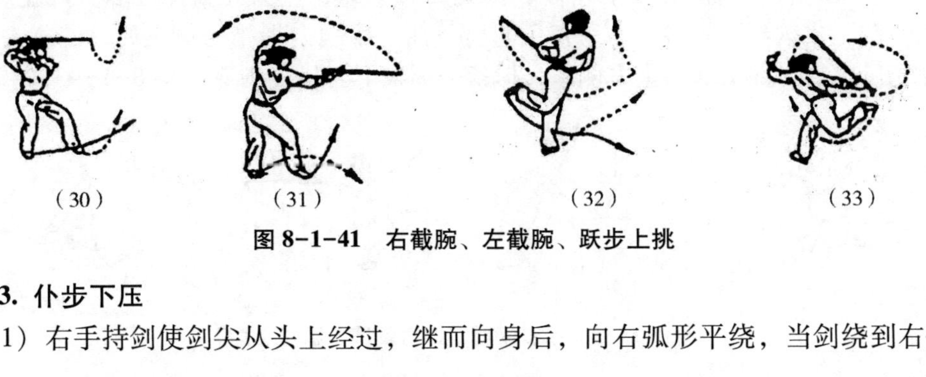

图 8-1-41　右截腕、左截腕、跃步上挑

23. 仆步下压

（1）右手持剑使剑尖从头上经过，继而向身后，向右弧形平绕，当剑绕到右侧时，

即屈肘将剑柄收抱于胸部前下方，手心朝上。同时，右膝伸直，上身立起，右腿屈膝提于身前，左手剑指仍横举于左额前上方［图 8-1-42（34）］。

（2）上动不停，左手剑指经身前下落，按在右手腕上。左脚随之向左侧落步，屈膝全蹲；右腿在右侧平铺伸直，脚尖里扣，成右仆步。同时，右手持剑用剑身平面向下带压，剑尖斜向右上方。上身前探，目向右平视［图 8-1-42（35）］。

24. 提膝直刺

两腿直立站起，左腿屈膝提于身前，右腿挺直站立。同时，右手持剑向身前平伸直刺，拇指一侧在上；左手剑指屈肘在左侧上举，拇指一侧在下。目视剑尖［图 8-1-42（36）］。

（34）　（35）　（36）

图 8-1-42　仆步下压、提膝直刺

第四段

25. 弓步平劈

右臂外旋，先使手心朝向背后，剑的下刃转翻向上，继而上身左转，同时左脚向左后侧落一大步，屈膝；右前脚掌蹍地，脚跟稍外转，右腿挺膝伸直，成左弓步。左手剑指随着持剑臂的运行而向右、向下、向左、向上圆形绕环，仍屈肘举于头部左侧上方；同时，右手持剑向身前平劈，拇指一侧在上，臂要伸直，剑尖略高于肩。目视剑尖［图 8-1-43（37）］。

26. 回身反撩

右脚向前上一步，膝微屈；左脚随之离地，小腿向上弯曲；上身前俯，腰向右拧转。右手持剑随右脚上步而向后反撩，剑尖斜向下方，拇指一侧在下；左手剑指前伸成侧上举，拇指一侧在下。目视剑尖［图 8-1-43（38）］。

27. 歇步上崩

（1）右脚蹬地，左脚向前跃步，上身随之向右后转；左脚落地，脚尖稍外撇，右腿摆向身后。在上身转动的同时，右臂外旋，使拇指一侧朝上；左手剑指在身后平伸，手心朝下。目视剑尖［图 8-1-43（39）］。

（2）上动不停，右脚在身后落步，两腿屈膝全蹲，左大腿盖压在右大腿上，臀部坐在右小腿上成歇步。同时，右手持剑直臂下压，手腕向拇指一侧上屈，使剑尖上崩；左手剑指随之屈肘在头部左上方侧举，拇指一侧在下。目视剑身［图 8-1-43（40）］。

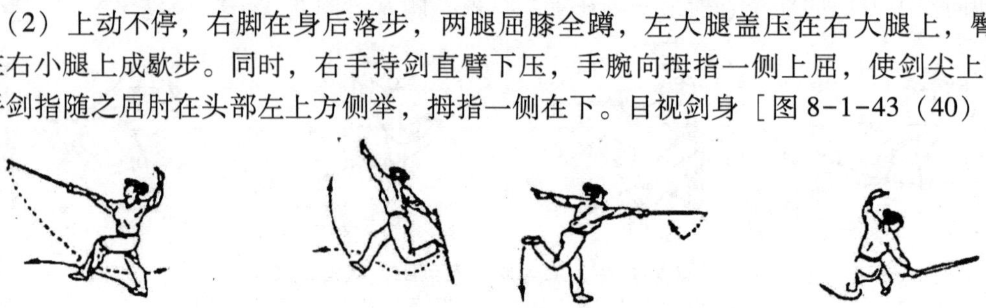

（37）　（38）　（39）　（40）

图 8-1-43　弓步平劈、回身反撩、歇步上崩

28. 弓步斜削

（1）左脚尖里扣，上身右转，右脚随之向前上步、屈膝，左腿在身后挺膝伸直，成右弓步。右手持剑臂外旋使手收朝上，在转身的同时，屈肘向左肋前收回；左手剑指随之从身前下落，按在剑柄上。上身向前倾，目视前方［图 8-1-44（41）］。

（2）上动不停，右手持剑由后向前上方斜面弧形上削，手心斜向上方，手腕稍向掌心一侧弯曲；同时，左手剑指伸向后方，拇指一侧在上。目视剑尖［图 8-1-44（42）］。

29. 进步左撩

（1）右腿伸直，上身向左转，左腿稍屈膝。同时，右手持剑使手心朝里经脸前边转身边向左划弧，剑至体前时，左手剑指附于右手腕里侧。目视剑尖［图 8-1-44（43）］。

（2）以右脚跟为轴蹍地，脚尖外撇，上身向右后转；左脚随之向前上步，以前脚掌虚着地面。同时，右手持剑反手向下、向前、向上继续划弧撩起，剑至前上方时，肘部略屈，拇指一侧在下，剑尖高与肩平，左手剑指随右手运用，仍附于右手腕上。目视剑尖［图 8-1-44（44）］。

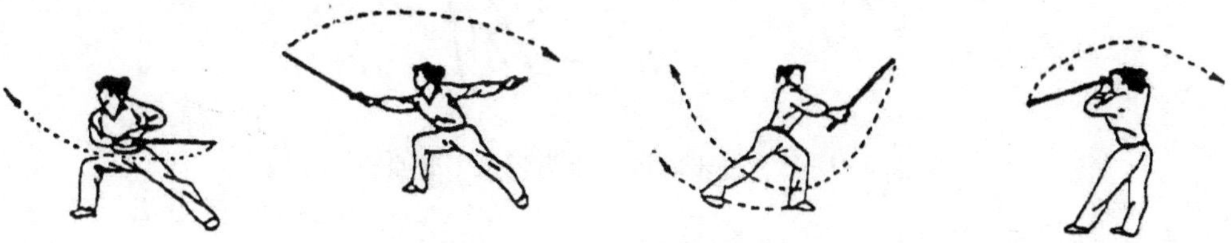

（41） （42） （43） （44）

图 8-1-44 弓步斜削、进步左撩

30. 进步右撩

（1）右手持剑直臂向上、向右后方划弧，左手剑指随势收于右肩前，手心朝左。目视剑尖［图 8-1-45（45）］。

（2）左脚踏实后以脚跟为轴蹍地，脚尖外撇，右脚随之向左脚前上一步，前脚掌虚着地面。同时右手持剑由右向下、向前划弧抡臂撩起，剑至前方时，肘微屈，手心朝上，剑尖高与头平；左手剑指随之由右肩前向下、向前、向后上方绕环，屈肘侧举于头部左上方。目视剑尖［图 8-1-45（46）］。

31. 坐盘反撩

右脚踏实后向前上一小步，随即左脚从右腿后向右侧插一步，两腿屈膝下坐，成坐盘式。在左脚插步的同时，右手持剑向上、向左、向下，再向右上方反手绕环斜上撩，剑尖高过头顶；左手剑指随之经体前向下、向后上方划弧屈肘横举于左耳侧，拇指一侧在下。上身向左前倾俯，目视剑尖［图 8-1-45（47）］。

32. 转身云剑

（1）右脚蹬地，两腿伸直站起，并以两脚的前脚掌蹍地，使上身向左、向后转；转身之后，右腿屈膝略蹲，右脚踏实，左膝微屈，前脚掌虚着地面，重心落于右腿。同时，右手持剑随身体转动一周后屈肘使剑平举，拇指在下；此时左手剑指附于右手腕处。目视剑尖［图 8-1-45（48）］。

（2）上动不停，上身后仰，右手持剑向左、向后、向右、向前圆形云绕一周，剑至身前时，右手手心朝上，松把，使剑尖下垂；左手剑指放开，拇指一侧朝上，准备接握右手之剑。此时重心前移，左脚踏实，右腿伸直，上身前倾。目视左手［图8-1-45（49）］。

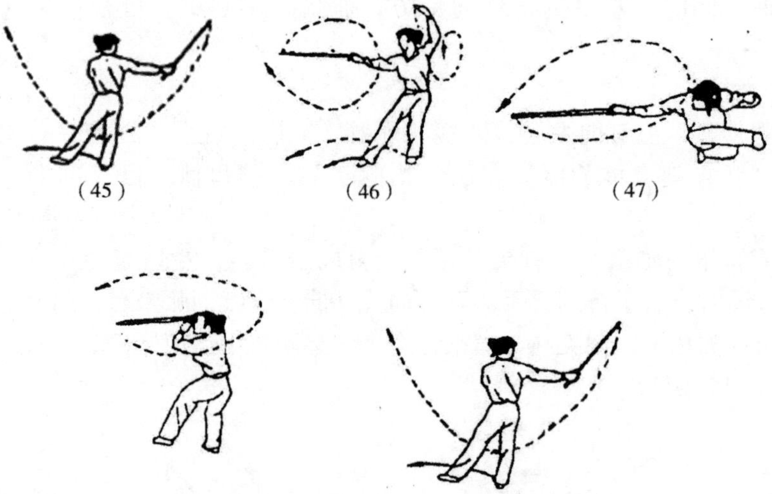

（45）（46）（47）（48）（49）

图8-1-45　进步右撩、坐盘反撩、转身云剑

（三）结束动作

（1）右手将剑柄交于左手后即握成剑指，左手接剑后反握住剑柄向身体左侧下垂。此时右脚向右前方上步，脚尖里扣，屈膝略蹲，上身随之左转；左脚随之向前移步，以前脚掌虚着地面，膝微屈。在上身左转的同时，右手剑指随之由身后向上屈肘侧举于头部右上方，手心朝上。目向左平视［图8-1-46（1）］。

（2）右腿伸直，右脚向左脚靠拢，并步站立，右手剑指下落于身体右侧，手心朝下，恢复成预备式。目向下前方平视［图8-1-46（2）］。

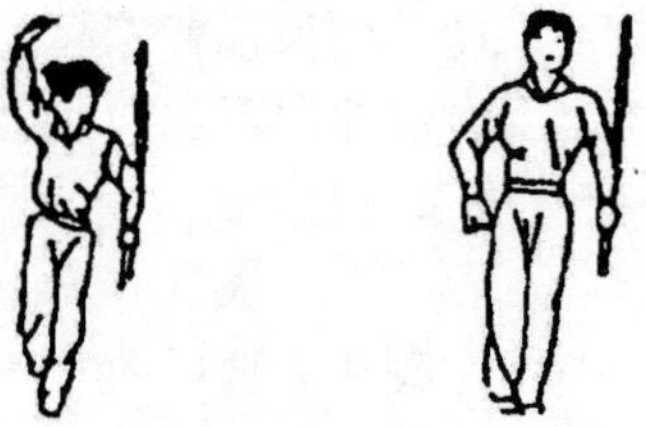

（1）（2）

图8-1-46　结束动作

三、简化二十四式太极拳

动作说明如下。

第一组

1. 起　势

（1）身体自然直立，两脚开立，与肩同宽，脚尖向前；两臂自然下垂，两手放在大腿外侧；眼向前平看［图 8-1-47（1）］。

要点：头颈正直，下颏微向后收，不要故意挺胸或收腹。精神要集中（起势由立正姿势开始，然后左脚向左分开，成开立步）。

（2）两臂慢慢向前平举，两手高与肩平，与肩同宽，手心向下［如图 8-1-47（2）（3）］。

（3）上体保持正直，两腿屈膝下蹲；同时两掌轻轻下按，两肘下垂与两膝相对；眼平看前方［图 8-1-47（4）］。

（1）（2）（3）（4）

图 8-1-47　起势

要点：两肩下沉，两肘松垂，手指自然微屈。屈膝松腰，臀部不可凸出，身体重心落于两腿中间。两臂下落和身体下蹲的动作要协调一致。

2. 左右野马分鬃

（1）上体微向右转，身体重心移至右腿上；同时右臂收在胸前平屈，手心向下，右手经体前向右下方划弧放在右手下，手心向上两手心相对成抱球状；左脚随即收到右脚内侧，脚尖点地；眼看右手［图 8-1-48（5）（6）］。

（2）上体微向左转，左脚向左前方迈出，右脚跟后蹬，右腿自然伸直，成左弓步；同时上体继续向左转，左右手随转体慢慢分别向左上、右下分开，左手高与眼平（手心斜向上），肘微屈；右手落在右胯旁，肘也微屈，手心向下，指尖向前；眼看左手［图 8-1-49（7）（8）（9）］。

（5）（6）

图 8-1-48　左右野马分鬃 1

（7）（8）（9）

图 8-1-49　左右野马分鬃 2

（3）上体慢慢后坐，身体重心移至右腿，左脚尖翘起，微向外撇（45°～60°），随后脚掌慢慢踏实，左腿慢慢前弓，身体左转，身体重心再移至左腿；同时左手翻转向下，左臂收在胸前平屈，右手向左上划弧放在左手下，两手心相对成抱球状；右脚随即收到左脚内侧，脚尖点地。眼看左手［图 8-1-50（10）（11）（12）］。

（10）　（11）　（12）

图 8-1-50　左右野马分鬃 3

（13）　（14）　（15）　（16）

图 8-1-51　左右野马分鬃 4

（4）右腿向右前方迈出，左腿自然伸直，成右弓步；同时上体右转，左右手随转体分别慢慢向左下、右上分开，右手高与眼平（手心斜向上），肘微屈。左手落在左胯旁，肘也微屈，手心向下，指尖向前。眼看右手［图 8-1-51（13）（14）］。

（5）与（3）解同，只是左右相反［图 8-1-51（15）（16）］。

（6）与（4）解同，只是左右相反［图 8-1-52（17）（18）（19）］。

（17）　（18）　（19）

图 8-1-52　左右野马分鬃 5

要点：上体不可前俯后仰。胸部必须宽松舒展。两臂分开时要保持弧形。身体转动时要以腰为轴。弓步动作与分手的速度要均匀一致。做弓步时，迈出的脚先是脚跟着地，然后脚掌慢慢踏实，脚尖向前，膝盖不要超过脚尖；后腿自然伸直；前后脚夹角成 45°~60°（需要时后脚脚跟可以后蹬调整）。野马分鬃式的弓步，前后脚的脚跟要分在中轴线两侧，它们之间的横向距离（即以动作行进的中线为纵轴，其两侧的垂直距离为横向）应该保持在 10~30 cm。

3. 白鹤亮翅

（1）上体微向左转，左手翻掌向下，左臂平屈胸前，右手向左上划弧，手心转向上，与左手成抱球状。眼看左手［图 8-1-53（20）］。

（2）右脚跟进半步，上体后坐，身体重心移至右腿，上体先向右转，面向右前方，眼看右手；然后左脚稍向前移，脚尖点地，成左虚步，同时上体再微向左转，面向前方，两手随转体慢慢向右上、左下分开，右手上提停于右额前，手心向左后方，左手落于左胯前，手心向下，指尖向前。眼平看前方［图 8-1-53（21）（22）］。

（20）　（21）　（22）

图 8-1-53　白鹤亮翅

要点：完成姿势胸部不要挺出，两臂上下都要保持半圆形，左膝微屈。身体重心后移与右手上提、左手下按要协调一致。

第二组

4. 左右搂膝拗步

（1）右手从体前下落，由下向后上方划弧至右肩外侧，肘微屈，手与耳同高，手心斜向上；左手由左下向上、向右下方划弧至右胸前，手心斜向下；同时上体先微向左再向右转；左脚收至右脚内侧，脚尖点地。眼看右手［图 8-1-54（23）(24)（25）］。

（2）上体左转，左脚向前（偏右）迈出成左弓步；同时右手屈回内耳侧向前推出，高与鼻尖平，左手向下由左膝前搂过落于左胯旁，指尖向前。眼看右手手指［图 8-1-54（26）（27）］。

（23）（24）（25）（26）（27）

图 8-1-54　左右搂膝拗步 1

（3）右腿慢慢屈膝，上体后坐，身体重心移至右腿，左脚尖翘起微向外撇，随后脚掌慢慢踏实，左腿前弓，身体左转，身体重心移至左腿，右脚收到左脚内侧，脚尖点地；同时左手向外翻掌由左后向上划弧至左肩外侧，肘微屈，手与耳同高，手心斜向上；右手随转体向上、向左下方划弧落于左胸前，手心斜向上。眼看左手［图 8-1-55（28）(29)（30）］。

（28）（29）（30）（31）（32）

图 8-1-55　左右搂膝拗步 2

（4）与（2）解同，只是左右相反［图 8-1-55（31）（32）］。

（5）与（3）解同，只是左右相反［图 8-1-56（33）（34）（35）］。

（6）与（2）解同［图 8-1-56（36）（37）］。

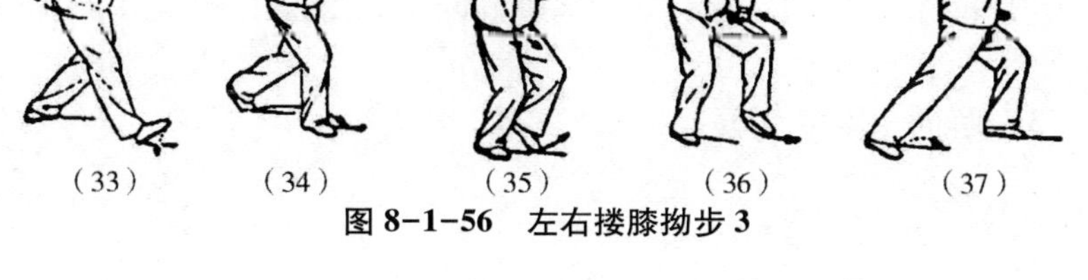

（33）（34）（35）（36）（37）

图 8-1-56　左右搂膝拗步 3

要点：前手推出时，身体不可前俯后仰，要松腰松胯。推掌时要沉肩垂肘、坐腕舒掌，同时须与松腰、弓腿上下协调一致。搂膝拗步成弓步时，两脚跟的横向距离保持约 30 cm。

5. 手挥琵琶

右脚跟进半步，上体后坐；身体重心转至右腿上，上体半面向右转，左脚略提起稍向前移，变成左虚步，脚跟着地，脚尖翘起，膝部微屈；同时左手由左下向上挑举，高与鼻尖平，掌心向右，臂微屈；右手收回放在左臂肘部里侧，掌心向左；眼看左手食指［图 8-1-57（38）（39）（40）］。

（38）（39）（40）

图 8-1-57　手挥琵琶

要点：身体要平稳自然，沉肩垂肘，胸部放松。左手上起时不要直向上挑，要由左向上、向前，微带弧形。右脚跟进时，脚掌先着地，再全脚踏实。身体重心后移和左手上起、右手回收要协调一致。

6. 左右倒卷肱

（1）上体右转，右手翻掌（手心向上）经腹前由下向后上方划弧平举，臂微屈，左手随即翻掌向上；眼的视线随着向右转体先向右看，再转向前方看左手［图 8-1-58（41）（42）］。

（2）右臂屈肘折向前，右手由耳侧向前推出，手心向前，左臂屈肘后撤，手心向上，撤至左肋外侧；同时左腿轻轻提起向后（偏左）退一步，脚掌先着地，然后全脚慢慢踏实，身体重心移到左腿上，成右虚步，右脚随转体以脚掌为轴扭正。眼看右手［图 8-1-58（43）（44）］。

（41）（42）（43）（44）

图 8-1-58　左右倒卷肱 1

（3）上体微向左转。同时左手随转体向后上方划弧平举，手心向上，右手随即翻掌，掌心向上；眼随转体先向左看，再转向前方看右手［图 8-1-59（45）］。

（4）接（1）的第 2 个动作后，与（2）解同，只是左右相反［图 8-1-59（46）（47）（48）］。

（5）与（3）解同，重复（3）。

（45）（46）（47）（48）

图 8-1-59　左右倒卷肱 2

（6）与（2）解同［图 8-1-60（49）（50）］。

（7）与（3）解同，只是左右相反［图 8-1-60（51）］。

（8）与（2）解同，只是左右相反［图 8-1-60（52）（53）］。

要点：前推的手不要伸直，后撤手也不可直向回抽，随转体仍走弧线。前推时，要转腰松胯，两手的速度要一致，避免僵硬。退步时，脚掌先着地，再慢慢全脚踏实，同时，前脚随转体以脚掌为轴扭正。退左脚略向左后斜，退右脚略向右后斜，避免使两脚落在一条直线上。后退时，眼神随转体动作先向左右看，然后再转看前手。最后退右脚时，脚尖外撇的角度略大些，便于接做左揽雀尾的动作。

（49）（50）（51）（52）（53）

图 8-1-60　左右倒卷肱 3

第三组

7. 左揽雀尾

（1）微向右转，同时右手随转体向后上方划弧平举，手心向上，左手放松，手心向下。眼看左手［图 8-1-61（54）］。

（2）身体继续向右转，左手自然下落逐渐翻掌经腹前划弧至右肋前，手心向上；右臂屈肘，手心转向下。收到右胸前，两手相对成抱球状；同时身体重心落在右腿上，左脚收到右脚内侧，脚尖点地。眼看右手［图 8-1-61（55）（56）］。

（3）上体微向左转，左脚向左前方迈出，上体继续向左转，右腿自然蹬直，左腿屈膝，成左弓步；同时左臂向左前方绷出（即左臂平曲成弓形，用前臂外侧和手背向前方推出），高与肩平，手心向后；右手向右下方落放于右胯旁，手心向下，指尖向前。眼看左前臂［图 8-1-61（57）（58）］。

（54）（55）（56）（57）（58）

图 8-1-61　左揽雀尾 1

要点：绷出时，两臂前后均保持弧形。分手、松腰、弓腿三者必须协调一致。揽雀尾弓步时，两脚跟横向距离不超过10 cm。

（4）身体微向左转，左手随即前伸翻掌向下，右手翻掌向上，经腹前向上、向前伸至左前臂下方；然后两手下捋，即上体向右转，两手经腹前向右后上方划弧，直至右手手心向上，高与肩齐，左臂平屈于胸前，手心向后，同时身体重心移至右腿。眼看右手［图8-1-62（59）（60）］。

要点：下捋时，上体不可前倾，臀部不要凸出。两臂下捋随腰旋转，仍走弧线。左脚全掌着地。

（5）上体微向左转，右臂屈肘折回，右手附于左手腕里侧（相距约5 cm），上体继续向左转，双手同时向前慢慢挤出，左手心向后，右手心向前，左前臂要保持半圆；同时身体重心逐渐前移变成左弓步。眼看左手腕部［图8-1-62（61）（62）］。

图8-1-62　左揽雀尾2

要点：向前挤时，上体要正直。挤的动作要与松腰、弓腿相一致。

（6）左手翻掌，手心向下，右手经左腕上方向前、向右伸出，高与左手齐，手心向下，两手左右分开，宽与肩同；然后右腿屈膝，上体慢慢后坐，身体重心移至右腿上，左脚尖翘起；同时两手屈肘回收至腹前，手心均向前下方。眼向前平看［图8-1-63（63）（64）（65）］。

（7）上动不停，身体重心慢慢前移，同时两手向前、向上按出，掌心向前；左腿前弓成左弓步。眼平看前方［图8-1-63（66）］。

图8-1-63　左揽雀尾3

要点：向前按肘，两手须走曲线，手腕部高与肩平，两肘微屈。

8. 右揽雀尾

（1）上体后坐并向右转，身体重心移至右腿，左脚尖里扣；右手向右平行划弧至右侧，然后由右下经腹前向左上划弧至左肋前，手心向上；左臂平屈胸前，右手掌向下与右手成抱球状；同时身体重心再移至左腿上，右脚收至左脚内侧，脚尖点地；眼看左手［图8-1-64（67）（68）（69）（70）］。

（67） （68） （69） （70）

图 8-1-64　右揽雀尾 1

（2）同“左揽雀尾”（3）解，只是左右相反［图 8-1-65（71）（72）］。

（3）同“左揽雀尾”（4）解，只是左右相反［图 8-1-65（73）（74）］。

（71） （72） （73） （74）

图 8-1-65　右揽雀尾 2

（4）同“左揽雀尾”（5）解，只是左右相反［图 8-1-66（75）（76）］。

（5）同“左揽雀尾”（6）解，只是左右相反［图 8-1-66（77）（78）（79）］。

（6）同“左揽雀尾”（7）解，只是左右相反［图 8-1-66（80）］。

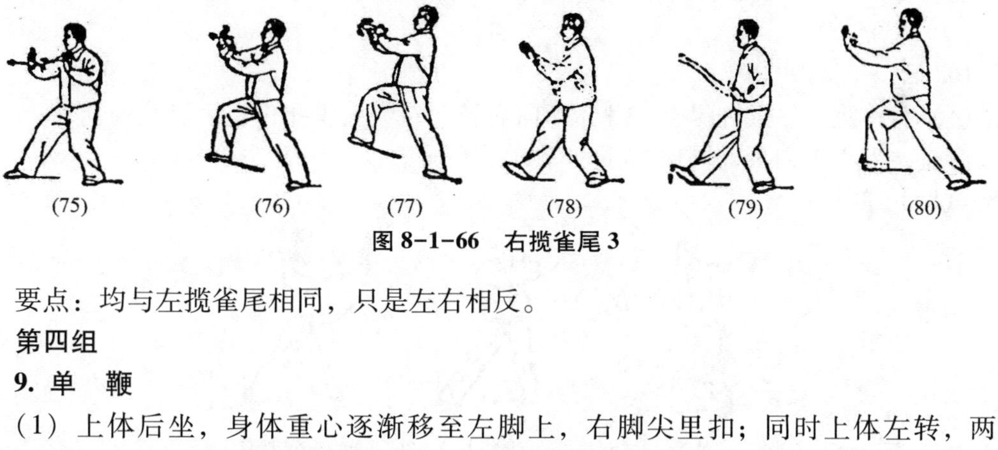

(75) (76) (77) (78) (79) (80)

图 8-1-66　右揽雀尾 3

要点：均与左揽雀尾相同，只是左右相反。

第四组

9. 单　鞭

（1）上体后坐，身体重心逐渐移至左脚上，右脚尖里扣；同时上体左转，两手（左高右低）向左弧形运转直到左臂平举，伸于身体左侧，手心向左，右手经腹前运至左肋前，手心向后上方。眼看左手［图 8-1-67（81）（82）］。

（2）身体重心再渐渐移至右腿上，上体右转，左脚向右脚靠拢，脚尖点地；同时右手向右上方划弧（手心由里转向外），至右侧方时变勾手，臂与肩平；左手向下经腹前向右上划弧停于右肩前，手心向里。眼看左手［图 8-1-67（83）（84）］。

（81）（82）（83）（84）

图 8-1-67 单鞭 1

（3）上体微向左转，左脚向左前侧方迈出，右脚跟后蹬，成左弓步；在身体重心移向左腿的同时，左掌随上体的继续左转慢慢翻转向前推出，手心向前，手指与眼齐平，臂微屈。眼看左手［图 8-1-68（85）（86）］。

（85）（86）

图 8-1-68 单鞭 2

要点：上体保持正直，松腰。完成时，右臂肘部稍下垂，左肘与左膝上下相对，两肩下沉。左手向外翻掌前推时，要随转体边翻边推出，不要翻掌太快或最后突然翻掌。全部过渡动作，上下要协调一致。如面向南起势，单鞭的方向（左脚尖）应向东偏北（大约为 15°）。

10. 云 手

（1）身体重心移至右腿上，身体渐向右转，左脚尖里扣；左手经腹前向右上划弧至右肩前，手心斜向后，同时右手变掌，手心向右前。眼看左手［图 8-1-69（87）（88）（89）］。

（87）（88）（89）

图 8-1-69 云手 1

（2）上体慢慢左转，身体重心随之逐渐左移；左手由脸前向左侧运转，手心渐渐转向左方；右方由右下经腹前向左上划弧，至左肩前，手心斜向后；同时右脚靠近左脚，成小开立步（两脚距离约 10~20 cm）；眼看右手［图 8-1-70（90）（91）］。

（3）上体再向右转，同时左手经腹前向右上划弧至右肩前，手心斜向后；右手向右侧运转，手心翻转向右；随之左腿向左横跨一步。眼看左手［图 8-1-70（92）（93）（94）］。

（90）　（91）　（92）　（93）　（94）

图 8-1-70　云手 2

（4）同（2）解［图 8-1-71（95）（96）］。

（5）同（3）解［图 8-1-71（97）（98）（99）］。

（6）同（2）解［图 8-1-71（100）（101）］。

（95）　（96）　（97）　（98）　（99）　（100）　（101）

图 8-1-71　云手 3

要点：身体转动要以腰脊为轴，松腰、松胯，不可忽高忽低。两臂随腰的转动而运转，要自然圆活，速度要缓慢均匀。下肢移动时，身体重心要稳定，两脚掌先着地再踏实，脚尖向前。眼的视线随左右手而移动。第三个云手，右脚最后跟步时，脚尖微向里扣，便于接单鞭动作。

11. 单　鞭

（1）上体向右转，右手随之向右运转，至右侧方时变成勾手，左手经腹前向右上划弧至右肩前，手心向内；身体重心落在右腿上，左脚尖点地。眼看左手［图 8-1-72（102）（103）（104）］。

（2）上体微向左转，左脚向左前侧方迈出，右脚跟右蹬，成左弓步；在身体重心移向左腿的同时，上体继续左转，左掌慢慢翻转向前推出，成单鞭式［图 8-1-72（105）（106）］。

(102)　(103)　(104)　(105)　(106)

图 8-1-72　单鞭 3

要点：与前单鞭式相同。

12. 高探马

（1）右脚跟进半步，身体重心逐渐后移至右腿上；右勾手变成掌，两手心翻转向上，两肘微屈；同时身体微向右转，左脚跟渐渐离地。眼看左前方［图 8-1-73（107）］。

（2）上体微向左转，面向前方；右掌经右耳旁向前推出，手心向前，手指与眼同高；左手收至左侧腰前，手心向上；同时左脚微向前移，脚尖点地，成左虚步。眼看右手［图 8-1-73（108）］。

（107）　（108）

图 8-1-73　高探马

要点：上体自然正直，双肩下沉，右肘微下垂。跟步移换重心时，身体不要有起伏。

13. 右蹬脚

（1）左手手心向上，前伸至右手腕背面，两手相互交叉，随即向两侧分开并向下划弧，手心斜向下；同时左脚提起向左前侧方进步（脚尖略外撇）；身体重心前移，右腿自然蹬直。成左弓步。眼看前方［图 8-1-74（109）（110）（111）］。

（109）　（110）　（111）　（112）　（113）　（114）

图 8-1-74　右蹬脚

（2）两手由外圈向里圈划弧；两手交叉合抱于胸前；右手在外，手心均向后；同时右脚向左脚靠拢，脚尖点地。眼平看右前方［图 8-1-74（112）］。

（3）两臂左右划弧分开平举，肘部微屈，手心均向外；同时右腿屈膝提起，右脚向右前方慢慢蹬出。眼看右手［图 8-1-74（113）（114）］。

要点：身体要稳定，不可前俯后仰。两手分开时，腕部与肩齐平。蹬脚时，左腿微屈，右脚尖回勾，劲使在脚跟。分手和蹬脚须协调一致。右臂和右腿上下相对。如面向南起势，蹬脚方向应为正东偏南，约 30°。

14. 双峰贯耳

（1）右腿收回，屈膝平举，左手由后向上、向前下落至体前，两手心均翻转向上，两手同时向下划弧分落于右膝盖两侧。眼看前方［图 8-1-75（115）（116）］。

（2）右脚向右前方落下，身体重心渐渐前移，成右弓步，面向右前方；同时两手下落，慢慢变拳，分别从两侧向上、向前划弧至面部前方，成钳形状，两拳相对，高与耳齐，拳眼都斜向内下（两拳中间距离约 10~20 cm）。眼看右拳［图 8-1-75（117）（118）］。

（115） （116） （117） （118）

图 8-1-75 双峰贯耳

要点：完成式时，头颈正直，松腰松胯，两拳松握，沉肩垂肘，两臂均保持弧形。双峰贯耳式的弓步和身体方向与右蹬脚方向相同。弓步的两脚跟横向距离同揽雀尾式。

15. 转身左蹬脚

（1）左腿屈膝后坐，身体重心移至左腿，上体左转，右脚尖里扣；同时两拳变掌，由上向左右划弧分开平举，手心向前。眼看左手［图 8-1-76（119）（120）］。

（2）身体重心再移至右腿，左脚收到右脚内侧，脚尖点地；同时两手由外圈向里圈划弧合抱于胸前，左手在外，手心均向后。眼平看左方［图 8-1-76（121）（122）］。

（3）两臂左右划弧分开平举，肘部微屈，手心均向外；同时左腿屈膝提起，左脚向左前方慢慢蹬出。眼看左手［图 8-1-76（123）（124）］。

（119） （120） （121） （122） （123） （124）

图 8-1-76 转身左蹬脚

要点：与右蹬脚式相同，只是左右相反。左蹬脚方向与右蹬脚成 180°（即正西偏北，约 30°）。

第五组

16. 左下势独立

（1）左腿收回平屈，上体右转；右掌变成勾手，左掌向上、向右划弧下落，掌心斜向后。眼看右手［图 8-1-77（125）（126）］。

（2）右腿慢慢屈膝下蹲，左腿由内向左侧（偏后）伸出，成左仆步；左手下落（掌心向外）向左下顺左腿内侧向前穿出。眼看左手［图 8-1-77（127）（128）］。

（125） （126） （127） （128）

图 8-1-77 左下势独立 1

要点：右腿全蹲时，上体不可过于前倾。左腿伸直，左脚尖须向里扣，两脚脚掌全部着地。左脚尖与右脚跟踏在中轴线上。

（3）身体重心前移，左脚跟为轴，脚尖尽量向外撇，左腿前弓，右腿后蹬，右脚尖里扣，上体微向左转并向前起身；同时左臂继续向前伸出（立掌），掌心向右，右勾手下落，勾尖向后。眼看左手［图 8-1-78（129）］。

（4）右腿慢慢提起平屈，成左独立式；同时右勾手变掌，并由后下方顺右腿外侧向前弧形摆出，屈臂立于右腿上方，肘与膝相对，手心向左；左手落于左胯旁，手心向下，指尖向前。眼看右手［图 8-1-78（130）（131）］。

（129）　（130）　（131）

图 8-1-78　左下势独立 2

要点：上体要正直，独立的腿要微屈，右腿提起时脚尖自然下垂。

17. 右下势独立

（1）右脚下落于左脚前，脚掌着地，然后左脚前脚掌为轴，脚跟转动，身体随之左转，同时左手向后平举变成勾手，右掌随着转体向左侧划弧，立于左肩前，掌心斜向后。眼看左手［图 8-1-79（132）（133）］。

（2）同“左下势独立”（2）解，只是左右相反［图 8-1-79（134）（135）］。

（132）　（133）　（134）　（135）

图 8-1-79　右下势独立 1

（3）同“左下势独立”（3）解，只是左右相反［图 8-1-80（136）］。

（4）同“左下势独立”（4）解，只是左右相反［图 8-1-80（137）（138）］。

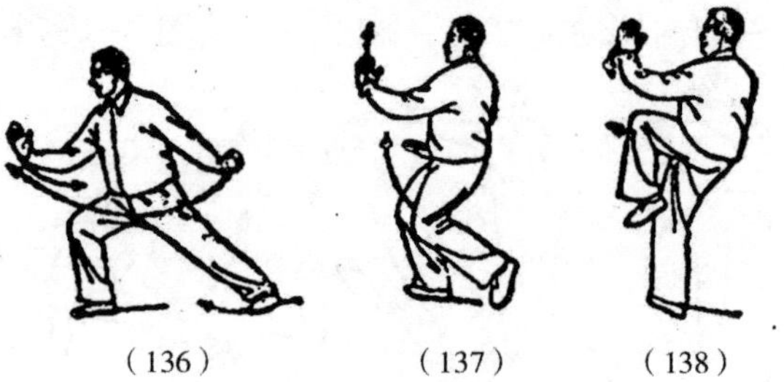

（136）　（137）　（138）

图 8-1-80　右下势独立 2

要点：右脚尖触地后必须稍微提起，然后再向下仆腿。其他均与“左下势独立”

相同，只是左右相反。

第六组

18. 左右穿梭

（1）身体微向左转，左脚向前落地，脚尖外撇，右脚跟离地。两腿屈膝成半坐盘式；同时两手在左胸前成抱球状（左上右下）；然后右脚收到左脚的内侧，脚尖点地。眼看左前臂［图 8-1-81（139）（140）（141）］。

（139）（140）（141）

图 8-1-81 左右穿梭 1

（2）身体右转，右脚向右前方迈出，屈膝弓腿，成右弓步；同时右手由脸前向上举并翻掌停在右额前，手心斜向上；左手先向左下再经体前向前推出，高与鼻尖平，手心向前。眼看左手［图 8-1-82（142）（143）（144）］。

（3）身体重心略向后移，右脚尖稍向外撇，随即身体重心再移至右腿，左腿跟进，停于右脚内侧，脚尖点地；同时两手在胸前成抱球状（右上左下）。眼看右前臂［图8-1-82（145）（146）］。

（142）（143）（144）（145）（146）

图 8-1-82 左右穿梭 2

（4）同（2）解，只是左右相反［图 8-1-83（147）（148）（149）］。

（147）（148）（149）

图 8-1-83 左右穿梭 3

要点：完成姿势面向斜前方（如面向南起势，左右穿梭方向分别为正西偏北和正西偏南，均约 30°）。手推出后，上体不可前俯。手向上举时，防止引肩上耸。一手上举一手前推要与弓腿松腰上下协调一致。做弓步时，两脚跟的横向距离同搂膝拗步式，保持在 30 cm 左右。

19. 海底针

右脚向前跟进半步，身体重心移至右腿，左脚稍向前移，脚尖点地，成左虚步。同时身体稍向右转，右手下落经体前向后、向上提抽至肩上耳旁，再随身体左转，由右耳旁斜向前下方插出，掌心向左，指尖斜向下；与此同时，左手向前、向下划弧落于左胯旁，手心向下，指尖向前。眼看前下方［图 8-1-84（150）（151）］。

（150）　（151）

图 8-1-84　海底针

要点：身体要先向右转，再向左转。完成姿势，面向正西。上体不可太前倾，避免低头和臀部外凸。左腿要微屈。

20. 闪通臂

上体稍向右转，左脚向前迈出，屈膝弓腿成左弓步；同时右手由体前上提，屈臂上举，停于右额前上方，掌心翻转斜向上，拇指朝下；左手上起经胸前向前推出，高与鼻尖平，手心向前。眼看左手［图 8-1-85（152）（153）（154）］。

（152）　（153）　（154）

图 8-1-85　闪通臂

要点：完成姿势上体自然正直，松腰、松胯；左臂不要完全伸直，背部肌肉要伸展开。推掌、举掌和弓腿动作要协调一致。弓步时，两脚跟横向距离同“揽雀尾”式（不超过 10 cm）。

第七组

21. 转身搬拦捶

（1）上体后坐，身体重心移至右腿上，左脚尖里扣，身体向右后转，然后身体重心再移至左腿上；与此同时，右手随着转体向右、向下（变拳）经腹前划弧至左肋旁，掌心向下；左掌上举于头前，掌心斜向上。眼看前方［图 8-1-86（155）（156）（156）（附）］。

（155）　（156）　（156）（附）

图 8-1-86　转身搬拦捶 1

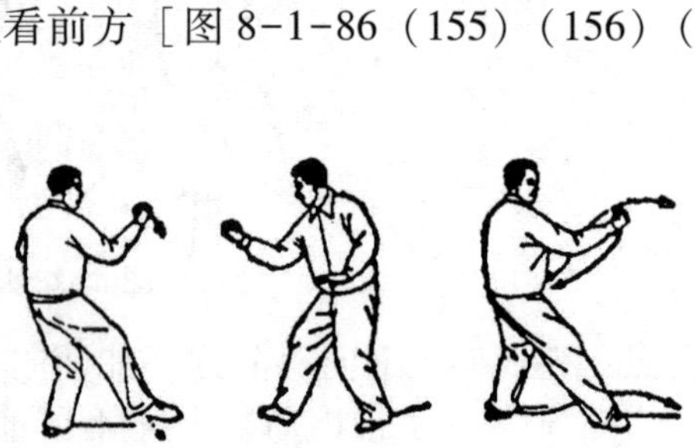

（157）　（157）（附）　（158）

图 8-1-87　转身搬拦捶 2

（2）向右转体，右拳经胸前向前翻转撇出，拳心向上；左手落于左胯旁，掌心向下，指尖向前；同时右脚收回后（不要停顿或脚尖点地）即向前迈出，脚尖外撇。眼看右拳［图 8-1-87（157）（157）（附）（158）］。

（3）身体重心移至右腿上，左脚向前迈一步；左手上起经左侧向前上方划弧拦出，掌心向前下方；同时右拳向右划弧收到右腿旁，拳心向上。眼看左手［图 8-1-88（159）（160）］。

（4）左腿前弓成左弓步，同时右拳向前打出，拳眼向上，高与胸平。左手附于右前臂里。眼看右拳［图 8-1-88（161）］。

（159）（160）（161）

图 8-1-88　转身搬拦捶 3

要点：右拳不要握得太紧。右拳回收时，前臂要慢慢内旋划弧，然后外旋停于右腰旁，拳心向上。向前打拳时，右肩随拳略向前引申，沉肩垂肘，右臂要微屈。弓步时，两脚横向距离同“揽雀尾”式。

22. 如封似闭

（1）左手由右腕下向前伸出，右拳变掌，两手手心逐渐翻转向上并慢慢分开回收；同时身体后坐，左脚尖翘起，身体重心移至右腿。眼看前方［图 8-1-89（162）（163）（164）］。

（162）（163）（164）

图 8-1-89　如封似闭 1

（2）两手在胸前翻掌，向下经腹前再向上、向前推出，腕部与肩平，手心向前；同时左腿前弓成左弓步。眼看前方［图 8-1-90（165）（166）（167）］。

（165）（166）（167）

图 8-1-90　如封似闭 2

要点：身体后坐时，避免后仰，臀部不可凸出。两臂随身体回收时，肩、肘部略向外松开，不要直着抽回。两手推出宽度不要超过两肩。

23. 十字手

（1）屈膝后坐，身体重心移向右腿，左脚尖里扣，向右转体；右手随着转体动作向右平摆划弧，与左手成两臂侧平举，掌心向前，肘部微屈；同时右脚尖随着转体稍向外撇，成右侧弓步。眼看右手［图8-1-91（168）（169）］。

（2）身体重心慢慢移至左腿，右脚尖里扣，随即向左收回，两脚距离与肩同宽，两腿逐渐蹬直，成开立步，同时两手向下经腹前向上划弧交叉合抱于胸前，两臂撑圆，腕高与肩平，右手在外，成十字手，手心均向后。眼看前方［图8-1-91（170）（171）］。

（168）（169）（170）（171）

图8-1-91　十字手

要点：两手分开和合抱时，上体不要前俯。站起后，身体自然正直，头要微向上顶，下颏稍向后收。两臂环抱时须圆满舒适，沉肩垂肘。

24. 收　势

两手向外翻掌，手心向下，两臂慢慢下落，停于身体两侧。眼看前方［图8-1-92（172）（173）］。

（172）（173）

图8-1-92　收势

要点：两手左右分开下落时，要注意全身放松，同时气也徐徐下沉（呼气略加长），呼吸平稳后，把左脚收到右脚旁，再走动休息。

思考与研究

（1）试述剑术的基本握法和剑法的种类。

（2）练习剑术对身心素质发展有哪些作用？

第二节　散　打

学习散打技术和练习方法，提高欣赏散打比赛的能力，培养勇敢、顽强、果断的意志品质。

重点提示：散打技术分为预备姿势、基本步法、进攻技术、防守技术、防守反击技术及反反击技术等。

一、预备姿势

散打预备姿势，也称基本姿势。散打的基本姿势分左架和右架两种，左脚左手在前的为左架，右脚右手在前的为右架。现以左架为例（以后各技术出现的基本姿势都以左架为准）说明如下。两脚前后开立约一肩宽，前脚脚尖和后脚跟在一条线上，脚内扣45°，两脚平行，膝关节微屈，收腹含胸，下颏内收，前手轻握拳，屈臂抬起，拳与下颏等高，前臂与上臂夹角成90°~100°，后手轻握拳，屈臂抬起，前臂与上臂夹角小于60°，后手拳自然置于下颏外侧处，肘部下垂轻贴在右肋部。

要点：身体自然放松，骶部与肩部在一个立面上。

二、基本步法

散打步法，首先是为了配合攻防动作的运用，以达到攻防效果；其次是为了保持动态中的身体平衡与敌我双方的有效距离。步法是散打技术运用的基础，是构成单体技术的基本要素，所谓“有招必有步”和“步动招随，招起步进”，就是这个道理。

1. 单滑步

单滑步分为向前、向后、向左、向右 4 种，主要用于直接配合拳的攻击。各种滑步都由向所滑动方向的脚先行移动，另一脚跟进。现以前滑步为例说明之。

前滑步：从基本姿势开始，后脚蹬地，重心前移，前脚微离地面，用脚前掌向前蹭出 30 cm 左右，后脚随之跟进相同距离，整个动作完成后仍成原来姿势不变。

要点：在移动中，身体各部位要相对固定，紧而不僵，重心不得过于起伏或出现前俯后仰的现象，两脚始终保持平行，不可向前迈步。

2. 纵　步

纵步分前、后两种，主要是用于远距离时接近对方或在中近距离时迅速摆脱对方的一种步法。例如，前纵步为从基本姿势开始，两脚同时蹬地向前纵出 30~40 cm，在动作完成过程中始终保持基本姿势。

要点：不宜过分降低重心，动作主要靠两脚踝的力量向前纵出，但不宜过于腾空。

三、进攻技术

进攻技术是散打技术的主要组成部分，它包括各种拳法、腿法和摔法。

1. 基本拳法

散打拳法主要分为冲拳、掼拳、抄拳和鞭拳 4 种。

（1）冲拳。属直线形攻击方法，它分为前、后冲拳两种，在拳法中是中远距离进攻对方的主要手段。现以前手冲拳为例予以说明。从基本姿势开始，后脚蹬地，重心前移，身体以髋带动肩向内旋转 10°左右，肩带动前手臂快速成直线发出，力达拳面，收拳后迅速回复到原来的基本姿势［图 8-2-1（1）（2）］。

要点：出拳不得有回拉动作，要以肩催臂动，而不能以肘为轴去敲。前手出拳的同时，后手不可有后张反拉的动作。

（2）掼拳。是弧线形进攻方法，分为前、后掼拳两种，在相互的连续击打中使用率较高。现以前手掼拳为例予以说明。从基本姿势开始，后脚蹬地，重心前移，身体由髋带动腰向内旋转 15°~20°，同时前手臂抬肘略与肩高，微张肩，前手拳向外侧前方伸出，上臂和前臂的角度相对固定。当髋部完成旋转角度后迅速制动，由制动的惯性使张开的肩回收而产生全力。此时的出拳臂仍按从侧前方向正前方的路线制动，最终又因髋部制动的全力牵制而制动，产生掼拳的力量。动作完成后迅速放松，基本是按出拳路线恢复到基本姿势［图 8-2-1（3）］。

要点：掼拳空击时的到位标准应是手腕摆至身体中心线处。做动作时拳不能回拉，出拳臂的拳与肘应基本保持在一个运动轨迹中，切不可过早翻肘，以免出现甩拳。掼拳在中近距离时的手型应是拳心向内、向下，远距离应向外、向下。

（3）抄拳。在散打中是近距离攻击的拳法，它分为前、后抄拳两种，主要是在相互对抗中使用，使用率较低。现以后手抄拳为例予以说明。从基本姿势开始，上体微向后、向下转动，重心微降，后脚蹬地同时挺髋，微向前、向上转体，随之后手臂向前向上出拳，拳心向内，重心随之前移，随着挺髋到位后的制动，产生的惯性使出拳臂制动，力达拳面。出拳后肩部迅速放松，出拳臂借身体回降之力收回，成原来基本姿势［图8-2-1（4）（5）］。

（4）鞭拳。在实战中的使用率较低，但却不失为一种出奇制胜的拳法，现以原地右后转身右手鞭拳为例予以说明。由基本姿势开始，身体以前脚掌为轴，右脚蹬地向后旋转，同时前臂收回贴于胸前，上动不停，身体继续旋转，当转动 100°~120°时，右臂抬肘略与肩平，向后侧横向甩打，力达拳轮［图 8-2-1（6）］。

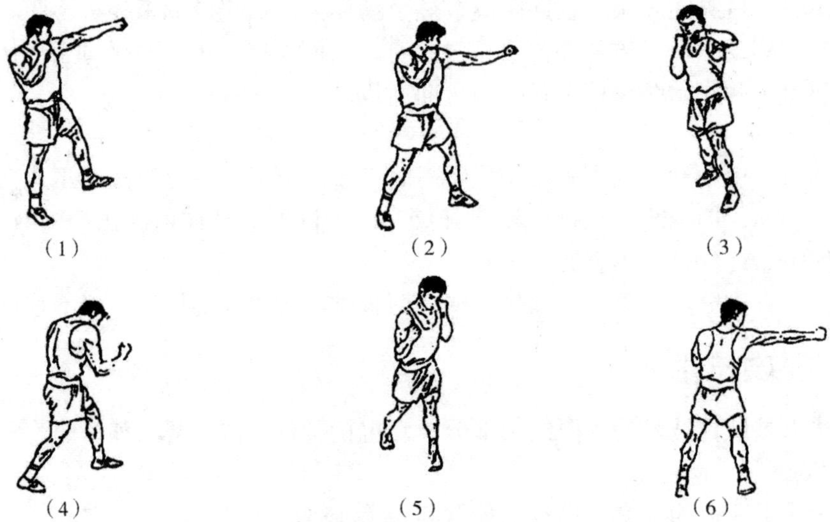
（1）（2）（3）（4）（5）（6）

图 8-2-1　基本拳法

要点：转体时，以头领先，以腰带动整个身体，不能停顿，并要保持重心的平衡。出拳时要以腰带肩，再带上臂、前臂把拳甩出，此时手臂不宜过直。

2. 基本腿法

腿法在散打中占有很大比重，它是远距离对抗的主要方法，力度大，攻击力强，主要包括踹、蹬、扫、摆等技术。

（1）侧踹腿。分前、后侧踹两种，是散打中运用率较高的腿法，前腿多于后腿，它主要用于进攻与阻击。现以前腿侧踹为例予以说明。从基本姿势开始，重心稍后移，上体保持原来姿势，前腿屈膝提起与髋同高，与上体成 90°，小腿外摆，脚尖勾起微向外翻，身体继续向侧后仰，同时展髋伸膝向前踹出，脚尖横向，力达脚掌的后起 2/3 处，此时前手置于下颏前方，踹出后迅速收回原基本姿势［图 8-2-2（1）（2）］。

要点：踹腿发力来自蹬地、展髋和快伸膝的动作，每一环节要同时完成动作，在完成动作的瞬间，从平面看，上体与腿基本保持在一条直线上，而不能低头收髋。

（2）正蹬腿。主要分为前、后正蹬两种，大级别运动员采取此腿法的比较多。现以前腿正蹬为例予以说明。从基本姿势开始，重心微后移，后腿膝微屈，上体稍后坐，前腿屈膝正面提起，勾起脚尖，上动不停，两臂微下落或回收置于头部两侧，同时送髋，带动大小腿向正前方水平蹬出，脚前掌下压，力达脚全掌［图 8-2-2（3）（4）］。

要点：屈膝上提，膝关节要超过自己的腰，出腿不能往下踏，送髋出腿时上体不可后仰太多。

（3）边腿。在散打中运用比较广，特点是出腿速度快，连续性强。分前、后边腿，现以后腿边腿为例予以说明。由基本姿势开始，后脚蹬地，重心前移，上体左转，后腿膝关节微外展，收髋带动大小腿向前上方提起，支撑腿以前脚掌为轴随身体转动，同时后腿翻髋，上体继续向左侧后仰，大小腿夹角 150°左右，随转体向右前方摆踢，上动不停，摆踢腿踝绷紧，力达踝关节部位及脚背处，当接触到目标的瞬间，由于大腿的摆动使小腿加速与大腿成直线［图 8-2-2（5）（6）］。

要点：在完成摆踢动作前，膝关节不要超过身体中心线，当大腿与身体中心线成 20°~30°时，小腿加速甩出，此时大腿随转体继续向中心线摆动，以加大小腿的摆踢速度。

（4）转身后摆腿。从基本姿势开始，前臂收回，重心前移，上体微向右下侧旋转，以前脚掌为轴，后腿蹬地向右后转身，展胯，大小腿伸直由下往上、由后向前横摆，脚背绷紧，力达脚掌。摆踢腿至中心线后开始降弧，身体继续旋转至原来起动前的身体姿势［图 8-2-2（7）（8）］。

要点：挺髋绷膝，切不可收髋。整个腿的摆动是一个弧线运动，弧线的最高点应在起动前身体的正前方，收腿后，摆腿的脚应收回到支撑腿的后面，成基本姿势。

图 8-2-2　基本腿法

3. 基本摔法

散打中的摔法有别于其他项目的摔法，其特点，一是“快”摔，二是无“把”可抓，三是摔法可以与拳法、腿法并用。这里只介绍夹颈过背摔和接腿涮摔。

（1）夹颈过背摔。甲方用前臂架在乙方的两臂内侧，用右（左）臂由乙方右（左）肩上穿过，屈臂夹住乙方颈部，同时左（右）腿背步至与另一腿平行，两腿屈膝，腰塌，臀部紧贴乙方小腹部，低头用力将乙方从背上摔过，同时两膝快速伸直［图 8-2-3（1）（2）］。

要点：夹颈要紧，背部转身要快，低头、蹬腿要协调、快速。

（2）接腿涮摔。甲方抱住乙方的脚后，迅速撤步向乙方腿的外前方后拉，再向里、向上进行弧形摆涮，将乙方摔倒［图 8-2-3（3）（4）］。

（1）　（2）　（3）　（4）

图 8-2-3　基本摔法

四、防守技术

防守技术分为接触式防守和非接触式防守两大类。接触式防守主要是指阻挡、推拍、格架、截击和抄抱等技术，非接触式防守主要是指闪躲、下潜、摇避等技术。两种不同的防守方法，在技术上要求也不同。接触式防守要求防守面积大、动作幅度小、还原转换快，非接触式防守要求时机恰当、位移准确、整体协调。

五、防守反击技术

防守反击技术是一种复合技术，是由防守和进攻技术组合而成，把握防守反击时机和培养防反意识是运用此技术成功的关键。防守反击有 3 种形式，即先防后攻、边防边攻和以攻代防。

六、反反击技术

所谓反反击，就是在对手防守反击后再反击。随着散打技术的提高，攻防交替的次数逐渐增加，有时往复 3~5 次，这就使得反反击技术越来越重要。反反击技术要求反击意识要强，体力要充沛。

思考与研究

（1）摔法动作核心要领是什么？

（2）如何做到攻防转换？

第三节 跆拳道

了解跆拳道及其运动价值，掌握跆拳道的基本手型、步型及步法，学会简单的腿法及品势动作。

一、跆拳道运动概述

（一）跆拳道运动的起源与发展

跆拳道是一项运用手足技术、重在足技进行搏击格斗的朝鲜民族传统的体育运动项目。主要内容包括品势、搏击、功力检测 3 部分。跆拳道的“跆”字，意为用脚踩、踏、踢；“拳”字意为用拳头击打和防御；“道”是指道理、道德、修养，是一种艺术方法，亦泛指人生的正确道路，在这里寓指使用手脚的方法和原理。

跆拳道古称跆跟、花郎道、唐手道，起源于古代朝鲜的民间武艺。后来这些技艺融合发展，逐渐形成了现代跆拳道运动的基础体系。

1961 年 9 月，韩国成立了唐手道协会，后更名为跆拳道协会，并成为韩国全国运动会正式比赛项目。1966 年，国际跆拳道联盟成立。1973 年 5 月，在汉城成立了世界跆拳道联合会，并在同年被国际体育联合会接纳为正式会员。1980 年，国际奥委会正式承认世界跆联。在 2000 年奥运会上，跆拳道成为了正式比赛项目，按公斤分级共设 8 枚金牌，我国运动员获一枚金牌。在 2004 年雅典奥运会上，我国女运动员又夺两金。

（二）跆拳道运动的价值

1. 修身养性，培养优秀的意志品质

随着人类文明的发展，人们早已不以基本生存为满足，而是不断产生了更多、更强、更广泛的需求，其中更多的则是精神方面的需求。为了达到这一目的，人们便要把感知和理性当作某项活动的综合体。跆拳道的锻炼正符合这种要求。同时，跆拳道还讲究在训练中致力于一种独特的古朴的心态，这种心态正是依赖于宽宏大量的气度和坚定的自信心。

跆拳道运动，有利于培养人的意志和勇气，增强人的胆量和自信，并培养人的忍耐力，养成人勇往直前的精神。这样，无论面对任何困难，也不易动摇其信念。练习跆拳道，要求人们利用自我牺牲的精神去控制自我，以维持社会或团体共同的秩序，创造出一个有纪律、讲文明的社会。因此，跆拳道是培养人们优秀品格的一种手段和方法，并有助于增强民族内聚力和激发爱国主义的精神。它是一项高尚的竞技体育运动项目。

2. 强体防身，练就强健体魄

跆拳道是一项较全面的运动，需要活动全身的肌肉和关节。跆拳道的所有动作，都是以人的防卫本能为基础，然后才逐渐地将其变为一种主观信念，从消极的防御动作发展到积极的进攻形态，最后才能达到绝对自动化的行为阶段。跆拳道正是把手、脚和全身其他所有可动的部位做整体性的组合，按照科学的原理进行连接。跆拳道运动紧张激烈，对抗性强，可以强壮筋骨，提高各关节的灵活性及肌肉的伸展性和收缩能力，提高人的速度、反应、灵敏度、力量和耐力素质，提高人体内脏器官的机能和人体神经系统的灵活性，增加人体的击打和抗击打能力。通过跆拳道的攻防练习，可以学习掌握实用技击术，增强防身自卫的能力，为保护自身安全和维护社会正义掌握真正本领。

（三）跆拳道的礼节

跆拳道中的礼节又称礼仪，是跆拳道运动必不可少，且十分重要的组成部分，也是跆拳道练习过程中必须遵守的行为规范。它是跆拳道基本精神的具体体现，在某种程度上反映了一个国家和民族的文明程度，同时是一项体育运动是否具有很强生命力并被世界公认的基本准则。

跆拳道突出一个“礼”字。因此，在跆拳道练习或比赛前后都一定要向对方敬礼，即跆拳道运动始终倡导的“以礼始，以礼终”的尚武精神。练习时衣着端正，头发整洁，对教练、同伴时刻都要表现出恭敬、谦虚、互助互学的心态。谦逊和正确的言语、忍让和友好的态度、虚心和好学的作风也是跆拳道练习者应遵循的重要礼仪。

礼仪不是形式上的表现，而是要发自内心地遵从它。最常用的礼仪表示方式是向教练、同伴敬礼。敬礼动作的具体要求是面向对方直体站立，向前屈体15°，头部前屈35°，此时两手紧贴两腿，两脚跟并拢。进入体育馆训练时，以端正的姿势向国旗敬礼，然后按照馆长、教练和前辈的顺序依次向他们敬礼。运动过程中道服松开时，停止运动，转身背向国旗、会旗和教练员及同伴整理道服，整理好后再转回原来方向。训练之余，无论是在学校还是家中谈话、用餐、打电话、介绍他人或访问亲友时，都要按一定的礼仪进行，将礼仪意识带到练习者生活、学习及工作的各个方面，锻炼克己礼让、宽厚待人和恭敬谦逊的道德品质。

二、跆拳道技术

（一）基本步型

1. 准备势

两脚开立与肩同宽，身体自然直立，两脚尖略外展，两手握拳置于腹前，两手之间一拳间隔。

2. 马　步

两脚开立，较肩宽，两脚尖平行或略内扣，挺胸直背，两腿屈膝半蹲，重心在两腿之间，收拳放于腰际，拳口朝上。

3. 弓　步

弓步又称前屈立，前后脚分立，两脚相距一步半，前腿屈膝，后腿伸直，前腿膝关节与脚尖垂直，重心大部分在前脚上，左脚在前称左弓步，右脚在前称右弓步。

4. 三七步

三七步又称后屈立，前后脚分立，两脚相距约一步，后脚尖外展90°，后腿屈膝如同骑马状，前腿膝关节略屈，重心在后脚上。

5. 前行步

前行步又称高前屈立，如走路姿势。两脚之间距离小于弓步，上体略前倾，前腿膝关节略屈，重心大部分落在前脚上。左脚在前称左前行步，右脚在前称右前行步。

6. 虚　步

与后弓步相似，前脚掌点地，脚跟提起，重心落在后脚。

（二）基本手型

1. 直　拳

直拳也称平冲拳或正拳，将手的四指并拢握紧，拳面要平，然后拇指压贴于食指和中指的第二节上。使用直拳时用拳的正面的食指和中指部分击打。

2. 手　刀

四指伸直，拇指弯曲靠近食指，用小指侧的掌外沿攻击对方。只局限于品势、防身术中使用。

（三）准备姿势及步法

1. 准备姿势

准备姿势也称实战姿势或预备姿势，是竞赛跆拳道比赛中双方开始时的基本站立姿势。在立正站好的前提下，右腿向体后，拉出宽于肩的距离，身体斜侧位，双手握拳放于体前。准备姿势应便于进攻和防守反击及步法的移动（图 8-3-1）。

图 8-3-1　准备姿势

2. 步　法

（1）上步。

动作规格：右架准备姿势（以下简称“右架”）站立，以左脚为轴，右脚向前上一步，成为左架准备姿势（以下简称“左架”），反之左架亦然。

动作要领：上步时通过转髋带动身体移动，两臂在体侧自然上下移动，重心不要上下起伏过大，上步时贴着支撑腿移动。

（2）后撤步。

动作规格：右架站立，左脚向后撤一步，成为左架准备姿势，反之左架亦然。

动作要领：后撤步时，重心保持平衡移动，通过拧腰转髋完成，两臂在体侧自然上下移动。

（3）前跃步。

动作规格：右架站立，两脚同时向前跃进一步，保持右架准备姿势，反之左架亦然。

动作要领：向前跃步时，重心不宜起伏过大，尽量使重心平稳移动，两脚稍离地即可。

（4）后跃步。

动作规格：右架站立，两脚同时向后回撤一步，保持右架准备姿势，反之左架亦然。

动作要领：向后回撤时，重心不宜起伏过大，尽量使重心平稳移动，两脚稍离地即可。

（5）原地换步。

动作规格：右架站立，两脚原地前后交换，由右架换成左架，反之左架亦然。

动作要领：重心不宜起伏过大，尽量使重心平稳移动，两脚稍离地即可。

（6）侧移步。

动作规格：第一种步法是以前脚为轴，后脚向左（右）侧方向移动，用以改变与对手的站位方向；第二种步法是右架站立，右脚先向右（或向左）侧移动一步，随之左脚也迅速向右（或向左）侧移动一步。

动作要领：一般是将身体重心移向前脚，以利于后脚进攻。

（7）垫步。

动作规格：右架站立，右脚向左脚内侧上步，同时左腿迅速抬起以便进攻和防守。

动作要领：前腿提膝要快，身体随步法同时移动，重心平稳。

（四）基本腿法

1. 前　踢

动作规格：以左势实战姿势开始，右脚蹬地，身体重心前移至左脚；右脚蹬地屈膝提起，左脚以前脚掌为轴外旋，同时，右腿迅速以膝关节为轴伸膝、送髋、顶髋，小腿快速向前踢出，力传达到脚面。踢击目标后右腿迅速放松弹回，落回原地仍成左势实战姿势。

动作要领：膝关节上提时大小腿折叠，膝关节夹紧，小腿和踝关节放松，有弹性；踢击时往前送髋；高踢时往上送髋。前踢攻击的主要部位是头部（图 8-3-2）。

图 8-3-2　前踢

2. 横　踢

动作规格：以左势实战姿势开始，右脚蹬地，重心移到左脚，右腿屈膝上提；左脚前脚掌踝地脚跟内旋，旋转约 180°，髋关节左转，同时右腿膝关节向前抬至水平状态，肩、胯、膝关节在一条直线上；小腿快速向左前横踢出；击打目标后迅速放松收回小腿。右脚落回成实战姿势。

动作要领：膝关节夹紧，向前提膝，贴紧支撑腿走直线；支撑脚外旋 180°；髋关节尽量送出，身体与大小腿成直线，严格注意击打的力量点，踝关节放松。横踢攻击的主要部位有头部、胸部、腹部和肋部（图 8-3-3）。

图 8-3-3　横踢

3. 旋　踢

动作规格：实战姿势开始，以左脚掌为轴脚跟外旋，向身体右后转体；同时右腿屈膝上提，大小腿夹紧折叠，勾脚尖，眼睛透过肩峰看目标；送胯，右腿顺势向后平伸后踢出；击打后，右腿收小腿，自然落下成左架，然后后撤右腿，还原成准备姿势。

动作要领：起腿时要贴紧支撑腿，转体动作与提膝动作同时进行，要注意重心放在支撑腿上；踢腿时用脚击打，力量由腰胯送出（图 8-3-4）。

图 8-3-4　旋踢

4. 下　劈

动作规格：实战姿势开始，右脚蹬地，重心前移至左脚。同时，右腿以髋关节为轴屈膝上提，两手握拳置于胸前；随即充分送髋，上提膝关节至胸部，右小腿以膝关节为轴向上伸直，将右腿直举于体前，右脚过头。然后向下以右脚后跟（或脚掌）为力点劈击，放松收腿成实战姿势。

动作要领：腿尽量往高、往头后举，要向上送髋，重心往高起；脚放松往前落，落地要有控制；起腿要快速、果断；踝关节要放松。劈腿的主要攻击部位有头顶、脸部和锁骨（图 8-3-5）。

图 8-3-5　下劈

5. 推　踢

动作规格：实战姿势开始。右脚蹬地，重心前移，右脚以髋关节为轴提膝前蹬，用右脚脚掌向前蹬推，力点在脚掌，推力向正前方。

动作要领：提膝后尽量收紧膝关节；重心往前移，化身体的重量为力量；推的时候腿往前伸爬、送髋；推的路线水平往前。推踢的攻击目标是腹部（图 8-3-6）。

图 8-3-6　推踢

6. 后旋踢（简称后旋）

动作规格：实战姿势开始。两脚以两脚掌为轴向内旋约180°，身体向右转约90°，两拳置于胸前。上体右转，与双腿拧成一定角度。右脚蹬地，将蹬地的力量与上体拧转的力量聚在一起，将右腿向后上以髋关节为轴直腿摆起，右腿继续向右后旋摆鞭打，同时上体向右转，带动右腿弧形摆至身体右侧，右腿屈膝回收；脚落至右后成实战姿势。

动作要领：转身、旋转、踢腿连贯进行，一气呵成，中间没有停顿；击打点应在正前方，呈水平弧线；屈膝起腿的旋转速度要快；重心在原地旋转360°。后旋踢攻击的主要部位是头部（图8-3-7）。

图8-3-7　后旋踢

7. 旋风踢

动作规格：实战姿势开始。以左脚为轴，向后转体180°。右腿沿左腿转动，空中转髋换腿支撑，以右脚打击对方。

动作要领：转体时，起动腿贴紧支撑腿转动；重心往前移动，髋带动右腿；转体时动作平稳，双脚离地面高者为宜（图8-3-8）。

图8-3-8　旋风踢

8. 双飞踢

动作规格：实战姿势开始，攻方先用右横踢攻击对方左肋部，同时，左脚蹬地起跳，身体腾空右转，腾空高度在膝关节以上，但不宜过高；左脚起跳后在空中用左横踢迅速踢击对方胸部或腹部；左右脚交换，右脚落地支撑，左脚横踢目标后迅速前落，成左势实战姿势。

动作要领：右腿横踢目标的同时，左脚蹬地跳起；左脚起腿击打目标后迅速右转换腿再次横踢目标；两腿在空中交换，右脚先落地（图 8-3-9）。

图 8-3-9　双飞踢

三、跆拳道品势

跆拳道品势练习是学习跆拳道的入门技术和基础。

为了使初学者能充分获得锻炼，其在构成上多半使用前屈立姿势，所使用的技法有中段直拳、下段封挡、中段接招、上段接招及前踢几个基本内容。

起势：品势准备势

1. 屈立势下截

身体左转，左脚向 B 方向（按照图 8-3-10 所示的方向，下同）左边横跨一步成左高前屈立势，左拳下截防下段，右拳收于腰际（图 8-3-11）。

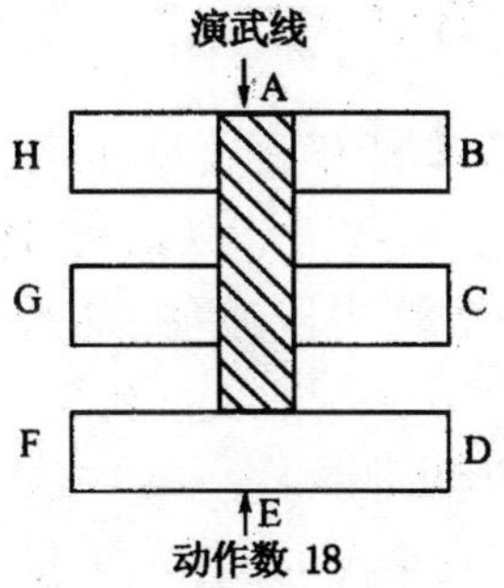

图 8-3-10　跆拳道品势

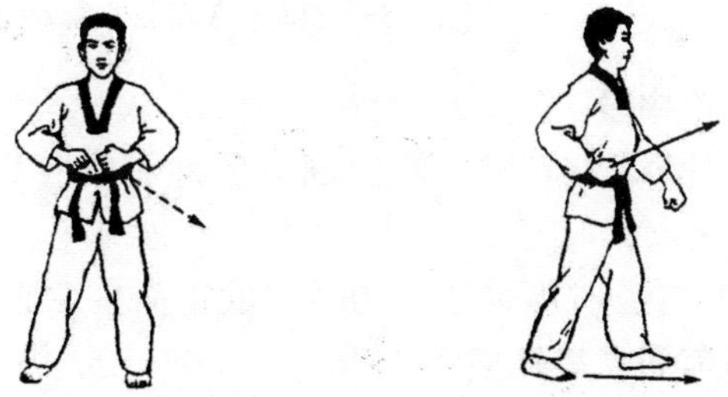

图 8-3-11　屈立势下截

动作要领：转体迅速，重心落在前脚上，内旋臂下截，力达拳轮。

2. 高前屈立势顺攻

右脚向 B 方向上步呈右高前屈立势，同时右冲拳中段顺攻，左拳收于腰际［图 8-3-12（1）］。

动作要领：上步、拧腰、冲拳协调一致，重心落在前脚上，力达拳的正面。

3. 高前屈立势下截

身体向右后转体约 180°，同时右脚向身后 H 方向撤步呈右高前屈立势防下段，左拳收于腰际［图 8-3-12（2）］。

动作要领：转体迅速，重心落在前脚上，内旋臂下截，力达拳轮。

（1）　　　　（2）

图 8-3-12　高前屈立势顺攻、高前屈立势下截

4. 高前屈立势顺攻

左脚向 H 方向上步呈高前屈立势，左冲拳中段顺攻，右拳收于腰际［图 8-3-13（1）］。

动作要领：重心主要落于前脚，旋臂下截，力达拳轮。

5. 前屈立势下截

身体左转约 90°，左脚移向 E 方向呈左前屈立势，同时左臂屈肘向下截拳防左下段，右拳收于腰际［图 8-3-13（2）］。

（1）　　　　（2）

图 8-3-13　高前屈立势顺攻、前屈立势下截

6. 逆攻中段

两脚不动，左转腰，左前屈立势冲右拳（即弓步冲拳）中段逆攻，左拳收于腰际［图 8-3-14（1）］。

动作要领：拧腰冲拳，力达拳的正面，重心主要落在前脚上。

7. 高前屈立势外格

右脚向 C 方向移步，左脚不动，身体右转呈右高屈立势，同时左拳外格挡防中段，右拳收于腰际［图 8-3-14（2）］。

动作要领：移步、转体连贯、外旋臂、外格、屈肘，力达前臂外侧，重心落在前脚上。

（1）　　　　（2）

图 8-3-14　逆攻中段、高前屈立势外格

8. 高前屈立势逆攻

左脚向 G 方向上步呈右高前屈立势，右冲拳攻中段，左拳收于腰际［图 8-3-15（1）］。

动作要领：转腰冲拳一气呵成，力达拳的正面，重心落在前脚上。

9. 高前屈立势里格

以右脚为轴，左后转体，同时，左脚向 C 方向上步呈左高前屈立势，右臂向里格挡防中段，左拳不动［图 8-3-15（2）］。

动作要领：转体敏捷，内旋臂、里格、屈肘，力达前臂内侧，重心主要落在前脚上。

（1）　　　　（2）

图 8-3-15　高前屈立势逆攻、高前屈立势里格

10. 前屈立势逆攻

右脚向 C 方向上步呈右前屈立势，左冲拳逆攻中段，右拳收于腰际［图 8-3-16（1）］。

动作要领：拧腰冲拳协调，力达拳的正面，重心落在前脚上。

11. 前屈立势下截

以左脚为轴，身体向右转，右脚移向 E 方向，呈右前屈立势，右臂屈肘上抬至肩上方，拳心向上，向内旋臂，向下截拳防右段，左拳收于腰间［图 8-3-16（2）］。

动作要领：转体、移步、内旋臂下截连贯一致，力达拳轮，重心主要落在前脚上。

12. 前屈立势逆攻

右前屈立势逆攻不变，左冲拳逆攻中段（即拗弓步冲拳），右拳收于腰间［图 8-3-17（1）］。

动作要领：拧腰冲拳，力达拳面，重心落在前脚。

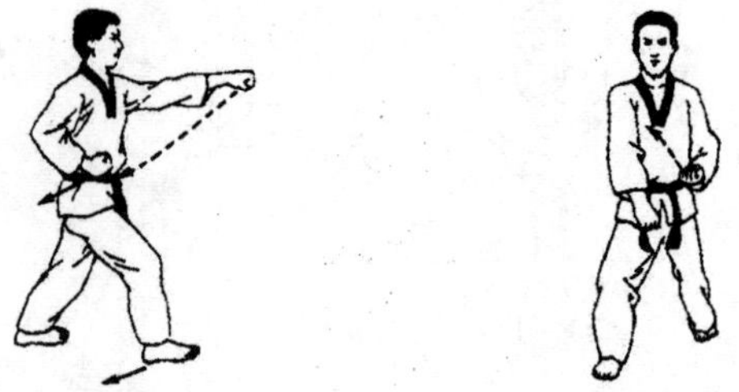
（1）　　（2）
图 8-3-16　前屈立势逆攻、前屈立势下截

13. 高前屈立势上架

左脚在身体左转的同时，向 D 方向移动，呈左高前屈立势上段置于额前，拳背朝内，右拳不动［图 8-3-17（2）］。

动作要领：左臂内旋上架，屈肘，力达前臂，重心落于前脚。

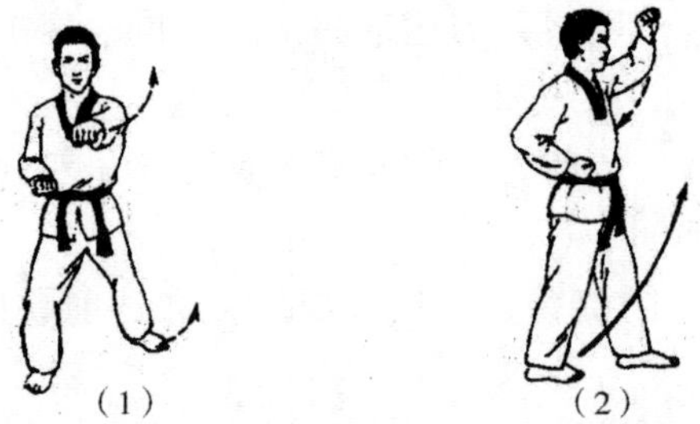
（1）　　（2）
图 8-3-17　前屈立势逆攻、高前屈立势上架

14. 前踢冲拳

左脚支撑，脚跟提起。右脚由屈到伸前踢，两手置于体侧［图 8-3-18（1）］。前踢自然落地呈左高前屈立势，同时冲右拳中段顺攻［图 8-3-18（2）］。

动作要领：撑腿，展髋，前踢快速有力，力达前脚掌，稳定支撑腿，冲拳，力达拳面，重心落于前脚。

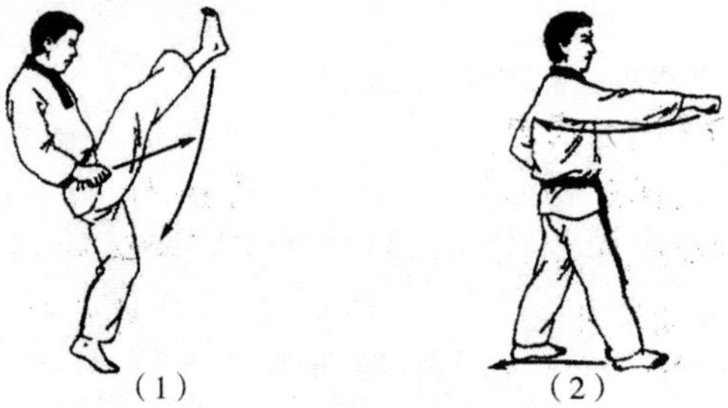
（1）　　（2）
图 8-3-18　前踢冲拳

图 8-3-19　高前屈立势上架

15. 高前屈立势上架

左脚为轴，身体右转 F 方向，上步呈右高前屈立势，同时，右臂屈上架防右段，拳背朝内，左拳不动（图 8-3-19）。

动作要领：转体移步要连贯，右臂外旋上架，力达前臂内侧，重心落于前脚。

16. 前踢顺攻

右脚支撑，左脚由屈到伸前踢，两手置于体侧［图 8-3-20（1）］。前踢自然落地呈左前高前屈立势，同时冲左拳中段顺攻［图 8-3-20（2）］。

动作要领：撑腿，展髋，稳定支撑腿，前踢快速有力，左脚落地紧接着冲拳，力达拳面，重心在前脚。

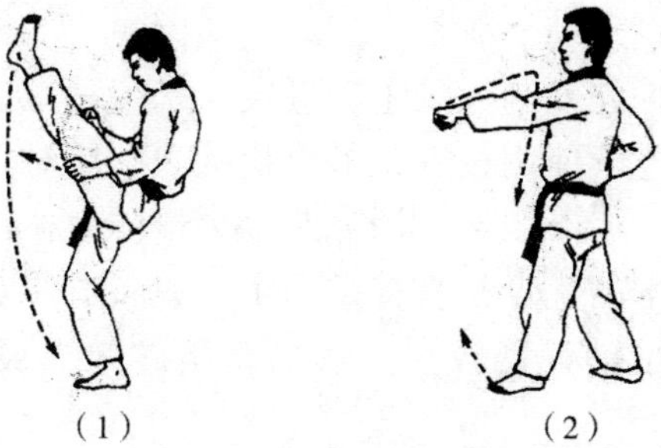

图 8-3-20　前踢顺攻

17. 前屈立势下截

以右脚为轴，身体向右转，左脚向前方向呈左前屈立势，同时，左臂随肘上抬置于右肩上方，向下截防左下段，右拳不动（图 8-3-21）。

动作要领：转体 E 步要连贯，内旋臂下截，力达拳轮，重心主要落在前脚。

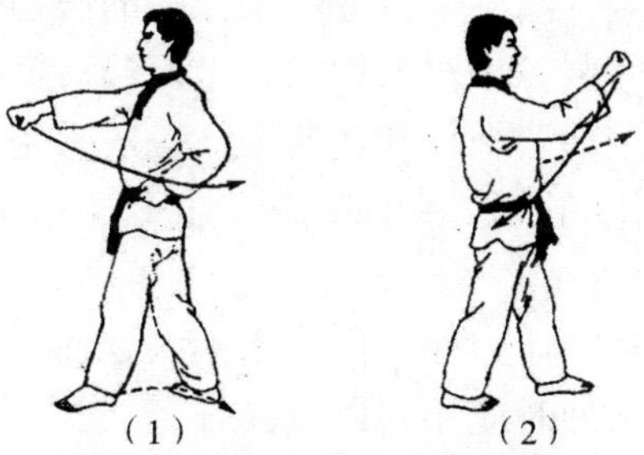

图 8-3-21　前屈立势下截

18. 前屈立势顺攻

右脚向前一步，移向前方向呈右前屈立势，同时右冲拳中段顺攻，左拳收于腰间。

动作要领：上步、拧腰、冲拳协调连贯，力达拳面，重心落于前脚［图 8-3-22（1）］。

19. 收　势

右脚向左移步，身体左转 180°，收势［图 8-3-22（2）］。

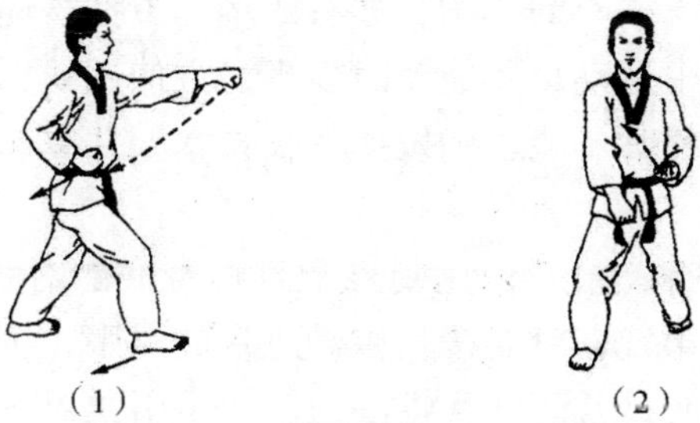

图 8-3-22　前屈立势顺攻、收势

四、跆拳道基本战术

（一）压迫式强攻战术

压迫式强攻战术是一种先发制人的主动进攻，是一种有计划有准备的战术行动。在比赛开始后就猛烈进攻，连续使用技术，借以扰乱和破坏对方的心理平衡、战术准备和距离感，使对手忙于防守，疲于招架，消耗对手大量体力，可以在短时间内取得胜利或掌握场上主动权。这种战术的优点是直接掌握主动权，迫使对方只能招架，没有反攻的机会；缺点是自己的体力也消耗得较快，容易露出破绽或被对手用以逸待劳的战术克制。

运用这种战术的较好时机：力量、速度、耐力素质比较好，但技术不如对方时；身体素质好，技术比较全面，但比赛经验不如对方时；对方的近战能力比较差时；对方的心理素质比较差时。

（二）引诱式进攻战术

引诱式进攻战术是跆拳道比赛中最常用的基本战术之一，它是指用假动作与真动作联合，迷惑对手，借机找出对方漏洞来得分。如推踢的假动作加后横踢的进攻或反击腿法，在使用踢腿时，可亦真亦假，如对方后撤，可以接后横踢进攻；如对方不后撤，可直接变为高腿的前横踢。在跆拳道训练和比赛中，一般采用的引诱式进攻是上下动作结合、左右动作结合、前后动作结合，多采用声东击西、指上打下的战术，引诱对手上当。

运用这种战术的时机：对手体力好，但技术不太全面，战术不灵活时；还可以在双方选手实力相当，试探对方长处时应用，以克其长。

（三）防守反击战术

防守反击战术指当对方正面进攻时，采取快速地向前、后、左、右方向移动步法，避其锋芒，寻找机会制敌的战术方法。主动进攻时身体的一些部位必定会产生防守空隙和薄弱环节，防守反击战术，即在防守的同时或之后立即进行反击，取得得分。这就是所谓以静制动。这种战术面对性情急躁、缺乏比赛经验、喜欢猛打猛攻的对手时很有效。

（四）克制对手长处的战术

每一名运动员都有自己擅长的技术，如有的运动员擅长使用横踢进攻，有的运动员擅长用劈腿阻击。在比赛中运动员要能及时发现对方使用的方法，然后及时调整自己的战术，采用相应的方法，使其不能正确发挥特长技术，并克制其短处，就必定能取得胜利。

采用这种战术的情况有：第一，克制善于打贴身战的对手，可始终与其拉开距离，使用侧推踢蹬击等技术；第二，克制擅长主动进攻的对手，可采用自己先进攻、迫使对方防守的战术；第三，克制擅长防守反击的对手，可引诱对方主动进攻，自己进攻时使用不易被反击的战术。

（五）边角战术

边角战术指在比赛中利用场地优势，进行得分的一种战术。如在比赛中，对手处于防守状态时，利用警戒线给对方制造陷阱，迫使对方犯规而失分。又如引诱对手到场地边缘，然后利用猛攻迫使其出界，使其犯规或被扣分。

（六）心理战术

心理战术指比赛开始前，利用情绪、动作和表情等威慑对手，比赛中用气势压倒对手或利用规则允许的各种手段干扰对方情绪，给对方造成心理负担，使对方技能战术发挥失常，挫伤对方的锐气并发挥自己的优势，在气势上战胜对方。

思考与研究

（1）如何运用组合腿法？

（2）如何快速的做到腿法攻防转换？

第九章　人体的健与美运动

章节导读

党的二十大报告提出，要“以中国式现代化全面推进中华民族伟大复兴”，坚持走中国式现代化新道路，建成社会主义现代化体育强国，将体育发展成中华民族伟大复兴的标志性事业，是新时期我国体育事业领域奋斗的目标和指向。健美操和健美运动在一定程度上都属于外来运动项目，以“力、健、美”为运动特点，在运动中合理融入中国文化和元素，培养学生体育文化自信自强，助推中华民族伟大复兴。让体育运动不仅能丰富当代大学生精神文化生活，而且发展为增强中华民族凝聚力和文化影响的重要精神力量。

第一节　健美操

健美操起源于传统的有氧健身运动，是一项持续一定时间的、中低强度的全身性运动，能够增强练习者的心肺功能，是有氧耐力素质练习的基础。健美操运动内容丰富，变化繁多，简单易学，既可美体又可健身，不受年龄、性别、场地、器材的限制，并能够使全身各关节都得到充分的运动，各部位的肌肉得到均衡的发展，塑造出良好的体态。它既是一种大众健身方式，又是一个竞技运动项目。

随着现代物质文明的发展，人们对健康的关注不再限于“健”和“力”，而且更强调“美”的因素，将人体肢体艺术（美）与体育美学融为一体，虽然健美操运动的发展历史不长，但已深受广大群众的喜爱。健美操可分为健身性健美操、表演性健美操、竞技性健美操三大类，国际上还出现了多种练习形式和流派。

一、健美操概述

（一）健美操基本定义

1. 健美操

健美操（aerobics）是在音乐伴奏下，以身体练习为基本手段，以有氧运动为基础，以力、健、美为特征，融体操、音乐、舞蹈为一体，以促进健康、塑造形体和获得愉悦为目的的一项新兴体育运动。

2. 竞技健美操

竞技健美操起源于传统的有氧运动，是一项在音乐伴奏下连续展示丰富多样的操化动作为基础的竞技运动。成套动作需展示高规格的操化动作、过渡连接动作和难度动作。

（二）健美操竞赛规则（国际体操联合会竞技健美操《2022—2024 周期评分规则》）

1. 赛台和比赛地板

如图 9-1-1 所示，赛台高 80～140 cm，正后方立有背景板。赛台不得小于 14 m×14 m。比赛地板必须是 12 m×12 m，并清楚地标出成年组所有项目、年龄组部分项目为 10 m×10 m 比赛场地（少年组、国家预备组部分项目比赛场地为 7 m×7 m）。标记带是场地的一部分。

只有经国际体联认证的地板才能用于正式比赛。

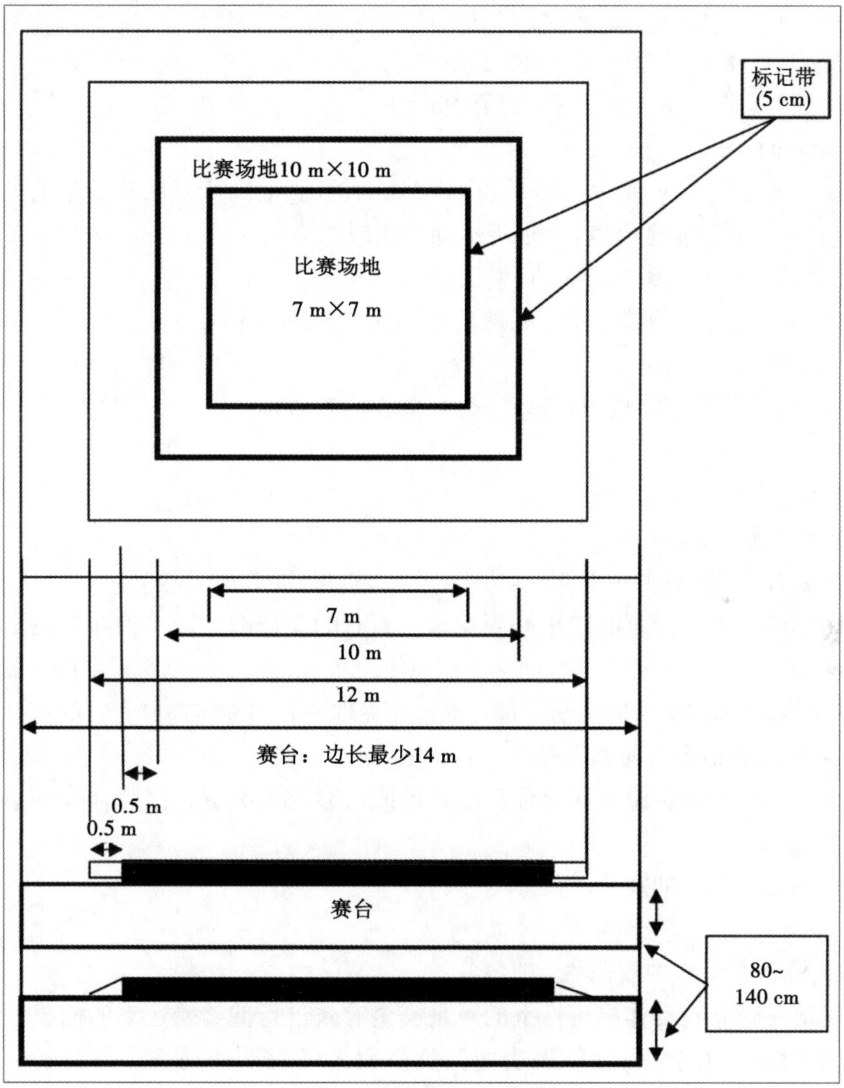

图 9-1-1 赛台和比赛地板

2. 比赛项目

世界健美操锦标赛的项目包括竞技健美操、有氧舞蹈和有氧踏板。

竞技健美操：男子单人操（IM）、女子单人操（IW）、混合双人操（MP）、三人操

（TR）、五人操（GR）

有氧舞蹈 & 有氧踏板：有氧舞蹈（AD）、有氧踏板（AS）

参赛人数：

各项目运动员人数和性别：

男子单人操：1名男运动员

女子单人操：1名女运动员

混合双人操：1名男运动员和1名女运动员

三人操：3名运动员（男子/女子/混合）

五人操：5名运动员（男子/女子/混合）

有氧舞蹈：8名运动员（男子/女子/混合）

有氧踏板：8名运动员（男子/女子/混合）

3. 成套时间

常规音乐的长度如下所示，±5 s（允许1 s的偏离）。时间从听到音乐的第一个声音开始（不包括“哔”等提示声），到听不到音乐时结束。

男单/女单：1 min 20 s（±5 s）

混双/三人/五人/有氧舞蹈/有氧踏板：1 min 25 s（±5 s）

4. 成套内容

成套动作必须把下列内容与音乐结合起来，内容包括：

操化动作

过渡动作/连接动作

难度动作/技巧动作

动力性配合/团队协作（混双/三人/五人/有氧舞蹈/有氧踏板）

成套动作中对上述内容的使用必须均衡。所有的动作都必须精确并且展示出清晰的身体形态。贯穿整个成套动作，合理、均衡地使用所有场地空间是很重要的。暴力、种族主义以及带有宗教和性暗示的主题不符合奥林匹克理念和国际体操联合会的道德准则。

5. 难度动作的组合（难度连接）

允许2或3个动作在没有任何停顿、犹豫或过渡的情况下直接组合（连接）。

6. 技巧动作

本规则列出了相关的技巧动作。

（三）健美操练习方法

1. 健美操基本动作的规范性

动作规范是建立在动作准确性上的，是安全有效进行健美操运动的前提，人体生理结构特征和人体运动力学研究结果表明，负荷型人体运动的动作，需要安全、准确进行，练习时注意控制动作的速度、力度、方向及路线，避免肌肉过分的拉伸和负荷，保持运动准确性能够提高健美操动作的完成质量。

2. 健美操基本动作的弹动性

弹动性是健美操动作的基本特点之一，动作弹动性涉及的部位有踝关节、膝关节、髋关节、肘关节、肩关节以及脊柱等。在练习时应注意肌肉有控制地收缩与放松，使动作富有弹性，节奏均匀，避免动作过分僵硬和关节的过度伸展。通过各个部位的弹动缓冲，减少基本动作对关节产生的冲击力，在完成基本动作的同时，达到预防运动损伤的效果。

3. 健美操基本动作的节奏感

健美操是在音乐伴奏下进行的有氧运动，掌握好动作的节奏感对于健美操运动十分重要。练习者想要表现出更好的节奏感，在练习过程中需要增加肌肉的控制力、音乐的感知力和动作的完成能力。

4. 健美操基本动作的表现力

表现力是通过身体动作在音乐伴奏下综合反映内在的情感，还指运动员的自信心、热情感染观众能力的综合反映，是运动员通过自身所具备的认知能力、理解力、观察力、想象力、自信心，把动作和音乐的内涵转化为自身内在的情感，借助于身体姿态、技术动作以及面部表情等外部形态持续地表达出来，用以吸引和感染观众的一种能力表现力，是一种情绪互感，是将内在的抽象情感和想法通过外在具体的物质和行为展现出来，让观众体会到表演者内心想要表达的情绪并反馈出来的一个互感过程。

二、健美操动作创编及自编套路

（一）健美操基本动作

健美操基本动作是健美操运动的基础，是最小单元的元素动作，是构成健美操套路及组合的基本元素。由基本动作开始，逐渐过渡到组合动作，最后编排出成套动作。

1. 头、颈动作

（1）屈。

预备姿势：站立，两手叉腰。

动作方法：

前屈：头前低，还原［图 9-1-2（1）］。

后屈：头后仰，还原［图 9-1-2（2）］。

侧屈（左、右），头向一侧倾，耳部对准肩，还原［图 9-1-2（3）］。

（2）转（左、右）。

预备姿势：站立，两手叉腰。

动作方法：头向左转 90°，头右转 90°，还原［图 9-1-2（4）］。

（3）绕及绕环。

预备姿势：站立，两手叉腰。

动作方法：

绕：经前屈绕至另一侧屈。

绕环：头经前、侧、后环绕 360°的动作［图 9 1 2（5）］。

2. 肩部动作

（1）提肩、沉肩。

预备姿势：两腿分开与肩同宽，站立，两臂自然下垂。

动作方法：左肩上提，左肩下沉；右肩上提，右肩下沉。双肩上提，双肩下沉［图

9-1-3（1）］

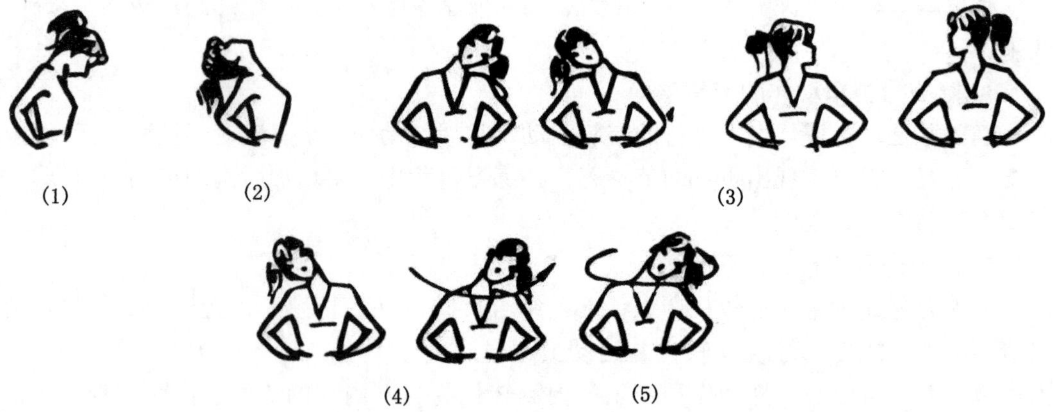

图 9-1-2　屈、转、绕及绕环

（2）收肩、展肩。

预备姿势：站立，两手叉腰。

动作方法：两肩同时内收，含胸；两肩同时外展［图 9-1-3（2）］。

（3）绕及绕环。

预备姿势：分腿站立，两臂自然下垂。

动作方法：

绕：单肩或双肩向前或向后做 360°以内的圆周运动［图 9-1-3（3）］。

绕环：单肩或双肩向前或向后做 360°以上的圆周运动［图 9-1-3（4）］。

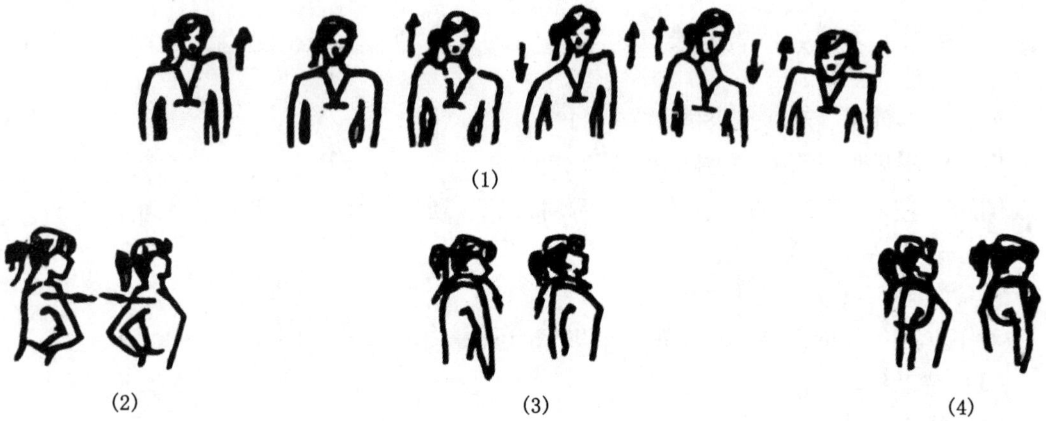

图 9-1-3　提肩、沉肩、收肩、展肩、绕及绕环

3. 上肢动作

（1）手形（图 9-1-4）。

五指并拢式：五指伸直并拢。

五指分开式：五指用力伸直，充分张开。

兰花指：五指微屈，小指与食指微上抬，拇指内收。

拳式：五指并拢弯曲握于手心，拇指在外。

响指：拇指与中指摩擦打响，无名指与小指屈握。

图 9-1-4　手形

（2）臂屈伸。

臂由屈至伸或由伸至屈的动作（图 9-1-5）。

图 9-1-5　臂屈伸

（3）臂摆动。

臂摆动有前摆动、后摆动和侧摆动（图 9-1-6）。

图 9-1-6　臂摆动

（4）绕及绕环。

绕及绕环是指以肩、肘、腕为轴向各个方向做圆周运动，范围在 180°之间为绕；360°以上为绕环，包括小臂绕环、臂中绕环和大绕环（图 9-1-7）。

4. 躯干动作

（1）屈体动作。

屈体动作是指通过脊柱弯曲所表现的动作，包括前屈、后屈和侧屈（图 9-1-8）。

（2）体转动作。

体转动作是指上体沿身体垂直轴向左、右转动。

预备姿势：分腿站立，两臂胸前抱肘。

要点提示：3 拍，上体左侧扭转，两臂打开侧下举（图 9-1-9）。

图 9-1-7　绕及绕环

图 9-1-8　屈体动作

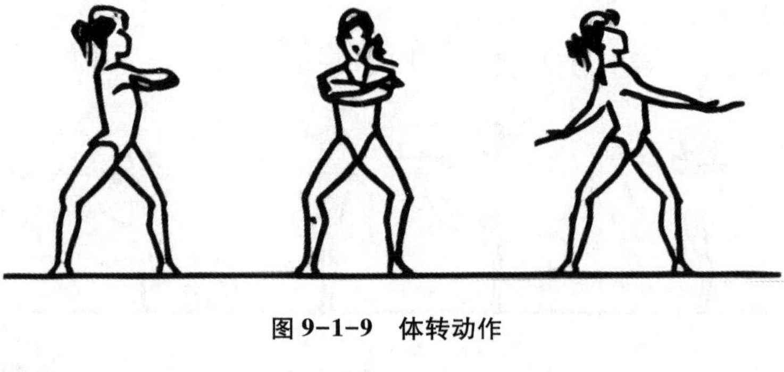

图 9-1-9　体转动作

（3）髋部动作。

髋部动作是指骨盆做向前、侧、后的动作（图 9-1-10）。

图 9-1-10　髋部动作

5. 下肢动作

（1）弹性跑。

弹性跑包括放松跑［图9-1-11（1）］和高抬腿跑［图9-1-11（2）］、前踢腿跑［图9-1-11（3）］和后踢腿跑［图9-1-11（4）］。

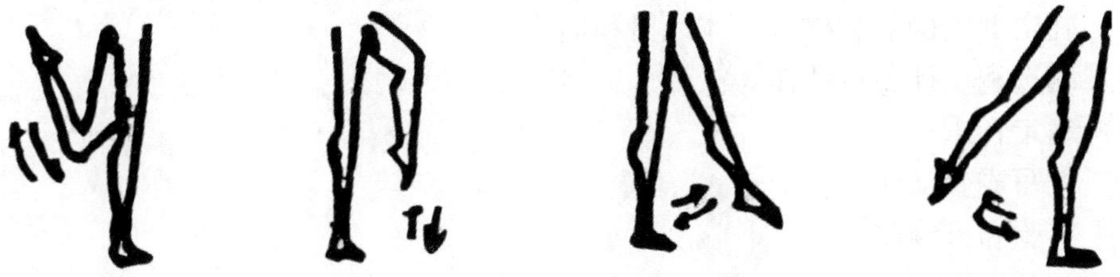

(1) (2) (3) (4)

图9-1-11 弹性跑

（2）跑跳步。

跑跳步有小踢腿跑［图9-1-12（1）］、移重心跳［图9-1-12（2）］和系腿跳［图9-1-12（3）］。

(1) (2) (3)

图9-1-12 跑跳步

重点提示：小踢腿跑就是一腿小跳两次，另一腿经屈膝向前或向侧弹踢一次的动作。移重心跳就是原地小跳一次，第二次将重心向侧、向后移动，一腿弯曲，一腿伸直点地。系腿跳就是一腿小跳两次，另一腿向前或向侧屈膝抬腿一次的动作。

（二）成套健美操的编排

1. 健美操的创编原则

（1）针对性。

创编时要根据健美操锻炼者的年龄、性别、身体状况及场地条件的不同具体掌握。例如，创编儿童操时，应选择一些自然活泼、轻松愉快、造型美观、易于模仿的动作；创编青年健美操时，应多选择刚劲有力、健美大方、积极快速、现代特点突出、有锻炼价值的动作；创编老年人健美操时，应选择简单易学、幅度较小、速度稍慢、体态优美的动作。竞技健美操的编排，要符合规则要求，时间短、节奏快、动作多、变化快、强度大。由于任务不同，健美操的侧重点不同，表现的风格均不相同。

（2）合理性。

编排一般是先从远离心脏的部位开始，再进入全身部位的活动，可以先进行踏步或伸展及呼吸的动作，进而进行头和上肢的动作，再进行肩、胸、腰、髋和下肢多关节的运动与跳跃运动。最后，是躯干与四肢的放松动作。动作节奏是由柔和、缓慢过渡到轻快与快速，最后放松。

（3）创新表现在编排风格独特，动作连接新颖、巧妙而流畅。音乐也要有新意，使动作明快而有力度，与动作配合应准确而富有激情。创新是健美操的生命，没有创新就没有健美操的发展。

2. 健美操编排的方法与步骤

（1）确定健美操的对象、目的和任务。

（2）确定健美操的名称、总体风格和形式。

（3）编选和设计各节动作。

（4）确定音乐。

（5）编写成套动作。

（6）实验和再修改。

（三）健美操自编套路图文详解

套路介绍：本套路为健美操徒手自编套路，动作设计循序渐进，难度设置为大众健美操二级水平。本套路共有4个8拍空拍和54个8拍动作，共58个8拍组成。包含踏步、并步跳和吸腿跳等步法及拳、立掌和开掌等手型，难度适合大学生公共体育课学生或零基础健身爱好者进行学习。

预备：直立4×8。

1×8~8×8：

1×8：

1~4 左脚开始向前走4步［9-1-13（1）］；

5~8 双脚并拢向左弹动小跳4次转90°，同时两手前后自然摆动［图9-1-13（2）］。

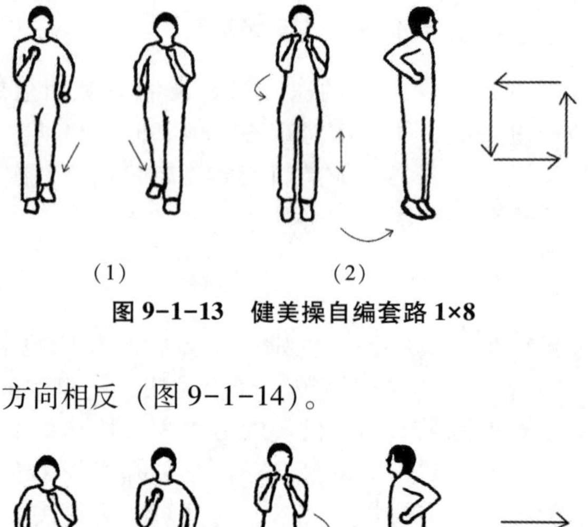

（1）（2）

图9-1-13 健美操自编套路1×8

2~4×8 同1×8；

5~8×8 同1~8，方向相反（图9-1-14）。

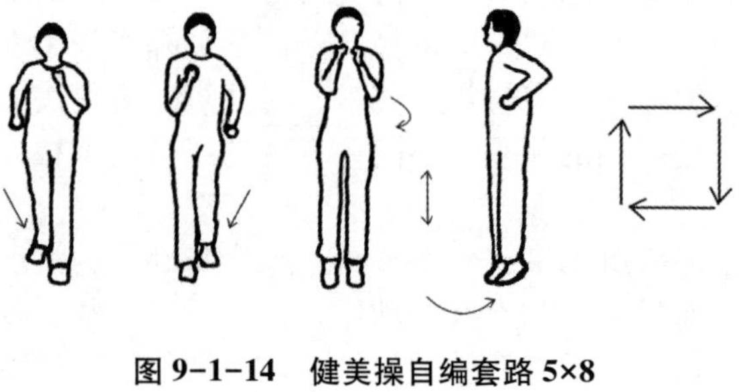

图9-1-14 健美操自编套路5×8

9×8~16×8：

9×8 左右侧弓步，移重心 4 次，上身保持直立；
10×8 两腿同时屈伸弹动 4 次，叉腰；
11～12×8 同 9～10×8（图 9-1-15）。

图 9-1-15　健美操自编套路 11～12×8

13×8 脚步同上，双手立掌，同时两臂经体前交叉至侧举。
1～2 向右侧转身，左臂同时移到右臂上；
3～4 转身朝前，同时手臂打开侧举；
5～6 同 1～2；
7～8 同 3～4［图 9-1-16（1）］；
14×8：两臂经腰间向前冲拳 4 次；
15～16×8 同 13～14×8［图 9-1-16（2）］。

（1）　（2）

图 9-1-16　健美操自编套路 13～14×8

17×8～24×8：
17×8 左右移重心，侧点地，同时单手冲拳（图 9-1-17）。

图 9-1-17　健美操自编套路 17×8

18×8 下肢同上，两臂经体前交叉向外大绕环 4 次（图 9-1-18）；
19～20×8 同 17～18×8；
21×8 同 17×8，但向前移动；

22×8 同 18×8，但向后移动；
23～24×8 同 21～22×8。

图 9-1-18　健美操自编套路 18×8

25×8～32×8：
25×8 左右侧并步跳 4 次，双手叉腰（图 9-1-19）。

图 9-1-19　健美操自编套路 25×8

26×8：
1～4 左右脚各向前弹踢一次［图 9-1-20（1）］；
5～8 原地踏步 4 次［图 9-1-20（2）］；
27～28×8 同 25～26×8。

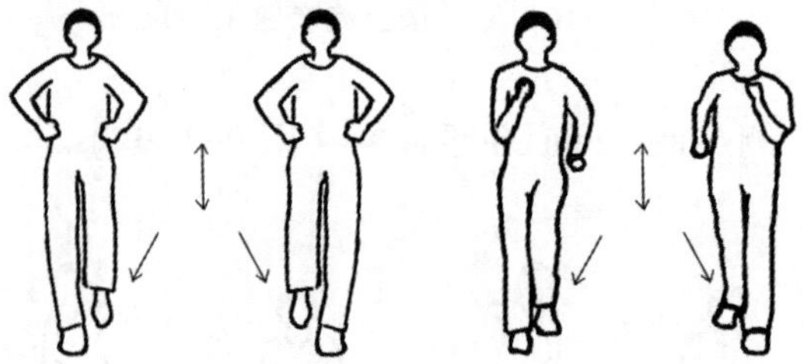

（1）　　（2）

图 9-1-20　健美操自编套路 26×8

29×8 下脚动作同 25×8，同时双臂屈肘前后自然摆动（图 9-1-21）。

图 9-1-21　健美操自编套路 29×8

30×8：

1~4 下肢动作同 26×8，同时异侧手臂伸直向上［图 9-1-22（1）］；

5~8 原地踏步 4 次［图 9-1-22（2）］；

31~32×8 同 29~30×8。

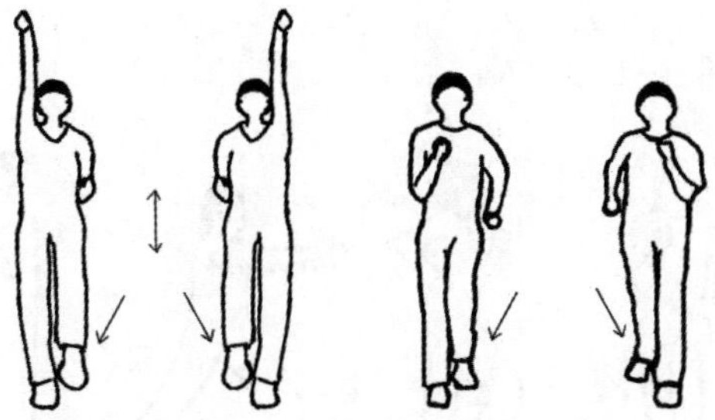

（1）　　　　（2）

图 9-1-22　健美操自编套路 30×8

33×8~40×8：

33×8：

1~2 左脚起原地踏步 2 次［图 9-1-23（1）］；

3~4 左转 90°踏步 2 次［图 9-1-23（2）］；

5~6 左腿向前弓步，右腿屈大腿，大腿垂直地面，双臂出拳至前举[图 9-1-23（3）]；

7~8 收左腿还原［图 9-1-23（4）］。

（1）　（2）　（3）　（4）

图 9-1-23　健美操自编套路 33×8

34×8：

1~4 动作与 33×8 拍 1~4 相反；

5~6 右腿向后迈成左腿在前的弓步，双臂侧平举，五指分开［图 9-1-24（1）］；

7~8 收右腿还原［图 9-1-24（2）］。

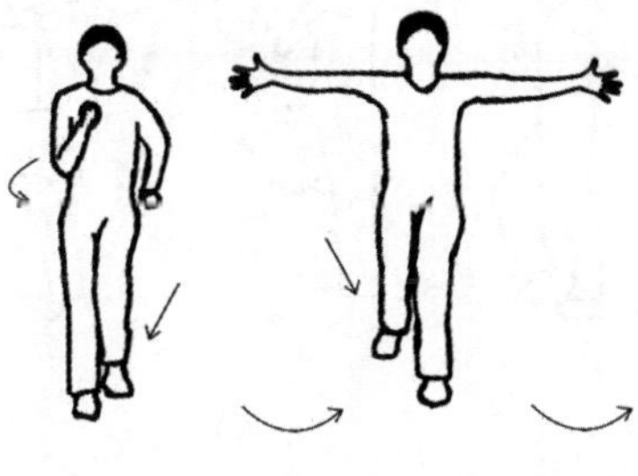

（1）　　　　（2）

图 9-1-24　健美操自编套路 34×8

35×8：

1~2 右脚起原地踏步 2 次［图 9-1-25（1）］；

3~4 转 90°踏步 2 次［图 9-1-25（2）］；

5~6 右腿向前弓步，左腿屈大腿，大腿垂直地面，双臂出拳至前举［图 9-1-25（3）］；

7~8 收右腿还原［图 9-1-25（4）］。

（1）（2）（3）（4）

图 9-1-25　健美操自编套路 35×8

36×8：

1~4 动作与 35×8 的 1~4 相反；

5~6 左腿向后迈成右腿在前的弓步，双臂侧平举，五指分开［图 9-1-26（1）］；

7~8 收左腿还原［图 9-1-26（2）］。

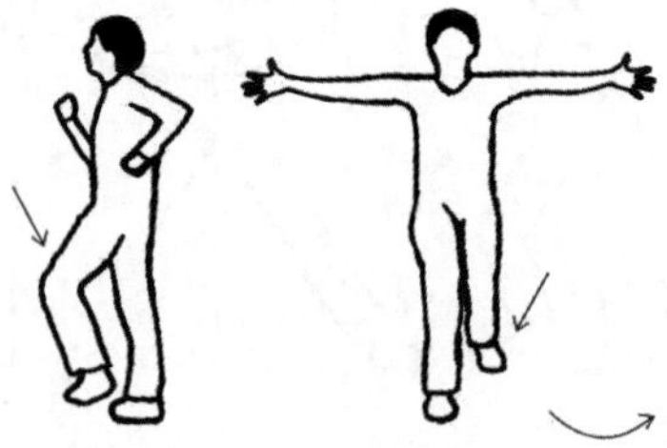

（1）（2）

图 9-1-26　健美操自编套路 36×8

37×8：

1~4 左脚起向 45°踏步 4 步［图 9-1-27（1）］；

5~8 左腿起提膝跳 2 次，同时双臂屈肘向抬腿方向侧举［图 9-1-27（2）］。

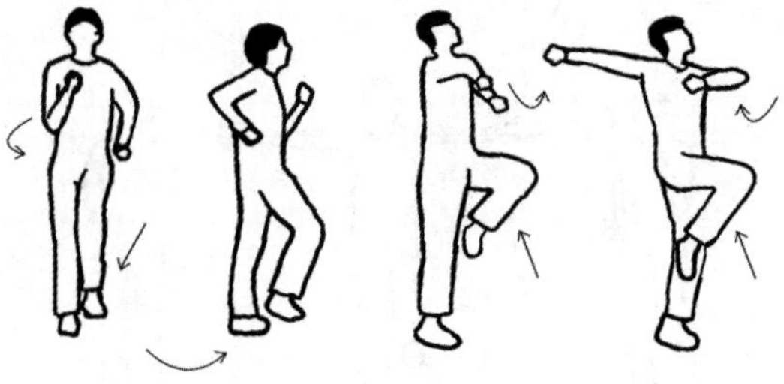

（1）（2）

图 9-1-27　健美操自编套路 37×8

38×8：

1~4 左脚起向后方 45°踏步 4 步还原身体朝前［图 9-1-28（1）］；

5~8 左腿起提膝跳 2 次，同时双臂屈肘向抬腿方向侧举［图 9-1-28（2）］。

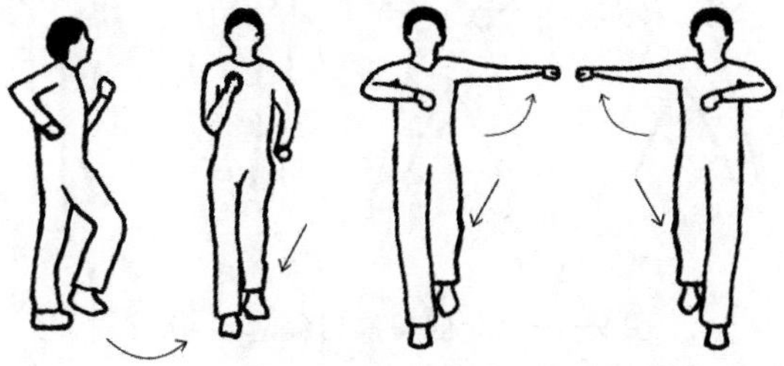

（1）　　（2）

图 9-1-28　健美操自编套路 38×8

39×8：

1~4 右脚起向 45°踏步 4 步［图 9-1-29（1）］；

5~8 右腿起提膝跳 2 次，同时双臂屈肘向抬腿方向侧举［图 9-1-29（2）］。

（1）　　（2）

图 9-1-29　健美操自编套路 39×8

40×8：

1~4 右脚起向后方 45°踏步 4 步还原身体朝前［图 9-1-30（1）］；

5~8 右腿起提膝跳 2 次，同时双臂屈肘向抬腿方向侧举［图 9-1-30（2）］。

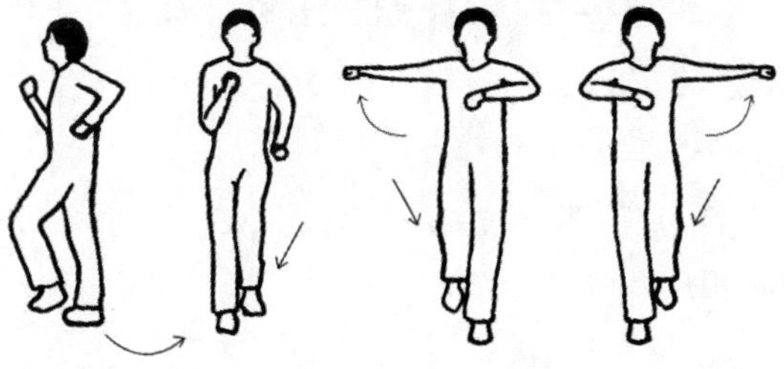

（1）　　（2）

图 9-1-30　健美操自编套路 40×8

41×8~48×8：

41×8：

1~4 双腿同时跳开 4 次，双手叉腰［图 9-1-31（1）］；

5~8 踏步还原［图 9-1-31（2）］；

42×8 同 41×8。

（1）　　（2）

图 9-1-31　健美操自编套路 41×8

43×8：两拍跳开，两拍跳合，叉腰（图 9-1-32）。

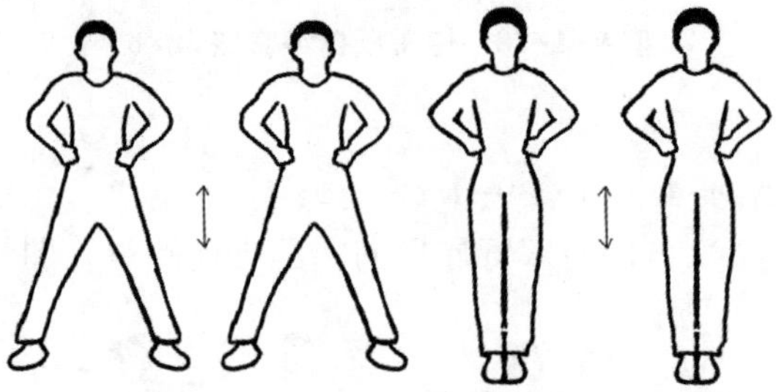

图 9-1-32　健美操自编套路 43×8

44×8：4 次开合跳（图 9-1-33）。

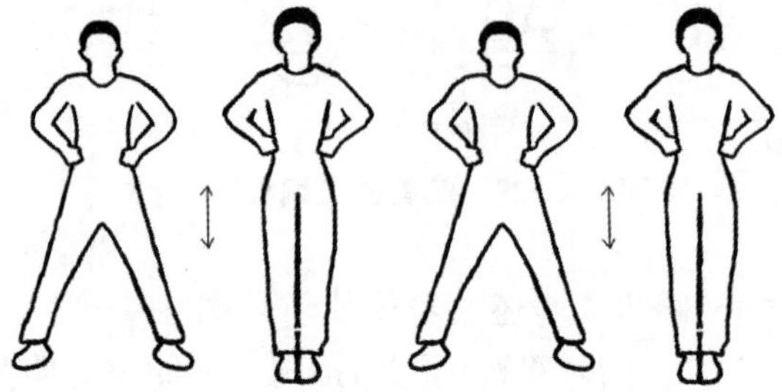

图 9-1-33　健美操自编套路 44×8

45×8：

1~4 向前走 4 步［图 9-1-34（1）］；

5~8 双手叉腰开合跳两次［图 9-1-34（2）］。

46×8 同 45×8，方向相反。

（1）　　（2）

图 9-1-34　健美操自编套路 45×8

47×8：
1~4 同上，5~8 开合跳时手臂胸前平屈（图 9-1-35）；
48×8 同 47×8，方向相反。

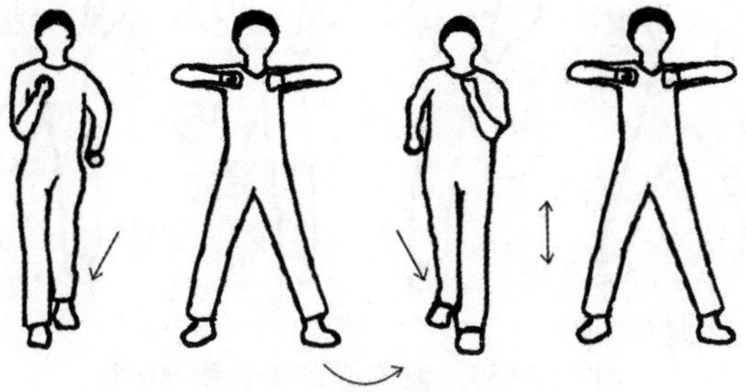

图 9-1-35　健美操自编套路 47×8

49×8~54×8：
49×8：
1 双手叉腰，双脚左右站立［图 9-1-36（1）］，
2 左腿向后折叠，踢腿一次［图 9-1-36（2）］；
3 还原［图 9-1-36（3）］；
4 同 2，方向相反［图 9-1-36（4）］；
5~8 左腿连续后踢两次［图 9-1-37（1）（2）］。

（1）　（2）　（3）　（4）

图 9-1-36　健美操自编套路 49×8：1~4

（1）　（2）　（3）　（4）

图 9-1-37　健美操自编套路 49×8：5~8~50×8

50×8：1 双手叉腰，双脚左右站立［图 9-1-37（3）］；
2 右腿向后折叠，踢腿一次［图 9-1-37（4）］；
3 还原［图 9-1-38（1）］；
4 同 2，方向相反［图 9-1-38（2）］；

5～8 右腿连续后踢两次［图 9-1-38（3）（4）］。

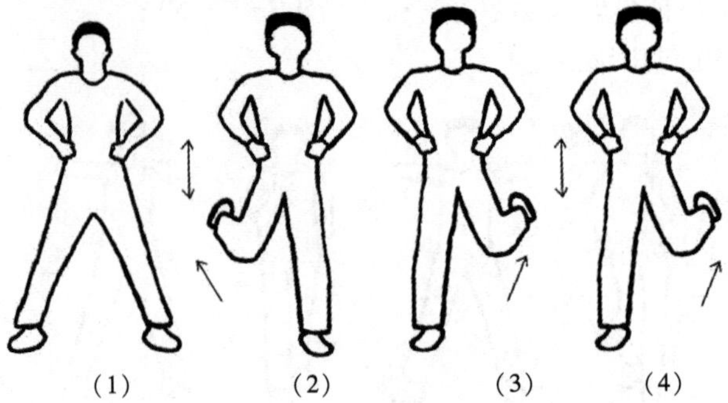

图 9-1-38　健美操自编套路 50×8

51～52×8 同 49～50×8。

53×8：

1 左腿向左前方迈一步，同时左臂侧下举，右臂叉腰［图 9-1-39（1）］；

2 右腿向前并步，左手肩上屈，手扶头后，右臂不变［图 9-1-39（2）］；

3～4 同 1～2，方向相反［图 9-1-39（3）］。

图 9-1-39　健美操自编套路 53×8：1～4

5～8 左脚开始踏步后退，双臂自上而下，放至体侧，掌心向上（图 9-1-40）；

54×8 同 53×8。

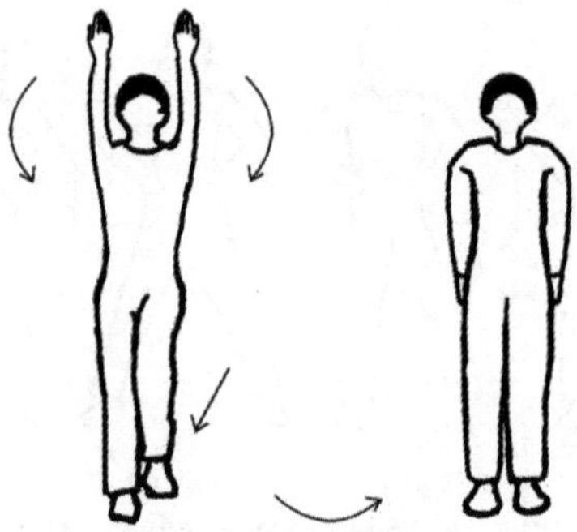

图 9-1-40　健美操自编套路 53×8：5～8

三、特色健美操——轻器械健美操及弹力带健身操套路动作

轻器械健美操具有健身性、表演性、趣味性和较强的可观赏性，其具有“美、新、健、力及感染性、多样性”等特色。作为一种全新特色的健美操，它还有许多的东西有待发掘，具有较高的健身和推广价值。本节将轻器械健美操——《全国阳光校园健身操规定动作——推广套路》作为案例，进行动作的分解和要点概述。

《全国阳光校园健身操规定动作——推广套路》第一节

1×8：

双脚并拢直立双手握住弹力带两端（两倍肩宽）［图 9-1-41（1）］；

1~4 从身前举至水平［图 9-1-41（2）］；

5~8 由水平经头顶至身后，握拳拳心向上于腰的两侧［图 9-1-41（3）］。

2×8：

1~4 右脚水平向右迈一步，双手由肩膀两侧缓慢打开至水平［图 9-1-41（4）］。

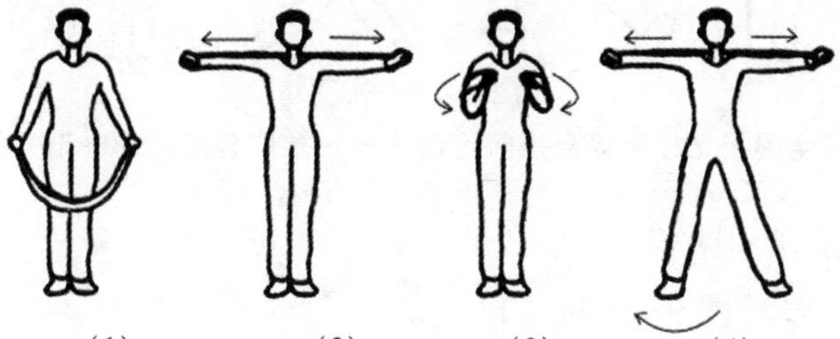

（1）（2）（3）（4）

图 9-1-41 《全国阳光校园健身操规定动作——推广套路》第一节 1×8~2×8：1~4

5~8 收左脚靠向右脚，左腿屈膝脚尖点地，双臂水平合拢抱肩，低头向下［图 9-1-42（1）］。

3×8：

1~4 身体转向右侧，退左脚向后一步，成弓步，双手向水平推开［图 9-1-42（2）］；

5~8 重心后移，左腿屈膝，右腿伸直勾脚，双臂于身前直臂合拢［图 9-1-42（3）］。

4×8：

1~4 左脚水平向左迈一步，身体回正双手由肩膀两侧缓慢打开至水平［图 9-1-42（4）］。

（1）（2）（3）（4）

图 9-1-42 《全国阳光校园健身操规定动作——推广套路》第一节 2×8：5~8~4×8：1~4

5~8 收右脚靠向左脚，右腿屈膝脚尖点地，双臂水平合拢抱肩，低头向下［图 9-1-43（1）］。

5×8：

1~4 身体转向左侧，退右脚向后一步，成弓步，双手向水平推开［图 9-1-43（2）］；

5~8 重心后移，右腿屈膝，左腿伸直勾脚，双臂于身前直臂合拢［图 9-1-43（3）］。

6×8：

1~4 右脚水平向右迈一步，身体回正双手由肩膀两侧缓慢打开至水平［图 9-1-43（4）］。

5~8 还原。

图 9-1-43 《全国阳光校园健身操规定动作——推广套路》第一节 4×8：5~8~6×8

7×8：

1~4 左脚踩至弹力带中间；

5~8 右脚后撤一步［图 9-1-44（1）］。

8×8：

1~2 略微下蹲，双手直臂，抬至水平［图 9-1-44（2）］；

3~4 还原［图 9-1-44（3）］；

5~6 深蹲，双手直臂，抬至斜上方 45°［图 9-1-44（4）］；

7~8 还原。

8~9×8 同 7×8。

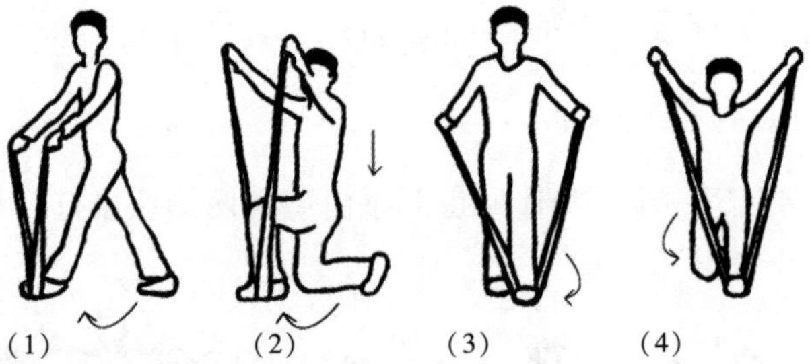

图 9-1-44 《全国阳光校园健身操规定动作——推广套路》第一节 7×8~9×8

《全国阳光校园健身操规定动作——推广套路》第二节

1×8：

1~4 左脚松带，双手持带至水平［图 9-1-45（1）］；

5~8 由水平经头顶至身后，握拳，拳心向上于腰的两侧［图 9-1-45（2）］。

2×8：

1~2 右脚水平向右迈一步右手向前出拳［图 9-1-45（3）］；

3~4 右手小臂由内向外绕环至体侧［图 9-1-45（4）］；

图 9-1-45 《全国阳光校园健身操规定动作——推广套路》第二节 1×8~2×8：1~4

5~8 右大臂由左至右做绕环，至水平［图 9-1-46（1）］。

3×8：

1~4 身体转向右侧，右脚起踏步双手握拳于腰间［图 9-1-46（2）］；

5~6 右脚向前迈成弓步双手向前出拳［图 9-1-46（3）］。

图 9-1-46 《全国阳光校园健身操规定动作——推广套路》第二节 2×8：5~8~3×8：1~6

7~8 收右腿，身体回正收双臂于腰间握拳［图 9-1-47（1）］。

4×8 同 2×8 方向相反［图 9-1-47（2）］。

图 9-1-47 《全国阳光校园健身操规定动作——推广套路》第二节 3×8：7~8~4×8

5×8 同 3×8 方向相反（图 9-1-48）。

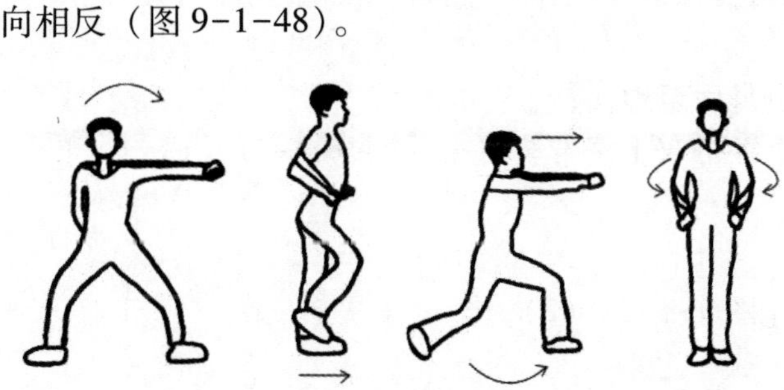

图 9-1-48 《全国阳光校园健身操规定动作——推广套路》第二节 5×8

6×8：

1~4 向右前方并步，左脚脚尖点地，左手向前出拳［图 9-1-49（1）］；

5~8 向左前方并步，右脚脚尖点地，右手向前出拳［图 9-1-49（2）］。

7×8：

1~4 右脚向前一步，双手握拳交叉于身前［图 9-1-49（3）］；

5~8 左脚向前弹踢腿，双手收回腰间［图 9-1-49（4）］。

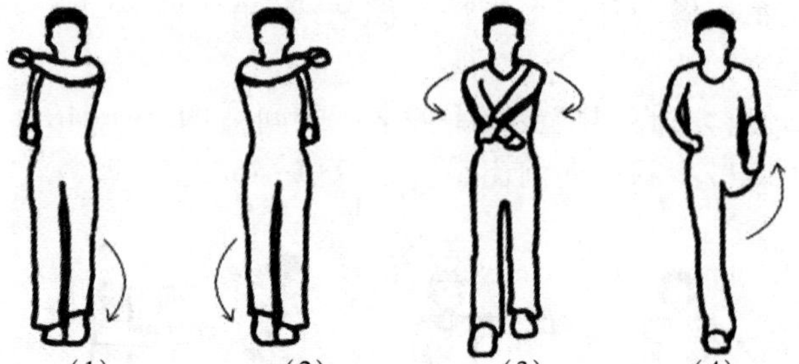

图 9-1-49 《全国阳光校园健身操规定动作——推广套路》第二节 6×8~7×8

8×8：

1~4 向左后方并步，右脚脚尖点地，右手向前出拳［图 9-1-50（1）］；

5~8 向右后方并步，左脚脚尖点地，左手向前出拳［图 9-1-50（2）］。

9×8：

1~4 左脚后退一步，双手握拳交叉于身前［图 9-1-50（3）］；

5~8 右脚向前弹踢腿，双手收回腰间［图 9-1-50（4）］。

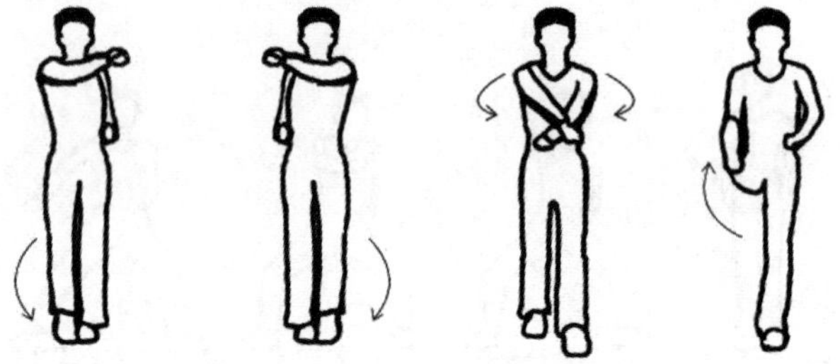

图 9-1-50 《全国阳光校园健身操规定动作——推广套路》第二节 8×8~9×8

《全国阳光校园健身操规定动作——推广套路》第三节

1×8：

1~4 双手持带由身后至地面；

5~8 左右脚依次踩带双手握带至肩头［图 9-1-51（1）］。

2×8：

1~4 蹲起一次；

5~8 蹲起一次［图 9-1-51（2）］。

3×8：

1~4 跳 4 次大臂夹紧身体，小臂与大臂成 90°，向外展开［图 9-1-51（3）］；

5~6 小臂水平内收；

7~8 小臂收回至肩部［图 9-1-51（4）］。
4×8 同 2×8。
5×8：1~4 同 3×8：1~4。

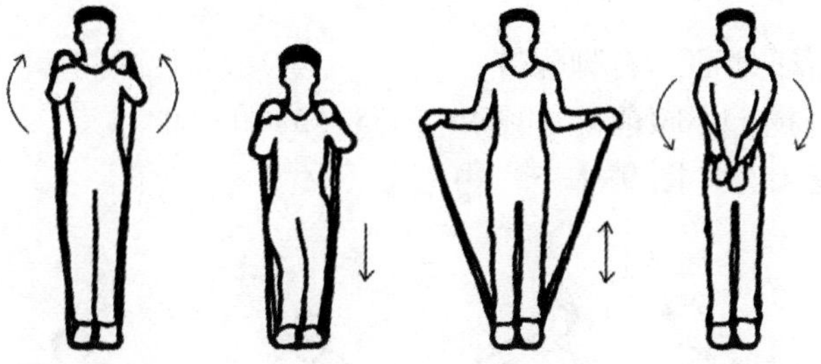

（1）　（2）　（3）　（4）

图 9-1-51　《全国阳光校园健身操规定动作——推广套路》第三节 1×8~5×8：1~4

5~6 左脚后撤一步；7-8 小臂水平内收［图 9-1-52（1）］。
6×8：
1~4 屈膝下蹲，小臂向上收紧［图 9-1-52（2）］；
5~8 重复。
7×8：
1~4 开合跳两次，手臂伸直在身体两侧，向斜下方 45°打开［图 9-1-52（3）］；
5~6 左脚后撤一步；
7~8 小臂水平内收。
8×8：
1~4 屈膝下蹲，小臂向上收紧；
5~8 重复。
9×8：
1~4 同 7×8 的 1~4；
5~6 同 7×8 的 5~6；
7~8 右脚后撤与左脚并齐双手自然持带于身前［图 9-1-52（4）］。

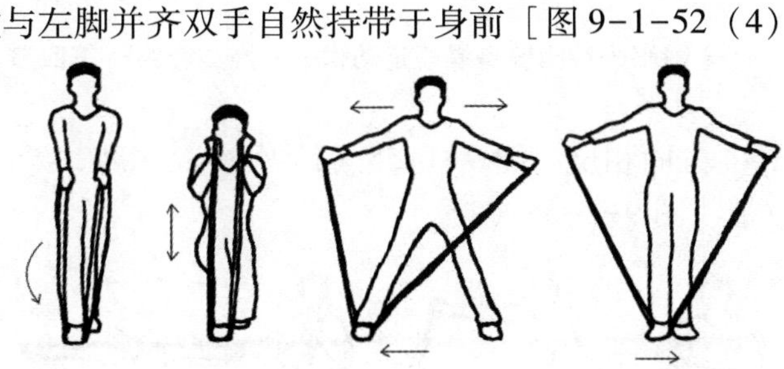

（1）　（2）　（3）　（4）

图 9-1-52　《全国阳光校园健身操规定动作——推广套路》第三节 5×8：5~8~9×8

《全国阳光校园健身操规定动作——推广套路》第四节
1×8：
1~2 双手持带 90°于身前，向右恰恰步［图 9-1-53（1）］；

3~4 向左恰恰步［图 9-1-53（2）］；
5~6 向右恰恰步；
7~8 向左恰恰步。
2×8：
1~4 双手持带置于地面，右脚踩带；
5~8 双手握拳合拢于小腹前部［图 9-1-53（3）］；
3×8 向右侧抬腿 4 次［图 9-1-53（4）］。

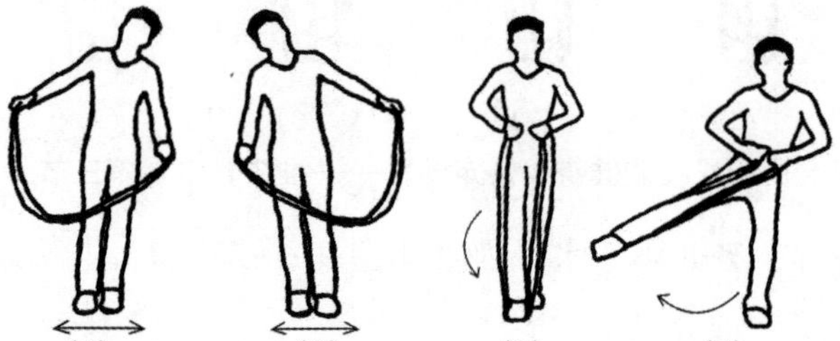

图 9-1-53 《全国阳光校园健身操规定动作——推广套路》第四节 1×8~3×8

4×8：
1~4 右腿向右侧抬腿，手臂伸直向两侧打开，至斜向下 45°［图 9-1-54（1）］；
5~8 放下右腿，左脚踩带，右脚撤出，手臂回到身前［图 9-1-54（2）］。
5×8 同 3×8 方向相反。

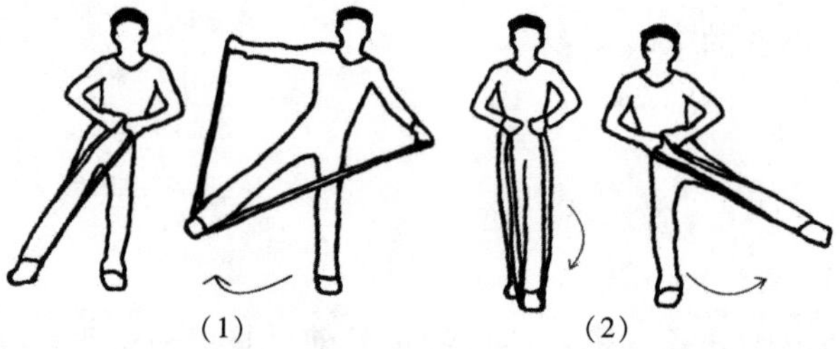

图 9-1-54 《全国阳光校园健身操规定动作——推广套路》第四节 4×8~5×8

6×8：
1~4 同 4×8 的 1~4 方向相反［图 9-1-55（1）］；
5~8 撤左腿，收带［图 9-1-55（2）］。

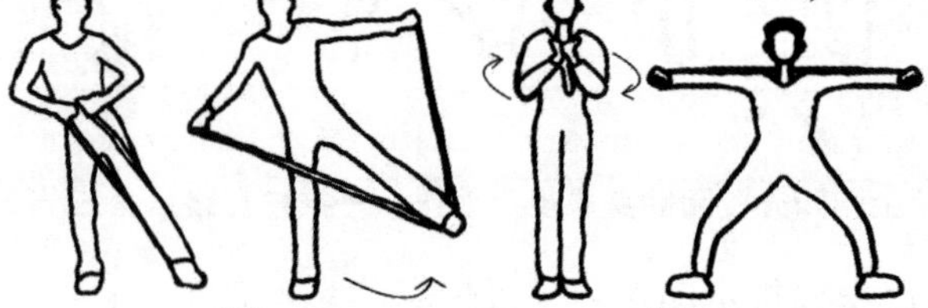

图 9-1-55 《全国阳光校园健身操规定动作——推广套路》第四节 6×8

7×8：

1~2 右脚向右侧迈出，左脚脚尖点地，双臂水平伸直，弹力带舒展打开于胸前。身体朝向右侧；

3~4 重心左移，右脚脚尖点地，双臂水平伸直，弹力带舒展打开于胸前，身体朝向左侧［图 9-1-56（1）］；

5~6 同 1~2，7~8 同 3~4。

8×8：

1~4 右脚起原地踏步，顺时针转一圈收带于胸前［图 9-1-56（2）］。

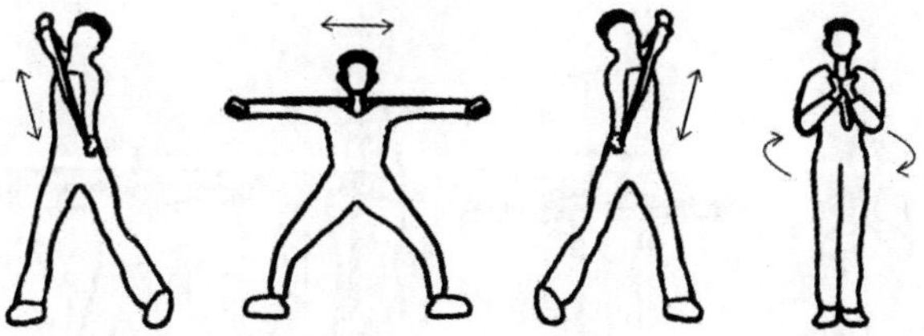

(1) (2)

图 9-1-56 《全国阳光校园健身操规定动作——推广套路》第四节 7×8~8×8：1~4

5~6 右脚向右迈出成侧弓步，手臂水平伸展，身体向右下 45°侧弯［图 9-1-57（1）］；

7~8 收右脚，手臂回收于胸前［图 9-1-57（2）］。

9×8 同 7×8 方向相反［图 9-1-57（3）］［图 9-1-58（1）（2）］。

(1) (2) (3)

图 9-1-57 《全国阳光校园健身操规定动作——推广套路》第四节 8×8：5~8~9×8：1~4

10×8 同 8×8 方向相反［图 9-1-58（3）］。

(1) (2) (3)

图 9-1-58 《全国阳光校园健身操规定动作——推广套路》第四节 9×8：5~8~10×8

《全国阳光校园健身操规定动作——推广套路》第五节

1×8：

1~4 右脚起踏步，双手置于胸前［图 9-1-59（1）］；

5~8 继续踏步，双臂水平伸展［图 9-1-59（2）］。

2×8：

1~4 踏步，双臂垂直旋转，右手在上，左手在下［图 9-1-59（3）］；

5~6 双手持弹力带于身后肩部；

7~8 手臂水平推开［图 9-1-59（4）］。

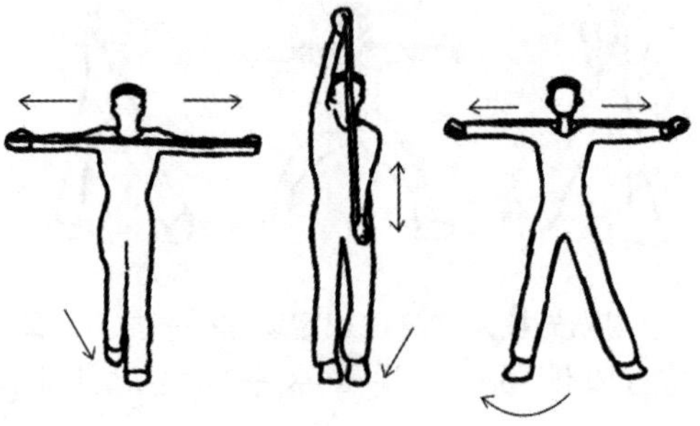

（1）（2）（3）（4）

图 9-1-59 《全国阳光校园健身操规定动作——推广套路》第五节 1×8~2×8

3×8：

1~2 右脚向侧迈一步，双臂合拢；

3~4 双臂水平打开；

5~8 双臂合拢［图 9-1-60（1）］。

4×8：

1~4 右脚向斜前方迈出，左手在上右手在下成抱球状；

5~8 左手向斜上打开，右手向斜下打开［图 9-1-60（2）］。

（1）（2）（3）（4）

图 9-1-60 《全国阳光校园健身操规定动作——推广套路》第五节 3×8~6×8

5×8：

1~2 左脚向侧迈一步，双臂合拢；

3~4 双臂水平打开；

5~8 双臂合拢［图 9-1-60（3）］。

6×8：

1~4 左脚向斜前方迈出，右手在上左手在下成抱球状；

5~8 右手向斜上打开，左手向斜下打开［图 9-1-60（4）］。

7×8 同 3×8［图 9-1-61（1）］。

8×8，左手向斜上打开，右手向斜下打开。右脚后撤一步［图 9-1-61（2）］。

9×8 同 5×8［图 9-1-61（3）］。

10×8 同 8×8 方向相反，左脚后撤一步［图 9-1-61（4）］。

图 9-1-61 《全国阳光校园健身操规定动作——推广套路》第五节 7×8~10×8

11×8：

1~4 右脚向前一步，勾脚脚跟着地，弯腰向下，双手举至头顶［图 9-1-62（1）］；

5~8 右脚后撤至左脚后，双手由上至下合掌于胸前［图 9-1-62（2）］。

12×8：

1~6 向左侧弯，弹力带与地面垂直于身体左侧［图 9-1-62（3）］；

7~8 收回右脚，双手合掌于胸前［图 9-1-62（4）］。

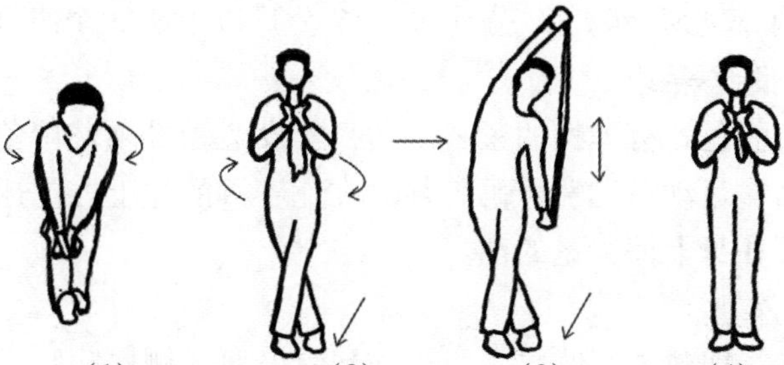

图 9-1-62 《全国阳光校园健身操规定动作——推广套路》第五节 11×8~12×8

13×3：

1~3 弹力带绕颈部于体前，双手自上而下放带。

思考与研究

（1）健美操的基本动作有哪些？

（2）进行健美操动作练习的时候应该注意哪些问题？

第二节　健美运动

健美运动主要是以徒手、哑铃、杠铃、健身器或有关轻器械作为训练工具，通过系统的训练达到增强体质、发展肌肉、优化体型的目的。本节主要介绍身体各部位肌肉的锻炼方法，通过学习掌握大肌肉群的练习动作，了解健美运动的竞赛规则，提高欣赏健美运动的水平。

健美运动的动作方式多种多样，既有成套的各种徒手健美体操，也有球、棒等轻器械体操，这些主要用于女子健美训练，借以减肥和改善体型体态，提高韵律感。更有许多能锻炼身体各部位肌肉的举重练习动作，这些动作主要用于男女竞技健美训练。健美运动不仅包括以比赛为目的的竞技健美，也包括以减肥或改善体型、体态为目的的群众性健美操活动。

一、健美运动竞赛规则

（一）竞赛项目

竞赛项目可分为男子个人、女子个人、男女混合双人（可增设集体造型和女子双人）。全国健美冠军赛还可增设“最佳动作配乐奖”等特别单项赛。

（二）年龄分组（以生日为准）

预备组（9—11 岁）、年龄一组（12—14 岁）、年龄二组（15—17 岁）和成年组（18 岁及以上）

（三）体重分级

（1）男子组设有 60 公斤级、65 公斤级、70 公斤级、75 公斤级、80 公斤级、85 公斤级、90 公斤级、90 公斤以上级 8 个级别。

（2）女子组设有 52 公斤级、57 公斤级、57 公斤以上级 3 个级别。

（四）运动员服饰要求

男运动员须着有颜色、有弹性的紧身三角裤。女运动员须着单色比基尼赛服。比赛时不得佩戴任何饰品，运动员比赛号码牌须夹在比赛裤的左上方。运动员只有在参加半决赛或决赛时，方可在身上擦少量的油。

（五）规定动作

男子是 7 个动作，即前展双肱二头肌、前展背阔肌、侧展胸肌、后展背肱二头肌和小腿、后展背阔肌和小腿、侧展肱三头肌、前展腹直肌和腿部。女子和男女混合双人项目都是 5 个动作，即前展双肱二头肌、侧展胸肌、后展背肱二头肌和小腿、侧展肱三头肌、前展腹直肌和腿部。规定动作是在裁判长口令指挥下进行的。

二、人体各部位肌肉群的锻炼方法

（一）斜方肌

（1）锻炼手段：提铃耸肩。

（2）练习方法：将杠铃从地面提起，身体伸直，用力向上耸肩（不提肘）至最高位，后复原再做。注意肩部肌群发力，不能借助屈臂的力量上提（图 9–2–1）。

（3）练习负荷：适宜的器械重量。

（4）呼吸方法：耸肩时吸气，还原时呼气。

（二）背阔肌

（1）锻炼手段：屈体划船。

（2）练习方法：上体前倾约与地面平行，同伴在前用手扶头。然后用背阔肌收缩之力及向上提肘之力将杠铃提拉至胸腹部（图 9–2–2）。

图 9–2–1 斜方肌练习方法

图 9–2–2 背阔肌练习方法

（3）练习负荷：适宜的器械重量。

（4）呼吸方法：弓身拉铃时吸气，自胸部放下杠铃时呼气。

（三）三角肌

（1）锻炼手段：直臂侧平举并上举。

（2）练习方法：直立，两臂下垂持铃，然后直臂侧平举；稍停，再上举成直臂在头上支撑（图 9–2–3）。

（3）练习负荷：适宜的器械重量。

（4）呼吸方法：抬臂时吸气，放下时呼气。

（四）肱二头肌

（1）锻炼手段：弓身单臂弯举。

（2）练习方法：弓身、屈膝，一手直臂握铃，另一手撑在同侧膝的膝关节内侧，然后用屈肘之力将铃弯举至胸前（图 9–2–4）。

图 9–2–3 三角肌练习方法

图 9–2–4 肱二头肌练习方法

（3）练习负荷：适宜的器械重量。

（4）呼吸方法：用力屈肘时吸气，复位时呼气。

（五）肱三头肌

（1）锻炼手段：颈后臂屈伸。

（2）练习方法：身体直立，两手正握小杠铃，上臂固定于耳侧，然后做臂屈伸动作，将铃向上举起，直到两臂在头上伸直（图9-2-5）。

（3）练习负荷：适宜的器械重量。

（4）呼吸方法：用力时吸气，直臂后呼气。

（六）胸大肌

（1）锻炼手段：斜上握推。

（2）练习方法：斜躺在支撑物上，握住杠铃，然后用力将杠铃自胸部向上推起直到在额上方伸直（图9-2-6）。

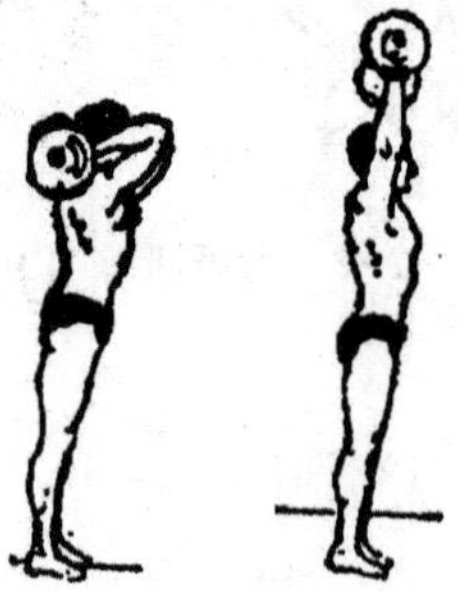

图9-2-5 肱三头肌练习方法

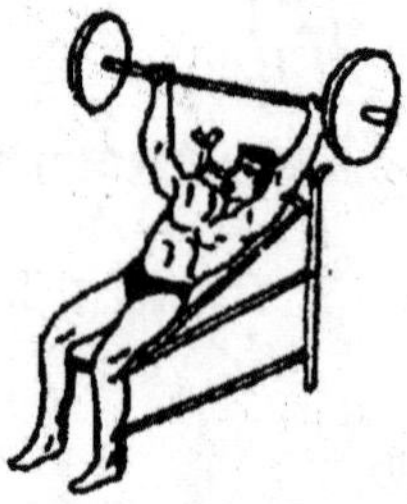

图9-2-6 胸大肌练习方法

（3）练习负荷：适宜的器械重量。

（4）呼吸方法：上推前吸一口气（不吸满）憋气上推，成功后立即呼气，放下时再吸气。

（七）腰背肌

（1）锻炼手段：俯卧两头起。

（2）练习方法：俯卧在垫子上，两臂伸直放在体前，然后迅速抬起上体和下肢，让腹部支撑，以维持平衡（图9-2-7）。

（3）练习负荷：每组20~30次，2~4组。

（4）呼吸方法：挺身时吸气，放松时呼气。

（八）腹　肌

（1）锻炼手段：仰卧起坐。

（2）练习方法：仰卧在垫上，低头团身使背部悬空，两手抱头，下肢固定，然后慢慢后倒，当背部快接触垫子时，立即收腹起背（图9-2-8）。

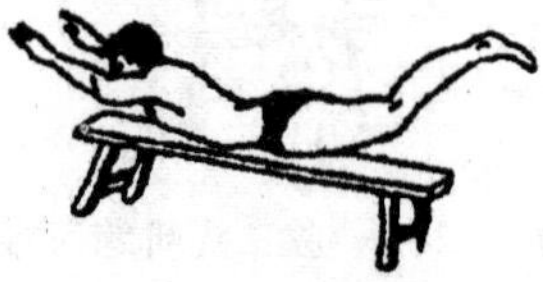

图9-2-7 腰背肌练习方法

图9-2-8 腹肌练习方法

（3）练习负荷：每组20~30次，2~3组。

（4）呼吸方法：起坐前吸气，还原时呼气。

（九）股四头肌

（1）锻炼手段：负重下蹲。

（2）练习方法：两腿开立与肩同宽，杠铃置于颈后肩上，两手握杠，挺胸、收腹、紧腰站，慢慢下蹲（图 9-2-9）。

（3）练习负荷：适宜的器械重量。大重量可做 1~2 次，中重量可做 6~8 次，轻重量可做 8~10 次。

（4）呼吸方法：下蹲时吸气，伸腿起立后呼气。下蹲到起立有个憋气过程。

（十）小腿三头肌

（1）锻炼手段：站立负重提踵。

（2）练习方法：两脚自然开立，前脚掌站在垫木板或杠铃片上，然后做直膝提踵动作，连续做（图 9-2-10）。

图 9-2-9　股四头肌练习方法

图 9-2-10　小腿三头肌练习方法

（3）练习负荷：适宜的器械重量。

（4）呼吸方法：自然呼吸。

三、大学生的健美标准

人体美是力、健、美三者的结合与统一。它包含了生长发育健康而又完善的肌体、发达有力的肌肉、优美的人体外形和健康向上的精神气质。

形体美是人体健美的主要内容之一。而体形的健美在很大程度上又取决于身体各部体围的尺寸和相互间的比例。下面分别介绍男女大学生健美体围标准，分别见表 9-2-1 和表 9-2-2。

表 9-2-1　男大学生健美体围标准

身高/cm	体重/kg	胸围/cm	扩胸胸围/cm	上臂/cm	大腿/cm	腰围/cm
153~155	50	94	97	32	48	65
156~158	52	94	98	32	49	65
159~161	54	95	99	33	50	66
162~164	56	95	101	33	51	66
165~167	59	98	102	34	52	68
168~171	61	99	103	34	53	69
172~174	63	100	104	35	53	69
175~177	65	100	105	35	54	70
178~180	67	102	107	36	55	71
181~183	70	103	108	36	55	72
184~185	72	103	109	37	56	73

表 9-2-2　女大学生健美体围标准

身高/cm	体重/kg	扩胸胸围/cm	臀围/cm	腰围/cm
150～152	47.5	88	88	58
153～155	48.5	88	88	58
156～158	50.0	89	89	59
159～161	51.5	89	89	60
162～164	53.0	90	90	60
165～167	54.5	90	90	61
168～170	56.0	92	92	61
171～173	58.0	92	92	62
174～176	60.0	94	94	64
177～179	62.5	98	98	66

思考与研究

（1）健美运动的特点是什么？

（2）怎样进行胸大肌、三角肌、腰背肌和股四头肌练习？

第十章 轮滑运动

章节导读

微信扫码 精讲视频 配套题库

2019 年，国务院办公厅印发《体育强国建设纲要》，部署推动体育强国建设，充分发挥体育在全面建设社会主义现代化国家新征程中的重要作用。体育的重点不只在于体，更在于育。轮滑运动作为一项广受欢迎的体育运动，不仅是锻炼身体和提升技能的活动，更是一种蕴含深厚思政元素的教育载体。轮滑教育能够引导学生树立正确的价值观，培养坚韧不拔、敢于拼搏的精神品质，以及团队协作和自我管理的能力。随着轮滑运动的普及和发展，轮滑教育将在未来发挥更加重要的作用。未来，我们可以进一步拓展轮滑教育的内涵和外延，形成更加完善的轮滑教育体系。

第一节 轮滑运动

本节重点介绍轮滑的基本技术和练习方法，只要能按照技术动作和练习方法进行实践，就能尽快掌握轮滑技术。

轮滑运动在我国原称旱冰运动，又称滚轴溜冰运动。19 世纪传入我国，当时开展此项运动的仅限于南方一些沿海城市。1980 年，我国加入国际轮滑联合会后，轮滑运动技术水平飞速提高，还出现了极限轮滑，将速度、旋转、翻腾等技巧融为一体，展现了这项时尚运动的风采。轮滑运动实际上是指脚穿有 4 只轮子的轮滑鞋，在坚实、平整的地面上滑行的一项体育运动。它包括双排轮的速度轮滑、花样轮滑、轮滑球、单排轮速滑、场地花样轮滑和 U 形池花样轮滑。本节根据大学生实际，介绍单排轮速度轮滑。

重点提示：速度轮滑就是穿着特制轮滑鞋，在规定距离内，以快慢决定胜负的比赛滑跑速度的运动项目。技术动作有直线滑跑、弯道滑跑、起跑及冲刺等。

一、速度轮滑直线滑跑技术

1. 身体姿势

正确的滑跑姿势应该是上体前倾至与地面约成 15°～30°，上体放松，肩略高于臀部，膝关节角度一般在 117°～135°，踝关节角度在 76°～85°（图 10-1-1）。

图 10-1-1 身体姿势

2. 惯性滑进与收腿技术

（1）惯性滑进。惯性滑进是一腿蹬地结束后，另一腿承接身体重量，维持好身体的平衡，借助惯性速度向前滑进的动作。自蹬地脚离开地面起到移重心止。

（2）收腿技术。收腿动作是借助蹬地结束时，肌肉绷紧的余力，腿向侧方抬起，在大腿带动下，膝盖内转，从侧位收至后位。收腿动作的路线呈弧形。它的意义在于充分放松浮腿，加速身体的倾倒和重心移动。

3. 单脚支撑蹬地与摆腿技术

此阶段是滑跑技术的核心部分，是由身体重心偏离支点开始到浮腿的着地止，是强有力的发力和展腿用力的过程（图 10-1-2）。

图 10-1-2　单脚支撑蹬地与摆腿技术

单脚支撑蹬地阶段是从身体重心开始回倒，投影点离开轮子的支撑中心开始的。在身体重心产生横向移位的同时，迅速产生纵向移位，重心加快移动，蹬地角度小，此刻恰是支撑腿加速伸展蹬地之时。在进行蹬地的同时，与之相对应的浮腿是加速前摆动作。摆腿动作是从浮腿离开中心面，摆向移重心的方向起，到浮腿着地为止。

4. 双支撑蹬地与着地技术

此阶段是从浮脚着地开始，承接身体重心到蹬地腿离地为止。此阶段仍是用原支撑腿来继续完成蹬地动作。

当支点明显偏于后侧之时，以最快的动作结束膝、踝关节的伸展，结束蹬地动作，在刹那间完成转移重心。

浮脚着地动作与着地的位置很有关系。浮脚着地前必须尽量靠近身体重心投影点，顺着身体重心运动方向着地，同时与蹬地的支撑腿协调配合。

5. 摆臂技术

摆臂是与支撑腿的蹬地动作协调配合的动作。摆臂的方法是左腿蹬地时，左臂向右前上方摆，右臂向右后上方摆；右腿蹬地时，右臂向左前上方摆，左臂向左后上方摆（图 10-1-3）。

6. 全身配合技术

全身配合技术是指上体、臀部、两臂、两腿之间的协调配合。

（1）两腿的配合。惯性滑进时，身体重心通过支点。当身体重心开始向内侧移动时，蹬地腿开始惯性滑进时浮腿开始收腿，当浮腿收至身体中心面时，收腿结束。概括起来，其主要配合关系是惯性滑进与浮腿收腿相对应，单支撑蹬地与浮腿的摆腿相对应，双支撑蹬地与浮腿承接重心相对应。

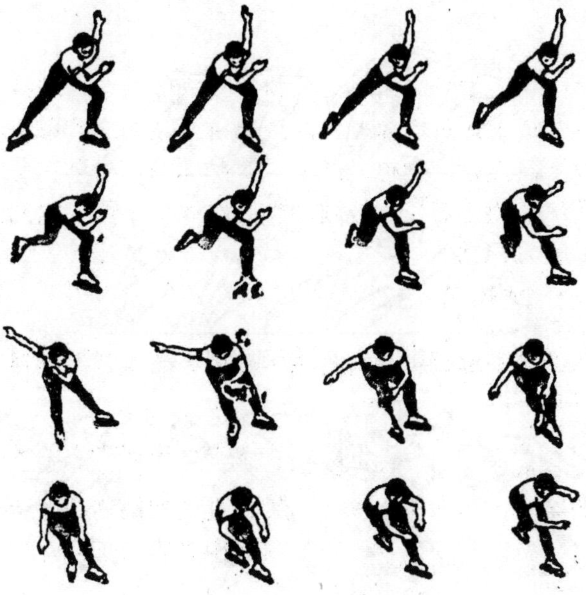

图 10-1-3 摆臂技术

（2）上体与腿的配合。主要表现在与蹬地动作的配合上。当刚刚承接身体惯性滑进时，上体恰位于支撑腿的上方，鼻、膝、脚三点成一线。当进入单支撑蹬地阶段时，两肩应控制在支撑腿上，而不应首先摆向滑行方向。整个身体重心要集中压在蹬地腿上，使其增加蹬地的力量。

（3）两臂与两腿的配合。在支撑腿惯性滑行时，浮腿收腿，两臂都从前、后高点回摆；当收腿结束时，两臂都经下垂点；当支撑腿伸展用力蹬地时，两臂配合向上摆动；当蹬地结束时，两手臂都分别达前、后高点（图 10-1-4）。

图 10-1-4 两臂与两腿的配合

二、速度轮滑弯道滑跑技术

1. 弯道滑跑姿势

速度轮滑的弯道滑跑是由高速直线运动急剧改变运动方向转入圆周上的运动。弯道滑跑姿势比直线滑跑还要低一些，采用一直向左侧倾斜的滑跑姿势（图 10-1-5）。

2. 左腿单支撑蹬地与右腿摆腿技术

自右腿离开地面起，到重新着地止［图 10-1-6（1）（2）（3）（4）（5）］。当左腿开始蹬地时，右腿恰处于摆腿动作的过程。右腿蹬地结束弹离地面时，迅速屈膝放松，大腿带动小腿开始向左前方支撑腿加速移动。当右腿越过左脚时，小腿应在大腿的后面，脚尖朝下。右腿的交叉，使左腿的蹬地角迅速减小，加上右腿的摆动动作，有利于提高左腿的蹬地效果。

图 10-1-5　弯道滑跑姿势

（1）（2）（3）（4）（5）（6）

（7）（8）（9）（10）（11）（12）

图 10-1-6　左腿单支撑蹬地与右腿摆腿技术

3. 左腿双支撑蹬地与右脚着地技术

自右脚着地起到左脚离开地面止［图 10-1-6（5）（6）］。在双脚支撑蹬地阶段，浮腿相对应的动作是着地承接身体重心。右脚着地动作应力求与左腿结束蹬地同时进行，不应过早着地和过早承接身体重心，否则会直接减弱左腿的蹬地力量。右脚的着地点必须紧靠左脚，在左脚的左前方朝着重力与离心力的合力方向着地滑行。

4. 右腿单支撑蹬地与左腿摆腿技术

自左脚离开地面起，到重新着地止［图 10-1-6（6）（7）（8）（9）（10）］。左腿蹬地结束后，借助反弹力，迅速屈膝，加速向右腿移动，左脚紧贴地面向左前方移动。摆腿动作的加速性，会有效地增加右腿的蹬地力量。

此阶段，右腿支撑轮子是朝着切线方向滑进，逐渐远离弯道弧线，而身体重心却是沿着另一个切线方向开始移动，于是支撑轮的滑行方向与身体重心移动方向形成一个小的角度，此刻是蹬地开始的最好时刻，应积极地伸展髋关节开始蹬地。

5. 右腿双支撑蹬地与左脚着地技术

自左脚着地起，到右脚离地止［图 10-1-6（11）（12）］。当左脚着地时，右脚蹬地的支点远离弯道弧线，此刻蹬地的右腿膝、踝关节必须以最快速度伸展，结束蹬地动作。

双脚支撑蹬地阶段的时间是非常短暂的，在弯道滑跑中达到几乎没有的程度（被单脚支撑蹬地所代替）。因此，交接身体重心的动作必须快速完成，力求刹那间过渡。在右腿双支撑阶段，左脚的着地位置应该是紧靠右脚，在右脚的左前方，准确地落在重力与离心力的合力点上。

6. 弯道摆臂

（1）弯道摆臂的目的：为了增加蹬地的力量，快速移动重心，提高动作的协调性。

（2）弯道摆臂的方法：右臂摆动较大，以肩为上臂带动前臂前后摆动，摆动的高度可略过肩。左臂的摆动与右臂不同，大臂贴身摆动，方向是前后摆动，摆动的幅度要小（图 10–1–7）。

图 10–1–7　弯道摆臂

7. 全身配合

（1）上体与腿的配合。当一腿蹬地结束，另一腿刚刚承接身体重心时，两肩压在支撑腿上，在同一倾斜面上，鼻、膝、脚三点成一线。上体的纵轴与滑轮的滑行方向相吻合，接着上体迅速偏离滑行方向，向另一条新的切线方向移动，蹬地动作开始。这时重心始终偏于左前方，速度趋势可使弯道滑跑动作更加积极、主动，加速了重心的前移，迫使支撑腿节奏加快、频率提高。

（2）两腿的配合。当左腿蹬地结束抬离地面时，右腿蹬地开始；左腿摆向右腿与右腿靠拢并前摆时，右腿做强有力的单支撑蹬地；当左腿摆至前位着地时，右腿开始了右脚支撑蹬地；左脚着地完全承接身体重心时，右腿蹬地结束。

（3）臂、腿的配合。右腿蹬地时腿与臂的配合关系与直线滑行时右腿蹬地时臂、腿的配合关系基本相同。

三、速度轮滑起跑技术

1. 预备姿势

预备姿势有多种，包括丁字形、平行预备姿势、八字形和前点地预备姿势等（图 10–1–8）。

图 10–1–8　预备姿势

2. 起　动

当听到发令声时，迅速抬起前脚，后脚用力蹬地伸直，上体前倾，两臂用力摆动，身体迅速向前冲去（图 10-1-9）。

图 10-1-9　起动姿势

3. 疾　跑

第一步起动后就进入了紧张的疾跑段。疾跑段，姿势较高，频率快，蹬地有力，步伐由小变大，逐渐向滑跑过渡。

4. 衔　接

在疾跑段获得相当大的速度，在获得速度后的 1～2 步进行调整，将疾跑与途中滑跑有机地衔接起来。

四、速度轮滑滑跑技术练习方法

1. 陆地模仿练习

（1）双脚支撑静蹲 10 秒练习。

（2）两脚交替支撑练习。

（3）侧蹬练习。

（4）侧倒练习（图 10-1-10）。

图 10-1-10　侧倒练习

（5）原地模仿直道滑行完整技术练习（图 10–1–11）。

图 10–1–11　原地模仿直道滑行完整技术练习

（6）移动模仿直道滑行完整技术练习（图 10–1–12）。

图 10–1–12　移动模仿直道滑行完整技术练习

（7）交叉步模仿练习（图 10–1–13）。

图 10–1–13　交叉步模仿练习

（8）速滑弯道完整技术模仿练习（图 10–1–14）。

图 10–1–14　速滑弯道完整技术模仿练习

2. 冰上模仿练习

（1）助跑几步，借助惯性做滑跑姿势练习。

（2）助跑几步成滑跑姿势，将身体重心移到一腿上做单脚平衡练习。

（3）向左、右两侧平稳移动重心练习。

（4）侧蹬收腿练习（图 10–1–15）。

图 10-1-15　侧蹬收腿练习

（5）利用身体重心蹬地练习。

（6）交接身体重心练习。

（7）两臂与两腿的协调配合技术练习。

（8）弯道练习：①直线助跑到小圆周，身体做内倾倒练习；②交叉压步练习；③交接身体重心练习；④动作协调性练习。

（9）起跑技术练习：①外八字跑；②较大力量、较高频率的外八字跑；③听信号快速起动练习；④完整的起跑技术练习。

思考与研究

（1）速度轮滑技术是由什么组成的？

（2）直道滑跑技术动作的要领是什么？

第二节　单排轮滑球

本节重点介绍轮滑球的基本技术和练习方法，只要能按照技术动作和练习方法进行实践，就能尽快掌握轮滑球技术。

单排轮滑球（inline hockey）又称陆地冰球、轮滑冰球，它来源于冰球，是国际冰球联合会（IIHF）和国际轮滑联合会（FIRS）管辖下的一个正式竞技体育项目。简单来说，就是运动员脚穿单排轮滑鞋，手持球杆，在轮滑球场上快速滑行、运球、传接球、射球，力争将球射入对方球门的对抗性集体运动项目，是一项快速敏捷的轮滑技艺与娴熟高超的用杆技巧相结合的运动项目。但是由于现在这项运动开展时间不长，对场地的要求并不是很统一，比赛场地可以是木质、水泥、柏油或者是塑料、复合材料等，能在室外、半室外和室内进行；比赛用球与冰球相比两面多了数个塑料“疙瘩”，用以减少与地面接触的面积从而减小阻力。在规则方面大致与冰球相同，只是轮滑球不允许冲撞。在运动员的穿着上，单排轮滑球运动员需要脚踩轮滑，冰球则需要踩冰刀，在衣服方面，单排轮滑球运动员穿着（护胸，防摔裤）要简单一些，薄一些。

重点提示：单排轮滑球运动是多变的轮滑技艺和敏捷娴熟的曲棍球技艺相结合的，对抗性较强的集体运动项目之一。运动员穿着单排轮滑鞋，手拿球杆滑行拼抢击球。球一般用硬橡胶制成，厚 2. 54 cm，直径 7. 62 cm，球重为 156~170 g。运动员用球杆将球击入对方球门，以多者为胜。

一、起　源

1979 年美国冰球运动员奥尔森兄弟发明了单排轮滑鞋并应用于冰球训练运动，摆脱了在规定的时间才能到冰球馆打冰球的限制，有了这种单排轮滑鞋以后，孩子们可以随时随地玩“冰球”了。他们在空闲的街道或马路截占一段，用物品或球鞋摆两个球门，手持冰球杆，脚踩轮滑鞋，就打起了冰球。所以在最初的 10 年间，人们称这个游戏为“street hockey”，即“街道冰球”。由于单排轮滑球对场地没有严格要求，这项运动很快风靡全球。

二、国内外发展

（一）国际发展

（1）国际轮滑联合会按照冰球规则修改制成轮滑球规则，并定于 1995 年举办世界锦标赛，目前每次有 20 个左右的国家参加，并同时举办女子和青少年男女锦标赛。

（2）国际冰球联合会 1996 年开始，也是每年举办一次比赛（现在已改为两年一届），目前已经有 20 多个国家参加，分为 A，B 两组和加入 B 组的资格赛，但目前还仅限于男子比赛。

（3）2005 年的第十一届亚洲轮滑锦标赛中，单排轮滑球作为表演项目出现。

（4）2012 年（合肥）、2014 年（海宁）、2016 年（丽水）举办的亚洲轮滑锦标赛，都是综合性轮滑项目的比赛，单排轮滑球都包括在其中。

（二）国内发展

2004 年 5 月，中国冰球协会在北京举办了首届陆地冰球教练员、裁判员培训班。

2006 年中国轮协翻译了国际轮滑联合会的规则，同时制订了单排轮滑球运动员等级标准。

2007 年 7 月 26 日，广州珠江职业技术学院承办了首届全国单排轮滑球锦标赛。

2007 年 11 月，中国轮滑协会派队参加了首届亚洲轮滑球锦标赛，并取得了冠军。

2008 年组建国家队参加世界单排轮滑球锦标赛，获得了世界杯第三名的好成绩。

2010 年 5 月在合肥第四届全国体育大会上，单排轮滑球首次进入全国性运动会。

2017 年天津举办的中华人民共和国第十三届运动会，增设了轮滑冰球项目。

三、单排轮滑球滑行技术

（一）滑行基本姿势

抬头、挺胸、膝和踝部弯屈，肩、膝、脚尖在一垂直线上，双脚与肩同宽，双手握杆放在地面上（图 10-2-1）。

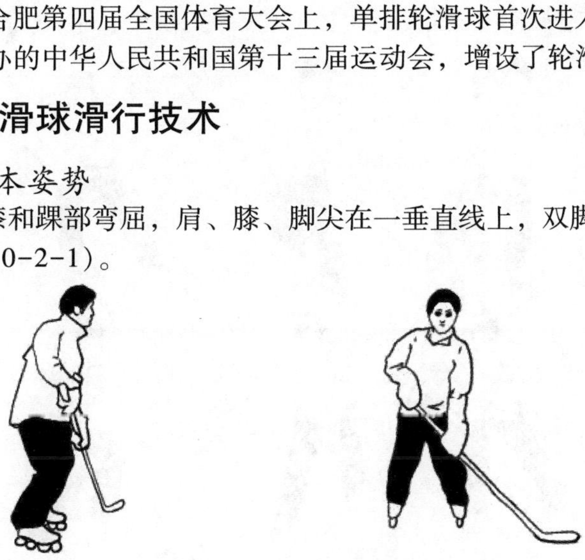

图 10-2-1　滑行基本姿势

（二）V 形起跑（V-start）技术

从准备姿势开始：双脚后跟内收，使双脚成 V 形，重心前移，一脚向后蹬地，一脚向前迈步，以爆发性的力量和速度向前跑 2~3 步（图 10-2-2）。

图 10-2-2　V 形起跑技术

（三）压步起跑（crossover-start）技术

从准备姿势开始，侧移重心，一脚压步越过另一脚，收腿时转体转脚，以爆发性的力量和速度进入起跑（图 10-2-3）。

图 10-2-3　压步起跑技术

（四）直线滑行技术

腿全力蹬直，腿回收的全部路线都在身体下方，用力蹬出，上体始终保持稍前倾，膝踝蹲屈（图 10-2-4）。

图 10-2-4　直线滑行技术

（五）急转弯技术

如需向左急转弯时，做好基本准备姿势，以内侧肩带动开始转弯，重心内倾，屈膝，内侧脚领先，重心在前后腿之间，双腿跟随上体转弯（图 10-2-5）。

图 10-2-5　急转弯技术

（六）正滑压步技术

从准备姿势开始，保持内侧肩抬起，胸对着内侧中心点，外侧腿交叉越到内侧腿里侧，外侧脚用内刃，内侧脚用外刃，不断加速（图 10-2-6）。

图 10-2-6　正滑压步技术

（七）T 形停止技术

屈膝、抬头、挺胸，球杆保持在地面上，单腿向后伸直，脚横放与前进方向垂直，用轮子内刃摩擦地面，保持准备姿势至停止（图 10-2-7）。

图 10-2-7　T 形停止技术

（八）V 形停止技术

滑行中降低重心，屈膝，脚尖内扣，用两脚轮滑鞋的内刃向侧前蹬地减速至停止。这是一种低速时较好的停止方法（图 10-2-8）。

图 10-2-8　V 形停止技术

（九）轮滑球急停技术

保持较低的滑行姿势，抬头、快速地滑转体动作，如向左转停时重心迅速移动到左腿一侧，右脚做急转时的 C 字小弧形短暂滑行，同时上体快速地沿身体纵轴做转体动作；当两脚都转到与前进方向垂直时，把体重从内侧轮滑鞋转移到外侧轮滑鞋上，双脚急转弯式滑行，身体沿纵轴转体，重心降低留在内脚一侧，双脚侧向摩擦蹬地并分开停住（图 10-2-9）。

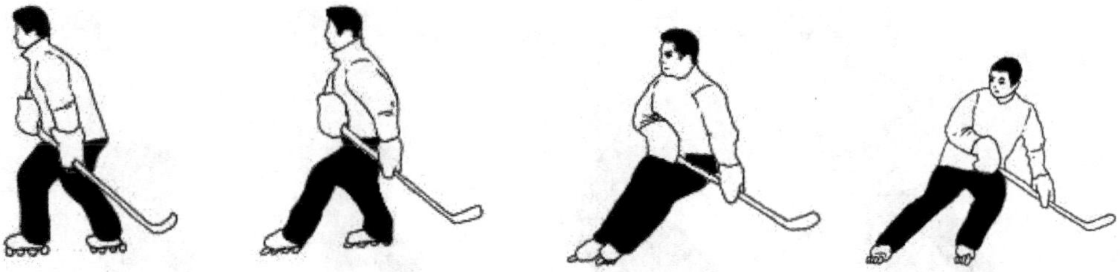

图 10-2-9　轮滑球急停技术

（十）倒滑技术

滑行中双脚始终与地面接触并做 C 路线移动，从准备姿势开始，单手握杆，肘内收，脚后跟要向内收至重心下，弧形内收再蹬出（图 10-2-10）。

图 10-2-10　倒滑技术

（十一）倒滑压步技术

倒滑时如要向左压步，重心移动到左腿，右脚回收移动到左前方落地，然后左脚从右脚后收回。如果向右压步，动作方法相同，动作方向相反。倒滑压步是在倒退滑行中用交叉压步的方式加速和左右变换滑行方向的技术，在比赛中运用比较频繁（图 10-2-11）。

图 10-2-11　倒滑压步技术

（十二）正滑变倒滑技术

从正滑开始变倒滑，以向右转身开始，重心移到左脚，向右转头、肩、上体，左脚向右滑约 45°，右脚（浮脚）外转 135°落地，重心从左脚移到右脚上，左脚收回落地，开始倒滑（图 10-2-12）。如果向左转身，动作方法相同，方向相反。

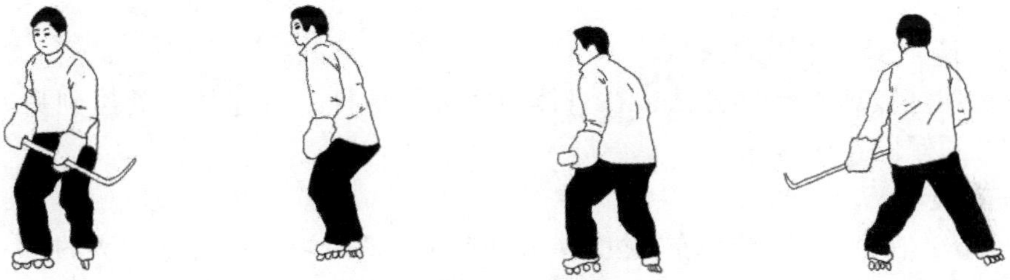

图 10-2-12　正滑变倒滑技术

（十三）倒滑变正滑技术

从倒滑开始，以向左转为例，先把重心放右脚上，右脚后跟外转滑行 45°，头、肩、上体向左转，带动身体转动，左脚（浮脚）向左转 135°落地，重心从右脚移到左脚上，右脚收回落地，开始正滑（图 10-2-13）。如果向右转身变正滑，动作方法相同，方向相反。

图 10-2-13　倒滑变正滑技术

四、单排轮滑球杆上技术

（一）握　杆

轮滑球握杆方法分为右手杆和左手杆两种握法。

右手杆握法：左手握住球杆上部顶端，右手在下握住距离球杆顶部 30~45 cm 的位置。

左手杆握法：右手握住球杆上部顶端，左手在下握住距离球杆顶部 30~45 cm 的位置（图 10-2-14）。

图 10-2-14　左手杆握法

上面的手大拇指和食指应抓住球杆正面并形成V字形。肘关节与肩膀放松，这样可以使球杆运用更自如。控制球时用转动手腕向地面扣住球，并且抬起头，尽量不要看球。

（二）运　球

基本运球（拨球）动作方法：在身体前面握住球杆，将球从一处拨到另一处，转动手腕使杆刃倾斜扣住球。

1. 左右拨球

动作方法：在身体前方将球左右拨动，短拨时大约 30~40 cm，中拨时大约 40~100 cm，长拨时大约 100~250 cm（图 10-2-15）。

图 10-2-15　左右拨球

2. 前后拨球

动作方法：在身体的侧面拨球，拨球方向与滑行方向平行。方法是上手握杆端位于腰际，身体略向该侧转体，两手握杆距离稍近，在身体该侧做前后拨球（图 10-2-16）。

图 10-2-16 前后拨球

（三）控制球前进

1. 推 球

动作方法：

（1）单手握杆推球：在比赛中前方无人时，将球置于身体前面，用上手握杆，使杆刃与前进方向垂直向前推球。在突破时可连续向前推球前进。

（2）双手握杆推球：将球置于下手一侧，当前方无人时，用杆刃将球轻轻向前推出，然后加速追上。

2. 拨球前进

动作方法：随着向前滑进，左右拨球时的方向是向侧前拨球。向左前滑步时向左前拨，向右前滑步时向右前拨，以便提高滑进速度。

五、传接球

接、传球是最快速和有效进攻与射门的途径。尽管有很多的传球技巧，但是它们都需要一系列的基本技术，掌握这些基本技术可以使传球更准确、柔和容易控制。

（一）传 球

传球最重要的问题一是传球的时机，二是传球的准确性。运动员应该知道什么时候该传球，什么时候不该传球，也应该知道传球的方向和位置，否则传球不准，同伴接不到球，也达不到传球配合的目的。

1. 正手平传

动作方法：抬头看人，确定传球目标。用杆刃扣住球，从外侧脚前平推、扫至内侧脚，同时身体重心从外脚移到内脚，球从杆刃中部旋转至杆刃尖，指向接球队员球杆传出。如果是身体正面面对传球目标，先把球拨到体侧，用上手向后拉、下手向前推的方法将球传出（图 10-2-17）。

2. 反手传球

动作方法：握杆的上手放在体侧，将球拨到该侧脚前，用杆刃的反面后半部分控制球。传球时，杆刃扣住球，用腕力使球旋转传出（图 10-2-18）。尽量不要过多转体，身体重心随传球向前脚方向移动。

图 10-2-17　正手平传

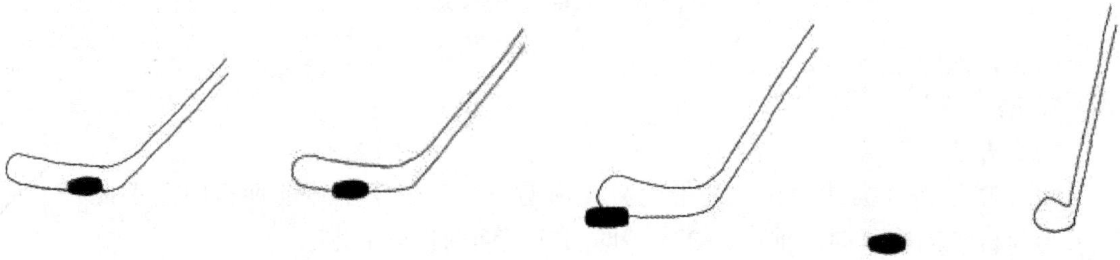

图 10-2-18　反手传球

（二）接　球

1. 正手接球

动作方法：两肩放松，双手自然柔和握杆，杆刃平放在地面上，抬头看来球的方向，判断来球的方向、速度。如在原地接球，杆刃与来球方向垂直，杆刃向来球方向伸出，接触球后，手腕用力使杆刃扣住球，同时向后移动做缓冲。如果在滑行中接球，杆刃与来球方向成一定角度，接球稍缓冲后即将球推向前进方向或马上传出。

2. 反手接球

动作方法：双手握杆，用杆刃的中后部对准来球，球接触杆刃时，手要握紧球杆并用杆刃扣住球，用腕力缓冲控制住球。

六、射　门

（一）腕　射（拉射）

动作方法：先将球拨到后脚前方，射球时，杆刃顺地面扫球，球杆挥起指向目标，同时腿蹬地，使重心随射球动作移至前脚。下手用力做推扫动作，上手做抖转手腕动作使球从杆刃后半部旋转至前尖加速飞出、并旋转奔向目标（图 10-2-19）。

图 10-2-19　腕射（拉射）

（二）弹　射

动作方法：重心位于后脚上，球放于两脚之间的前面。射时杆刃先后摆不超过膝部的高度，然后下臂用力向前挥杆，用杆刃中后部击向球，同时身体重心随着向前挥杆动作从后脚移向前脚。

（三）挑 射

动作方法：将球向前推的过程中突然转腕做向上挑，挑时球在杆刃中部，杆刃向后倾斜做向前上推、挑、掘的动作。

（四）击 射

动作方法：身体稍向侧后转体，球杆后摆至肩高，然后利用后腿蹬地加回转体动作迅速向前挥杆，用杆刃的后半部击蹭在球后几厘米的地面上，使球杆变形而产生弹力，然后打在球后部，使球从杆刃后半部转至前半部飞出，此时重心已移到前脚上而身体继续转动，顺势向前挥杆指向目标。击射是各种射球方法中力量最大、球速最快的射门方法，多应用于远距离射门。

（五）反手射

动作方法：射球前将球拨至后脚前，重心在后脚上，用杆刃中后部控制球。射门时，后脚蹬地，重心前移，腰部转动，两手握杆用力做向前推扫的动作，球到前脚时根据需要射球的高低，适当地翻转手腕加一点挑的动作，使球离地离杆飞出，两手也顺势向前挥杆。反手射一般应用于距球门较近时的射球，因为反手射球力量较小。但反手射球突然性较强，守门员不易判断射球方向。

七、防守性球杆阻截

（一）戳球阻截

动作方法：当自己球杆伸出能触到对方球时，单手握杆突然向球运动的方向快速伸展手臂，利用球杆的长度戳球，将球从对方球杆处打掉，破坏对方对球的控制（图 10-2-20）。

图 10-2-20 戳球阻截

（二）挑杆阻截

动作方法：从后方靠近对方带球队员，突然用球杆从下方挑起对手的球杆，然后迅速放下球杆至地面将球拨走（图 10-2-21）。

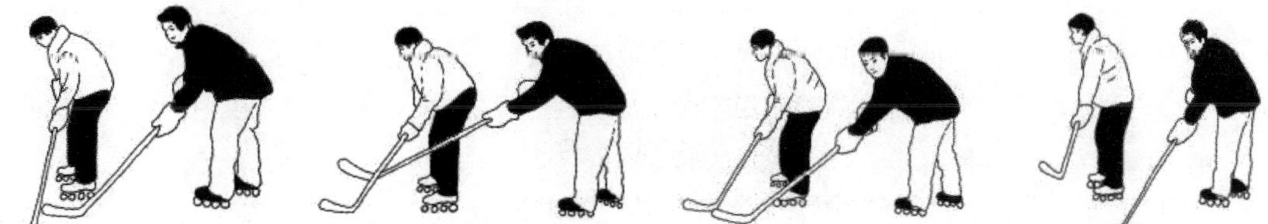

图 10-2-21 挑杆阻截

（三）扫球阻截

动作方法：靠近对方带球队员，弯腰、屈膝并用杆做横扫的动作扫向对手的球杆和球（图 10-2-22）。

图 10-2-22　扫球阻截

思考与研究

（1）单排轮滑球的两方面技术包括哪些内容?

（2）适合近门快射的射门方法有哪些?

（3）拨球应注意的要点有哪些?

（4）一个好的守门员应具备哪些条件?

第十一章 小球运动

章节导读

微信扫码 精讲视频 配套题库

2016 年，习近平总书记在全国高校思想政治工作会议上强调："要用好课堂教学这个主渠道……使各类课程与思想政治理论课同向同行，形成协同效应。"小球运动，如乒乓球、羽毛球、网球等运动，不仅是体育活动，更是富有哲理和教育意义的思想载体。在思想政治教育中，可以借助小球运动的特点和精神内涵，引导学生深入理解社会主义核心价值观，培养团结协作、拼搏进取的精神品质。

第一节 乒乓球

乒乓球运动具有休闲娱乐、健身功能，并且简单易学，便于开展，老少皆宜。本节重点介绍乒乓球运动基本知识、基本技术、基本战术及练习方法，以便边学边练，娱乐健身，不断提高自学、自练、自我欣赏的能力。

乒乓球运动创始于 19 世纪后半叶的英国。后来英国人詹姆斯 · 吉布（James Gibb）到美国旅行时，发现了一种用赛璐珞制成的空心玩具球，弹力很强。他将这种球稍加改进，取代了原来的软木乒乓球。此后，乒乓球运动逐步在英国乃至全世界流行起来。乒乓球是体育运动中唯一用声音命名的运动项目，也称为桌上的网球、ping-pong 和 table tennis。

乒乓球运动场地设备简易，运动量也可大可小，深受大众喜爱，其特点和锻炼价值体现在：全面促进人的健康，增强体质，经常参加乒乓球运动，可以改善人的心脏功能，促进心血管系统功能提高和呼吸系统机能增强，提高人体的协调性和灵敏性。

比赛场地长 14 m，宽 7 m，高度在 4 m 以上。标准的乒乓球台，长 247 cm，宽 152.5 cm，高 76 cm，由木质材料制成，台面平整，颜色为墨绿色、海蓝色两种。乒乓球是由赛璐珞制成的，直径 40 mm，重量为 2.53~2.70 g，颜色为橙黄色或白色。球拍的形状、大小、重量不限，但底板必须是木制的，用来击球的拍面必须覆盖颗粒胶或海绵胶。

一、乒乓球的基本技术与练习

（一）基本站位与准备姿势

站位是指运动员与球台之间所处的位置。基本站位是指一个范围，而不是某个固定点。不同类型的打法，其站位的范围大小也不同（图 11-1-1）。

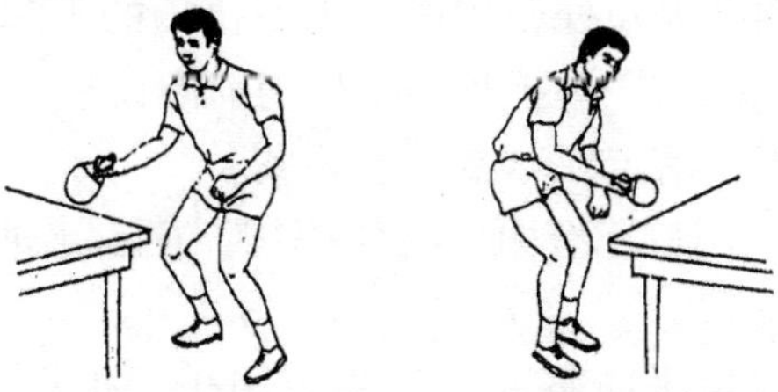

图 11-1-1 基本站位与准备姿势

（二）握拍法

1. 直拍握法

适合于近台快攻打法的直拍握法，见图 11-1-2。

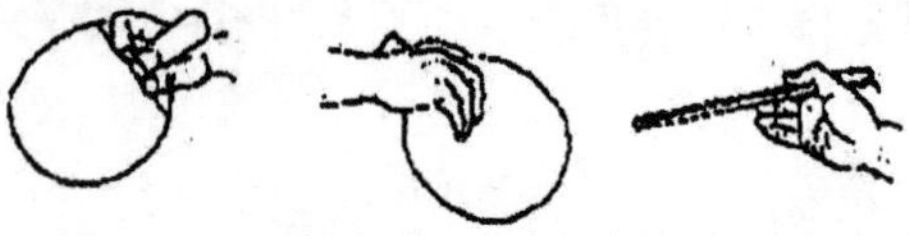

图 11-1-2　适合于近台快攻打法的直拍握法

适合于弧圈球打法的直拍握法，见图 11-1-3。

图 11-1-3　适合于弧圈球打法的直拍握法

直握拍优点：手腕与手指比较灵活，易于调节拍形角度和拍面方向；正、反手击球时摆臂速度快；发球和台内攻球时多变、灵巧。

缺点：手腕不易固定，反手正面攻球时，不易掌握和发力，左右照顾范围小。

2. 横拍握法

横拍握法有两种，见图 11-1-4。

（1）　　（2）

图 11-1-4　横拍握法

横握拍优点：拍柄延伸距离长，左右照顾范围大；反手进攻易于发力；攻球和削球时，手法变化不大，易于从攻转为守，又可以由相持转为攻。

缺点：手腕不灵活，正反手攻球时，手臂做旋内和旋外动作幅度大，挥拍速度慢。

（三）步　法

乒乓球常见步法大致有 4 种：大跳步、交叉步、跨步侧身和交叉步侧身。

（四）发球与接发球

1. 发球技术

（1）发球的动作方法如下。

①平击发球。它是最基本的发球技术。击球时，手臂向前平行挥动，用球拍撞击球。运用此项技术发出的球，具有运行速度慢、力量轻、旋转弱的特点。

技术要点：站位近台中间偏左处，将球置于不执拍的手掌心，抛球同时向右（左）侧上方引拍，大臂带动小臂向前平行挥动，拍形稍前倾或接近垂直位置，在球的下降期轻击球的中上部，使球的第一落点在球台中段区域。

②正（反）手发急球。用快速有力的动作挥拍，使击出的球呈上旋，飞行速度快，弧线低，前进力强，落点长。

技术要点：抛球同时执拍手向右（左）后方引拍，拍形稍前倾。当球下降时，持拍手以肘关节为轴心做内（外）旋向左（右）前方用力挥拍，触球后，拍面前倾迅速摩擦球的中上部。球的落点应在本方球台端线附近（图 11-1-5，图 11-1-6）。

图 11-1-5　正手发急球技术动作

图 11-1-6　反手发急球技术动作

③正手发左侧上旋球。在比赛中利用相似动作，发出左侧不同旋转的球迷惑对手，伺机抢攻或直接得分。

技术要点：正手发左侧上旋球时，球拍自右侧中下部向左侧面摩擦。发左侧下旋球时，球拍自右侧中下部向球的左侧下部摩擦（图 11-1-7）。

图 11-1-7　正手发左侧上（下）旋球技术动作

④高抛式发球。发球员将球上抛 2~3 m 甚至更高，利用球下落时的加速度增大对球拍的压力，从而加快发球的速度和突然性，增加对方接球的难度，为抢攻或抢位创造条件，具有出手快、飞行急、旋转强和变化多的特点。

技术要点：有正手高抛和反手高抛两种。各种高抛发球的动作方法与低抛发球基本相似，站位一般在左半台。为提高杀伤力，发球时应注意旋转变化，还应有长、短落点和斜线、直线变化（图 11-1-8）。

图 11-1-8　高抛式发球技术动作

（2）发球练习方法如下。

①徒手做抛球、引拍与挥拍击球模仿练习。

②主练方发各种急球练习。

③采用两种旋转结合发至对方固定区域的练习。

④采用同一动作手法，发不同旋转和不同落点的球的练习。发球易犯错误和纠正方法，见表 11-1-1。

表 11-1-1　发球易犯错误和纠正方法

易犯错误	纠正方法
抛球过低或不做抛球动作； 球和球拍距离太近，无法用力击球； 拍击不准球或击球点过高、过低； 发出的球速度慢或旋转弱	练习者做向上抛球的分解动作练习； 做抛球和向右后上方的挥臂引拍模仿动作； 迎球挥拍，肩关节放松，使上臂迅速做出内收与外展、前屈与后伸、旋内与旋外运动； 应放松持拍手各关节的肌肉，使作用力集中于球上

2. 接发球技术

（1）接发球动作方法如下。

①接平击发球。用平挡或推挡回击即可。

②接正手发奔球。右角奔球，借力正手攻球或快带拍形稍前倾向左前下方发力。

③接正手左侧上（下）旋球，有如下两种情况。

第一种，接左侧上旋时，拍面略向左偏斜推挡或攻球，拍面前倾；近网短球可用点与挑，弧线略高时用撇或劈长球，反手位用推、快拨回击；用弧圈球或快拦时，拍形前倾，向前、向左多一些，少向上，避免出界。

第二种，接左侧下旋时，稳健的接法用搓、削、推挤回击，拍形稍后迎，拍面向左偏斜，近网短球可摆短过渡。

④接正手高抛左侧上旋球，采用推挡比较容易。但还应注意，高抛发球弧线偏拐幅度大，球冲，引拍要提早，并与偏拐方向、幅度大小相适应。

⑤接反手发右侧上旋球、右侧下旋球。接右侧上旋球时，拍面略向右，并向前倾，用推挡或攻球，主要抵消来球向自己左上方的反弹力；接左侧下旋球时，拍面略向右，

主要抵消来球向自己左下方的反弹力。拉球或搓、削都可以回击，拍面向右偏斜。

（2）接发球练习方法如下。

①用推挡、快拨和快攻回接对方急球和侧上旋球练习，先接定点球，后接不定点球。

②回接对方单一侧上或侧下（左或右）旋，固定发球落点的练习。

③回接对方两种旋转性能球，回击到对方球台固定区域练习。

（五）推挡球

推挡球包括平挡、加力推和减力挡。

1. 平　挡

特点和作用：借力还击，力量轻，速度慢，线路短，对方进攻时可作为一种防御手段。

动作要点：拍面近乎垂直，略高于台面；上升前期触球；借来球反弹力将球挡回（图 11-1-9）。

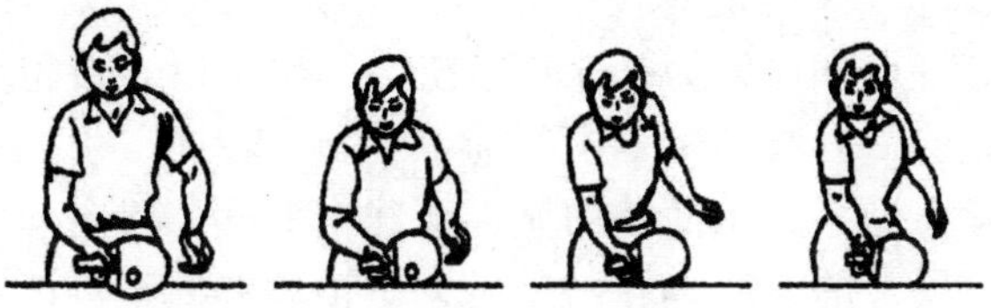

图 11-1-9　平挡

2. 加力推

特点和作用：回球力量重，球速快，有落点变化，与减力挡配合使用能更有效牵制对手，为自己进攻创造机会。加力推适于对付速度较慢、旋转较弱的上旋球或力量较轻的攻球及推挡。

动作要点：击球前，前臂必须提起，上臂后收，肘部贴近身体；在上升后期或高点期击球；击球时适当运用伸和转腰动作加大手腕发力，并用中指顶住拍背向前用力（图 11-1-10）。

图 11-1-10　加力推

3. 减力挡

特点和作用：回球弧线低、落点短、力量轻，同加力推挡配合运用可以调动对方，使其前后奔跑，自己伺机进攻，取得主动。减力挡一般是在加力推或正手发力攻迫使对方离台后使用，是对中台两面拉弧圈球打法的有效战术。

动作要点：击球前不用撤臂引拍，可稍屈前臂使球拍略微提高，拍面稍前倾；当球在台面弹起时，手臂向前移动，同时身体重心略升高。在上升期触球，动作用力很小；在球拍触球的刹那间，手臂和手腕要稍向后收（图 11-1-11）。

图 11-1-11 减力挡

（六）攻 球

攻球技术分为正手攻球、反手攻球和侧身攻球三大部分。包括近台攻球、中远台攻球、快拉球、扣拉球、扣杀球、台内救球、攻弧圈球、杀高球等各种技术。每种技术的特点不同，所起的作用与运用方式也不一样。根据大学生实际，这里重点介绍正手近台快攻与快拉球。

1. 正手近台快攻

特点和作用：正手近台快攻是对攻中常用的一项主要技术，具有站位近、动作小、速度快、有一定力量等特点，可以为扣杀创造机会，也可以直接得分。

动作要点：左脚在前，右脚稍后；击球前，稍向右转体，引拍至身体右侧；前臂与地面略平行，以前臂发力为主；拍面略前倾，触球中上部，以向前上方发力为主；触球时，拇指压拍，食指放松，前臂旋内；击球后，球拍顺势挥至额前左侧，身体重心随挥拍击球动作由右脚移到左脚；球击出后，迅速还原，手臂放松，准备下一板击球（图11-1-12）。

图 11-1-12 正手近台快攻

2. 正手快拉球（拉抽球）

特点和作用：正手快拉球通常也叫拉攻球或拉抽球，是对付下旋球的重要技术。它具有速度较快、动作较小、线路活等特点，能为扣杀制造机会。

动作要点：站位近台，击球前准备姿势和引拍动作与正手近台攻球相似，但前臂略下沉；拉球时，以前臂发力为主。在来球下降前期或高点期，手腕同时向前、向上用力转动球拍摩擦球，以便制造弧线。拉球时，判断好来球下旋的强度，来球下旋强，球拍上摩擦力量要大些，弧线高些；反之，力量小些，弧线应低些。拍面角度和触球部位也要根据来球下旋的强度来调节（图11-1-13）。

图 11-1-13　正手快拉球

（七）搓　球

搓球也称“铲球”，动作近似削球，是一项过渡技术，用来接下旋、侧下旋发球。

1. 正手搓球

特点：动作较大，速度较慢，加转搓下旋较强，与搓不转结合；旋转差距大，与正手攻、扣、拉结合弧圈球便于搓中转攻。

动作要领：向右上肩部引拍，前臂上提，拍形稍后仰，拇指用力，直、横拍手腕略有外展，来球至下降初期时，前臂向右前下方触球中下部发力，重心由右脚转至左脚（图 11-1-14）。

图 11-1-14　正手搓球

2. 反手搓球

特点：同正手搓球。

动作要领：引拍时，上臂靠近身体，前臂拉向左后方。拍面稍后仰，于下降期触球中下部。击球时，上臂向前送出，同时前臂旋内向前下方用力。直拍手腕屈，拇指略放松，食指、中指多用力。横拍拍形略外展，食指、拇指配合用力，重心转至右脚（图 11-1-15）。

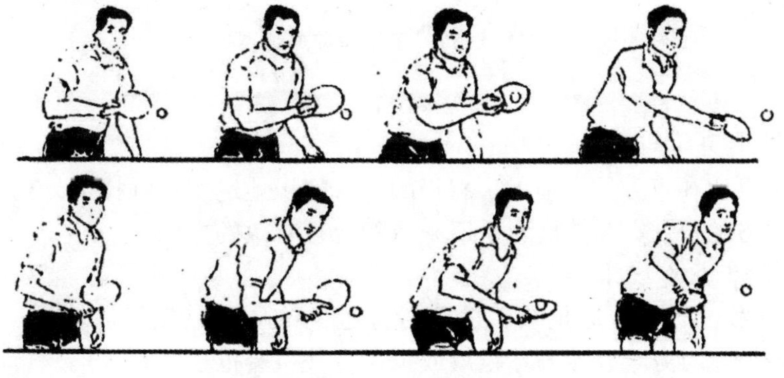

图 11-1-15　反手搓球

3. 搓球技术练习方法

（1）徒手模仿搓球动作练习。

（2）自抛自搓一板球练习。

（3）搓对方发来的下旋球练习。

（4）两人对搓练习，对搓教学比赛。

搓球易犯错误和纠正方法，见表11-1-2。

表11-1-2　搓球易犯错误和纠正方法

易犯错误	纠正方法
引拍时，拍面过于后仰； 引拍高度不够，回球下旋力不强	做徒手模仿练习； 自抛自搓练习

（八）弧圈球

弧圈球技术分正手弧圈、反手弧圈和侧身弧圈三大部分。这里重点介绍正手拉弧圈球技术。

正手弧圈球动作要领：两脚开立，右脚在后，准备击球时，身体向右扭转，右肩略低于左肩，略收腹；根据不同技术动作的要求，适当引拍，调节合适的拍面角度，重心落在右脚上，击球时，右脚蹬地向左侧带动肩、上臂、前臂和手腕发力。

正手拉加转弧圈球，见图11-1-16。

正手拉前冲弧圈球，见图11-1-17。

图11-1-16　正手拉加转弧圈球

图11-1-17　正手拉前冲弧圈球

二、基本战术

战术是根据比赛双方具体情况，有目的、有意识地运用各种技术，充分发挥自己的特长，限制对方的长处，为战胜对手所采取的合理有效的方法。

（一）发球抢攻战术

（1）正手发转与不转球抢攻。发至对方近网或中路，先发加转的，后发不转的，配合出台长球，使对方难以接发球抢攻或抢位，找机会抢攻。

（2）发侧上（下）旋球抢攻。发近网短球侧上与侧下，再配合两大角，伺机抢攻。根据个人发球能力，可采用高抛或低抛发球，制造机会抢攻。

（3）侧身正手发高抛球或低抛左侧上（下）旋结合正手奔球抢攻。因高抛或低抛发左侧上（下）旋转球，旋转反差大，奔球速度快，结合运用制造机会抢攻比较普遍，动作迷惑性强，使对手难以判断。落点也应较灵活，近网与底线、同线与异线配合。

（二）接发球战术

（1）主动法。接发球抢攻、抢拉、抢冲、快点、快攻、低手突击。运用此战术时，应判断发球、落点、旋转、速度，要清楚准确。

（2）相持法。接发球摆短、劈长、撇侧旋、挑拧、加转搓长或半推半搓。运用多变的接球手段，破坏、缓解、解除对方的发球强攻威胁。

（3）稳健法。接发球搓、推、削、挡。此战术适合初学者，判断明确可用推、搓技术，如判断不清可用削球过渡，不吃发球，控制对方抢攻。

（三）对攻战术

（1）压反手，伺机正手侧身攻两角。

（2）压反手，变正手，转攻两角。

（3）中路突破，伺机攻近身或两角。

（4）压两角，变中路，转攻空当。

（5）攻、防转换战术。

（四）拉攻战术

（1）拉一角突击另一角，或拉两角突击空当。

（2）拉不同落点，突击中路，或拉中路，突击空当。

（五）搓攻战术

（1）搓转与不转，制造机会，伺机进攻。

（2）快搓加转短球，配合快搓两大角，然后突击。

（3）搓逼反手大角，突变直线，伺机进攻。

思考与研究

（1）乒乓球运动由哪些技术组成？你掌握了哪些？

（2）乒乓球运动与其他球类运动有什么区别？

第二节　羽毛球

本节介绍羽毛球运动的基本知识、手法和步法等主要技术，以便了解主要战术，以锻炼身体、陶冶情操，掌握羽毛球运动的简单比赛方法。

羽毛球运动起源于 19 世纪中叶，当时在印度的浦那城内有一种以绒线织成的球，上插羽毛，人们手持木拍，隔网击球的活动很受人们的喜爱。后由英国退役军官带回英国，逐步演变为一项竞技运动。

羽毛球是深受广大青少年喜爱的运动项目，具有一定的观赏性、娱乐性和锻炼性。羽毛球运动的技术特点是灵活、快速、多变，因而对灵敏性、协调性、爆发力、耐力等有较高的要求。但作为一般的健身活动，羽毛球运动对场地、器材的要求很低，只需要有两个人、两只拍、一只球，一般的大厅、广场、校园、公园或任意空地就可以活动，其设备简单，携带方便，容易组合，因此是人们喜欢的健身活动之一。

一、羽毛球运动的场地器材及比赛

（一）比赛场地

羽毛球比赛场地见图11-2-1。

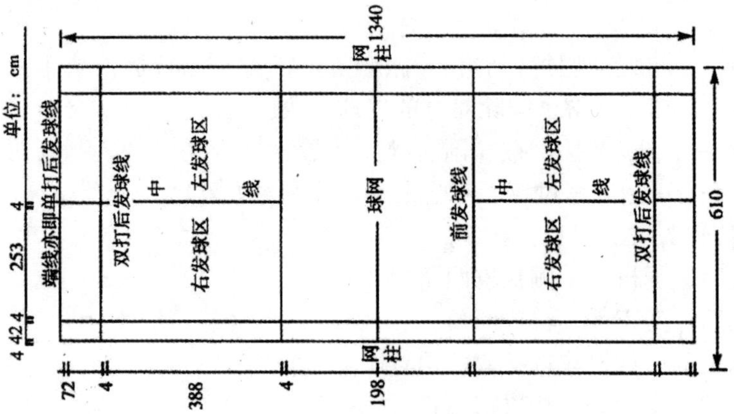

图11-2-1　羽毛球比赛场地

球网中央顶端离地面高1.524 m，网柱高1.55 m。羽毛球重4.74~5.50 g，有16根羽毛插在半球的软木托上。

（二）常用的比赛规则

（1）对界外球判定，球托落在线上为界内球。

（2）选择发球权，一局比赛后交换场区。由领先的一方继续发球，无须重新选择发球权。

（3）发球击球点不得超过发球人的腰部，整个球拍头要明显低于整个握拍手部（图11-2-2）。

图11-2-2　发球姿势

（4）发球必须从本方右区发向对方右区，得分后换至左区；发球必须使球的落点超过前发球线（限制线）。在双打发球时，还有后发球线（限制线）。

（三）计分方法

（1）采用21分制，即双方分数先达21分者胜，3局2胜。每局双方打到20平后，一方领先2分即算该局获胜；若双方打成29平后，一方领先1分，即算该局取胜。

（2）新制度中每球得分，并且除特殊情况（比如地板湿了、球打坏了）外，球员不可再提出中断比赛的要求。但是，每局一方以11分领先时，比赛进行1 min的技术暂停，让比赛双方擦汗、喝水等。

（3）得分者方有发球权，如果本方得单数分，从左边发球；得双数分，从右边发球。取消（单打）后发球线。在第三局或只进行一局的比赛中，当一方分数首先达到11分时，双方交换场区。

（四）常用的赛制

单项比赛可采用 3 局 2 胜制或 5 局 3 胜制。谁先取得 2 局（3 局）比赛胜利，谁为胜方。团体比赛可采用 3 场 2 胜制或 5 场 3 胜制。3 场 2 胜制每队至少 2 人参加比赛，两场单打，一场双打。5 场 3 胜制由 4~6 人参加比赛，第 1，2，5 场是单打，第 3，4 场是双打；或第 1，3，5 场是单打，第 2，4 场是双打。谁先取得 2 场（3 场）比赛胜利，谁为胜方（运动员可兼报单打和双打）；也可以采用赛满 3 场（5 场）后，以获胜场数多者为胜方的方法。根据组织比赛所需时间、场地、参赛队队数等实际情况，决定采用的赛制。

二、基本技术与练习方法

（一）握拍法

握拍法有 3 种，如图 11-2-3 所示。

图 11-2-3　握拍法

（二）发球法

1. 正手发高远球准备动作（图 11-2-4）

图 11-2-4　正手发高远球准备动作

技术要领：两脚前后开立，侧对发球方向，随着左手放球，持拍手臂前臂由后上方向下经身体侧下，向前上方挥拍并急速内转，带动手腕发力，以正拍面发力击球，击球点在膝关节前上方，击球后球拍面应在左肩前上方（图 11-2-5）。

图 11-2-5　正手发高远球技术动作

2. 正手发网前球

技术要领：与正手发高远球基本相同，区别在于前臂挥动的幅度和手腕后伸程度小一些，在向斜前方挥拍时，主要用前臂力量，击球时拍面从右向左斜向切击球托后部，使球贴网而过（图 11-2-6）。

图 11-2-6　正手发网前球技术动作

3. 反手发网前球

技术要领：反手握拍，利用拇指的力量向前推顶球拍，用球拍对球托做横切推送，使球贴网而过（图 11-2-7）。

图 11-2-7　反手发网前球技术动作

发球易犯错误及纠正方法，见表 11-2-1。

表 11-2-1　发球易犯错误及纠正方法

易犯错误	纠正方法
发球不远不高，前臂抽拉向上所致，击球点太靠近身体； 发球用不上力，手臂大于手腕用力，手臂快于手腕用力	击球点在膝上方前约 40 cm 位置； 击球时要转肩，手腕加速发力向上鞭打

（三）击球法（图 11-2-8）

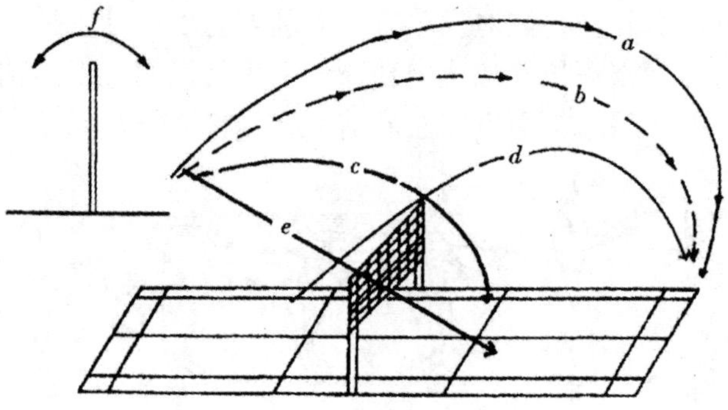

图 11-2-8　击球法

羽毛球击球技术包括击高远球、平高球、吊球、挑球、扣杀球、搓球等。

下面着重介绍击高远球、吊球、挑球、扣杀球和网前球。

1. 击高远球

击高远球分正手击高远球（图 11-2-9）和反手击高远球（图 11-2-10）两种。

技术要领：侧身对准球落点（一般为头顶上方），抬头挺胸引拍准备，向上、向前蹬转，挥拍手腕鞭打。

图 11-2-9 正手击高远球

图 11-2-10 反手击高远球

注意：击球点要高，挥拍时前臂带动手腕鞭打，防止大臂发力击球。

2. 吊球与挑球

（1）击吊球见图 11-2-11。

图 11-2-11 击吊球

技术要领：引拍准备对准来球，蹬转击球在额前上方，小臂带动手腕斜压球侧，手腕主动快抹击球。

（2）击挑球见图 11-2-12。

图 11-2-12　击挑球

技术要领：对准来球引拍准备，小臂带动手腕向上前方挑击，击球点在同侧脚膝前方，手腕发力快于手臂用力。

3. 扣杀球（图 11-2-13）

图 11-2-13　扣杀球

扣杀球是一项攻击性很强的技术，按技术可分为大力扣杀、轻杀、劈杀和点杀。准备动作与击高远球相同，击球点在眼前上方偏向持拍肩一方，但由于力量和手腕、手指的变化而产生不同的效果。

技术要领：蹬转收腹发力击球于眼前上方，击球时应充分发挥腰腹、肩臂、手腕和手指的力量，击球后重心落在前脚上，并尽快还原动作。

扣杀球易犯错误和纠正方法，见表 11-2-2。

表 11-2-2　扣杀球易犯错误和纠正方法

易犯错误	纠正方法
扣杀球无力，击球点偏后，手臂发力； 扣杀球落点飘远，手腕未能用力扣压	击球前移、加强手腕力量； 主动用手腕向前、下快速甩压

4. 网前球（图 11-2-14）

图 11-2-14　网前球

网前球技术是由搓、推、勾、扑等技术组成，变化较多。网前球技术的好坏取决于手腕、手指对球感的熟练程度，同时是变化最多、表现细腻悦目的技术。

技术要领：可用切、推、拉等技术搓击球的底部或侧底部击球过网。

注意：击球点应尽量在球网上沿位置，网下的击球点是被动的击球。

练习方法如下。

（1）练习一：吊球与挑球。

方法：两人一组，一人在半场前场，另一人在半场后场，做连续的一吊一挑练习。

要求：结合上网步法。

（2）练习二：扣杀球练习。

方法：找一高墙，距4 m左右，右手握拍，左手将球高高抛起于自己额前上方，然后对准击球于墙上。

（3）练习三：网前球练习。

方法：两人一组，隔网进行（无网也可以），可以采用一人供球、一人做练习的方法进行搓、挑、切等方法的练习。

要求：初学者首先保证球能过网，随着水平的提高可考虑球的高低和滚动或斜线的变化。

三、基本步法

1. 起　动

对来球有反应判断，即从中心位置上准备接球姿势转为向击球位置出发，称为起动。

2. 移　动

移动主要指从中心位置起动后到击球位置的移动方法。

（1）垫步。当右（左）脚向前（后）迈出一步后，后脚跟紧，紧接着以同一脚向同一方向再迈一步，为垫步。

（2）交叉步。左右脚交替向前、向侧或向后移动为交叉步。

（3）小碎步。以小的交叉步移动的动作为小碎步。

（4）并步。右脚向前（或向后）移动一步时，左脚即刻向右脚跟并一步紧接着再向前（后）移动一步，称并步。

（5）蹬转步。以一脚为轴，另一脚做向后或向前蹬转步。

（6）蹬跨步。在移动的最后一步，左脚用力向后蹬的同时，右脚向来球的方向跨出一大步，称为蹬跨步。

3. 到位配合击球

所谓步法到位，即根据不同的击球方式，运动员应站到最适合这种击球方式的最有利位置上。

4. 回　动（回中心位置）

击球后应尽力保持身体平衡，并即刻向中心位置移动，以便在中心位置上做好迎击下一个来球的准备，称为回动。

5. 上网移动步法

从中心位置移动到网前击球的步法，叫上网移动步法。

（1）右边上网前步法。可采用两步或三步交叉步加蹬跨步移动的方法，也可采用垫一步再跨一大步移动的方法。

（2）左边上网前步法。同右边上网，方向相反。

6. 两侧移动步法（接杀球）

从中心向左右两侧移动到击球点上击球的步法，称两侧移动步法。

7. 后退移动步法

从中心移动到后场各个击球点的位置上击球的步法，称为后退击球步法。用于中场接杀球，其动作有正手后退步法、头顶击球步法。

8. 前后场连贯移动步法

两个或两个以上击球动作之间的移动相互连贯、步法之间衔接迅速，称连贯移动步法，如接杀—放网—勾—推。

四、基本战术

（一）单打基本战术

1. 发球抢攻战术

发球可根据对手的站位、回击球的习惯球路、反击能力、打法特点、精神心理状态等情况，运用不同的发球方法，以取得前几拍的主动权；可打乱对方的整个战略部署，使对方措手不及。

2. 接发球抢攻战术

接发球抢攻战术是接发球战术中最易得分、最具威胁的一种战术。但是，其前提是对方在发球时质量欠佳。

3. 攻后场战术

攻后场是通过击高球，重复压对方底线两角，造成对方的被动，然后寻找机会进攻。

4. 打四方战术

在对手步法较慢、体力较差、技术不全面的情况下，以快速、准确的落点攻击对方场区的 4 个角落，寻找机会向空当进攻。

5. 杀、吊上网战术

当对手打来后场高球时，本方先杀球配合吊球把球下压，落点选在场区的两条边线附近，致使对手被动回球。

（二）双打基本战术

1. 攻人战术（二打一）

集中攻击对方有明显弱点的人并伺机攻击另一人因疏忽而露出的空当，或对此人偷袭。

2. 攻中路战术

当对方分边防守站位时，将球向对方两人中间攻击；当对方前后站位时，可将球下压或平推向两边半场。

3. 后攻前封战术

后攻前封战术，就是当本方处于主动进攻的前后站位时，站在后场的队员见高球就杀或吊网前，迫使对方接球挡网前，为本方前场队员创造封网扑杀的机会。前场队员要积极封锁前场，迫使对方被动挑高球，为本方创造再进攻的机会。

思考与研究

（1）羽毛球运动由哪些技术组成？

（2）羽毛球运动与其他球类运动有什么区别？

第三节 网　球

主要介绍网球运动的基本知识、基本技术和竞赛规则，以便掌握网球运动的技能，提高对网球比赛的欣赏水平。

网球运动起源于法国，它是一项无论年龄大小、性别差异，都能在同一场地上按照同一规则来进行的运动项目。目前国际上的重大赛事有温布尔登网球锦标赛、美国网球公开赛、法国网球公开赛、澳大利亚网球公开赛和戴维斯杯网球赛、联合会杯网球赛。前四项赛事号称世界“四大满贯”，为单项比赛，以个人名义报名参加；后两项赛事被公认为最重大的国际网球团体锦标赛，以国家或地区为单位报名参加。

握拍方法、击球技术和比赛战术是网球运动的主要内容。只有学习并掌握了握拍方法、技术和战术，才能在网球活动中有目的地采取行动和正确地处理球。握拍方法、击球技术是完成战术的基础和前提，击球技术水平的提高，将有助于保证战术目标的实现。

一、网球技术

（一）握拍方法与准备姿势

重点提示：球拍是击球者手臂的延伸和手掌的扩大。不同的握拍方法，将直接影响击球位置和触球的角度。

（1）东方式握拍法，又称握手式握拍法，拍面与地面垂直，拇指与食指呈 V 字形握在拍柄的中部。其挥拍幅度大，易发力，适宜底线正、反手击球。

（2）大陆式握拍法，又称握锤式握拍法，拍面与地面垂直，拇指与食指呈 V 字形握在拍柄的中部，拇指与食指相互接触而不分开，其余三指紧贴在拍柄上。用此种方法击球时不需要换握拍的位置，简便灵活。适合在发球、扣球和反手击球时使用。

（3）西方式握拍法。拍面与地面平行，手掌从上面握住拍柄。握拍稳，正、反手击球都可使用一个拍面。

（4）准备姿势。接发球的准备姿势是以个人的习惯来选择的，以达到最快捷地还击对方的目的。面对球网站立，两脚开立，膝部放松，上体稍前倾，重心落在前脚掌上，两肘轻贴腰侧部，两眼目视来球（图 11-3-1）。

图 11-3-1　准备姿势

（二）击球点与握拍方法

重点提示：击球点是指击球时，球拍与球碰撞瞬间在空中接触的那一点。它包括 3 个因素：一是击球时球处在击球人的前后位置；二是击球时球处在击球人身体一侧的左右距离；三是击球时球处于地面的高低位置。选择好击球点，对于正确掌握各种击球动作至关重要。

一般说来，采用西方式握拍方法，击球点低，并在身体稍前的位置上进行击球；采用大陆式握拍方法，击球点高，身体应向后收，并在身体稍后的位置上进行击球；采用东方式握拍方法，正好在肚脐位置的高度击球，击球点大约在西方式和大陆式握拍法之间的击球位置上。

（三）发球与练习步骤

重点提示：在现代网球运动中，发球是最重要的技术之一，也是唯一由自己掌握的击球法。它不受对方的制约，能充分发挥出个人的特点，用以控制对方，为自己的进攻创造有利条件。

在网球比赛中，通常根据个人的习惯来选择使用大陆式或东方式反握拍进行发球。

1. 发球动作要领

全身放松，侧身站立在端线外，面对右边网柱，两脚自然分开，左脚与端线成45°角，右脚与端线平行，身体重心在左脚上。右手握拍，左手持球轻托球拍，当球拍向后引拍时，持球手臂轻松地扬起，将球直线抛起，同时持拍手臂由后向前做大弧线的挥摆击球，击球后身体向场内倾斜，保持向前上方伸展的随挥动作（图11-3-2）。

图11-3-2　发球技术动作

根据击球点位置的不同，可分为平击发球、切削发球和旋转发球。每一种发球方式，都有各自的特点和用途。

（1）平击发球，又称为炮弹式发球，是球速最快、反弹低的一种发球方式。击球点应在身体的右前上方，以拍面中心平直对准球的后中上部进行击球，身体充分向上向前伸展，以获得最高击球点，提高发球命中率。

（2）切削发球，是球速快、威胁大和命中率高的一种发球方式。击球点在身体右侧斜上方，球拍快速从右侧中上方至左下方挥动，击球的中部偏右侧，使球产生右侧旋转。

（3）上旋发球，是旋转力强、反弹较高的一种发球方式。击球点在头后偏左上方，球拍快速从左向右上方挥动，从下向上擦击球的背面，并向右带出，使球产生右侧上旋。

2. 发球的练习步骤

（1）徒手做发球前的准备姿势，模仿抛球及发球的完整动作。

（2）向球场内发球。

（3）向发球区内发球。

（四）接发球与练习步骤

1. 接发球

重点提示：网球比赛首先是以发球和接发球开始的。接发球技术掌握得不好，会给对方较多的进攻机会；反之，接发球技术掌握得好，有时可以直接得分，还可以破坏对方的抢攻，为自己的进攻创造有利条件。

在网球比赛中，通常根据个人的习惯来选择使用握拍法进行正、反手接发球。

接发球动作要领：站在端线稍后位置上，成准备姿势，根据对方抛球来判断其发球线路，并迅速做出反应，移动转体引拍，向前挥摆，在身体前侧方击球。

单手握拍正手击球，见图 11-3-3；双手握拍正手击球，见图 11-3-4；单手握拍反手击球，见图 11-3-5；双手握拍反手击球，见图 1l-3-6。

图 11-3-3　单手握拍正手击球

图 11-3-4　双手握拍正手击球

图 11-3-5　单手握拍反手击球

图 11-3-6　双手握拍反手击球

2. 接发球的练习步骤

（1）徒手做接发球前的准备姿势，模仿击球的完整动作。

（2）与发球员配合的接发球练习。

（3）回击到指定区域内接发球练习。

（五）正、反手击球与练习步骤

重点提示：正、反手击球是网球技术中的重要的进攻技术。它能击出力量大、速度快的平击、上旋、下旋及攻击性极强的球。在网球比赛中，通常采用东方式正拍握拍或东西方混合握拍法进行正、反手击球。

1. 正、反手击球

（1）单手握拍正手击球动作要领。面对球网站立，成准备姿势。右手握拍，左手轻托拍颈，移动到来球位置，最后一步要保持左脚在前，身体左侧对着来球，这时球拍应充分向后摆，拍头翘起，手臂伸展，两眼目视来球。球拍由低向前上方挥动，在身体右前方拍面与地面垂直或稍前倾，击球中部或中上部（图 11-3-7）。

图 11-3-7　单手握拍正手击球技术动作

（2）双手握拍正手击球动作要领。面对球网站立，成准备姿势。右手握拍在前，左手握拍在后，两眼目视来球，移动到来球位置，最后一步要保持左脚在前，身体左侧对着来球，紧握球拍固定手腕，借助转髋、转腰摆动身体并挥动球拍，眼睛看着球，使球拍击准球（图 11-3-8）。

图 11-3-8 双手握拍正手击球技术动作

（3）单手握拍反手击球动作要领。面对球网站立，成准备姿势。右手握拍，左手轻托拍颈，移动到来球位置，最后一步要保持右脚在前，身体右侧对着来球，这时球拍向后摆，拍头翘起，手臂伸展，两眼目视来球。球落地跳起，握拍手借助腰的回转，球拍由后下方向前上方挥动，在身体左侧前方拍面与地面垂直，击球中部偏下（图 11-3-9）。

图 11-3-9 单手握拍反手击球技术动作

（4）双手握拍反手击球动作要领。面对球网站立，成准备姿势。左手托拍在前，右手握拍在后，两眼目视来球，移动到来球位置，最后一步要保持右脚在前，身体右侧对着来球，后引拍动作要靠近腰部，紧握球拍固定手腕，眼睛看着球，借助转髋、转腰摆动身体并挥动球拍，由后下向前上方挥动，在身体左侧前方拍面与地面垂直，击球中部偏下，动作在肩部结束（图 11-3-10）。

图 11-3-10 双手握拍反手击球技术动作

2. 正、反手击球练习步骤

（1）徒手或握拍的完整的正、反手击球动作练习。

（2）与发球员配合的正、反手击球练习。

（3）固定线路的正、反手击球练习。

（六）截击球与练习步骤

重点提示：指在球还没有落地并在空中飞行时，被击回对方场区。截击球在现代网球比赛中是一项重要的得分手段。掌握好网前截击技术，对单打时的发球上网、随击球上网和双打中的上网，都有很大的帮助，同时能使自己的技术水平提高到一个新的高度。

1. 截击球

在网球比赛中，通常采用东方式反拍握拍和大陆式握拍法进行正、反截击球，其截击动作小、力量大、球速快、攻击性强。

（1）单手握拍截击空中球动作要领。面对球网站立，两脚开立与肩同宽，膝部放松，上体稍前倾，重心落在前脚掌上，两肘轻贴腰侧部，两眼目视来球。右手握拍，在对方击球前脚跟提起，转髋、转肩，左脚向右侧前方跨步，以转肩带动球拍的后摆，球拍头高于手臂及球网。截击时，手腕固定，以短促而有力的动作向前迎击来球，击球后要进行推击动作（图 11-3-11）。

图 11-3-11 单手握拍截击空中球技术动作

（2）双手握拍截击空中球动作要领。面对球网站立，两脚开立与肩同宽，膝部放松，上体稍前倾，重心落在前脚掌上，两肘轻贴腰侧部，两眼目视来球。左手托拍在前，右手握拍在后，对方击球前脚跟提起，转髋、转肩，右脚向左侧前方跨步，以转身带动球拍的后摆，球拍头高于手臂及球网。截击时，手腕固定，肘关节微屈，利用前臂与手腕，以短促而有力的动作向前迎击来球，击球后要进行向前下压推送球动作（图 11-3-12）。

图 11-3-12 双手握拍截击空中球技术动作

2. 截击球的练习步骤

（1）徒手或握拍的挥拍模仿击球练习。

（2）在网前进行截击球练习。

（3）网前截击底线破网练习。

（七）高压球与练习步骤

重点提示：高压球是对付挑高球的一项进攻技术。良好的高压球技术，能为上网截击增加信心，能充分发挥出个人的特点，用以控制对方，为自己的进攻创造有利条件。

在网球比赛中，通常根据个人的习惯来选择使用大陆式或东方式反握拍进行高压球。

1. 高压球

高压球动作要领：全身放松，侧身站立在端线外，面对右边网柱，两脚自然分开。当对方挑高球时，用短促的交叉步或侧步进行移动，侧身转体引拍，握拍手臂轻松地扬起，同时非握拍手向来球的方向和高度上举，利用转体、挺胸、收腹和腕的动作，在右眼前上方击球，同时右脚前跨准备下一个动作（图 11–3–13）。

图 11–3–13　高压球技术动作

2. 高压球的练习步骤

（1）移动中的模仿击球动作练习。

（2）与给球员配合的击球练习。

（3）移动中的高压球练习。

（八）挑高球与练习步骤

重点提示：挑高球是被迫使用的一项防御战术。它能对任何水平的对手造成可怕的威胁，可以破坏对方的进攻节奏，改变进攻的回球速度。

1. 挑高球

挑高球动作要领：面对球网站立，两脚开立与肩同宽，膝部放松，上体稍前倾，重心落在前脚掌上，移动到来球位置，左脚在前，球拍向后挥摆，握拍手腕保持后屈。向前挥拍时，拍面与地面垂直，球拍头低于腕的位置，手腕与前臂采用滚翻动作由后下向前上挥拍，做弧线形鞭击或捞送动作，击球点在身体的侧前方，重心落在后脚上。击球后球拍充分随挥。

2. 挑高球的练习步骤

（1）自抛自挑练习。

（2）挑高球过头顶练习。

（3）左右移动挑高球练习。

二、网球战术

（一）单打战术

重点提示：单打战术的运用，必须根据对手的技术和战术特点，结合自己的特长采取有效的对策，充分发挥自己的技术、战术水平，限制对方的发挥。制订和运用比赛战术，必须灵活多变，避免战术的单一化。比赛中，只有顽强勇猛，争取主动，才能使战术得到进一步的贯彻和运用。

（1）发球的线路。第一次和第二次发球，在发球力量、速度、旋转和角度等因素上是各不相同的。第一次发球时，应考虑对手的防守位置及能控制的范围，原则上是以中线为目标发球，球速快、有旋转、角度小，争取发球得分。第二次发球，以稳健性为原则，采用最擅长的发球方式，把球发至对手的反手，保证发球的成功率，控制对手。

（2）接发球的线路。接发球的线路原则上是回击斜线球，并且要打深，以控制对手。在实际比赛中，打在中间的深落点，不容易失分。如果对手发球上网，可利用打直线球超过对手；如果准备让对手打截击，可回击斜线短球控制对手。事先确定好的战术打法，不要随意改变，坚定信心，方能获得良好的效果。发球者在第二次发球时，往往较为慎重，发出的球，球速慢、旋转弱，所以应该积极主动进攻，攻击对方弱点或反手，使比赛朝着对自己有利的方向发展。

（3）上网击球的线路。当对手打来短球或对手回击球困难时，以最短的距离接近球网，缩小防守范围，这时一般要打直线球。如果对手擅长打上网球，容易被对手破网时，也可打中路上网球，即把球打到球场的中部。这种打法被称为中央战术。

（4）超身球的线路。一种是将球完全地打过对手身体两侧，击球线路是直线或斜线。直线球一般情况下是有速度、有深度的，以此来调动对手；斜线球有强旋转、有深度，以此压制对手，即使对手追赶上球也难以回球。另一种是迫使对手打较低的截击球，击球线路是直线或斜线。直线球是速度慢、力量小的球或反弹球，可以为自己创造进攻机会。

（5）截击球的线路。在截击高球时，对球的落点没有明确的要求，也就是打到哪里都可以，最好是将球打深，使对手没有回球的角度。在截击低球时，往往并不是自己主观意愿的击球过程，是一种被迫的回球形式，就应力争将球打到对手难以控制的范围内。

（6）挑高球的线路。进攻性挑高球，首先是将对手引诱到网前，其次是挑斜线高球或直线高球，调动对手移动。防守性挑高球，是将球挑至后场，利用球在空中的运行时间来调整自己的站位和击球位置，再挑直线高球和斜线高球。

（二）双打战术

重点提示：双打战术是在发挥个人技术、战术的基础上，两人相互协调、配合进行的比赛。网球双打与单打的战术特点截然不同，双打是网前争夺战，谁控制了网前谁就有更多的进攻机会。同时，对双打的发球、接发球、反应判断能力、心理控制能力要求更高。

1. 各自的活动范围

双打发球员和接发球员及同伴的站位与移动、判断和击球有着密切联系，站位合理，移动迅速，配合默契，击球质量高，比赛中多能处于主动。

当两人都是右手握拍时，正手技术好的人负责右半场，反手技术好的负责左半场。如果两人技术水平相差很大，则由技术水平高的队员负责左半场，因为在左半场，反手击球需要更高的成功率，防止失分。

当两人之间没有技术水平的差异或明显弱点时，可根据不同的性格进行分工，如让沉着稳健型队员负责右半场，让勇猛、进攻型队员负责左半场。这是因为双方在打成平局交换发球时，要由右边队员来发球，在领先一分或被对手领先一分时，就要轮到左边队员来发这一关键性球。在双打比赛中，常看到不同性格的队员的组合。

当一队员是右手握拍、另一队员是左手握拍时，为了充分发挥正手斜线球的威力，右手握拍队员在右边，左手握拍队员在左边，能够充分发挥各自的特长。

2. 发球次序

在网球比赛中，先发球的队员发球次数常常要比同伴多，所以由发球水平高的队员首先发球，来贯彻比赛原则。

3. 开局阵式

双打队员根据各自技术、战术的实际需要站在预选确定的位置上进行比赛就是阵式。不同的站位对比赛有着不同的作用。

（1）双打中发球员与同伴的站位。同伴站在网前，发球员发球后快速上网打截击球，或同伴站在网前或靠近中线，发球员发球后根据同伴的要求进行上网打截击球。

（2）接发球方的队员站位。两名队员都站在端线，接第一发球的队员站位稍后，或是同伴站在网前。这是一种重防守的阵式，其战术思想是把球打到对手的脚下，诱使对手上网，利用高球打乱对手，通过快慢球的组合，使对手出现失误，有时也可打出短球，两人同时上网。

在双打比赛中，发球时要避免两次发球失误，提高第一发球的成功率和质量，破坏对方接发球的进攻节奏。接发球时，要避免接发球失误，早做准备，站好位置，判断准确，向前迎击球。第一发球应做到发球有力、目标准确。接发球要有速度变化，要尽可能地用正手接第二发球。

三、网球竞赛规则及裁判法

1. 网球场地的规格

全场除端线可宽至 10 cm 外，其他各线的宽度为 2~5 cm。全场各区的丈量除中线外，都从各线的外沿计算。网柱高 1.07 m，球网中央顶端离地高 0.914 m（图 11-3-14）。

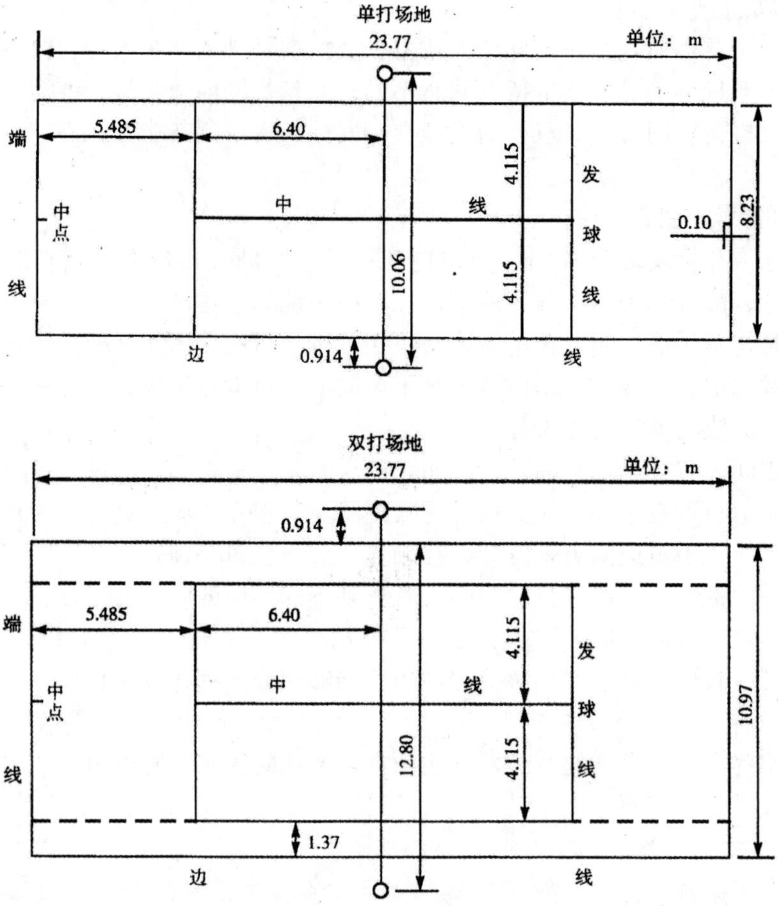

图 11-3-14　网球场地

2. 发球员和接球员

运动员应各自站在球网的一边，先发球的运动员叫作发球员，另一边的运动员叫作接球员。

3. 发　球

发球员在发球前，应先站在端线后、中点和边线的假定延长线之间的区域里，然后用手将球向空中任何方向抛起，在球接触地面以前，球拍与球接触，就算完成球的发出。

4. 发球员的位置

（1）每局开始发球时，发球员应先从右区端线后发球；得（失）一分后，应换到左区发球。这样每得（失）一分就轮流交换发球位置。如发球位置错误而未察觉，比分仍然有效；一旦察觉，应立即纠正。

（2）发出的球，在对方还击前，应从网上越过，落到对角的对方发球区内或其周围的线上。

5. 第二次发球

发球员第一次发球失误后，应在原发球位置进行第二次发球。如果一次发球失误后，发觉发球位置错误，应改在另区发球，但只能再发一次球。

6. 发球无效

下列任何一种情况，都应判发球无效，并重发球：

（1）合法的发球触及球网、中心带、网边白布后，仍落到对方发球区内，或发球触及球网、中心带、网边白布后，在落地前触及接球员身体或其穿戴物件。

（2）不论发出的球成功还是失败，接球员均未做准备。重发球，则那次发球不予计算，但原先的第一次发球失误不予取消。

7. 发球次序

第一局比赛终了，接球员成为发球员，发球员成为接球员，以后每局终了，均依次互相交换直至比赛结束。如发球次序发生错误，发觉后应立即纠正，由应轮及发球的球员发球。发觉错误前，双方所得的分数都有效。如发觉前已有一次发球失误，则不予计算。如一局终了才发觉次序错误，则以后的发球次序就以该局为准按规定轮换。

8. 交换场地

双方应在每盘的第一、三、五等单数局结束后，以及每盘结束双方局数之和为单数时，交换场地，如一盘结束，双方局数之和为双数，则不交换场地，须等下一盘第一局结束后再进行交换。

如发生差错未按照正常顺序交换场地，一经发现，应立即纠正场区，按原来顺序进行比赛。

9. 胜一局

运动员每胜一球得一分，胜第一分记 15 分，胜第二分记 30 分，胜第三分记 40 分，先得四分者胜一局。但遇双方各得三分时，则为平分。平分后，一方先得一分时，为“该运动员占先”。“占先”后再得一分，才算胜一局；如一方“占先”后，对方又得一分，则仍为平分。依此类推，直到一方在平分后净胜两分结束该局。

10. 胜一盘

（1）一方先胜六局为胜一盘。但遇双方各得五局时，一方必须净胜两局才算胜一盘。

（2）决胜局计分制可作为本条规则（1）款平局时长盘的变通办法，但要在比赛前宣布这一决定。

决胜局计分制规则：决胜局计分制可应用于每盘的局数为六平，但三盘两胜制的第三盘和五盘三胜制的第五盘不得使用此制度，应使用本条（1）款的长盘制，除非另有规定并在比赛前宣布。

单打决胜局计分制如下：①先得七分者为胜该局及该盘。若分数成六平时，比赛须延长到某方净胜两分时止。决胜局应全部采用数字计分制。②该轮及的发球员发第一分球，然后由对方发第二分及第三分球；此后轮流交替发球，每人连发两分球，直至决出该局与该盘的胜负为止。③该轮及的发球员在右区发第一分球后，即改由对方依次在左区和右区发第二、二分球；此后轮流交替发球，每人连发两分球，其中第一分球均应在左区发球。如果出现从错误的半区发球，在发觉前已得的分数均有效，但在发觉后应立即纠正错误的站位。④运动员应在每六分及决胜局结束时交换场地。

双打决胜局计分制如下：单打比赛的规定都适用于双打比赛。轮到发球的运动员发第一分球。此后发球次序仍按照该盘比赛中原先的发球次序排定，每人轮流交替发两分球，直到决出该局与该盘的胜负为止。

关于轮换发球，运动员（或双打时一对运动员）在决胜局首先发球者，在下一盘第一局中为接球方。

11. 双打发球顺序（图 11-3-15）

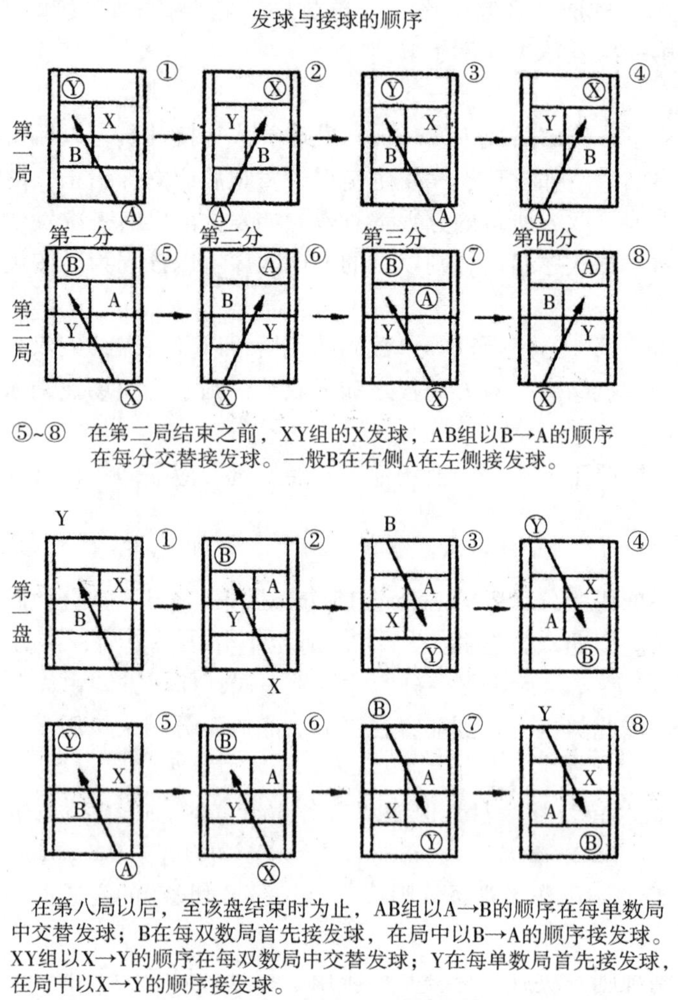

图 11-3-15 双打发球顺序

应在每盘开始之前，决定发球次序如下：每盘第一局开始时，由发球方决定由何人首先发球，对方则同样地在第二局开始时决定由何人首先发球。第三局由第一局发球方的另一球员发球。第四局由第二局发球方的另一球员发球。此盘以下各局均按此次序发球。

思考与研究

（1）发球的动作要领是什么？

（2）单手握拍（双手握拍）正手击球动作要领是什么？

第十二章　民族传统体育运动

章节导读

习近平总书记在党的十九大报告中提出："铸牢中华民族共同体意识。"这把握的是中华民族几千年历史演进的客观规律，揭示的是新时代民族工作的主题主线，彰显的是团结凝聚各族人民、共同实现伟大梦想的信心决心。习近平总书记在 2021 年 8 月的中央民族工作会议上，全面回顾了我们党民族工作百年光辉历程和历史成就，深入分析了当前党的民族工作面临的新形势，再次明确了以铸牢中华民族共同体意识为主题主线推进新时代党的民族工作高质量发展的指导思想、战略目标、重点任务、政策举措，为做好新时代党的民族工作指明了前进方向，提供了根本遵循。

民族传统体育作为中华民族历史结晶的一部分，对铸牢中华民族共同体意识有着特殊意义和独特价值，其高质量的发展是我国进入新阶段的时代诉求，是践行铸牢中华民族共同体意识的具体体现。此外，民族传统体育具有"以体育德，以体育智，以体育人"的基本功能。大学作为发展民族传统体育的重要平台，有利于促进民族传统体育发展，同时在铸牢中华民族共同体意识的过程中肩负着义不容辞的责任。大学生通过亲身体验民族传统体育的魅力，以达到从"塑形"到"铸魂"的效果，继而达到铸牢中华民族共同体意识的目的。

第一节　民族传统体育概述

在中华文明漫长的进程中，孕育了多种具有浓郁民族风格与特色的民族传统体育项目，现在有据可考的就多达一千项左右。民族传统体育是中华民族文化宝库中的瑰宝，也是诸多世界优秀文化的重要遗产。作为一种传统文化，民族传统体育与本民族的民族起源、生产劳动、种族繁衍、科学文化、民间艺术、道德风尚、风土人情、保家卫国紧密结合，反映了人们对美好生活、崇高理想的追求，承载着一个民族的价值取向，影响着一个民族的生活方式，体现出一个民族自我认同的凝聚力。作为重要的体育资源，民族传统体育不但可以促使我们更好地认识民族文化、促进民族团结和社会进步、提升国家文化软实力，而且在提高各民族人民的健康水平、增强民族向心力和凝聚力等方面起着重要作用。

一、民族传统体育的概念

1953 年 11 月，在天津召开了第一届全国少数民族传统体育运动会，但彼时并没有使用"民族传统体育"一词。真正提出"民族传统体育"概念是在 1981 年举行的"全国少数民族界协商工作座谈会”上。因此，从1982年在呼和浩特举办的第二届全国少数民族传统体育运动会开始，“民族传统体育”一词在体育界广为沿用。1998年颁布的《普通高等学校本科专业目录》规定，在一级学科体育学下设有5个二级学科，分别为体育教育、运动训练、社会体育、运动人体科学及民族传统体育。从此，“民族传统体育”这一称谓，作为国家认定的学科专业被正式确定下来。虽然民族传统体育已经成为了二级学科，但是对“民族传统体育”的诠释，在理论、学术界仍然是比较模糊的，至今尚未统一。在有关民族传统体育的专著、教材和学术论文中对民族传统体育概念的表述都不尽相同，存在不同的理解、定义和多种解释。

1989年人民体育出版社出版的体育学院通用教材《体育史》认为，民族传统体育是指近代以前的体育竞技娱乐活动；周伟良在《中华民族传统体育概论高级教程》一书中认为：“民族传统体育是在中国近代之前产生发展，由中华民族世代实践并流传或影响至今的体育”；熊志冲在《传统体育与传统文化》一文中将民族传统体育定义为“在中华民族大地上历代产生并大多流传至今和在古代历史长河中由外族传入并在我国生根发展的一切体育活动”；胡小明在《民族体育》一书中认为：“民族体育的概念通常用来表述与世界范围内规范传播的现代体育竞技活动相对的民间传统体育活动。民族体育往往长期开展于某一族群中，存在着明显的地域性和浓郁的民族传统文化色彩，因此，它与国际流行的现代体育是有差别的”；张选惠在《民族传统体育概论》一书中认为：“民族传统体育就是在中华民族开展的，具有浓厚民族传统特色的各种体育活动的总称”；邱丕相在《民族传统体育概论》一书中认为：“民族传统体育是指某一个或几个特定的民族历代因循传承下来的、在一定范围内开展的，具有浓厚民族文化色彩和特征的竞技娱乐活动”；白晋湘在《民族民间体育》一书中认为：“民族传统体育是一个民族或国家独有的、表现于共同文化上的共同心理素质的共同体所创造的，并在历史发展的过程中积淀、保存和延续下来的具有民族特征的体育文化”。

综上所述，不同的专家对“民族传统体育”的概念有不同的见解和看法，但同时所有专家都注意到“民族传统体育”的两个基本特征，一是“民族传统体育”具有非常鲜明的民族特色性，二是“民族传统体育”具有一定的历史传承性。因此，本书对“民族传统体育”概念作如下界定：民族传统体育是指不同民族（既可以是外国的民族，也可以是中国的民族，本教材主要讨论中国各民族）在其各自的历史发展进程中所创造的并逐渐传承下来的，具有浓厚民族文化色彩和特征的体育活动的统称。

二、学习民族传统体育的重要意义

每一个民族传统体育项目都是一个民族的文化，反映了一个民族长期历史沉淀而形成的民族文化意识形态。因此，学习民族传统体育的重要意义具体体现在以下几个方面。

首先，有助于全面认识民族传统体育文化，开阔文化视野。由于民族传统体育的历史悠久，在其历史不断演变的过程中，可以领略到民族传统体育文化的博大精深，对于提升历史文化素养具有重要意义。

其次，有助于全面传承民族传统体育文化，创造美好未来。民族传统体育正由于其对于社会所创造的精神成果和物质成果才得以保存和发展，因此将民族传统体育发扬光大是我们的历史使命。

最后，有助于增强民族自豪感和铸牢中华民族共同体意识，弘扬爱国精神。民族传统体育作为民族文化中凸显出来的一种文化表现形式，汲取了民族精神的琼浆乳汁，传递着中华民族的特有气质，由于其重视培养人的身心和情感需求，对于提升民族自豪感，铸牢中华民族共同体意识，弘扬爱国主义精神，具有重要的现实意义。

思考与研究

（1）民族传统体育的概念是什么？

（2）学习民族传统体育的意义有哪些？

第二节　毽球运动

毽球是一项有着悠久历史的民族体育活动，在我国的北京、天津、上海及承德地区有着广泛的群众基础。我国的少数民族也有类似的游戏，如侗族、苗族、水族的手毽及侗族的哆毽等，都是在毽子的基础上变异产生的。毽球既可以作为正规的比赛项目，亦可以不受场地限制，在室内或室外空旷的地方随意游戏，规制简单，操作方便，并集娱乐性和竞争性于一体。

本节根据大学生实际，以毽球运动的基础入手，从各种准备姿势到各种控球、接球、发球、传球、防守、拦网技术及常用战术，从连贯动作到分步细节等分解讲解了毽球运动的练习方法和运动技巧。

一、毽球运动的场地器材及比赛

1. 比赛场地

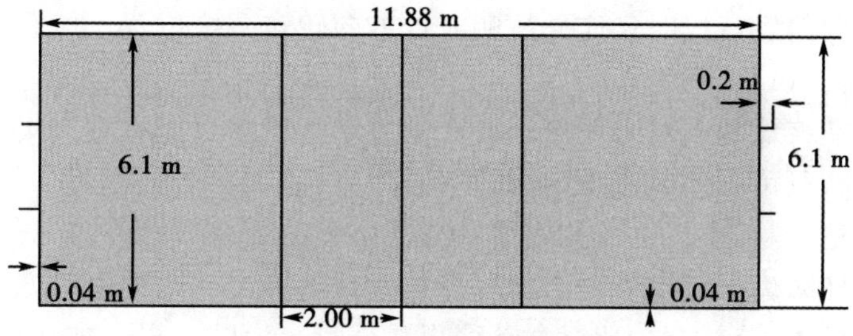

图 12-2-1　比赛场地

毽球运动的比赛场地（图 12-2-1），长 11. 88 m，宽 6. 1 m。场地上空 6 m 以内（由地面计算）和场地四周 2 m 以内不得有障碍物。比赛场地的界限用线宽为 0. 04 m 的白线画出，并且线的宽度包括在场地面积内。较长的两条边界叫边线，较短的两条边界线叫端线。连接场地两边线的中点与端线平行的线叫中线。在中线两侧各画一条与中线平行的线叫限制线（此线包括在限制区面积内）。中线至限制线的距离为 2. 00 m。发球区距两端线中点两侧各 1 m 处向场地外各画一条长 0. 2 m 与端线垂直的短线叫发球区线（此线不包括在发球区内）。发球区线向后无线延长的区域叫发球区。

球网的长度为7 m，宽0.76 m，上沿缝有4 cm宽的双层白布，用绳穿起，挂在网柱上并与中线的上空垂直。网柱位于中线以外，距边线0.5 m处。球网的中部顶端距地面垂直高度为1.6 m（男子）或1.5 m（女子）。网的两端距地面的垂直高度必须相等，两端的高度与中间的高度相差不得超过2 cm。球网的两端，垂直于边线和中线交接处，各系有一条宽4 cm，长76 cm的白色带子，叫标志带。在球网上连接标志带外侧系有两根有韧性的杆，叫标志杆。两杆内侧距离6 m。标志杆长1.2 m，直径1 cm。标志杆应高出球网上沿44 cm。

2. 常用比赛规则

双方队员必须在本方场区内。靠近球网的两名队员从左至右分别为3号位和2号位队员，靠近端线的队员为1号位队员。场上队员的位置必须与登记的轮转顺序相符合（图12-2-2）。

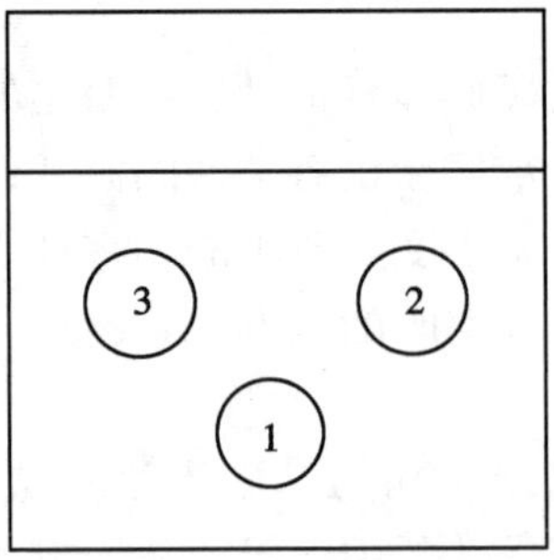

图12-2-2　场上队员位置

（1）发球的一方，2，3号位队员在发球队员的前方，彼此相距不少于2 m。发球后，双方队员可以在本方场区内任意调换位置。

（2）当发球队失误时，应判失发球权，由对方发球。

（3）某队取得发球权时，应先按顺时针方向轮转一个位置，然后由轮转到1号位的队员发球。

（4）每队在将球踢入对方场区前，在本方场区最多只能有三人次击球四次。

（5）每名队员可以连续击球两次。

3. 计胜方法

（1）接发球队失误，应判对方得一分；发球队失误，则判由对方发球。

（2）某队得15分并至少比对方队多得2分时，为胜一局。如比分是14∶14，比赛应继续进行，直至某队领先2分，方为胜一局。

（3）比赛采用三局两胜制，第三局采用每球得分制。

二、准备姿势与基本步法

（一）准备姿势

1. 前后开立准备姿势

技术要领：两脚前后开立略比肩宽，脚内侧着地，两脚尖正对前方，脚跟自然提起，膝关节保持一定的弯曲内扣。上体稍前倾，重心靠前，两臂放松，自然弯曲置于体侧。两脚保持微动状态，两眼注视来球，身体适当放松，保持待动状态。

2. 左右开立准备姿势

技术要领：两脚左右平行开立与肩同宽，脚跟提起，脚掌内扣，两膝稍弯曲内扣。上体稍前倾，重心在两脚中间，两臂放松，自然弯曲置于体侧。两脚保持待动状态，两眼注视来球，全身肌肉适度紧张，身体始终保持微动。

（二）基本步法

1. 前上步（图 12-2-3）

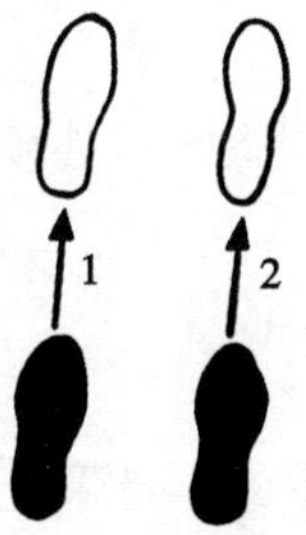

图 12-2-3 前上步

技术要领：运动员前上步或斜前上步时，踢球腿蹬地，支撑腿向前或者斜前方向迈出一步，踢球腿摆动成踢球准备姿势。

2. 后撤步（图 12-2-4）

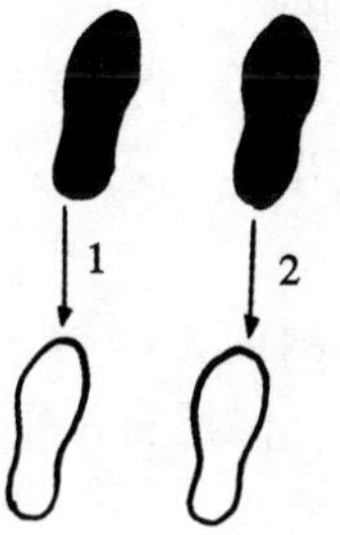

图 12-2-4 后撤步

技术要领：后撤时，支撑腿向后蹬，重心后移，同时踢球腿向后迈出一步，支撑腿摆动成踢球准备姿势。

3. 并 步（图 12-2-5）

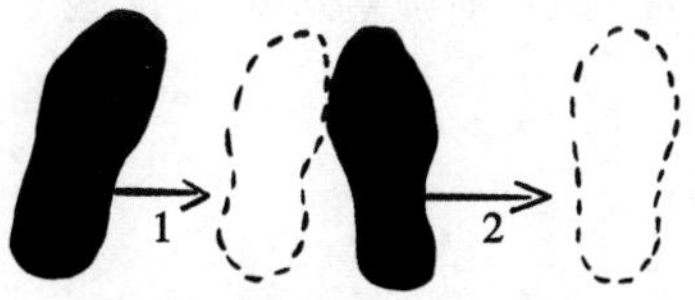

图 12-2-5 并步

技术要领：队员右侧移动时，左脚脚掌内侧用力向左侧蹬地，重心向右移动，右脚向右侧平滑一步，左脚跟上并步，成踢球准备姿势，反之亦然；队员向前移动时，左脚掌用力后蹬，重心前移，右脚向前迈一步，左脚跟上并步。

4. 滑　步（图 12-2-6）

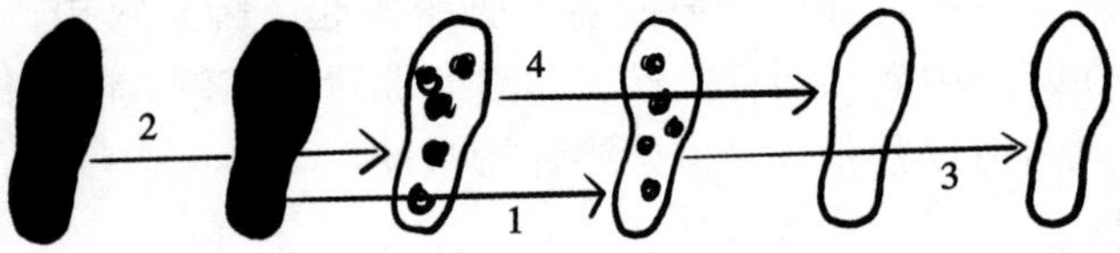

图 12-2-6　滑步

技术要领：左右开立准备姿势，左（右）脚发力侧蹬地面，重心侧移，同时右（左）脚向侧迈出，左（右）脚迅速跟上，可连续滑步，也是一次以上的并步移动连续完成的移动步伐。

5. 交叉步（图 12-2-7）

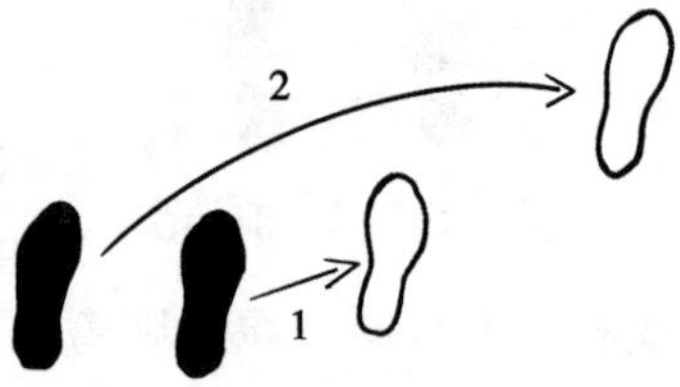

图 12-2-7　交叉步

技术要领：向右（左）交叉移动时，左（右）脚向右（左）侧蹬地，把身体重心移到右（左）脚，左（右）脚从右（左）脚前向右（左）侧交叉迈出，同时右（左）脚向外侧蹬地，从左（右）脚后侧迈出，成踢球准备姿势。

6. 跨　步

技术要领：支撑腿用力向前或者斜前方蹬地，重心降低前移，踢球脚沿地面跨出，插入球下成救球姿势，两臂自然摆动，保持身体平衡。

7. 转体上步

技术要领：左（右）转体时，以右（左）脚为支撑轴，左（右）脚向后蹬地，重心下降稍后移，以髋关节带动向左（右）转体 90°~180°，成踢球准备姿势。

8. 跑动步

技术要领：跑动的第一步基本同前上步、后撤步、交叉步的第一步，第二步开始逐渐进入正常跑动，最后止步时有制动动作（脚跟先着地），并且重心稍下降成踢球准备姿势。

（三）基本技术

1. 踢球技术

（1）脚内侧踢球（图 12-2-8）。

图 12-2-8　脚内侧踢球

技术要领：两脚自然分开，手持毽球于体前，将毽球垂直抛起，下落至腰部时准备踢球。当球到位时，身体重心转移至支撑脚上，以髋关节为轴，击球腿大腿带小腿由下向上方摆动，同时展髋、膝关节外展、踝关节内扣。击球瞬间脚内侧端平，以足弓中部击球。

（2）脚外侧踢球（图 12-2-9）。

技术要领：两脚自然分开，手持毽球于体侧，将毽球垂直抛起，下落至腰部时准备踢球。重心移到支撑脚上，踢球腿的髋、膝关节内扣，屈踝、屈膝、踝关节外翻，踢球脚外翻端平。击球时，利用小腿外摆快速上抬的动作完成，击球部位在脚外侧的中部，击球点的高度一般不超过膝关节。

图 12-2-9　脚外侧踢球

（3）脚背正面踢球（图 12-2-10）。

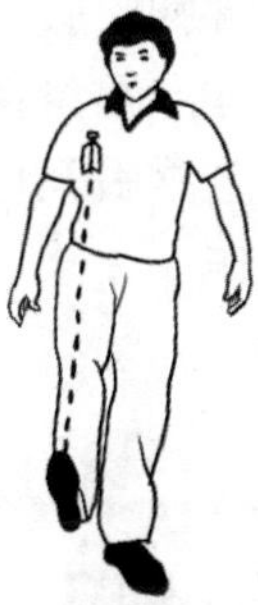

图 12-2-10　脚背正面踢球

技术要领：双脚自然开立，与肩同宽，膝盖微微弯曲，身体重心略向前倾，踝关节放松。击球时，腿部发力，脚背绷直，小腿迅速前摆，用脚背正面击球，尽量将球控制在膝关节以下。

2. 触球技术

（1）腿部触球（图 12-2-11）。

图 12-2-11　腿部触球

技术要领：面向球网，用左脚在前的前后开立准备姿势。当球飞行至靠近大腿略低于髋关节时，以左腿为支撑，将身体重心转移到支撑脚上；击球腿主动屈髋屈膝，由大腿带动小腿迅速上抬，小腿自然放松，右腿由下向上摆起，主动以大腿击球，击球部位为大腿正面靠近膝关节部分的前 1/3 处。

（2）腹部触球（图 12-2-12）。

图 12-2-12　腹部触球

技术要领：面向球网，两脚自然开立，双膝微屈，做好准备姿势。当球飞行至靠近身体时，对准来球屈膝略向后蹲，稍微含胸收腹。腹部触球瞬间，应主动挺腹，使球自动轻轻弹出，球的落点在身体前方。击球点在身体前侧腹中线高度，击球部位为小腹中部。使用腹部起球技术时，注意腹部在触球瞬间应稍微向前主动迎球，击球后，立即还原准备姿势，以方便移动或接下一个动作。

（3）胸部触球（图 12-2-13）。

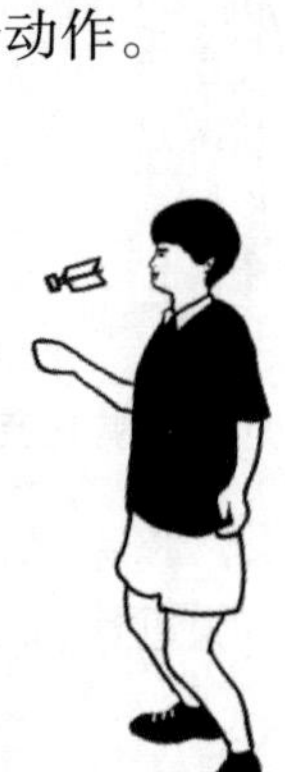

图 12-2-13　胸部触球

技术要领：面向球网，两脚自然开立，双膝微屈，做好准备姿势。当球飞到胸前约10 cm处时，对准来球，两臂微屈，伸膝蹬地直立将身体重心上移。击球后，立即还原准备姿势，以方便移动或接下一个动作。

（4）头部触球（图 12-2-14）。

图 12-2-14　头部触球

技术要领：面向来球，双脚自然开立，双膝微屈，做好准备姿势。当来球飞近头部距离前额 10 cm 处时，伸膝蹬地直立将身体重心上移，对准来球主动抬头击球，使前额触及的球向前上方呈小弧度下落于体前。击球后，立即还原准备姿势，以方便移动或接下一个动作。

3. 发球技术

（1）脚内侧发球（图 12-2-15）。

图 12-2-15　脚内侧发球

技术要领：面向球网，用左脚在前的前后开立准备姿势。将球轻抛于右脚前，顺势前移身体重心，然后右腿髋、膝关节外翻，右腿屈膝向前摆动，当身体重心超过身体垂直面后，支撑脚向后蹬地，加速重心前移，收腹送腿增加髋、膝关节外翻速度力量，最后力达脚内侧足弓中部，加力送推球。

（2）脚背正面发球（图 12-2-16）。

技术要领：面向球网，身体微向左侧身站位，用左脚在前的前后开立准备姿势。将球轻抛于右脚前，顺势前移身体重心，然后右腿由后向前摆动，身体左转收腹，将膝关节和踝关节尽力内收内旋。大腿、小腿和脚快速弹抖发力，最后力达脚外侧中部击球。

图 12-2-16 脚背正面发球

（3）踏球发球（图 12-2-17）。

图 12-2-17 踏球发球

技术要领：站在离端线 2 m 左右的位置，左脚在前的准备姿势，将球抛在身体偏右的前上方，高度约 3.5 m，然后右脚迈出，用屈腿抖踏的动作将球击过网。

（4）凌空发球（图 12-2-18）。

图 12-2-18 凌空发球

技术要领：身体侧对球网，将球抛起，同时左脚向左前方踏出一步，身体重心移动到左腿上，右腿屈膝由后向上抬至高点，当球下落到比肩稍高位置时，右膝盖内扣，大腿带动小腿和踝关节内旋，用脚面外侧将球发出。

4. 进攻技术

（1）头部攻球。

① 正面头攻球。

技术要领：身体正对来球，紧密观察判断来球，两脚采用前后开立站位，两膝微屈，便于蹬地起跳。面向来球，单脚或双脚在限制线外用力蹬地起跳。上体和头稍后仰，在空中身体成反弓，充分拉伸身体前侧肌群，便于增加工作距离，增大击球力量。当头距离来球 10 cm 左右时，迅速地主动收腹、含胸、甩头，最后力达头部前额正面，将球攻入对方场区。

② 侧面头攻球。

技术要领：身体稍侧对来球，两眼观察判断来球状态，两脚开立站位，两膝微屈，既便于蹬地起跳腾空，又为身体侧摆做好必要准备。侧对来球，单脚或双脚在限制线外用力蹬地起跳。上体和头迅速向出球方向的异侧侧屈，充分拉伸出球方向的体侧肌群，便于增加工作距离，增大击球力量。双臂自然张开，保持身体平衡。当头距离来球 10 cm左右时，上体迅速向出球方向转动侧摆，带动颈部头部侧甩，最后力达头部前额侧面，将球攻入对方场区。

（2）倒勾攻球。

① 正面倒勾攻球（图 12-2-19）。

图 12-2-19 正面倒勾攻球

技术要领：背向球网，采用左右开立站位，两膝微屈，做好攻球准备。待球距离身体较近，落点在头前上方时，原地或进一步以右腿蹬地起跳。起跳时膝踝关节充分蹬直，摆动腿和摆臂协调用力。起跳后，左腿屈膝上摆。当左腿摆至最高点时，右腿屈膝带动小腿用力上摆。此时，左腿顺势自然下摆。当球到达头部右前上方时，伸右膝、踝关节背屈弹抖发力，脚尖勾至脚掌与地面水平状态，力达正脚面的脚趾或脚趾根部，将球攻入对方场区。完成攻球动作后，左、右脚顺势依次缓冲着地，保持身体平衡。

② 外摆倒勾攻球（图 12-2-20）。

图 12-2-20　外摆倒勾攻球

技术要领：稍向右侧背向球网，采用左右开立站位，两膝微屈，做好攻球准备。待球距离身体较近，落点在头右前上方时，原地或进一步以右腿蹬地起跳。起跳时膝踝关节充分蹬直，摆动腿和摆臂协调用力。起跳后，左腿屈膝右上摆。当左腿摆至最高点时，右腿屈膝带动小腿用力上摆。此时，左腿顺势自然下摆。当球到达头部右前上方约 50 cm 时，右腿外摆、右膝蹬伸、脚踝背屈，脚尖勾至脚掌与地面水平状态，弹抖发力，力达脚面外侧脚趾根部，将球攻入对方场区。击球后，注意右腿在空中的摆动幅度，避免触网；完成攻球动作后，左、右脚顺势依次缓冲着地，保持身体平衡。

③ 凌空转体倒钩攻球（图 12-2-21）。

图 12-2-21　凌空转体倒钩攻球

技术要领：背向球网，采用左右开立站位，两膝微屈，做好攻球准备。待球距离身体较近时，原地或助跑以右腿蹬地起跳腾空。起跳时膝踝关节充分蹬直，摆动腿和摆臂协调用力；腾空过程中，左腿屈膝外展伴有向左转体。待起跳至最高点、球落到头部左前上方时，左腿外展下压。当左腿摆至最高点时，右腿迅速屈膝上摆并完成从右向左、里合摆腿左转体动作。当球到达肩部左侧上方约 50 cm 时，身体凌空接近平卧。此时，膝关节屈曲、踝关节自然绷直，为击球瞬间积累肌肉动力势能。击球时，身体左转，腹腰肌肉收缩，右腿加速里合，髋、膝、踝各关节鞭打弹绷，以大腿带动小腿、小腿带动右脚脚面、最后由踝关节背伸发力，力达正脚面脚趾根部，将球攻入对方场区。击球后身体继续左转，击球腿顺势下落，随后左、右脚顺势依次缓冲着地，保持身体平衡。

（3）脚踏攻球。

① 直腿脚踏攻球。

技术要领：面向网站立，左腿迅速向前迈一步，然后右腿直腿，大腿带动小腿迅速向上向后摆至高点，左腿伸直、提踵，右腿尽量后拉，上体收腹前屈。当球垂直落到距离右脚 10 cm 左右位置时，以向前送髋、展腹、伸腿来协调用力，用脚掌将球击出。在脚掌接触到球的瞬间，左脚脚跟稍内转前移，大腿带动小腿向前加速下压，屈压脚尖，将球击打过网后，右脚随前在空中稍做停留后落地，保持身体平衡。

② 屈腿脚踏攻球。

技术要领：面对网站立，左脚迅速向前迈出一步，然后右脚轻压脚尖，大腿屈膝带动小腿迅速向上摆至高点，左腿伸直、提踵，身体收腹前屈。当球垂直落到距离右脚 10 cm 左右的位置时，向前送髋、展腹、伸腿，腰腹、大腿、踝关节依次发力鞭打式下压，用脚掌击球。在脚掌接触到球的瞬间，左脚脚跟稍内转前移，右腿迅速由屈伸直，屈压脚尖，将球击打过网后，右脚随前在空中稍做停留后落地，保持身体平衡。

5. 防守技术

（1）原地拦网。

技术要领：面向球网，距网 20 ~ 25 cm，双脚平行开立、与肩同宽，双膝微屈，重心下降，自然收腹，上体稍前倾，两臂自然下垂，置于体侧，目视来球。待来球飞行过网，位于体前球网上方之际，原地屈膝下蹲增加地面反作用力，迅速蹬地起跳，迎向来球。起跳后，应保持立腰收腹挺胸姿势堵击来球，将球拦至对方场区。注意空中堵击球力度适中，切不可因击球用力过大而触网犯规。击球后，身体自然下落，双脚前脚掌、脚跟依次着地，屈膝缓冲落地。

（2）移动拦网。

技术要领：面向球网，距网 20 ~ 25 cm，双脚平行开立、与肩同宽，双膝微屈，重心下降，自然收腹，上体稍前倾，两臂自然下垂，置于体侧，目视来球。依据来球的飞行轨迹判断其方向和落点，及时采用并步、滑步、交叉步等技术快速移动，选择合适位置。待步法移动至来球正下方之际，迅速屈膝下蹲增加地面反作用力，随即蹬地起跳，迎向来球。起跳后，应保持立腰收腹挺胸姿势堵击来球。注意空中堵击球力度适中，切不可因击球用力过大而触网犯规。击球后，身体自然下落，双脚前脚掌、脚跟依次着地，屈膝缓冲落地。

（四）基本战术配合

1. 进攻战术（图12-2-22）

根据队员担任的主要任务、进攻方式、助跑线路、攻球点，可把进攻战术的整体配合分为三类，即勾踏配合、双倒勾配合、立体配合。

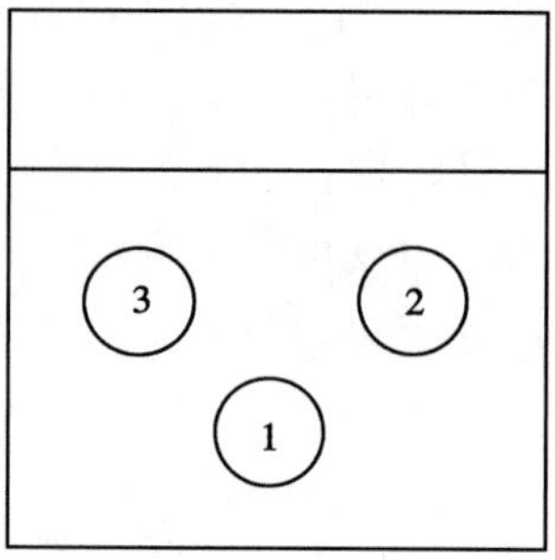

图12-2-22　进攻战术

（1）勾踏配合。

勾踏配合是指在倒勾牵制对方封网的情况下，其他队员采用脚掌前踏攻球的战术配合。勾踏配合有以下两种。

第一种，拉开前踏的配合：当对方把球发给②号队员时，②号队员一次起球给③号二传队员，①号队员移动到网前倒勾牵制对方封网队员，二传队员突然把球拉开给②号队员前踏攻球，要求起球一次到位，二传第一次击球调整好人与球的关系，突然隐蔽地把球拉开给前踏队员，前踏队员应移动到进攻的位置，随时准备形成两点进攻。

第二种，二传前踏主攻的配合：当对方把球发给①号队员时，①号队员一次起球给③号二传队员，②号队员移动到网前倒勾吸引对方封网队员的注意力，①号队员准备拉开前踏干扰对方。此时二传队员利用第一次击球的机会突然起球高出球网，朝网前上方自传，并助跑前踏攻球。要求二传队员自传稍近网并不宜过高，采用虚虚实实、真真假假的战术，在对方放松警惕时，突然助攻，形成多点进攻。

（2）双倒勾配合。

双倒勾配合是指两名队员移动到网前形成双倒勾站立的一种整体配合。当②号队员起球时，①号队员及时移动到网前靠3号位准备担任主攻倒勾，②号队员起球后，快速移动到网前稍靠2号位形成双倒勾的站位形式，③号二传队员根据情况选点传球。要求接发球、起球和二传第一次传球的弧度稍高一点，为倒勾队员移动提供充分的时间，靠3号位的①号倒勾队员一般以强攻为主，靠2号位的队员则以小弧度、快速进攻为主，如果二传队员能较隐蔽地传球，配合娴熟，可有效地突破对方的封网。

（3）立体配合。

立体配合是指一名队员移动到网前准备倒勾牵制对方，另一名队员在限制线后助跑起跳头攻的战术配合。当②号队员接球传给③号队员后，迅速移动到网前准备倒勾，①号队员移动到位后，两步或三步助跑头攻③号二传的传球。要求二传弧度不宜过高，离网约1.2 m左右。头攻队员准确判断传球，及时起动、斜线助跑前冲起跳，把球攻入对方场区。

2. 防守战术（图 12-2-23）

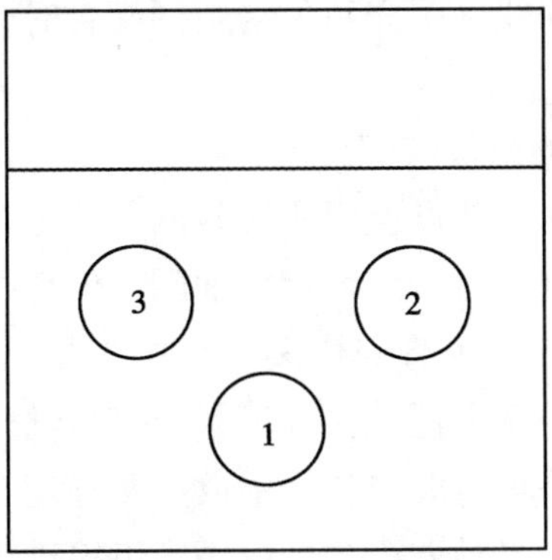

图 12-2-23　防守战术

（1）不封网防守阵形的站位与配合。

不封网防守阵形是指放弃第一道防线，全队后撤组织后排防守的阵形。这种阵形一般在下列情况中广为运用：对方采用推攻时；进攻威力较弱时；远网进攻时；来不及组织封网时。不封网防守的站位要求是前排②、③号位队员主动后撤到离网 2.5 m 处，后排①号位队员站到 4.5 m 左右的地方，扩大防守的区域，以防中、后场为主。在配合过程中，①号位队员除防正面攻过来的球以外，还要防落入后场的球，靠前或靠后站位应根据进攻队员攻后场的能力，以及当时攻球动作来确定。②、③号位队员应根据对方攻球的线路变化特点及时调整防守的位置，防起落中、前场的球。如能准确判断出对方攻球的线路和落点，可迅速缩小防守阵形，密集站位在对方攻球落点可能性最大的区域，每人防守一条进攻路线。在防守时，应随时观察对方进攻队员的击球动作，及时调整身体重心和位置。切勿相互乱抢，造成防守失误。

（2）一封二防防守阵形的站位与配合。

这种防守阵形是由一名队员移动到网前封网，其余两名队员组织后排防守来完成。其作用和特点是增设了第一道防线，同时兼顾后排防守，前后两道防线布局较为均衡，所以，广为不同训练水平的队采用。

一封二防防守阵形一般是固定一名封网能力强、反击擅长倒勾的队员负责封网，而后排两名防守队员应根据情况站位，重点防守攻球落点在中、前场区域的来球。其优点是封网队员转身后就可参与反攻，节奏快，突然性强，但对接应二传的要求较高。封网队员应根据对方起球的落点和弧度、离网的远近高低等传球的情况、进攻的形式、攻球队员的特点及本方防守整体布局的需要移动选位。当对方善于二传助攻时，封网队员取位应靠左侧二传一边。首先准备封二传的一次传助攻或自传助攻；其次靠右边选位，重点准备封进攻队员。选位封网时，首先应准备封节奏最快的一次传组织进攻，其次是自传自攻，最后是二传组织进攻，合理运用个人封网战术，达到把球封死或封起的目的。例如，当对方③号位的倒勾队员上前进攻、封网时，前排队员或辅助二传移动到②号位防守，二传队员到③号位防守站在①号位担任后排防守的队员应重点防守落在中、前场的右斜线攻球和直线攻球，并兼顾同侧后场球。防守准备姿势是右脚在前，脚尖和身体正对攻球方向防守。一封二防防守站位在③号位的防守队员则重点防守后场左斜线攻球和大斜线攻球，并兼顾同侧后场球。防守准备姿势是左脚在前，脚尖和身体正对攻球方向。后排防守队员的取位应根据对方进攻的具体变化及本方封网情况及时预测，移动卡位，防住可能性最大的进攻路线。防守站位与封网配合时，一般不能站在封网队员身后的区域内。

（3）二封一防防守阵形的站位与配合。

二封一防防守阵形是指两名队员上网积极封网，另一名队员留后防守的阵形。其特点是加强了第一道防线的防御能力，网上对抗加剧，但后排防守力量薄弱。该阵形主要是在对方攻球速度快、落点近、线路变化多、后排不易防守的情况下所采取的防守措施，特别是对付进攻凌厉、线路变化不多也不善于打吊结合的队员效果更好。

双人封网最常用的方法是堵边放中和堵中放边两种配合方式。集体封网要确定以谁为主，正确定位，密切配合。当对方在③号位靠边组织进攻，以②号位防守队员为主定位；若对方在②号位靠边处组织进攻，则以③号位防守队员为主定位；如果对方从中间进攻时，应安排经验丰富的队员为主。

堵边放中防守阵形的站位与配合：网前两名队员全力封堵两边斜线进攻，把中间直线球留给后排队员防守站位。这种站位对防守对方线路变化幅度较大的攻球效果较好，特别是在防守对方集中传球，中间进攻时采用。较多的配合是，两名封网队员向内移动，选好起跳点，其间隙约为 40 cm，后排防守队员正对间隙防守，取位根据对方攻球线路的长短来定。这种防守阵形要求后防队员必须具备全面的防守技术，移动迅速，有较好的防守预判能力。

堵中放边防守阵形的站位与配合：网前两名队员全力封堵中路进攻，迫使对方变斜线进攻的防守站位。当对方以直线进攻为主，线路变化变化幅度小时采用。配合时，两名封网队员正对进攻点，紧贴起跳，空中内靠，两人之间的间隙应尽量减小。起跳后要控制好身体平衡，避免相互干扰。后防队员随时准备向两侧移动防守。

（4）防封回球的站位与配合。

目前，在比赛中，封网已受到各队的普遍重视，双人封网使用频繁，配合日臻娴熟，以致网上争夺激烈、被封回的球比例增加，而这些被封回的球往往对比赛的胜负至关重要，所以各队绝不能忽视对封回球的保护，以免造成不必要的失误。由于毽球的弹性不大，被封回的球往往会落在网前攻球队员身体附近，而且呈小弧度下落且普遍较慢。所以在一般情况下应强调以攻球队员的自我保护为主，其他队员跟进协同保护为辅。进攻队员在完成攻球动作后，应立即做自我保护。例如，背向倒勾、里合倒勾等都是背对球网进攻，虽然被封回的球速度并不快，但进攻队员无法观察球的下落情况；又如斜线助跑前冲起跳头攻，攻球后人体继续向前飞行，落在中线附近，离封回的球较远，来不及自我保护，这就需要另外的队员跟进保护。跟进保护的队员一般站在离网 1.5 m 的地方，尽量站在可能被封回而进攻队员又无法自我保护的位置上。跟进队员的准备姿势应是两腿弯曲，重心在两脚之间，但不宜太靠前，随时准备伸腿救球或后撤救球。当球攻入对方场区内，保护队员应及时后撤到中场，以免后排空间太大。

（5）防推攻球的站位与配合。

当对方防守起球不到位或失误时，往往会利用最后一次击球机会把球推攻过来，此时应抓住时机，防守起球到位。防推攻球的站位多采用无封网情况下站位。对推攻过来的球不外乎有以下三种情况：①在本方组织进攻的情况下，给对方的防守带来了极大困难，这时，防守队员很难控制防守起球的方向和力量。在这种情况下，有可能出现防守失控把球踢过网。这种情况的来球落点分散，难度不一，所以负责中后场防守的队员思想稍有松懈就有可能出现失误。②当对方防守起球或传球不到位，无法组织有效的进攻时，往往采用推攻把球处理过来。这种处理球节奏慢，突然性差，难度不大，所以，网前队员有充分的时间后撤，选好防守位置，有效地组织各种战术进攻。③当本方发球后没有及时进场，进攻后未及时后撤，防守站位不合理，精神不够集中时，往往给对方以可乘之机。此时，对方有可能打破常规，使用一次或两次击球把球推入本方空当，达到攻其不备的战术目的。为了防止防守中出现漏洞，当发现对方已不可能组织进攻时，网前进攻或封网队员应及时后撤到有利于防守起球和组织进攻的置，并在后撤中观察对方的推攻情况，切不可疏忽大意，而应集中注意力把推攻球认真防起。

（6）“拦-堵-防”阵型。

“拦-堵-防”阵型就是一人在网前拦网，一人在侧面往后堵击，另一人在中后场防守。“拦-堵-防”这种封堵联防阵型构成三道防线，既可以互相补缺又可以灵活机动应变，是目前比较理想的防守阵型。

思考与研究

（1）毽球的进攻手段有哪几种？

（2）毽球的踏球技术要点有哪些？

第三节　珍珠球

珍珠球运动，亦称“采珍珠”，是满族的民间传统球类项目，距今已有几百年的历史，是深受满族人民喜爱的一项传统球类体育项目。由于汉语的“珍珠”翻译成满语为“尼楚赫”，而“尼楚赫”的约简音是“核”，因此珍珠球也被称作“采核”“扔核”“踢核”。

一、珍珠球的起源与演变

珍珠自古以来就是非常名贵的珍品，从字面上可以理解为“珍贵的珠宝”，因此在满族文化中，珍珠是吉祥、圆满、高贵、健康、幸福的象征。14 到 15 世纪，居住在我国北部白山黑水之间的满族祖先以渔猎为生，而其传统的生产劳动之一就是采珍珠，也就是捞取河中的河蚌，再将河蚌里的珍珠取出，向皇族进贡。早期的满族人由于长期在外捕捞河蚌，采集珍珠，业余时间十分有限，因此人们在劳作之余，以抛、抢河蚌为乐，抢河蚌多的，就预示着今后的大丰收。为反映采珍珠劳动的艰辛，人们扮演“河蚌精”张开贝壳防止珍珠被抢夺，于是便产生了以游戏的方式模拟在水中捞取珍珠的情形。最初“采珍珠”游戏由水中转到陆地是满族幼儿们用内装黄豆的布包进行投接，以模仿在水中采珍珠的劳动场景。在活动中用布包象征珍珠，竞相向网中投掷，同时还有1~2人每人手拿两片大河蚌壳，用以阻止布包进入网中，于是一种与生产劳动紧密相连的有攻有守，以跑、跳、传、投为主的运动项目便基本形成了。

20世纪70至80年代，由辽宁省丹东市群体工作者发起，对满族“采珍珠”游戏加以规范和完善。1983年，北京市民委组织在京的民族传统体育专家、学者对“采珍珠”游戏进行加工、修改，将“采珍珠”游戏正式定名为珍珠球运动，并参考篮球、手球的规则编写出《珍珠球竞赛规则》。1986年，在第三届全国少数民族传统体育运动会上，北京代表团首次表演了这一民族体育项目。1991年，在第四届全国少数民族传统体育运动会上，珍珠球被列为正式比赛项目。由于珍珠球比赛极富观赏性，在第四届后的历届全国少数民族传统体育运动会上，不仅是参赛队伍最多的项目之一，而且是对抗性最激烈、观众数量最多、最受欢迎的比赛项目之一。

目前北京、辽宁、河北、吉林、黑龙江、内蒙古等地开始把珍珠球列为本省、市少数民族传统体育运动会的正式比赛项目。在一些民族高等院校、中小学，珍珠球也作为体育课的运动项目得到普及和传播。全国各地也在举办珍珠球教练员、裁判员的培训班，教授裁判方法、训练方法、技战术要求，极大地提高了运动员、裁判员、教练员珍珠球运动的水平，进一步推动了珍珠球运动的普及、发展与传承。2008年6月，满族珍珠球被列入第二批国家级非物质文化遗产名录。

二、珍珠球比赛简介

（一）比赛定义

一场正规的珍珠球比赛是由两个队参加，每支队伍上场7名运动员。比赛分为上、下半场，每个半场15 min，中场休息10 min。如果下半场结束时双方得分相等，要进行3 min的加时赛作为决胜期继续比赛。必要时可以有多个加时赛，直至决出胜负为止。比赛结束时得分多者为胜。

正规的比赛场地内设有5块区域，即水区、限制区、封锁区、隔离区及得分区。

水区内双方各有4名队员负责进攻或防守。进攻者可将球向任何方向传、拍、滚、运，目的是向抄网投球并得分。防守者阻止对方获得球并得分。

得分区内双方各有一名持抄网的队员活动，用抄网试图抄中本方水区队员投射来的球（珍珠）。

封锁区内有两名持挡板球拍的防守队员，用挡板球拍封挡、拦截由水区进攻队员向得分区投射的球，以阻止进攻方得分。

进攻方运动员不得进入前场的限制区内进攻，防守方运动员不得进入后场的限制区内进行防守。

（二）比赛场地

正规的珍珠球比赛场地是一个长方形的坚实平面，无障碍物（图12-3-1）。

比赛场地的长28 m，即边线，宽15 m，即端线。场地的所有界线均为白色，所有线宽5 cm。场地所有区域的丈量是从颜色的边缘和界线的内沿量起。比赛最外的界线外至少3 m内不得有任何障碍物，场地上空最低障碍物的高度至少7 m。

比赛场地内的水区、限制区、封锁区、隔离区及得分区如用颜色显示时，水区为海蓝色，限制区与隔离区为红色，封锁区与得分区为黄色。红黄两色区域也可用其他颜色，但不论用什么颜色，限制区与隔离区的颜色应一致，封锁区与得分区的颜色应一致。水区 22 m×15 m，限制区 0.8 m×15 m，封锁区 1 m×15 m，隔离区 0.4 m×15 m，得分区 0.8 m×15 m。

比赛场地中必须画有中圈与中线。中圈画在场地的正中央，直径为 3.6 m。中线连接两侧边线的中点并与两侧端线平行。距边线内沿 7.5 m 处设有一个直径为 10 cm 的白色实心圆点，即罚球点，罚球点的中心距端线内沿为 7 m。

得分线、隔离线应向两侧边线外各画出 2 m 的延长虚线，每段虚线的长度及间隔均为 20 cm。

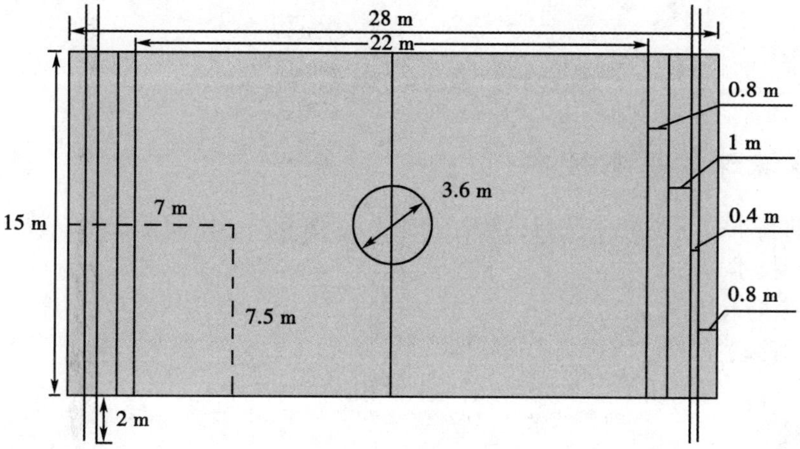

图 12-3-1　珍珠球比赛场地

（三）比赛器材

珍珠球比赛会用到球、球拍及抄网（图 12-3-2）。

1. 比赛用球

珍珠球的外壳是用皮革或橡胶制成，内装有球胆，表面应为珍珠（白）色。球的圆周长为 54～56 cm，重量为 300～325 g。一个符合比赛标准的用球是当球充气后从 1.8 m（从球的底部量起）的高度自由落地，反弹起的高度不能低于 1.2 m 也不能高于 1.4 m（从球的顶部量起）。

2. 比赛球拍

球拍为蛤蚌壳形状，用具有韧性的树脂材料制成，颜色最好与蛤蚌壳颜色相仿。球拍分为拍面和拍柄两部分，总长为 50 cm，重量为 390～410 g。拍面的长度为 35 cm，最宽部分为 25 cm，厚度 0.3～0.5 cm。球拍边缘要用橡胶或软质材料包裹，宽度不超过 0.4 cm，厚度不超过 0.2 cm。拍柄为椭圆柱形，长 15 cm，最大直径 4 cm。

3. 比赛抄网

抄网兜口为圆形，网圈用圆形金属条制成。圈条直径 0.4～0.6 cm，兜口内径 25 cm。网兜用细绳或尼龙绳织成，网深 30～35 cm，网眼为 3.0～3.5 cm。网兜颜色应为深色。网柄为椭圆柱形，长 15 cm，直径 3～4 cm。抄网重量为 180～300 g。

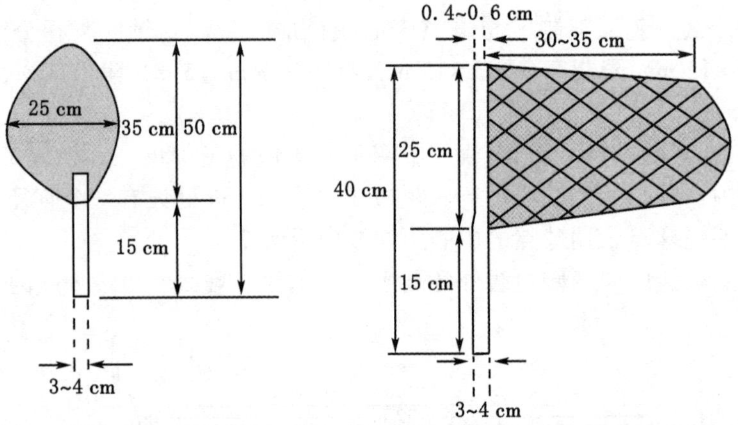

图 12-3-2　珍珠球比赛球拍和抄网

三、珍珠球的基本技术

珍珠球的基本技术动作主要包括移动技术、运球技术、传接球技术、投射技术、抄球技术及防守技术等。

（一）移动技术

珍珠球的移动技术包括预备姿势、跑动、跳起、急停、滑步、转身、并步、后撤步、交叉步、碎步等。以下主要介绍几种最常用的移动技术。

1. 预备姿势

珍珠球运动在移动之前的准备姿势就是基本站立预备姿势。

动作要领：两脚开立，与肩同宽，两腿微屈，上体稍前倾，身体重心位于两脚之间，两臂自然弯曲于体侧，两眼注视全场情况。

2. 跑　动

珍珠球运动最基本的移动方法是跑动，根据不同的情形使用不同的跑动形式，在比赛中主要运用的跑动包括侧身跑、变向跑、变速跑、后退跑等，本书主要介绍以下三种跑动。

（1）侧身跑的动作要领：向前跑时，脚尖始终朝向跑动的方向，头和上体转向球的方向，以便观察场上情况。

（2）变向跑的动作要领：（以从左向右变向跑为例）顺步变向跑时，左脚落地制动，屈膝降低身体重心，用前脚掌内侧蹬地，同时扭腰转胯，右脚迅速向右跨步加速。交叉步变向跑时，左脚落地制动，腰胯向右转动，同时，左脚前脚掌内侧蹬地向右跨步，继续加速跑动前进。

（3）变速跑的动作要领：加速时，上体前倾，前脚掌积极蹬地，同时，提升摆臂速度，加快脚步频率。减速时，上体略微直起，步幅加大，用前脚掌抵地，缓冲降速。

3. 急　停

在进行珍珠球比赛过程中，通过突然制动速度这种动作方法摆脱防守运动员叫作急停。在比赛中主要运用的急停包括跨步急停与跳步急停两种。

（1）跨步急停动作要领：先向前跨出一大步，从脚跟着地过渡到全脚掌抵住地面，迅速屈膝上体后仰，第二步着地时，身体侧转，脚尖内旋，用前脚掌内侧蹬撑地面保持身体平衡。

（2）跳步急停动作要领：单脚或双脚起跳，上体后仰，两脚同时平行落地，用前脚掌内侧有力撑地，两膝弯曲，降低重心，保持身体平衡。

4. 滑 步

在珍珠球比赛中，防守运动员常用的防守移动动作叫作滑步。在防守中主要运用的滑步包括侧滑步、前滑步和后滑步三种。

（1）侧滑步动作要领：滑步前，两脚左右开立，膝弯曲，上体稍前倾，手臂向两侧张开。向左滑步时，右脚前脚掌内侧蹬地，左脚向左跨出一步，落地的同时，右脚迅速随同滑行，然后依次重复上述动作，眼要注视对手；向右滑步时，动作相反。

（2）前滑步动作要领：由前后站立姿势开始，向前滑步时，后脚前脚掌内侧蹬地，前脚向前跨步，着地后，后脚紧随着向前滑动，保持前后开立姿势。注意屈膝降低重心。

（3）后滑步动作要领：与侧滑步相同，只是向侧后方向移动。

5. 转 身

在珍珠球比赛中，不论进攻方还是防守方，转身移动的利用率都比较高。转身是以一脚做中枢脚，另一脚蹬地向前或向后跨出进行旋转，改变原来身体方向的一种动作方法。可分为前转身和后转身两种。

6. 移动技术的练习方法

移动技术的练习方法有很多。可以根据信号按照动作要求做各种移动技术练习；可以结合运球、传接球等技术进行各种移动练习，如侧身跑、变向跑、转身等练习；也可以进行所有脚步动作的综合性练习。

（二）运球技术

运球技术是珍珠球比赛中个人进攻的重要技术。运球是有球队员在原地或移动中，用单手连续按拍或双手交替按拍由地面反弹起来的球。它不仅是个人进行攻击的强有力的手段，而且是组织全队进攻战术配合的桥梁。运球技术包括高运球、低运球、运球急停急起、体前变向换手运球、背后运球、胯下运球、运球转身等。以下主要介绍几种最常用的运球技术。

1. 高运球

动作要领：运球时，两膝微屈，上体略微前倾，抬头平视前方，以肘关节为轴，前臂自然伸屈，用手腕、手指柔和而有力地按拍球的后上方。球的落点控制在运球手臂同侧脚的外侧前方，使球的反弹高度在胸腹之间。

2. 低运球

动作要领：运球时，两膝深屈，降低重心，上体前倾含胸，抬头平视前方，以肘关节为轴，前臂自然伸屈，用手腕、手指柔和、有力且短促地按拍球的后上方。球的落点控制在运球手臂同侧脚的外侧前方，使球的反弹高度在膝关节以下。

3. 运球急停急起

动作要领：当运球队员被对手盯得很紧而又不能运用快速运球超越时，运球队员应突然降低运球速度，或突然急停原地运球，当对手也降低速度或急停时，运球队员则突然用力蹬地，加速运球以超越对手。

4. 体前变向换手运球

动作要领：（以右手运球向左侧变向为例）运球队员先向对手左侧运球，当对手向左侧移动时，运球队员突然向他的右侧变向。变向时，右手按拍球的右上方，使球从自己身体的右侧拍向左侧，同时，右脚向左前方跨出，上体躯干左转探肩，以右臂和身体保护球，换左手按拍球的后上方，加速突破对手。

5. 背后运球

动作要领：（以右手运球向左侧变向为例）变向时，右手将球拉到身后，迅速按拍球的侧后方，将球从身后拍至左侧前方，同时，右腿向左前方跨出，上体左转，换左手按拍球的后上方，加速突破对手。

6. 胯下运球

动作要领：（以右手做胯下运球为例）右手按拍球的右侧上方，使球从两腿之间穿过，右脚向左前方跨出，换左手运球继续前进。

7. 运球转身

动作要领：（以右手运球为例）运球转身时，侧对防守，以前脚为中枢脚，将球控制在身体右侧，右手按球的右侧上方，在后转身右脚蹬地后撤的同时，将球拉向身体后侧方落地反弹，即换左手运球，从对手的右侧突破。

8. 运球技术的练习方法

珍珠球运球技术的练习方法可以分为原地运球和行进间运球两种方式。

（1）原地运球的目的是体会运球的动作要领、运球的速率及运球部位，通过练习原地单手运球、原地换手运球、原地体前变向运球、原地胯下运球、原地背后运球、原地高低运球相结合、原地双胯下运球、原地双背后运球等方式可以有效地提升运动员的球性。

（2）行进间运球的目的是提升在比赛中身体结合球的能力，通过直线运球、曲线运球、直线与曲线相结合运球、原地运球结合行进间运球、运球游戏等方式，模拟正式比赛的场景，可以全方位地提升实战中的运球技术。

（三）传接球技术

1. 传球技术

传球技术作为珍珠球比赛中联系队友的方式之一，有着至关重要的作用。珍珠球的传球技术包括双手胸前传球、双手击地传球、双手头上传球、单手肩上传球、单手胸前传球、单手低手传球、单手击地传球、单手背后传球、单手体侧传球、勾手传球等。以下主要介绍两种在珍珠球比赛中最常用的传球方法。

（1）双手胸前传球动作要领：身体成基本姿势站立，双手持球于胸腹之间。传球时，两臂迅速向传球方向前伸，当手臂将要伸直时，一手置于球侧确保传球路径的准确性，另一手腕关节迅速压腕，同时拇指、无名指、小指确保球的稳定性，由食指及中指用力拨球将球传出。

（2）单手肩上传球的动作要领：（以右手传球为例）双手持球于胸前，成基本姿势站立。传球时，左脚向传球方向迈出半步，同时右臂引球至右肩上方，左肩对着传球方向，重心落在右脚上，右脚蹬地，同时转体并迅速向前挥臂，手腕前屈，通过食、中指拨球将球传出。

2. 接球技术

接球技术是珍珠球比赛中的主要技术之一，是获得珍珠球的动作，是己方一切后续动作的基础。珍珠球的接球技术主要有双手接球和单手接球两种。

（1）双手接球的动作要领：接球时，两眼注视来球，无论是接平传球还是反弹球，根据判断后的来球高度，两臂向来球方向伸出迎球，手指自然分开，当手触及到来球时，顺势随球后引至胸腹之间。

（2）单手接球的动作要领：（以右手接球为例）两眼注视来球，右臂微屈，手掌成勺形，手指自然分开，迎着来球的方向伸出，当手指触球时，手臂顺势向后下方引球，左手立即帮助将球握于胸腹之间。

3. 传接球技术的练习方法

珍珠球传接球技术的练习方法可以分为原地传接球和行进间传接球两种方式。

（1）原地传接球的目的是体会传、接球的动作要领，通过练习两人原地单手传接球、两人原地双手传接球、两人原地背后传接球、两人原地击地传接球、多人传接球游戏等方式可以有效地提升运动员的传接球技术。

（2）行进间运球的目的是提升运动员的实战能力，通过二人平行推进传接球、三人平行推进传接球、四角传接球、跳起空中传接球等方式，模拟正式比赛的场景，可以全方位地提升实战中运动员的传接球技术。

（四）投射技术

投射技术作为珍珠球比赛中最主要的得分手段，主要包括原地投射、行进间投射、跳起投射。

1. 原地投射

原地投射是最基本的得分手段，是行进间投射和跳起投射的基础。有双手胸前投射、双手头上投射、单手肩上投射、单手头上投射等，原地单手肩上投射是当下应用非常广泛的投射方法之一，以下进行详细介绍。

原地单手肩上投射的动作要领：（以右手投射为例）左手扶球的左侧，右臂屈肘，置球于右肩上，两脚前后或左右开立，两膝微屈，重心落在两脚之间。投射时，下肢蹬地发力，右臂向前上方将要伸直时，手腕前屈，拇指、无名指、小指确保球的稳定性，食指及中指用力向下拨球，通过指尖将球投出。

2. 行进间投射

行进间投射是珍珠球比赛中广泛应用的一种投射方法。有单手肩上投射、单手低手投射、双手低手投射、勾手投射等。以下主要介绍三种常用的投射方法。

（1）行进间单手肩上投射的动作要领：（以右手投射为例）右脚跨出一大步的同时接球，接着左脚跨出一小步并用力蹬地起跳，举球于肩上，当身体接近最高点时，右臂向前上方伸直，手腕前屈，拇指、无名指、小指确保球的稳定性，食指及中指用力向下拨球，通过指尖将球投出。

（2）行进间单手低手投射的动作要领：（以右手投射为例）右脚跨出一大步的同时接球，左脚接着跨出一小步并用力蹬地起跳，右腿屈膝上抬，右手掌心向上托球，并充分向抄网队员方向伸展，接着屈腕，拇指、无名指、小指确保球的稳定性，食指及中指用力向上拨球，通过指尖将球投出。

（3）行进间勾手投射的动作要领：（以从球场左侧斜插到抄网右侧右手投射为例）右脚跨出一大步接球，同时右脚用力侧蹬，左脚向抄网队员方向跨一小步，并蹬地起跳，右腿屈膝上提，右手持球由胸前经体侧向右肩上方画弧举球，当球举至头的侧上方接近最高点时屈腕，拇指、无名指、小指确保球的稳定性，食指及中指用力朝抄网队员方向拨球，通过指尖将球投出。

3. 跳起投射

跳起投射简称跳投。它具有突然性强、出手点高和不易防守的优点。有原地跳起投射（单手肩上投射、单手头上投射、双手头上投射）和急停跳起投射（接球急停跳起投射、运球急停跳起投射、转身跳起投射和跳起转身投射）两种。原地跳起单手肩上投射是当下应用非常广泛的跳起投射方法之一，以下进行详细介绍。

原地跳起单手肩上投射的动作要领：（以右手投射为例）两手持球于胸腹之间，两脚自然开立，两腿微屈，重心在两脚上。起跳时，脚掌用力蹬地向上跳起，双手举球至右肩上方。右手托球，左手扶球的左侧方。当身体接近最高点时，左手离球，右臂向前上方伸直，手腕前屈，拇指、无名指、小指确保球的稳定性，食指及中指用力向上拨球，通过指尖将球投出。

4. 投射技术的练习方法

投射技术的练习方法有很多种，根据是否结合抄网与防守可分为无抄网无防守投射练习、有抄网无防守投射练习、有抄网有防守投射练习三种方法。

（1）无抄网无防守投射练习方法，两人或多人一组，相距一定距离，做原地投射、行进间投射及跳起投射练习。

（2）有抄网无防守投射练习方法，两人或多人一组，相距一定距离，做原地投射、行进间投射及跳起投射练习，并与抄网队员保持默契，确保入网命中率。

（3）有抄网有防守投射练习方法，即模拟实战，既在水区增加防守运动员，又在封锁区增加挡板运动员，结合行进间运球、传球，在水区内进行单人或多人练习。

（五）抄网技术

抄网技术是通过手持抄网的运动员在跑、跳、移动中，与水区进攻队员默契配合，越过手持挡板的防守运动员，将球抄入网内得分的技术。根据珍珠球的飞行轨迹分为抄高弧线球、直线球、界外空中球、反弹球和地滚球五种。抄网运动员既要有较好身体素质与反应能力，又要与水区的队友有很好的沟通、默契的配合，以及建立某种眼神和信号联系。抄网技术的掌握和水区队友的配合直接影响比赛的结果。抄网技术的关键有三点，即抄网运动员的手对抄网的基本控制力、脚步移动的迅捷程度，以及手脚的协调配合能力。

1. 抄高弧线球技术

垂直跳起抄高弧线球的动作要领：抄网运动员采用侧身站立，两脚蹬地，垂直向上跳起，以肩关节为轴，手紧握网柄，同时手臂伸出，使抄网入口面与来球成直角，抄网到达最高点时屈腕，将珍珠球抄入网内，落地时腰腹控制平衡，两脚缓冲着地在得分区内。

后仰跳起抄高弧线球的动作要领：原地或跑动中起跳，起跳时尽量垂直向上，手紧握网柄，持网向后伸出，头及身体向一侧稍倾，落地时腰腹控制平衡，当球抄入网内时，要顺势将网口翻转并将珍珠球始终控制在网袋内，两脚缓冲着地落在得分区内。

2. 抄直线球技术

动作要领：首先要判断球的飞行方向与速度，及时移动，利用移动技术结合假动作摆脱持拍防守队员的防守，形成移动错位和时差错位，同时通过特殊信号与水区队友联系。抄网时，手持网柄远端，网口朝来球方向，以肘关节或肩关节为轴，伸出前臂并伴有屈腕，手紧握网柄，网口对准来球，当珍珠球入网时，手腕顺势做一个轻扣动作，主动将球抄入网内。

3. 抄界外空中球技术

动作要领：当传来一个快要出界的球时，向同侧移动，两脚蹬地，向界外侧跨跳起，空中给出网位，伸出手臂，持网手腕控制抄网面与来球成垂直角度，海底捞月似的将球抄回来；如果来球过猛，则以近似鱼跃的动作冲出去抄住球。

4. 抄反弹球技术

动作要领：抄网运动员应与水区队友建立眼神和信号联系，利用快速的移动技术积极摆脱持拍防守队员的防守，使网面朝下，对准反弹起的球迅速抄起。反弹起的球较高时，采用侧身站立，使抄网面与来球成直角，并抄球的低点；反弹起的球较低时，抄网动作采用排球扣球的技术动作，并抄球的高点。

5. 抄地滚球技术

动作要领：当传来一个从地面快速滚动过来的球时，降低重心，俯身向下伸出手臂，持网手腕控制抄网面与来球成垂直角度，网口稍向下，对准来球，当球入网时，手腕顺势做一个向上轻挑动作，主动将球抄入网内。

（六）防守技术

珍珠球比赛中的防守技术一共有两类，分别是水区防守及封锁区防守，由于水区防守与篮球比赛中的防守技术大体一致，因此这里着重介绍封锁区防守，即封锁区持拍防守技术。

封锁区持拍防守技术是指持拍的防守运动员在封锁区内，合理运用脚步移动技术和手臂持拍技术，利用封挡、夹接、按压、挑拨、捅球、拍球和双拍传球等技术阻挠水区进攻运动员的进攻意图及行动，拦截和破坏所有进攻运动员的投射及得分区的抄网，并以抢断球为目的的一项专门防守技术。封锁区内两名持拍防守运动员应注意默契配合，以最大的防守面控制抄网手的移动范围，以最大的干扰阻止水区进攻运动员与得分区抄网运动员的联系。

1. 封挡球

动作要领：当来球弧度较平、球速较快时，采用封挡球，此动作与排球的拦网技术动作大体一致。举起球拍对准来球，当球触拍的一刹那，手腕前屈，球拍用力下压，将球挡落在水区内。所挡的球尽量挡给水区内己方队员，以组织快攻。

2. 夹接球

动作要领：主要用于防高抛球或来球弧度较平、球速较慢时。准确判断落点，双手持拍伸出，双臂伸直，两拍成前宽后窄。接触球瞬间，两拍迅速夹拢将球夹住。

3. 按压球

动作要领：当来球无法抄住，也不能挑拨时，球拍面朝下方按压球。

4. 挑拨球

动作要领：当投来反弹球时，应采用挑球。挑球时，用球拍对准来球，拍头朝斜下方，将球挑起，在球触拍的一刹那，顺势将球挑给水区内本方队员；当投来地滚球时，应采用拨球。拨球时，用球拍对准来球，拍头朝下，将球拨出封锁区，在球触拍的刹那，顺势将球拨给水区内本方队员。

5. 捅　球

动作要领：当来球弧度高、速度快时，采用捅球。迅速起跳身体后仰，用球拍上沿对准来球，采用单拍上捅方式顺势改变球的路线，将球捅出界外，破坏对方抄网。

6. 拍　球

动作要领：当投来的球无法截获时，采用拍球。拍球时，用拍面对准来球，顺势向前用力挥摆将球拍给水区内本方队员。

7. 双拍传球

动作要领：当投来速度不快的球时，双手举起球拍，一球拍对准来球，另一球拍迅速从球后方拍球，同时向下拉至腹前或体侧，用球拍将球夹住。然后，双拍顺势迅速向前挥摆将球传出，组织本方的快攻。

思考与研究

（1）珍珠球运动的比赛场地内有几块不同的区域？

（2）参与珍珠球运动共需要几项器材，分别是什么？

（3）珍珠球运动的基本技术有哪些？

第四节　蹴　球

本节介绍蹴球的历史及基本技术，以提高欣赏蹴球比赛的能力，加强勇敢、顽强、果断的意志品质。

一、蹴球的起源与演变

蹴球，俗称“踢石球”，也曾称“挫球”或“挫石球”，是中国十分古老的一项民间传统体育活动，有着十分悠久的历史。

石球在原始社会本是一种生产工具，随着社会的进步和社会生产力的发展，石球逐步由生产工具向着娱乐工具转变，踢石球运动也就逐渐在社会上得到了普及，石球的材料也发生了一定的变化，由石球变为了土球、铁球、瓦球，甚至胡桃，大大满足了游戏者的不同需求。但是由于朝代的更迭及中国近代的衰落，踢石球失去了游戏的环境，渐渐淡出了老百姓生活。

新中国成立后，随着各项民族传统体育项目被逐渐发掘并大力发展，踢石球项目也进入了学者的视线内。1984 年，北京市民族传统体育协会、北京体育大学等单位的有关专家，从竞赛的角度对踢石球项目进行挖掘、整理，为踢石球项目制订了比较完整的规则，使传统踢石球技术得到了传承。经过民族传统体育协会、全国各大体育院校的反复整理、多次演练和不断规范，于 1986 年在乌鲁木齐举办的全国少数民族传统体育运动会上，踢石球项目被列为表演项目，并在1991年第四届和1995年第五届全国少数民族传统体育运动会上进行表演。1999年国家民委和国家体育总局正式将踢石球项目定名为“蹴球”，并在当年将其列为第六届全国少数民族传统体育运动会正式比赛项目。令人惊喜的是，该届少数民族运动会的蹴球比赛，有来自全国22个省、自治区、直辖市的队伍报名参赛，足见蹴球在民族传统体育项目中的分量。自此，蹴球项目成为历届全国民族运动会上参赛队伍最多、最受群众欢迎的民族传统体育项目之一。

进入21世纪，蹴球运动已经形成了比较完整的竞赛规则及裁判法，并且在全国范围内形成了一个业务精干、热心参与蹴球竞赛工作的民族传统体育参赛选手与裁判员群体。由于蹴球运动所需的场地面积小、器材简单，易于开展，且比赛形式多样，老少皆宜，因而深受群众喜爱，极具健身价值，是全民健身计划中的一个非常理想的项目。

二、蹴球比赛简介

（一）比赛定义

蹴球比赛是按照竞赛规则，双方运动员用脚底“蹴”球，使球通过脚底向前移动，依据所“蹴”之球碰击对方或本方球的情况计算得分，以任一方先达到或超过规定分数而决定胜负的体育竞赛项目。每场比赛当一方达到100分或100分以上时，比赛结束。

（二）比赛场地（图12-4-1）

场地规格：长10 m、宽10 m的正方形平坦地面。

画线：线宽不得超过5 cm，边线及各线段均为场内和各区内的一部分。

停球区：在场地正中心，为一个半径0.2 m的圆圈。

中心圆：在场地中央，为一个半径2.4 m的圆圈。

发球区：在场地四角，每角一个，为半径0.5 m的扇面，按逆时针方向编号为1，2，3，4区。

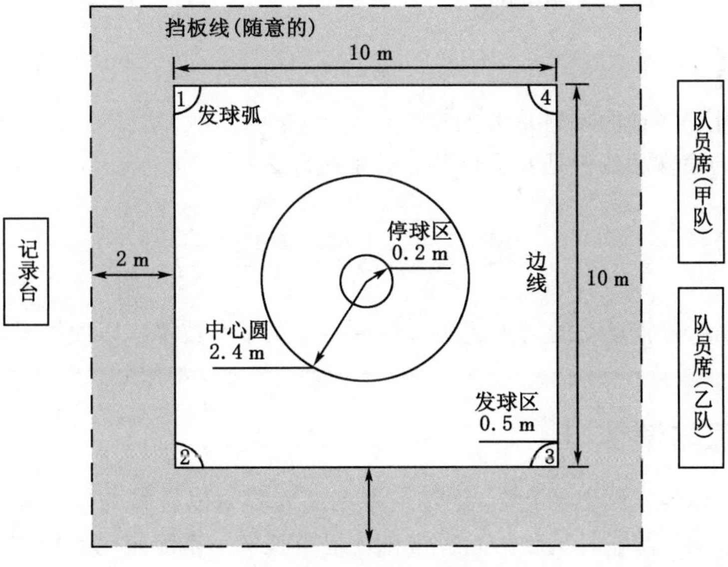

图12-4-1　蹴球比赛场地

（三）比赛器材

比赛用球为硬塑实心球，直径10±0.2 cm，重量1000±10 g。分两种鲜明颜色，分别标有1，2，3，4号。1，3号球为同一颜色，2，4号球为同一颜色。

三、蹴球的基本技术

蹴球的基本技术动作过程一般是由开始部分、准备部分、蹴球部分及结束部分所构成，因此本书根据蹴球过程将蹴球的基本技术动作分为以下几个部分，包括准备姿势、支撑脚的摆放、蹴球脚压球与瞄准、蹴球、蹴球后的随球摆动。

（一）准备姿势

动作要领：确定支撑脚与蹴球脚，蹴球脚置于蹴球后3~5 cm处，双腿微屈，上体躯干保持平衡，两眼保持水平，向前平视。

（二）支撑脚的摆放

动作要领：支撑脚置于蹴球侧后方，膝关节微屈，支撑脚尖朝向出球方向。

（三）蹴球脚压球与瞄准

动作要领：蹴球脚前脚掌置于蹴球的后上方处，略微向下按压，目视目标球，对准目标球的后上方，平稳地呼吸，使球平稳、顺畅地击出。

（四）蹴　球

动作要领：蹴球时，蹴球腿膝关节微屈，蹴球脚一直按压于球的后上方，由前脚掌按压一直过渡到脚跟按压，随即将球由脚跟蹴出，膝关节由弯曲到伸直。在要蹴球的时候，先暂停1~3 s，然后在觉得没有问题的时候再蹴。但若有不适，应立即重新调整姿势，再次蹴球。

（五）蹴球后的随球摆动

动作要领：蹴球后，支撑腿原地不动，蹴球腿随着蹴球方向向上抬起至水平位置左右，上身躯体后仰，保持身体平衡。

思考与研究

（1）蹴球比赛场地的规格是多少？

（2）完整的蹴球动作包括几个环节，分别是什么？

第五节　狩　猎

本节重点介绍狩猎运动的历史起源、竞赛简介及基本技术，以便提升参与正式比赛的能力。

一、起源与演变

狩猎，满语称为“阿巴兰比”。明清时期的满族猎人以狩猎为生，为了提升捕获更多飞禽走兽的本领，闲暇时满族猎人经常自发组织起来，模仿捕捉动物的动作。由于单纯的模仿捕捉动作比较枯燥，因此为了增强趣味性，满族的猎人将练习者分成两队，将已经捕获的猎物（如虎、熊、狼、豹等）装入对方背篓中，每队有布制的虎、熊各一个，互往对方背篓内投掷，投进虎者得二分，投进熊者得一分，每局时间为5 min，五战三胜，由此来练习并提升狩猎技能。后来经过不断发展，逐渐衍变为满族的一项传统体育活动。由于“狩猎”游戏在一定程度上与现代篮球进攻和防守的基本功训练相似，对锻炼身体各个组织器官，提高身体的力量、速度、耐力、协调性、灵敏性等身体素质，增强灵巧性、准确性和判断力，以及促进队员之间相互合作都有着积极作用。

二、狩猎比赛简介

（一）比赛定义

狩猎比赛是以队为单位进行对抗的。每队上场 3 人，每名队员背后均背有背篓，分别站在 15 m^2 场地中线两侧的五米线上，获得发球权的一方队员可在场地任何地方，将猎物（或者称球）投入对方任何一人的背篓内，哪队先将球投入对方队员背篓，即可得分。进攻方在持球或传球时，必须在 3 s 之内传出；此外，有发球权一方在进攻时，必须在 30 s 以内投出。当比赛结束时，以双方得分的多少决胜负，得分多者为胜。比赛时长为 20 min，上、下两半场各进行 10 min，上、下半场间休息 5 min。

（二）比赛场地

比赛场地为长、宽各 15 m 的正方形，地面平坦，应画有边线、中线。在两边线中点 7. 5 m 处连接一条线为中线，在中线中点两侧 2 m 处，画一条与中线平行长 5 m 的线，此线为比赛开始站位和罚定点球线，即五米线。

（三）比赛器材

比赛用球是用皮革制成的，重量为 15～20 g。比赛背篓由塑料制成，高 23 cm，篓口呈半月形；上宽直径 33 cm，上短直径 21 cm，下宽直径 22. 5 cm，下短直径14. 5 cm。

三、狩猎的基本技术

狩猎的基本技术大体可分为进攻技术和防守技术两大类。进攻技术包括移动技术、传接球技术、投射技术等；防守技术包括拦截、躲避、封盖等。因为狩猎运动的基本特点与篮球及珍珠球十分相似，因此其基本技术的动作要领也大致相同。

思考与研究

（1）狩猎运动是我国哪个民族的传统体育项目？

（2）狩猎运动的比赛时间是多少？

第六节　赛威呼

本节主要介绍赛威呼的历史、竞赛及基本技术，通过了解其主要的基本技术，不断提升大学生锻炼身体的能力。

一、起源与演变

赛威呼，是满族传统体育项目，根据《柳边纪略》中记载，清朝初期，在辽宁盛京（今沈阳）就开展了这一活动。“威呼”为满语，有独木船的意思，是满族水上交通的运输工具。因此，赛威呼是过去的满族人进行独木船竞逐嬉戏的一项满族传统体育项目，用以比拼驾船技巧、耐力和速度。

随着生产力的逐步提高，渔猎经济降到了非主要位置，并且清朝入关后，由于满族与其他民族杂居分布全国各地，有的地区没有大面积的自然水域，或者没有那么多的“威呼”，因此，为了仍然能够在每年的农历七月十五进行纪念祖先的庆丰活动，满族人用象征性的游戏代替了水中赛威呼，创造了陆地赛威呼，即陆地集体握杆赛跑。

赛威呼不但是满族人民的重要习俗活动，也是清朝的重要练兵方式，因此赛威呼在清朝时期的普及率很高。但是随着清朝的逐渐衰落，赛威呼这一民族传统体育项目也在逐渐“凋零”。新中国成立后，辽宁省的专家在1985年对满族传统体育项目赛威呼进行了抢救性的挖掘、整理和修改，1986年8月在新疆乌鲁木齐举办的第三届全国少数民族传统体育运动会上，赛威呼被列为表演项目。1998年9月在辽宁省鞍山市举办的辽宁省第四届少数民族传统体育运动会上，赛威呼被列为正式比赛项目。如今赛威呼已经成为一项规则比较完善的民族传统体育项目。

二、赛威呼比赛简介

（一）比赛定义

赛威呼比赛是以队为单位进行对抗的，每队上场队员5名，排成一路纵队，前4名队员面向正前方，最后一人为舵手，背对前4名队员站立，5人两侧手各共握一根竹竿，起跑后，为了协调全队5人的跑步节奏和速度，统一步调和步频，大家会齐喊“一二、一二”，或伴唱“呦嘿、呦嘿”等，以首名运动员胸部率先撞终点线且全队仍然双手手持竹竿的队伍为胜。

（二）比赛场地

在标准田径场上进行，场地线宽均为5 cm，跑道分道宽2.44~2.50 m。

（三）比赛器材

2 m长的竹竿（铝杆）两根。

三、赛威呼的基本技术

（一）准备姿势

动作要领：赛威呼比赛的杆长只有2 m，因此在2 m内，5人双手杆的距离很重要，4名正向队员约占竹竿五分之三的位置，剩余位置留给背向运动员。

（二）起跑及起跑后的加速跑

动作要领：起跑的任务是获得向前的冲力，为起跑后的加速跑创造有利条件，起跑时4名正向队员紧握横杆，身体前倾，双腿前后站立，屈膝重心稍向前移，左脚在前、右脚在后。背向运动员身体含胸略向前倾，屈膝左脚在前，重心在右脚，并向后迈出半步，当听到枪响后，5名队员由一人或多人齐喊口号“一二、一二”或伴唱“呦嘿、呦嘿”，同时后腿以膝领先迅速向前摆出，要求步调一致，起跑后进入加速跑阶段，这一阶段要求5个人在最短的距离内发挥出最大速度，向前跑进时，正向队员反应要充分、快速、积极下压，背向队员含胸双手下压横杆保持身体平衡，同时双腿有力地向后蹬伸，前脚掌着地，但是不要一味做大腿高抬动作，5名队员步幅逐渐加大、速度逐渐加快，进而转入途中跑。

（三）途中跑

动作要领：途中跑是距离最长、速度最快的一段，也是整个环节的关键，这一阶段 5 名队员身体要前倾，头要正，正向队员要保持横杆水平，为背向队员保持平衡创造有利条件，快速移动主要取决于后蹬，随着脚着地，摆动腿大腿要迅速有力地向前摆出，落地前大腿迅速下压带动小腿，5 名队员要随着口号步调一致，向前跑进。

（四）终点跑

动作要领：当接近终点时，5 名队员加大口号的喊声，4 名正向队员目视前方，上体要稍向前倾，两小腿惯性前摆，积极带动两脚前抬，加大步幅，快速向前移动，背向运动员要集中注意力，保持身体平衡，冲过终点线。

思考与研究

（1）赛威呼在哪一年被列为正式比赛项目？

（2）赛威呼比赛每队上场队员有几名？

第七节　板鞋竞速

一、板鞋竞速的起源与演变

板鞋本是广西少数民族地区普遍使用的一种生活用具，即用两块木板制成的木板拖鞋，当地人称之为“板鞋”，通常称“木屐”，然而当下所进行的三人板鞋运动的起源却是一段无从考究的传说。据说在明朝嘉靖年间，倭寇侵扰我国沿海地区，壮族女英雄瓦氏夫人率领壮乡狼兵出征江浙抗击倭寇时，为了让士兵步调一致，便命令 3 名士兵同穿一副长板鞋齐跑，长期如此训练，士兵的素质大大提高，斗志高涨，所向披靡，挫败了倭寇，为广西壮族人民立了大功。虽然这段故事只是一个传说，但在史学研究中《瓦氏夫人研究》提及的《岑氏兵法》描述：“瓦氏是田州岑氏五百年历史上《岑氏兵法》的第一位女传人。”“《岑氏兵法》根据广西山高林密的特点，制定出以 7 人为基本作战单位。”“7 人基本上又分为两部分：主击刺 4 人，护卫及割首级 3 人。4 人在前，3 人继后，互相掩护，共同推进。因为两个部分互相依赖，不可分割，好比鸳和鸯一样不可分离，所以后人又给它起了一个美丽的名字——鸳鸯阵。”由此看来，瓦氏夫人有可能采用三人板鞋练兵之说不无道理。后来，南丹县那地州壮族人民模仿瓦氏夫人练兵方法，开展三人板鞋竞技活动自娱自乐，相袭成俗，流传至今。

板鞋竞速是一项集娱乐性、群众性、竞技性于一体的少数民族传统体育活动，也是一项非常独特的健身娱乐活动。板鞋竞速的发展与壮族人民生活的自然环境、生产特点和风俗习惯密切相关。它既是壮族人民改造自然、改造社会的智慧结晶，又是人们强筋壮骨、锻炼身体的一项传统体育活动。其主要特点是运动时步法协调一致，行走灵活，动作自然。民间传统的三人板鞋竞技内容包括集体舞、板鞋秧歌舞、板鞋拳术等。同时三人板鞋的技巧性也比较强，如板鞋竞赛、板鞋抢粽粑、板鞋戏水、板鞋抢水球、板鞋抛绣球（或其他球类）、板鞋踩气球等，所完成的每一个运动项目都离不开齐心协力、协调配合。

大约在20世纪80年代初期，广西壮族自治区南丹县文艺工作者将三人板鞋创编成为现代板鞋舞，人数可达10人、20人或者更多。舞者脚穿板鞋，徒手攀肩或扶腰，手持鲜花、绸带、扇子或各种装饰物，编排不同的队形，踏着欢快、协调的步伐，在音乐的伴奏下进行表演，气势恢宏，十分壮观。从此，三人板鞋登上了大雅之堂。

三人板鞋竞速于1987年成为广西壮族自治区第五届少数民族传统体育运动会表演项目。1993年广西壮族自治区第八届少数民族传统体育运动会上，三人板鞋竞速被列为正式比赛项目。2006年8月初在广西南宁举办了第一次全国少数民族传统体育项目板鞋竞速裁判员、教练员培训班，并举办了首届全国板鞋竞速邀请赛。2007年11月，该项运动正式成为第八届全国少数民族传统体育运动会比赛项目，并根据其比赛特点定名为板鞋竞速。随着近20年全国少数民族传统体育运动会的顺利召开，板鞋竞技已成为人们竞技、表演、娱乐的运动项目之一。

随着社会的发展，板鞋竞速这一古老的竞技体育项目也逐渐走向世界。在我国的外国留学生和我国在美国、澳大利亚、加拿大、日本、新加坡等国家的中国留学生，学习之余休闲娱乐时，常利用板鞋竞速进行各项娱乐活动。许多外国游人观看壮乡的板鞋竞速后，都被它的竞技性、体育性和娱乐性所吸引。每逢喜庆节假日，三人板鞋竞速就成为了壮族体育爱好者、学校学生开展健身活动的项目之一，一些县区还将该项活动纳入全民健身活动项目。

二、板鞋竞速比赛简介

（一）比赛定义

板鞋竞速是由多名运动员一起将足套在同一双板鞋上，在田径场上进行的比赛，以在同等的距离内所用的时间多少决定名次。

（二）比赛场地

在标准的田径场地上进行。场地线宽均为5 cm，跑道分道宽2. 44~2. 50 m。可根据比赛的需要和场地状况设置跑道数量。

（三）比赛器材（图12-7-1）

比赛板鞋以长度为100 cm、宽度为9 cm、厚度为3 cm的木料制成（以三人板鞋为例）。每只板鞋配有3块宽度为5 cm护足面皮，分别固定在板鞋规定的位置上，护皮以套紧脚面为宜。第一块护皮前沿距板鞋前端7 cm，第二块护皮在第一块护皮与第三块护皮的中间，第三块护皮后沿距板鞋末端15 cm（护皮在符合规定的条件下可自备）。

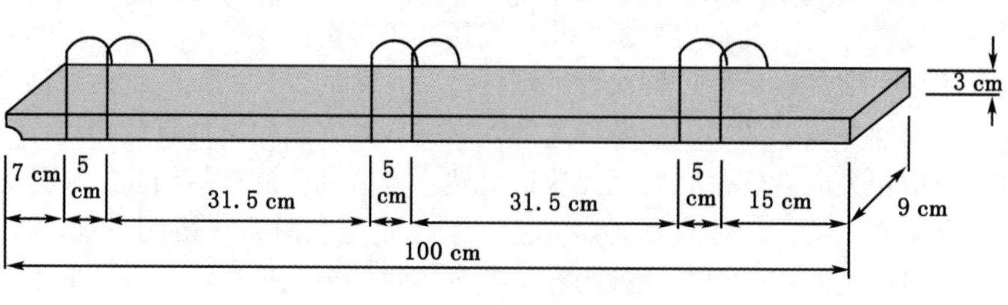

图12-7-1　三人板鞋竞速器材规格

三、板鞋竞速的基本技术

三人板鞋竞速的完整技术可以分为起跑、加速跑、途中跑、终点跑。

（一）起跑技术

动作要领：起跑时迅速摆脱静止状态，获得向前的加速度，为起跑后的加速创造条件。三名队员套好板鞋，第二名和第三名队员扶住前一名队员腰部。采用站立式起跑，并立站在起跑线上，当听到各就位时，三名队员重心前压，前腿微屈，领首队员双手放于胸前，听到枪声后，前腿蹬地，后腿向前摆动，注意不要折叠小腿，领首队员要配合上摆臂，给队伍增加向前的惯性。

（二）加速跑技术

动作要领：加速跑是为了快速获得途中跑速度的有效手段。起跑后摆臂快速，蹬地有力，领首队员要身体重心前压，后两名队员用力向前推。三名队员迅速后蹬，以后蹬跑的加速方式，采用小步快频，快速加速，前脚掌撑地，注意身体慢慢抬起，保持前倾。

（三）途中跑技术

动作要领：途中跑是在起跑后加速到最高速度后，要始终保持这种加速后的速度，队员之间要求步调协调一致，领首队员要求积极向前摆动做好牵引，让整个队伍保持高速前进。途中跑时，三名队员均要做到后蹬腿的髋、膝、踝关节要尽可能地充分蹬直，积极送髋，摆动腿积极向前上方摆动，三名队员的重心尽量保持在同一条水平线上，头部保持正直，下颌微收，身体前倾。

（四）终点跑技术

动作要领：接近终点时，领首队员目视前方。不论是采用冲刺还是直接跑过终点的方式，三名队员都要上体稍微向前倾斜，两小腿积极前摆，带动两脚加大幅度，快速向前摆动，冲过终点线。距离终点线约一步时，快速用躯干撞线，板鞋要全部过终点线才可停止和脱掉。

思考与研究

（1）板鞋竞速于哪一年被列为正式比赛项目？

（2）三人板鞋竞速的完整技术包括哪些？

第八节　高脚竞速

高脚竞速原名为“高脚马”，也叫“骑竹马”，流行于湖南、湖北、贵州、云南、广东等省，深受土家族、彝族、侗族、苗族等少数民族人民的喜爱，土家语也称其为“吉么列”。原本是土家族、苗族人民在地面积水的雨季代步、涉水过浅河的工具，也是京族用来在海边涉水捞虾捞鱼的工具。后来人们把踩高脚马发展为高脚竞速，成为一个民族传统体育项目。本节通过学习高脚竞速的起源及演变，全面了解高脚竞速的历史，掌握高脚竞速的基本技术。

一、高脚竞速的起源与演变

高脚竞速相传是土家族能人田好汉（五代溪州刺史彭公爵的武官）的孙儿所创。一次，田好汉骑着高头大马路过大院坪坝，他的孙儿看见，非要骑马不可。爷爷无奈便说："上得了马就骑，上不了就不骑。"孙儿爬了几次都上不了马。爷爷笑着说："上不了就算了，等你长大了再骑。"孙儿不服气便灵机一动，拿起一根晾衣用的竹竿，左手拿竿，脚蹬在竹节上，右脚蹬地摆腿飞身跃上马，爷爷见了称赞道："小家伙有能耐骑竹上马，好主意。"而后，明朝时期，由于气候湿润，经常下雨，土家族人就想了一个办法，将两根一米多长的竹竿的一端削尖，再各绑一个可以支脚的网子，平时出门的时候，两只脚伸进网子里，用竹竿来代步，走路的时候既不费鞋又可以防滑。

1986年，湖南省体委将高脚马整理成一项民族传统体育项目，并作为表演项目参加了第五届、第六届全国少数民族传统体育运动会的表演。高脚马作为第一个按照《全国少数民族传统体育运动会竞赛项目立项暂行规定》立项的全国少数民族传统体育竞赛项目，在2003年的第七届全国少数民族传统体育运动会上，首次被列为竞赛项目，并根据其特点正式定名为"高脚竞速"。

高脚竞速与普通的田径跑步不同的是，田径跑步是伸右手，出左脚，而高脚竞速是一根竹竿上面绑了脚蹬，不仅运动员的脚要踩在脚蹬上，而且在跑步过程中手也要握住竹竿，是顺步跑，再加上竹竿比较细，接触点比较小，因此这项运动对运动员的灵活性、协调性和平衡性有较高的要求，这项手脚并用的竞赛项目也因此极具观赏价值。

二、高脚竞速比赛简介

（一）比赛定义

高脚竞速运动是由运动员双手各持一杆，同时脚踩杆上的踏镫，在田径场上进行的比赛，以在同等的距离内所用的时间多少决定名次。

（二）比赛场地

在标准田径场上进行，场地线宽均为5 cm，跑道分道宽2.44~2.50 m。如图12-8-1所示。

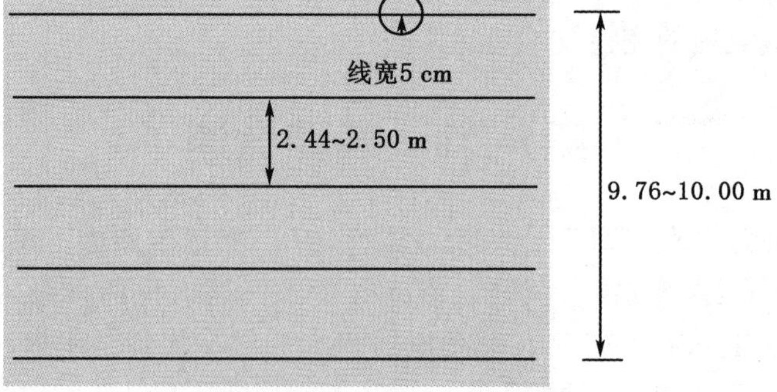

图12-8-1　高脚竞速比赛场地

高脚竞速接力区：接力区中线为宽 5 cm 的虚线，前后 5 m 处各画一条直的实线。如图 12-8-2 所示。

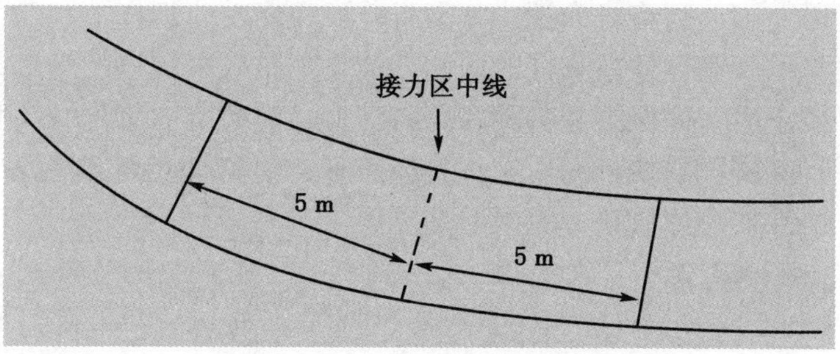

图 12-8-2 高脚竞速接力区

（三）比赛器材

高脚杆为竹或其他硬质材料制成（简称杆）。高脚杆高度不限，从杆底部向上 30~35 cm 处加踏镫。如图 12-8-3 所示。

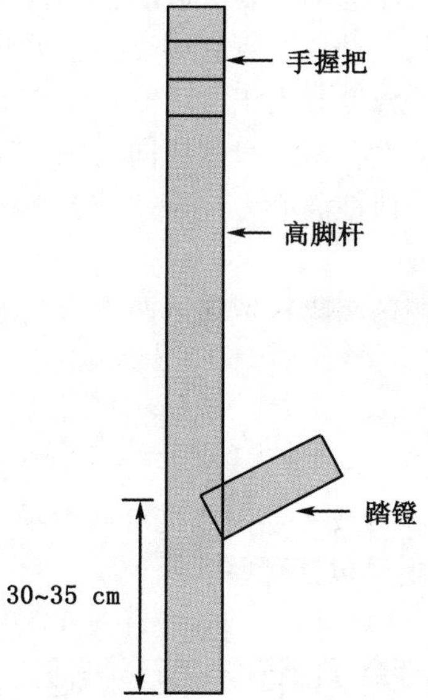

图 12-8-3 高脚竞速器材规格

三、高脚竞速的基本技术

高脚竞速的基本技术主要包括持握高脚杆技术、上高脚杆技术、踩高脚杆技术及下高脚杆技术等。

（一）持握高脚杆技术

动作要领：持握高脚杆分为两种，即上握式和下握式。当上握时，两脚开立与肩同宽，将高脚杆置于体前，两个高脚杆之间宽度为 50 cm 左右，两手虎口向上，握紧高脚杆中上端，与肩同宽。当下握时，下肢动作与上握时一致，两腋夹紧木棍，双手下垂，虎口向下，大拇指与其他四指分开，与肋骨下端同高并紧握高脚杆，双臂内夹，眼睛平视前方。

（二）上高脚杆技术

动作要领：以左脚上高脚杆为例，将高脚杆靠在墙上或把杆上，双手扶住高脚杆的三分之二处，左脚的膝盖靠住高脚杆的内侧，前脚掌踏上高脚杆的脚踏处，身体重心稍微前倾，找到平衡点后，先保证左脚踏在高脚杆上，而后上右脚到右高脚杆，身体躯干逐渐上抬，双手将高脚杆的扶杆向后拉，身体正直，使高脚杆离开墙面或把竿。在上高脚杆的过程中，要保持身体放松，克服心理障碍。

（三）踩高脚杆技术

动作要领：站立在田径场上，双手握紧高脚杆，先上一脚，找到平衡后上另一只脚，站稳后慢慢提拉一脚，向前迈步，逐渐行走起来。在此过程中，手和脚要协调配合，若身体无法平衡，双脚向后跳下注意缓冲保护自己。根据场地将踩高脚杆技术分为直道跑技术和弯道跑技术。

直道跑时，每一单步结构由支撑时期和腾空时期组成。支撑时期支撑腿的动作可分为着地、垂直缓冲，腾空时期的腿部动作分为提杆随势动作、拉杆向前摆动和主动下放动作。在直道途中跑技术中，应注意动作要舒展协调、自然放松，注意正确跑姿。

弯道跑时，由于踩高脚杆的运动员要克服离心力，因此，整个身体应向内倾斜，右肩稍高于左肩，右手持杆的动作幅度要大于左手，右步应大于左步。在弯道跑进中，为了克服人体向前做直线运动的惯性，整个身体要向内倾，以获得所需的向心力，这个力能维持人体在弯道跑进时产生的惯性离心力，保持动态平衡。

（四）下高脚杆技术

动作要领：下高脚杆时仍握紧高脚杆上端，两脚依次下踏镫，两腿撑地后身体保持平衡。

思考与研究

（1）高脚竞速于哪一年被整理成一项民族传统体育项目？

（2）高脚竞速的基本技术主要包括哪些？

第九节　花　炮

本节重点介绍花炮运动的比赛定义、比赛场地及比赛器材，掌握花炮运动的基本技术，提升花炮运动的比赛欣赏能力。

一、花炮的起源与演变

花炮，也称抢花炮，流行于广西、湖南、贵州侗族聚居地区，是一项具有浓郁民族特色的男子民间传统体育活动，具有较强的对抗性、娱乐性，有广泛的群众基础，深受以上地区少数民族同胞的欢迎，至今在一些壮乡、侗寨还保留有花炮队。现今，在仡佬族、瑶族、土家族等少数民族聚居区也有开展。它是一项勇敢者的运动，迄今已有三四百年的历史。

壮族和侗族按传统习俗，每年在农历三月三或秋收以后，以村寨为单位进行抢花炮比赛，称为“花炮节”。由于成败关系到本村寨的荣誉，队员都是经过挑选的精明强悍的青壮年。他们头缠长巾，肩扛火枪，身背绣花荷包，腰挂盛火药的葫芦。一路上，精神抖擞，鸣放鞭炮，一队接着一队，结队而行。传统的抢花炮不限人数、队数，每炮必抢，三炮结束，抢得头炮者，则万事吉祥如意；抢得二炮者，则人财兴旺；抢得三炮者，则五谷丰登。这体现出人们对幸福生活的渴望。场地通常设在河岸或山坡上，无一定界限。炮不论是落在水塘里还是树枝上，大家都会奋不顾身、勇往直前地去寻找、去抢。一旦花炮分清得主，顿时唢呐声、欢呼声、鞭炮声响成一片，胜利者成为人们心目中的英雄。

传统的花炮是直径为5 cm的铁制圆环，外用红布或红绸缠绕，重40~50 g，置于内装火药的铁火铳上，点燃后即把花炮轰上天空，待落下时，参加者蜂拥入场，奋力夺取。广西南宁、百色两地传统的送炮器的形状最为美观，外形为六角柱形，六边饰有图案花纹，共分三层：底层为稍大的六角柱，柱角镶上桂花边；中层腰较细，镌有各类形态的小人像；上层为喇叭状开口。南宁邕宁壮乡抢花炮的相关器具及制品也很具特色：花炮主炮座高1.8 m，花炮座分两个副炮座，各高1.2 m，宽0.8 m，炮座以竹篾制成，外蒙纱纸，再蒙上描画精致的彩色图案，图案按照十二生肖绘制。

为了促进民族交流，壮乡在保留其民族特点的基础上，对抢花炮进行了适应比赛的改革：规定了比赛时间、场地、参赛队和人数，并增设炮台区，不受炮限制，在规定时间内以抢到花炮数的多少分胜负。1986年8月，经国家民委和国家体委批准，抢花炮首次被列为第三届全国少数民族传统体育运动会的比赛项目。抢花炮时可采用挤、钻、护、传、拦及各种假动作，但不准踢、打、咬或故意伤人。

随着抢花炮运动的发展，第五届、第六届全国少数民族传统体育运动会都对抢花炮项目竞赛规则做了一定程度的修改。首先，器材改动较大，将原来存在安全隐患的明火发炮器改进为仿飞碟发炮器，能将花炮击出10 m以上高度并落在接炮区域内，同时能发出响声；其次，花炮材质变更为安全的橡胶，做成直径14 cm的彩色圆形饼状。

2003年在第七届全国少数民族传统体育运动会前，抢花炮正式更名为“花炮”；2007年第八届全国少数民族传统体育运动会又在发炮器的外观及发射精确度上做了进一步改进，使花炮比赛更具有竞争性和观赏性。经过几十年的发展，花炮竞赛规则已较为完善与稳定，花炮项目以独特的风格，快速、激烈的对抗性，较强的集体性，身体素质、技术的全面性等特点，已经成为适应于现代竞技运动的新兴民族传统体育。

花炮运动的技术由各种各样的跑、跳、抢截、传递、掩护、集体配合等技术动作组成，它要求运动员在训练和比赛中跑得快、跳得高、力量强、抢截积极、突破能力强、掩护配合等，因此能促进速度、力量、耐力、灵敏度、柔韧性等身体素质的全面发展。花炮比赛要求运动员掌握精湛高难的动作，在时间和空间上的争夺越来越激烈，在错综复杂的情况下要具备随机应变的能力。目前传统抢花炮活动仍在地方民族节庆活动中广泛开展。而在其传统基础上发展起来的现代花炮运动也随着全国及地方民族体育运动的发展日益受到群众的青睐，尤其在各级学校体育活动中，成为宣传推广少数民族传统体育文化的重要内容。在多个花炮项目开展的地区，都建立了专为培养和开展此项目的省级运动训练基地，使得花炮运动保持在较高的发展水平。

二、花炮比赛简介

（一）比赛定义

花炮比赛是由两个队参加的集体比赛项目，每场比赛双方以规定的人数，在规定的场地和时间内，以规则允许的行为，运动员手持花炮通过奔跑、传递，将花炮投入对方的花篮得分；并以阻截、抢断等技术反抢，阻止对方得分。在规定时间结束时，以得分多者为胜队。

每场比赛每队上场人数为 8 人，常规比赛时间为 40 min，分上下两个半场，每半场 20 min。如比赛结束时比分相等，则进行决胜期，决胜期以抛币方式选择场地，决胜期时间为 6 min，分上下两个半场，每半场 3 min，两个半场中间不休息，双方交换场地。全场比赛的两个半场之间休息 10 min，下半场与决胜期之间休息 5 min。

（二）比赛场地（图 12-9-1）

比赛场地为表面平坦的长方形草坪或土地，长 60 m，宽 50 m。线宽 12 cm。线的宽度包括在场地之内，长线为边线，短线为端线。

接炮区：以场地的中点为圆心，画一条半径为 5 m（从外沿量起）的圆为接炮区。

炮台区和炮台区线：在距离端线中点两侧 4 m 处各画一条 4 m 与端线垂直的线为炮台区边线；再画一条线将其两顶点相连，与端线平行为炮台区端线，该区域为炮台区；炮台区两立柱之间与比赛场地端线重叠的线为炮台区线；在炮台区两侧架设高 2 m 以上的网墙。每侧网墙的两根立柱分别垂直立于炮台区端线与炮台区边线的交点和炮台区线与炮台区边线的交点上。

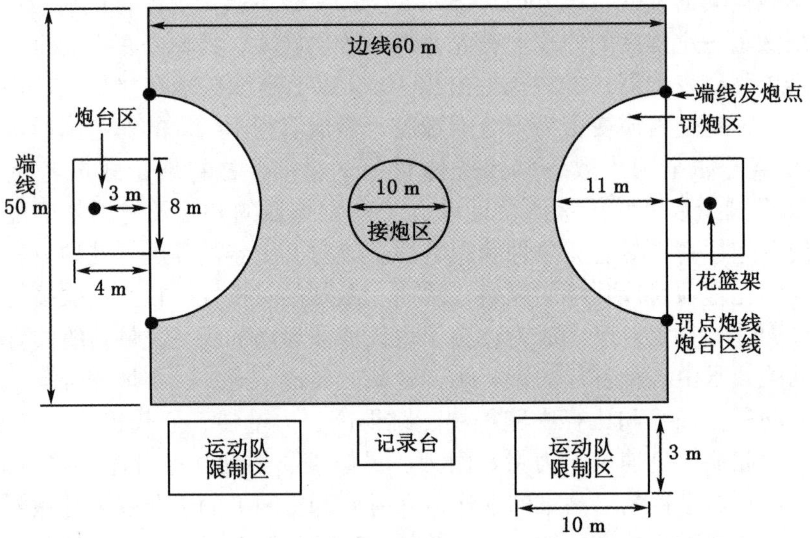

图 12-9-1　花炮比赛场地

罚炮区和罚炮区线：以端线中点为圆心，以 11 m（从外沿量起）为半径，画一条弧线与端线相交，弧形区域为罚炮区。弧线为罚炮区线。

罚点炮线：炮台区线即为罚点炮线，距离花篮架 3 m。

端线发炮点：罚炮区线与端线交点为端线发炮点。

运动队限制区：在边线中点无障碍区外记录台两侧各 10 m 处，向两侧各画一个 3 m×10 m 的活动区为运动队限制区。

场地的所有界线均为白色，线宽 12 cm，线的宽度不包括在场地之内（接炮区、罚炮区除外）。

（三）比赛器材

花炮：花炮为直径 14 cm 的彩色圆形饼状，外圆呈轮胎形，厚 2.5~3.0 cm，用橡胶制成，重 220~240 g。

送炮器：能将花炮击向前上方 10 m 以上高度并落在接炮区域内，同时发出响声的发射机器。

花篮架：高 80 cm，置于炮台区内距端线中点 3 m 处。

花篮：花篮为高 30 cm，篮口内沿直径 40 cm 的圆柱体，用竹或塑料制成，花篮固定在花篮架顶端。

三、花炮的基本技术

花炮的基本技术包括进攻技术和防守技术两大类。进攻技术包括持炮（单手持炮及双手持炮）、传炮（肩上传炮、体侧传炮、低手传炮）、接炮（单手接炮及双手接炮）；防守技术包括抱摔（扑搂、摔抱、抱腰）、抢炮（抢断炮及抢夺炮）。

（一）持　炮

1. 单手持炮

动作要领：手部五指自然张开，将花炮贴于掌心，拇指紧贴外侧，其余四指弯曲内扣握住炮的下沿。单手持炮的优点是握炮稳，跑动中不易掉炮；缺点是动作慢，不便于快速交手及传接炮。

2. 双手持炮

动作要领：两手手部五指自然张开，并交叉将花炮压在两手掌心内。双手持炮的优点相对于单手来讲握得更加牢固，不易脱落，但缺点是影响持炮的奔跑速度。

（二）传　炮

1. 肩上传炮

动作要领：肩上传炮不仅传炮力量足且准确，而且十分符合人体运动中的生理结构，肩臂不易受伤，此种传炮方法是运动员最基本、使用频率最高的一种传炮方法。传炮时，面对传炮目标，两腿前后开立，两脚间距离与肩同宽，膝部微屈，右手拇指从前往回扣，其余四指及掌心紧贴花炮。传炮时，后脚稍用力蹬地，借助转体带动肩关节，再由肩关节带动手臂加速前挥，身体重心前移，向传炮目标屈腕，扣指将炮传出，头部始终保持正直，目视目标。

2. 体侧传炮

动作要领：当接住低于腰部的花炮时，由于传炮距离较近，因此使用体侧传炮更为合理。接住花炮后，右（左）手随缓冲动作持花炮后引，并根据传抢方向的需要，决定伸踏的方向，重心移到屈膝的后支撑腿上，上体转动，左（右）肩对准抢的方向，头保持正直，两眼正视目标。传炮时，后脚蹬地，重心前移，带动转腰送胯与摆臂，右（左）臂经体侧前挥时肘应前引，前臂伸展约与地面平行，并伴以拨腕外旋将花炮传出，使其在空中呈平旋飞行。

3. 低手传炮

动作要领：（以右手为例）右手将花炮持于体前，先向后预摆，然后向接炮队员方向挥臂、拨腕、挑指将炮传出。根据接炮队员的距离远近，花炮的落点尽量控制在接炮队员的胸部附近的高度。

（三）接　炮

1. 单手接炮

动作要领：首先判断炮的飞行情况，确认落点，然后快速移动，面对飞来的花炮，向前上方伸出右（左）手，以虎口迎炮，当花炮接触虎口时，手指迅速向内扣握，并顺势屈臂缓冲。

2. 双手接炮

动作要领：首先判断花炮的落点，然后两手自然张开迅速移动至持炮队员所持炮的位置，当花炮触及手掌时，两手迅速向内扣握并顺势屈臂缓冲收至腹前。由于双手接炮的技术动作重心稳、伸展幅度大，接炮后转入传炮最为便捷，对于初学者或高水平运动员来讲都十分重要，因此，双手接炮是花炮比赛中最基本、最常用的接炮方法。

（四）抱　摔

1. 扑　搂

动作要领：防守队员可以从任何方向搂抱进攻队员的身体，扑搂时一手握成拳，另一手扣在握拳手的腕关节处，扑搂部位应在肩以下、膝以上，注意避免非法搂抱。

2. 摔　抱

动作要领：根据规则规定，摔抱只能采用自己先倒地的方法。因此，在使用摔抱时，防守队员只能先降低重心并后移，然后用膝关节顶住进攻队员的膝关节，顺势后倒将进攻队员摔倒。

3. 抱　腰

动作要领：抱腰是防守技术中较难掌握的一个动作，当拦截对方进攻时，只要进攻方持花炮进攻，就可抱腰防守，为队友抢花炮创造条件。

（五）抢　炮

1. 抢断炮

动作要领：抢断炮是指防守队员抢断进攻队员之间的传递炮。首先判断攻方队员会向哪一位同伴传炮或炮会飞向哪个方向，以便提前移动，抢占有利位置；然后根据炮的飞行方向跳起，尽量拍打花炮或拍打攻方队员接炮的手，使攻方队员接不住花炮。

2. 抢夺炮

动作要领：首先判断花炮在哪一位攻方队员手中，然后通知队友协同抢夺，即抱腰、拉手，将花炮硬抢夺过来。在不犯规的前提下以多防少，尽量不让进攻方将炮传出。

思考与研究

（1）由抢花炮更名为花炮是哪一年？

（2）花炮运动的比赛中，每队上场人数是多少？

（3）花炮运动的基本技术包括几大类？

（4）花炮比赛进行到决胜期的时长是多少？

第十节 秋　千

本节主要介绍秋千的运动价值，学习秋千运动的基本技术，提升欣赏秋千比赛的能力。

一、起源与演变

秋千，俗称荡秋千，是我国许多民族共有的民族传统体育项目，具有十分悠久的历史。关于秋千的起源可追溯到几十万年前，那时人类的祖先为了谋生，不得不上树采摘野果或猎取野兽。在攀援和奔跑中，他们往往抓住粗壮的蔓生植物，依靠藤条的摇荡摆动，上树或跨越沟涧，这便是秋千原始的雏形。

随着生产力和生产关系的发展，以及生产生活方式的变化，原始秋千由单一的谋生手段逐渐演变为军事训练项目和娱乐活动。据清代藏书家、学者翟灏所著的《通俗编》记载，秋千在春秋时期是当时中国北方少数民族山戎族进行军事训练的工具。当作为春秋五霸之首的齐桓公带兵打败山戎族部落后，将山戎族国土划归燕国，秋千也随之向南流传，后来逐渐演变成了一种游戏活动，同时荡秋千成为了春秋战国以及西汉时期皇族、贵族中闺中女子的游戏。在唐宋之后，荡秋千普及全国，盛况空前。

中国自古以来就是一个由多民族组成的国家，于是荡秋千便成为了我国很多民族共有且盛行的游艺竞技项目，是朝鲜族、维吾尔族、哈萨克族、回族、乌孜别克族、柯尔克孜族、塔吉克族、锡伯族、苗族、景颇族、傈僳族、阿昌族、满族、侗族、土家族、高山族、布朗族、怒族、鄂伦春族等诸多民族具有悠久历史的传统体育项目。由于各民族的文化背景、生存的地理环境和生产生活方式不同，产生了许许多多不同的荡秋千形式。除了最常见的吊秋千形式之外，一些民族还有许多秋千的变种。

新中国成立后，党和国家对民族传统体育项目的挖掘、整理、开展非常重视，秋千作为一项古老的、多民族所共同喜爱的传统体育项目，于 1982 年入选了在内蒙古呼和浩特举办的第二届全国少数民族传统体育运动会，并成为表演项目，而后在 1986 年的新疆乌鲁木齐，被正式列为第三届全国少数民族传统体育运动会的正式比赛项目。首个秋千比赛规则是在吉林、辽宁等地方秋千比赛规则的基础上制订的。随着秋千被列为全国少数民族传统体育运动会的比赛项目，技术水平也得到了不断的提高，场地和器材也得到了不断的改进。进入 21 世纪，随着我国民族传统体育的快速发展，荡秋千这项具有古老传统和丰富文化内涵的运动，又不断被注入一些新鲜活力，如 2007 年在广东广州举办的第八届全国少数民族传统体育运动会上，对参加秋千比赛的运动员进行了体重分级，使得更多的人参与到秋千比赛中来。荡秋千不但可以增强人体的身体素质（包括力量素质、速度素质、耐力素质、协调素质、灵敏素质、平衡素质），而且可以增强参与者的心理素质，提升勇敢、顽强的意志品质，所以秋千项目在全民健身计划中具有举足轻重的作用。

二、秋千的竞赛简介

（一）比赛定义

秋千为女子项目。运动员在秋千架上试荡，以尽可能少的预摆次数达到领先其他人的高度或触铃次数，即为胜者。不论是高度比赛还是触铃比赛，都包括单人比赛和双人比赛两种。

（二）比赛场地

比赛场地为平坦的长方形土地或草地，长20 m，宽8 m。比赛场地上空距地面15 m高的空间内不得有任何障碍物。

（三）比赛器材（图 12-10-1）

秋千架：用钢管或相应的坚固材料制成。两根立柱下端间距不少于3.5 m，上端间距2 m。两立柱顶端为第一横杆，距地面高度为12 m；立桩顶端往下 1 m 处为第二横杆。秋千架应牢固地安装在场地中央，间距均从内沿丈量。

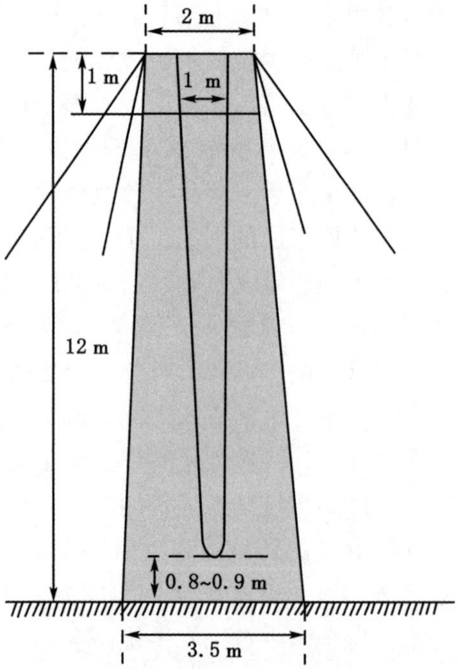

图 12-10-1　秋千比赛器材

秋千绳：使用伸缩性小的苎麻绳、棕麻绳或尼龙绳，其直径为2.5~3.0 cm。绳的两头分别系在第一横杆上，两绳间距为1 m（从内沿丈量）；再在第二横杆上向系铃架方向缠绕一圈垂落下来，在封闭的下端安置脚踏板，其下沿距地面0.8~0.9 m。

脚踏板：脚踏板为木质或由非金属材料制成。单人脚踏板长30 cm，宽10 cm；双人脚踏板长40 cm，宽10 cm，厚度均为2.5~3.0 cm，脚踏板应能牢固地卡在秋千绳上。

起荡台：供运动员试荡开始时上脚踏板用的台子。台面为长 1 m、宽 1 m 的正方形，高1.3 m（包括台子的脚轮）。起荡台一侧应设有供运动员上下的梯子。

系铃架：与秋千架平行，并可随意升降、前后移动的系有铃铛的架子，是高度和触铃比赛判定成绩的标志。系铃架两根立柱的间距应不少于 4.5 m，并相互平行。从系铃架顶端悬下一根 3 m 长的横杆为系铃杆。系铃杆上用线绳系有若干铃铛（图 12-10-2）。

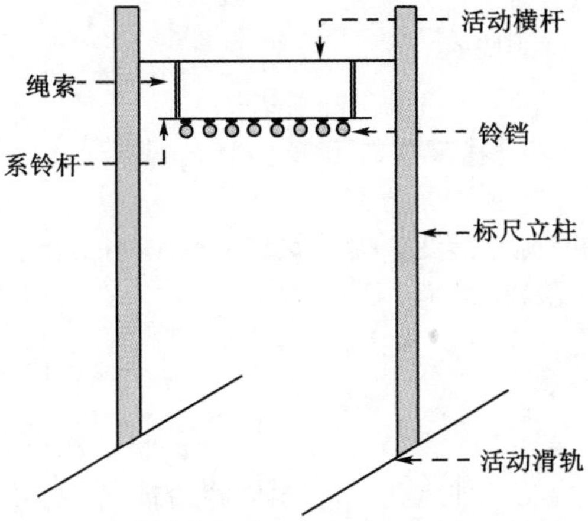

图 12-10-2　秋千系铃架

安全带：每条安全带均应承受 100 kg 的拉力。两条腕部安全带的两端，分别套在秋千绳和运动员的手腕上。（另两条腰部安全带，运动员可选用）。可使用大会提供的或自备的安全带。

三、秋千的基本技术

（一）准备技术

动作要领：当运动员在场地外候场时，根据裁判员发出准备的口令，迅速进入比赛场地，走上起荡台，并将自己的安全带调到适合自己的位置，系好安全绳，双手握紧两边的秋千绳，双脚前脚掌踏在踏板上，抬高大腿，略抬脚跟，收回小腿，两手臂尽量贴着秋千绳，背部稍微弯曲，颈部放松，眼睛正视前方，准备完成后大声回答裁判员“准备完毕”，等待裁判员的预备口令。当运动员听到裁判员发出预备口令后，脚跟向上抬起，用前脚掌作为支撑，用力向后紧扣踏板，做好起荡的准备，等待裁判员的哨响。裁判员的哨声响起后，运动员随即起荡，身体重心略微下降并放于踏板上，支撑脚发力蹬离起荡台。

（二）预摆技术

动作要领：身体重心下沉，大腿与小腿形成 90°左右的夹角，骨盆前倾，腰部保持发力，肩部下压，两手臂的肌肉保持拉长，充分团身，自上而下迅速发力，当秋千下落与秋千架接近 2 m 时，脚部发力，迅速将身体挺直，双手臂时刻紧挨秋千绳，前脚掌向下蹬踏秋千踏板，蹬踏的力量越大，秋千的速度越快。

（三）触铃技术

动作要领：在即将接触到系铃架所系的铃，最后一次预摆时，需要保持全神贯注，精力集中，迅速向下地蹬踏秋千踏板，双手用力上拉秋千绳，挺身速度加快，即将接触铃时，挺髋，身体重心迅速上提，上体躯干后仰，腿部迅速向前上方弹起，单腿或双腿冲出碰铃，整个完成过程，需保持流畅性，一气呵成，保证动作不可脱节。触铃后要保持每次摆动的节奏，进而保证触铃次数。

思考与研究

（1）秋千比赛是否设定男子比赛项目？

（2）秋千的基本技术有哪些？

第十一节　木　球

通过了解木球比赛的起源与演变，提升欣赏木球比赛的能力。通过学习木球比赛的基本技术，增强参与木球比赛的能力。

一、起源与演变

木球，亦可称为“牧球”“打铆球”，是宁夏回族自治区特有的一种球类运动，是在回族聚居的农村广泛流行的一种风趣的传统体育项目，是由农村青少年放牧时的“打篮子”“赶毛球”演变而来的。由于木球运动既保留了浓厚乡土气息的赶毛球的动作和习俗名称，又富有现代体育的竞争性和对抗气氛，因此深受广大少数民族群众的喜爱，特别是得到了生活在宁夏平原的回族青少年的青睐。

1982 年 9 月，木球项目在内蒙古自治区呼和浩特市举办的第二届全国少数民族传统体育运动会上首次入选为表演项目，宁夏回族木球队第一次在全国正式比赛中进行了精彩的表演赛，受到回族以外各民族的高度赞赏。为推动木球运动的发展，在学习宁夏地方木球规则的基础上，湖南、北京、河北等地经过加工、修改、整理，并试行新的规则，使得木球成为所在省、自治区、直辖市民族运动会的比赛项目。在 1986 年新疆乌鲁木齐第三届全国少数民族传统体育运动会上，北京、湖南、宁夏等代表团都进行了木球表演。1990 年国家体委和国家民委在宁夏银川市举办了木球裁判员、教练员学习班，同年首次举办了全国八省区木球邀请赛。在 1991 年广西南宁第四届全国少数民族传统体育运动会上，木球被正式列入比赛项目。进入 21 世纪，木球运动的竞赛规则与器材有了较大幅度的变化，更适于项目的开展与观赏。

二、木球比赛简介

（一）比赛定义

木球是由两个队参加的集体比赛项目，每队出场 5 人，每人手握击球板，运用传球、接球、运球和击球射门等技术，避开对方防守，将球击入对方球门得分，并用抢断球等防守技术，阻止对方得分。比赛结束时，得分多者为胜。全场比赛时间为 40 min，分上、下两个半场进行。每半场时间为 20 min，上、下半场中间休息 10 min。当下半场比赛结束，两队比分相等时，进行加时赛，时间为 10 min，分上、下两个半场。每半场 5 min，中间不休息。下半场与加时赛中间休息 5 min。

（二）比赛场地（图 12-11-1）

比赛场地为平整、无障碍物的长方形、土质或人造草地，长 40 m、宽 25 m。场地丈量从界线的内沿量起。

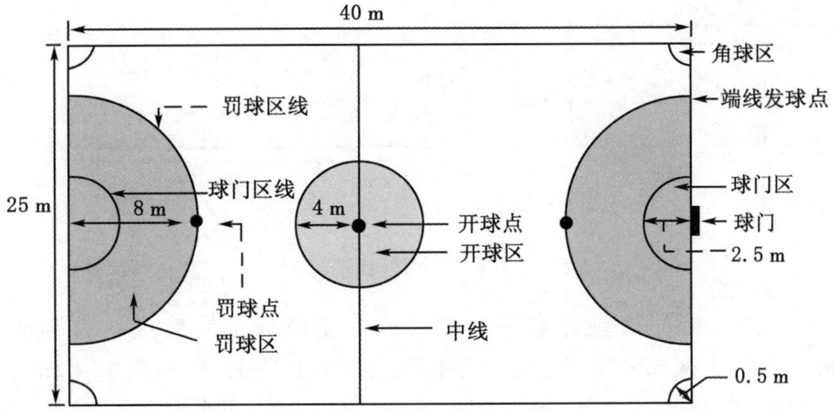

图 12-11-1　木球比赛场地

界线：比赛场地有明显的界线，长边为边线，短边为端线，线宽均为 10 cm，场地四周至少 3 m 以内不得有任何障碍物。

中线：连接两条边线的中点，画一条 10 cm 宽与端线平行的线为中线。

开球区：以中线的中点为圆心，4 m 为半径画一个线宽 10 cm 的圆为开球区（从圆周的外沿量起）。

开球点：以中线的中点为圆心，画一个直径为 15 cm 的实心圆为开球点。

球门区线：以端线的中点为圆心，以 2.5 m 为半径（从外沿量起），向场内画一条线宽 10 cm 的半圆线为球门区线。

球门区：端线与球门区线之间的区域为球门区。

球门：球门应牢固地设置在端线内沿中点处，两门柱内沿之间距离 1.8 m，横梁下沿至地面 0.8 m，门框呈圆柱形，直径为 4~6 cm，球门后装球网，球网应撑起，下端固定，球门与球网呈白色。

球门线：两个球门柱内沿之间的连线为球门线，线宽同端线，内沿与端线内沿重叠。

罚球区线：以端线的中点为圆心，以 8 m 为半径（从外沿量起）向场内画一条线宽 10 cm 的半圆线为罚球区线。

罚球区：罚球区线与球门区线之间的区域为罚球区。

罚球点：以端线中点垂直向场内 8 m 处（在罚球区线上）画一个直径为 15 cm 的实心圆为罚球点。

角球区：以边线和端线的交点内沿为圆心，0.5 m 为半径（从外沿量起），向场内画一条 10 cm 宽的弧线分别与边线和端线相交，该区为角球区。

端线发球点：罚球区线与端线的交点为端线发球点。

（二）比赛器材（图 12 11 2）

比赛用球：球体长 9 cm，圆周长 18 cm，球体两端呈半球形，中间为圆柱体，长 5 cm，两端顶部距圆柱平面距离分别为 2 cm。球体内为木质材料，外部用柔韧的橡胶材料包裹制成（内应密实无空隙）。球体重量为 100~130 g，木球呈鲜明的颜色，应与场地、器材有明显区别。

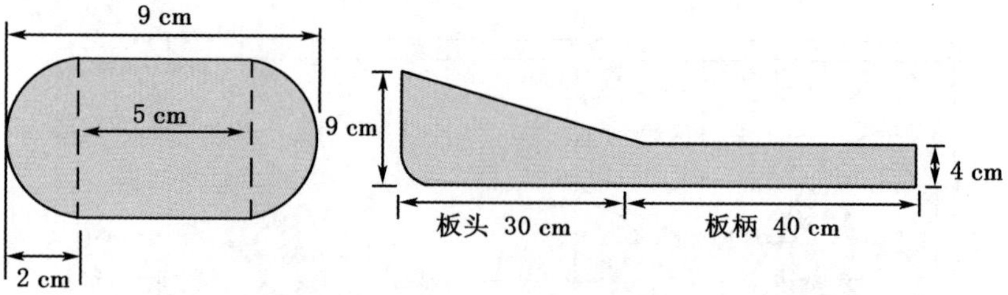

图 12-11-2　木球比赛器材

比赛球板：击球板用较硬并有一定韧性的木质或非金属合成材料制成，全长为70 cm，由板柄和板头两部分组成。上部手握部分叫板柄，长40 cm，宽4 cm；下部击球部分叫板头，长30 cm，上宽4 cm，底宽9 cm，板头的两个角呈圆弧形，击球板厚1.5~2.0 cm，重量不得超过520 g。木质击球板板头须缠裹胶带或其他非金属保护物品，以防击球板断裂。

三、木球的基本技术

（一）进攻技术

1. 击　球

动作要领：击球技术一般用于中、远距离的传球和射门。大力击球时右手向上移紧挨左手。中等力量击球时左手向下、右手向上同时移动直到相挨。轻力量击球时左手下移与右手紧挨。不同的握板方法结合不同的击球力量用于不同距离的传球。因此，在比赛中要灵活运用击球技术。击球时，木球应距离身体和击球板约60 cm，运动员利用左脚（或右脚）位置的移动、转体角度的大小、触球部位来变换击球角度和出球方向。

2. 运　球

动作要领：运球一般是指运动员的控球过程，包括推球、拨球等方法。推球是一种快速运球方式，一般用于无对方队员阻截情况下，包括单手推运球和双手推运球等。常用于过人、传球和射门环节。拨球是指通过手腕翻转操控击球板扣球。

3. 射　门

动作要领：射门基本方法包括击射、弹射、挑射、垫射。击射常用于强攻时在对方球员阻截情况下，进行远距离有效射门。但击射动作完成时间长，容易被对方发现阻截，并且由于击射球的球速很快，击球角度稍有偏差，球就会远离球门。弹射指用球杆点击、弹动木球将球射出。弹射的优点是发力快、时间短、动作隐蔽，不足是射程较短。挑射指将木球挑离地面后做出的射门动作。挑射与弹射特点相似，但挑射球的射门高度高于弹射球。垫射指接球员在传球过程中完成的垫辅和射门动作，其特点是耗时短、反弹速度快、难阻截。

（二）防守技术

动作要领：运动员依靠熟练的板上技术从对方手中抢球，破坏对方进攻，包括勾球、挑板抢球、压板抢球、截球等。勾球一般是己方队员在后面或侧面寻找时机从对方带球人处进行抢夺时使用。勾球首先要靠近对方一侧，双腿屈膝蹲下，伸出手臂，将击球板放平并向靠近自己的一侧扫球，也可使击球板平行于地面向外侧击打，然后抢截球。挑板抢球是指当对方在前面运球时，迅速追赶上去，用击球板从下向上将对方的击球板挑起，拿球。压板抢球是指用己方击球板压住对手的击球板，使其掉球，然后迅速抢球。截球是指用己方的击球板拦截并破坏对手的运球。截球时身体重心不要前倾过度，避免失去平衡被对方绕过。

思考与研究

（1）木球的常规比赛时长为多少？加时赛时长为多少？

（2）正式比赛中木球的重量是多少？球板的长度是多少？

第十三章　跳绳运动

章节导读

跳绳运动是一种很好的燃烧热量和减脂的运动，可以增强血液循环、增加肺活量，改善心脏供血功能，增强手眼协调功能，对于疾病具有很好的预防作用。参加跳绳运动可以磨练人的毅力，产生心理愉悦感，放松心情。跳绳不仅可以单人练习，也可以多人练习、多人配合，通过配合练习会培养人的展现力，跳绳运动也会融合舞蹈、体操、武术等多种运动形式，通过跳绳把各种运动形式综合起来，体现了跳绳运动的独特性、艺术性和创造性。总之，跳绳既可以提高学生的身体素质，也可以培养学生的心理健康，是一种很好的运动形式。

微信扫码　精讲视频　配套题库

第一节　跳绳的基本动作

本节主要介绍几种最常见的跳绳动作，包括单绳动作、车轮跳动作、交互绳动作、大绳动作，介绍每个动作的全过程和动作要领。

一、跳单绳动作

手自然放松，用拇指和食指第一、第二关节握住绳柄，一只脚踩住绳子中间，两手臂屈肘与体侧大约成直角，达到此高度时就是绳子的最佳长度。摇绳时两臂自然弯曲用手腕来摇绳，将绳子向上、向前摇起，使绳子绕身体一周，即完成一次摇绳动作，摇绳方向分为正摇和反摇，跳绳的方式分为两种，即并脚跳和双脚轮换跳（图 13-1-1）。

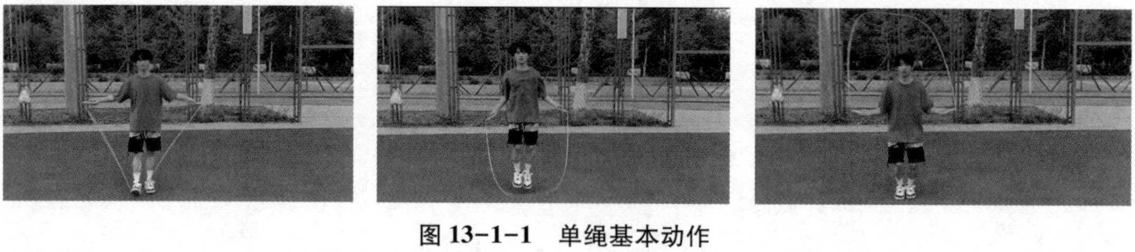

图 13-1-1　单绳基本动作

二、车轮跳

车轮跳是由 2 人或 2 人以上每人各持一根绳子，把内侧的绳子交叉，在跳绳的过程中相邻绳子相差半周依次打地，跳绳者协同配合、轮流完成跳绳动作，是一种特殊的跳绳方式，可以极大地展现跳绳者的表现力（图 13-1-2）。

图 13-1-2　车轮跳基本动作

三、交互绳

交互绳是由 2 个摇绳者面对面，持 2 根绳子，两手向内摇绳，绳子交替打地，跳绳者站在摇绳者一侧，当远侧绳子打地时，跳绳者开始进绳，跳过近绳之后再跳远侧绳，两脚交替进行跳绳，第一次以左脚起跳，依次连续完成跳绳（图 13-1-3）。

图 13-1-3　交互绳基本动作

四、跳长绳“8”字跳

由 2 个人来摇绳，2 个摇绳者用单手或双手握住跳绳，进行摇绳，如果绳子较长可以在拇指与其他四指间绕几圈，以达到合适的长度。2 个摇绳者面对面站立，2 人同时向一个方向摇绳，跳绳者一路纵队在摇绳者的一侧，当绳子打地的一瞬间，跳绳者跑动进绳，完成一次跳绳，从反面出绳，最常见的跳绳就是十人长绳“8”字跳，当跳绳者出绳后绕过对面的摇绳者，站在摇绳者的另一侧，开始下一次进绳，依次循环往复完成跳绳（图 13-1-4）。

图 13-1-4　长绳基本动作

第二节　速度跳绳项目

速度类跳绳项目包括很多，本节主要针对国内外跳绳比赛中经常采用的速度项目来做简要介绍。主要介绍这些项目的动作过程和技术要点，使读者能够清楚地了解这些速度项目，按照速度项目的具体要求来学习和训练，并能够通过学习选择用跳绳健身，甚至比赛。速度跳绳主要包括 30 秒单摇跳、3 分钟单摇跳、30 秒双摇跳、2×30 秒双摇跳、连续三摇跳、4×30 秒单摇接力、60 秒交互绳速度跳、4×30 秒交互绳单摇接力、3 分钟十人长绳“8”字跳、1 分钟十人长绳集体跳、30 秒一带一单摇跳、30 秒 2 人协同单摇跳、30 秒 3 人和谐单摇跳、30 秒间隔交叉单摇跳、跳绳强心项目、传统速度赛：杀刀——双摇样式对抗赛。

（一）30 秒单摇跳

30 秒单摇跳是最常见的速度项目，也是跳绳速度比赛中重要的项目，跳绳者双手摇绳，每起跳一次，绳体向前越过头顶并要过脚，绕身体一周，绳体运行 360°，称作单摇跳。有双脚轮换跳和双脚同时起跳两种方法，但在正式比赛中一般主要采用双脚轮换跳的基本姿势，计算右脚的次数，最后乘 2 得出总成绩。在跳绳起跳的时候要求人和绳都从静止状态开始起跳，30 秒单摇跳可以很好地锻炼学生的速度能力，是一种简单而实用的项目。

（二）3 分钟单摇跳

3 分钟单摇跳主要是锻炼学生的速度和耐力，跳绳者在 3 分钟内完成尽可能多的跳绳次数，每起跳一次，绳体向前越过头顶并要过脚，绕身体一周，绳体运行 360°，称作完成一次跳绳，跳绳者多数采用双脚轮换跳的姿势，在 3 分钟单摇跳中，计算右脚的跳绳次数，最后乘以 2 得出总成绩，在跳绳起跳的时候要求人和绳都从静止状态开始起跳，3 分钟单摇跳对跳绳者的速度和耐力要求十分高，所以跳绳者要有很好的身体素质和强大的心肺功能。

（三）30 秒双摇跳

30 秒双摇跳与单摇跳不同，跳绳者双手摇绳，双脚同时起跳，每起跳一次绳子绕身体运行 720°，即绳体绕过头顶通过脚下绕身体运行两周，称作双摇跳，跳绳者在 30

秒内完成尽可能多的跳绳次数，在跳绳过程中跳绳者采用并脚跳的方式完成动作，同时要求人和绳都从静止开始起跳，30 秒双摇跳需要跳绳者具有一定的身体素质和手脚配合能力。

（四）2×30 秒双摇跳

动作要领和技术要求同 30 秒双摇跳，只是跳的形式有所变化，2 名跳绳者在 60 秒不间断的时间内，按照先后顺序依次跳绳接力，每名跳绳者完成一个 30 秒双摇跳，2 名跳绳者采用并脚跳的跳绳姿势，2 名跳绳者累计完成双摇跳的次数为总的次数。

（五）连续三摇跳

跳绳者双手摇绳，双脚同时起跳，每跳一次绳子绕过身体 1080°，即绳体越过头顶和脚下绕身体 3 周，称为连续 3 摇跳，在比赛和练习的时候，跳绳者不间断地完成连续 3 摇跳，没有时间长短限制，在起跳的时候跳绳者出现第一个 3 摇跳开始，连续不间断地完成尽可能多的 3 摇跳。起跳开始时可以有过度动作，当出现第一个 3 摇跳时，中间不能间隔或变换其他动作，计算跳绳者一次性完成 3 摇跳的次数。但是在比赛的时候，起跳开始后 30 秒内没有出现第一个 3 摇跳，按弃权处理，跳绳者只有一次跳绳的机会。

（六）4×30 秒单摇接力

由 4 名跳绳者按照先后顺序依次完成，在 120 秒不间断的时间里，每名跳绳者按照顺序依次完成一次 30 秒单摇跳，每名跳绳者必须采用单摇双脚轮换跳的姿势完成跳绳动作，累计计算 4 名运动员右脚的成功次数，最后乘以 2 为该队应得的总次数。4 名跳绳者在指定场地内完成动作为有效动作。每名跳绳者在口令下达后必须在静止的状态下开始，在“换”口令下达后，接力者才可以接力，否则视为抢跳或抢换，每次犯规都从应得次数中扣除 10 次。

（七）60 秒交互绳速度跳

60 秒交互绳速度跳是由 3 名跳绳者完成的运动，3 人中 2 人摇绳 1 人跳绳，在 2 人摇绳的配合下，跳绳者在 60 秒内完成尽可能多的双脚轮换跳，跳绳者必须采用双脚轮换跳，摇绳者必须采用正向摇绳，即双手依次向内摇绳，其他的摇绳方法均不计数，计算跳绳者右脚成功次数，最后乘以 2 记为跳绳总的成功次数。在“跳”的口令下达后，摇绳者开始摇绳，跳绳者开始进绳，否则视为抢跳，每次犯规都从应得次数中扣除 10 次。

（八）4×30 秒交互绳单摇接力

4×30 秒交互绳单摇接力由 4 名跳绳者在 120 秒内，按照跳绳者先后顺序依次完成 30 秒接力，其形式是轮流摇跳交互绳，跳绳者在交互绳中完成尽可能多的双脚轮换跳。4 名跳绳者必须采用双脚轮换跳的跳绳姿势，摇绳者必须采用正向的摇绳姿势，即双手向内摇绳，累计 4 名跳绳者右脚跳绳成功次数，最后乘以 2 为跳绳总的成功次数。在“跳”的口令下达后，摇绳者才可以开始摇绳，跳绳者开始进绳，否则视为抢跳；在“换”的口令下达后，摇、跳绳者允许在不停绳的情况下，完成摇、跳绳动作的互换，否则视为抢换，每次犯规都从应得次数中扣除 10 次。

跳绳顺序：准备进绳者必须在跳绳者对面入绳，跳绳者出绳后必须接力摇绳。如 4 名运动员编号分别设定为 A，B，C，D。摇跳互换顺序为：

A 和 B 为 C 摇绳，C 面朝着 B，D 在 B 侧准备；

A和C为D摇绳，D面朝着A，B在A侧准备；

D和C为B摇绳，B面朝着C，A在C侧准备；

D和B为A摇绳，A面朝着D。

每名运动员必须面向正确的方向摇、跳绳才被计数，如果方向错误，计数暂停，时间不间断，主裁判提醒其从绳外纠正方向后继续比赛，再累积计数，直到时间结束，摇绳者和跳绳者在转换过程中停绳按一次失误计算，失误不扣分。

（九）3分钟十人长绳“8”字跳

总的时间是3分钟，由2人同步单摇大绳，其他8人是跳绳者，以“8”字路线绕2名摇绳者依次跳绳，在3分钟内完成尽可能多的进出绳。2名摇绳者两脚之间的距离不小于3.6米，其他8名运动员必须依次过绳，并且按照“8”字型路线跑跳过长绳，累计跳绳者所过绳的成功次数。在口令下达后，摇绳者从静止开始摇绳，跳绳者开始跳绳，否则视为抢跳，每次犯规都从应得次数中扣除10个。十人长绳“8”字跳对跳绳者的体能要求很高，所以要很好地完成跳绳必须先练好队员的身体素质，跳绳的速度要逐渐提高，跳的时候最好伴随节拍，不要急于求成。

（十）1分钟十人长绳集体跳

在1分钟内，由2人来摇绳，8人集体在长绳中跳绳，在跳绳过程中绳子要通过8个人的脚下和头顶，在1分钟内完成尽可能多的集体跳绳数量，要求10人在指定场地内跳绳，8个人要同时过绳算成功一次，最后算成功总次数。这个运动需要摇绳者和跳绳者合理的配合，并且8个人的节奏要一致，最好大家同时喊号子，以达到起跳一致的目的。

（十一）30秒一带一单摇跳

1名跳绳者双手单摇，另1名跳绳者在摇绳者的体前或体后，在30秒内，每跳绳一次，绳子同时绕过2名跳绳者的头顶和脚下，绕2名跳绳者身体一周，即360°，被称为一带一单摇跳。要求跳绳者按照单摇跳的动作要领跳绳，2名跳绳者同时完成的跳绳被记作成功一次，以持绳跳绳者为参照计数，最后算累计成功次数，在跳绳口令下达后，在指定场地内，2名跳绳者都从静止的状态下开始起跳，否则被视为犯规。在跳绳过程中2名跳绳者要协调配合，当绳感提高时速度自然会提高。

（十二）30秒2人协同单摇跳

在30秒内，2名跳绳运动员，每人持一个手柄，同时摇绳，绳子越过2人头顶并通过2个人的脚下，绕2人身体一周，即360°，被称为2人协同单摇跳。要求，虽然2人各持一个手柄，但采用单摇跳的动作要求，2人在指定场地内，当口令下达后要求人和绳都从静止的状态下开始，计算2名跳绳者同时完成的成功次数。在跳绳过程中2人要协调一致，节奏一致，才能达到很好的效果。

（十三）30秒3人和谐单摇跳

运动由3人完成，2名摇绳者和1名跳绳者，但2名摇绳者不跳绳，只有1名跳绳者，跳绳者做单摇跳绳，总时间30秒，跳绳者在30秒内完成尽可能多的单摇跳。要求在指定场地内跳绳，在“跳”口令下达后，人和绳都要从静止状态下开始，跳绳总数的计算方法同单摇跳。

（十四）30秒间隔交叉单摇跳

跳绳者双手摇绳，采用单摇跳的动作姿势，第一次体前交叉单摇过绳，第二次单摇过绳，2 个动作依次先后完成记为成功 1 次，被称为间隔交叉单摇跳。要求在 30 秒内完成尽可能多的间隔交叉跳，计算成功的间隔交叉的组数为最终交叉次数。

（十五）跳绳强心项目

（1）200 个定数计时单摇跳（仅限幼儿跳绳竞赛比赛项目）。

（2）800 个定数计时单摇跳。

（3）2400 个定数计时单摇跳。

（4）4800 个定数计时单摇跳。

跳绳者双手摇绳，采用双脚轮换跳或并脚跳的姿势跳绳，绳体绕行 360°，即绳子向前越过头顶和脚下运行一周。按照项目要求，跳绳者在规定的数量前提下，尽可能用最少的时间来完成目标。运动员可以采用双脚轮换跳或并脚跳的姿势跳绳，在指定场地内，在口令下达时人和绳子必须在静止的状态下开始跳绳，否则视为犯规。强心赛项目是一个很好的项目，可以提高跳绳者的心肺功能，也可以提高跳绳者的手脚配合能力，对提高综合身体素质具有一定的效果，强心项目在学校中开展具有一定的意义，也越来越受学生的喜爱。

（十六）传统速度赛：杀刀——双摇样式对抗赛

（1）双摇直摇跳：起跳一次，绳子越过头顶并通过脚下，绕过身体两周，称为双摇。标记为 OO。

（2）双摇快花跳：跳起一次，两手摇绳越过头顶，通过脚下绕过身体两周，第一周直接摇过，第二周两手臂体前交叉编花摇过，称为双摇快花跳，简称“快花”。标记为 OX。

（3）双摇扯花跳：跳起一次，两手摇绳越过头顶，通过脚下绕过身体两周，第一周两手臂体前交叉编花摇过，第二周直接摇过称为双摇扯花跳，简称“扯花”。标记为 XO。

（4）双摇凤花跳：跳过一次，两手臂体前交叉编花摇过身体两周（即固定编花双摇跳），称为双摇凤花跳，简称“凤花”。标记为 XX。

比赛分为男子团体项目和女子团体项目，每个队每个项目 3 名队员参赛，每局不超过 2 分钟，每局双方依次各上一名跳绳者，采用一对一的方式完成，当“跳”的口令下达后，从跳绳者第一次出现规定样式开始计数，失误了比赛即停止，在比赛规定时间内，跳绳者以一次完成规定样式最多的为胜利者。

第三节　花样跳绳

花样跳绳是非常专业的项目，目前引起了国内外越来越多的人的关注。花样跳绳是跳绳项目的亮点，在规定范围限制内，可以充分发挥编排者的创造力和想象力，用独特的风格来展示跳绳者的水平，音乐的选择、动作的编排、队形的变化，无一不体现个性化。介绍花样跳绳项目必须参考国内外的比赛，根据国内外花样跳绳比赛的要求和裁判法来介绍花样跳绳项目，这样才能比较全面地了解花样跳绳项目。本节主要介绍花样跳绳项目，包括个人绳花样、车轮绳花样、交互绳花样，介绍每种花样的概述、动作要求和必要的、基本的裁判法。同时为了能够更深刻而明了地介绍花样项目，在平时练习、训练或比赛中能够付诸实践，主要介绍了花样项目的难度、花样项目的完成、娱乐编排、音乐的完成；花样赛的规定元素、重复难度、失误；花样赛的空间、时间违例。目的是能够更全面、更深刻地了解花样赛项目，为广大师生在平时练习或参加比赛提供一定的参考。

花样跳绳是在规定的时间内按照跳绳运动的基本规律，合理运用身体姿势的变化或人、绳之间的配合，凭借选手的想象力和创造性将各跳绳技术动作有机地融合在一起，通过完成有效动作来全面展示花样绳项目的技巧性和艺术性。

花样赛包括个人绳花样、车轮绳花样和交互绳花样，个人绳花样和车轮绳花样每人一绳，交互绳花样一般每个组合一绳。不允许增加其他的各种器材和特殊装备。在两人或两人以上的个人花样项目中，只有跳绳者动作同步时才可以对难度评分，特殊互动配合等动作除外，此时车轮动作不予评分。

一、花样跳绳项目的难度

难度是花样跳绳项目的重要方面，在正规的比赛中花样项目需要一定的难度，所以在平时练习时或参加比赛时要注重难度的选择。所以在花样跳绳练习一开始就要了解各种难度形式，以便于更好地学习和训练。跳绳者与绳子结合完成的每一个动作都会被赋予一个难度等级。动作难度由2部分组成，一个是动作元素，一个是动作难度等级。动作元素包括多摇、力量、体操、绳子控制、放绳、配合互动、步伐。动作难度等级为不同的动作会有一定的难度等级，跳绳动作除了力量体操组合，其他的动作难度是0.5的，不参与组合动作中难度的叠加。

1. 个人绳花样难度

在个人同步花样项目中，每名跳绳者完成不同的动作时，以难度最低的动作为动作等级，若有一人出现失误，则当此人恢复运动时再进行难度的评判。

缠绕：在个人花样中，当跳绳者做缠绕动作，每次过脚和完成侧甩时，都要赋予一个单独的难度等级。另外绳子缠绕在身体上时跳过绳子，难度等级加“1”级；跳过限制位的缠绕动作，难度等级加“3”级。

放绳：在个人花样中，放绳动作是作为一个单独的动作来评判的，在跳绳过程中，如果在腾空过程中完成一个放绳动作，被视为一个组合动作。跳绳者在跳绳后在限制位接住绳柄，难度等级加“1”级；在跳绳中在限制位放绳，同时手在限制位接绳柄（背后或者双腿后），难度等级加“1”级；放绳后用身体其他部位接住绳柄（除手以外），难度等级加“1”级。

多摇：多摇动作是指当运动员腾空时，绳子在运动员的矢状面旋转不止一周。如果多摇从侧甩开始，运动员的脚必须在绳子打地前离开地面。以此类推，如果一个多摇以侧甩结束，则绳子必须在运动员落地前过跳绳者的脚。否则要在摇数上进行相应的减少。在多摇动作中，一只手在限制位时，必须改变原来的位置或手打开后又进入一个限制位，才能使多摇动作难度级别提高。

力量和体操：对力量动作来说，动作的进入和动作的出来是分开来计分的。单手握绳的体操动作判定时减“1”级难度；在力量和体操动作中基本交叉和一只手在特殊位置的交叉难度等级均加“1”级，和跳绳动作直接连接的俯卧撑、劈叉、蟹跳难度等级加“1”级；和跳绳动作直接连接的倒立难度等级增加“2”级；辅助完成的空翻难度等级加“1”级；做力量动作的同时身体旋转，每旋转90°，额外增加“1”级难度等级。

绳子的控制：当两只手上下位置变换的连续交叉类跳绳动作时，第二个动作难度等级加“1”级；限制位置的交叉动作，难度等级增加“1”级；在做交叉动作时，伴有缠绕动作，并成功过绳，难度等级增加“1”级；在跳绳过程中，在空间改变方向，难度等级增加“1”级；交换手柄的跳绳动作，难度等级增加“1”级；同一个跳绳动作的相异两侧动作的连续转换，难度等级增加“1”级。

2. 车轮花样难度

车轮跳花样项目每名跳绳者所做的每一个动作都会伴有一定的难度，动作难度由2部分组成，一个是动作元素，一个是动作难度等级，动作元素包括多摇、力量、体操、绳子控制、放绳、互动、步伐。动作难度等级为不同的动作会有一定的难度等级。

多摇：完成多摇跳绳动作的同时，身体进行旋转，难度等级加“1”级。

力量和体操：跳绳时基础交叉为结尾的力量动作或者空翻动作，难度等级增加“1”级；和跳绳动作直接连接的俯卧撑，难度等级增加“1”级；和跳绳动作直接连接的倒立动作，难度等级增加“2”级；辅助完成的空翻动作，难度等级增加“1”级；跳绳时力量动作过绳时，每旋转90°，额外增加1个难度等级。

绳子控制：在车轮花样跳绳动作中，两手上下位置交换的交叉跳绳动作，难度等级增加“1”级；在跳绳过程中，空中改变绳子的摇绳方向，难度等级增加“1”级；转换手柄动作，难度等级增加“1”级。

放绳：放绳后在限制位接绳，难度等级加“1”级；在跳绳过程中从限制位放出绳柄，仍只有手在限制位接住跳绳手柄，难度等级加“1”级；在放绳之后身体其他部位接住跳绳手柄（手除外），难度等级加“1”级。

3. 交互绳花样难度

交互绳项目有其自身的特点，交互绳的每一个动作都会有一个难度，跳绳者的动作难度要与摇绳者的动作难度叠加起来。动作难度由2部分组成，一个是动作元素，一个是动作难度等级，动作元素包括多摇、力量、体操、摇绳、放绳、转换、步伐。动作难度等级是不同的动作会有一定的难度等级。

摇绳者难度：在摇绳中只有一个技巧完成后转换到另一个摇绳技巧，难度等级增加“1”级；摇绳者用车轮跳的技巧摇绳时，应该根据车轮跳的难度赋予难度分值。交互绳的起始难度是判给摇绳者的。

跳绳者的力量和体操：跳绳者在绳中完成力量动作时，身体每转90°难度等级额外增加“1”级；做单手倒立动作时，难度增加“1”级；在完成力量和体操动作后，身体旋转360°，难度等级额外增加“1”级。

跳绳者互动：在1名跳绳者的身上完成力量动作，难度等级增加“1”级；2名跳绳者做力量时，身体重叠，难度等级增加“1”级；互动时1名跳绳者完成空翻动作，难度等级增加“2”级；辅助完成空翻动作，难度等级增加“1”级。

二、花样跳绳的完成

花样跳绳的完成分为2个部分，一是对跳绳者技术的评判，一是对音乐的选择使用、整个套路编排评判。完成分为 3 个等级，即基本的（-）、平均的（√）、优秀的（+），每个动作的完成都按照这 3 个等级来评判。

（1）技术动作的完成：技术动作的完成主要包括每个技术动作的完成、身体姿势、幅度、位置和绳体的控制。在花样跳绳中每个技术动作都会有一个完成水平，在完成过程中动作姿势和对绳体的控制都会影响完成的效果，比如团队配合：团队不同步可认定为基本的（-）完成等级；团队配合协调同步可认定为平均的（√）完成等级；团队完美的协调同步可认定为优秀的（+）完成等级。

（2）娱乐编排、音乐的完成：娱乐编排部分，技能和技术的组合、动作之间的平稳过渡，都会影响娱乐编排的效果。比如在跳绳中动作不连贯、中断可认定为基本的（-）完成等级；存在技能间的转换，但执行不好，可以认定为平均的（√）完成等级；动作技能转换轻松过渡，可以认定为优秀的（+）完成等级。

在音乐完成部分，要注重音乐的有效运用和独特音乐的选择，比如跳绳者在跳绳中不在音乐的节拍和节奏上，可以认定为基本的（-）完成等级；跳绳者有时在音乐的节拍和节奏上，可以认定为平均的（√）完成等级；跳绳者都在音乐的节拍和节奏上可以认定为优秀的（+）完成等级。

三、花样项目规定元素

在花样跳绳项目中，为了实现项目的多样性，包含一些规定元素，如果在比赛中，运动员没有完成规定元素，裁判将会扣分。对这些规定元素的完成，在跳绳中是有一定要求的：第一，跳绳者必须完成一个被赋予难度等级的动作，才可以算作完成了规定元素内容，否则就不能被认为是完成了规定元素；第二，可以在单独动作中完成规定元素，也可以在组合动作中完成规定元素；第三，跳绳者可以在一个跳绳技术中完成多个规定元素；第四，在各种难度级别的跳绳动作中都可以完成规定元素，同时跳绳者完成规定元素后，必须立刻跳过绳子；第五，在“两人同步”和“四人同步”跳绳项目中，所有跳绳者必须同时完成跳绳动作，才能认为是完成了规定元素；第六，在交互绳和车轮跳中，不一定所有人都要完成规定元素，单个跳绳者和多个跳绳者都可以完成规定元素。

1. 个人绳规定元素

个人绳规定元素包括：第一，4 个不同的多摇；第二，4 个不同的体操或力量；第三，4 个不同的缠绕或放绳；第四，4 个不同的互动配合。

2. 交互绳规定元素

交互绳规定元素包括：第一，4 个不同的摇绳技巧；第二，4 个不同的体操或力量；第三，4 个不同的互动配合。

3. 车轮跳规定元素

车轮跳规定元素包括：第一，4 个不同的多摇；第二，4 个不同的体操或力量；第三，4 个不同的缠绕或放绳；第四，4 个不同的互动配合。

四、花样项目重复难度

在跳绳的任何时候，跳绳者做出难度在 3 级及以上的动作被清晰地重复，将会从难度总得分扣除重复动作。不认为是重复的动作：第一，动作改变方向；第二，跳绳中使用不同的方式进入或退出。被认为是重复的动作：第一，使用不同的方向（左侧或右侧）或用不同的手臂；第二，相对于地面或绳子，表现出不同的方向；第三，在成套的技术动作中，由不同的跳绳者完成。

五、跳绳的失误

除了缠绕和放绳动作外，跳绳任何时候只要绳子停止就是失误。同时，跳绳者在做放绳动作时，如果错过了抓住绳柄的时机，也被认为是失误。如果在跳绳中身子发生了扰动，则被视为一个干扰。个人花样团体赛，在完成一组动作过程中，团队中可以出现多个失误。2 人车轮花样、交互绳花样、个人绳互动项目中，如果出现了失误，被认为是 1 次失误，而不能认为每个人都发生了一次失误。

六、花样项目空间、时间违例

所谓空间违例是跳绳者在跳绳中，身体接触场地以外的地面。如果出现空间违例，在边界以外的动作不做任何评分，只有跳绳者回到场地区域内，才可以继续评分。一次空间违例相当于一次失误。所谓时间违例是跳绳者在音乐被听到之前开始做动作，或在音乐结束后还在做相关动作，一次时间违例相当于一次失误。

第四节　集体自编项目

本节主要介绍跳绳集体自编项目，集体自编包括跳绳的多种技能，是跳绳运动的综合体现，能够充分地展示出编排者的编排能力、跳绳者的完成能力，各种技术动作与音乐的配合能力等多种能力。集体自编包括大型集体自编和小型集体自编。通过介绍集体自编的主要内容、基本要求和裁判法等，可以全面地了解集体自编项目，为平时训练和参加比赛提供一定的参考。

所谓集体自编项目是在音乐伴奏下，多名跳绳者相互配合，通过空间、方位与队形变化，结合个人绳、交互绳、车轮绳、网绳、彩虹绳、多角绳、绳中绳、旅行绳等形式多样的元素，展现高超的跳绳技巧和团队配合的竞赛项目。集体自编项目从四个方面对整套编排动作进行评分，即难度动作、动作的完成质量、整套动作的艺术编排、特殊要求。

一、集体自编项目的难度

难度的判定按照个人绳、车轮跳和交互绳的难度等级进行判定，长绳和旅行跳按照难度的修改进行判定。

1. 长　绳

在集体自编的表演中至少有一根 6 米长的绳子（以前要求 7 米以上的绳子），在长绳表演中可以采用任何的摇跳方式。难度等级从 0 开始：2 名摇绳者用长绳进行双摇，1 名跳绳者完成过绳。

（1）摇绳者技巧：出现多个或所有长绳交叉动作或改变摇绳方向，难度等级增加

"1"级；一名长绳摇绳者套另一名摇绳者的动作，难度等级增加"1"级；每增加一根绳子，难度等级增加"1"级；摇绳者套人动作，根据摇数来增加难度，比如双摇增加"2"级难度，三摇增加"3"级难度；在同一根绳子中，有1名摇绳者难度等级增加"1"级，有两名摇绳者难度等级增加"2"级；所有的长绳摇绳者在套人的过程中，摇绳者移动或者旋转，难度等级增加"1"级；摇绳者在套人过程中，所完成的综合动作，按照动作的难度等级加在一起。

（2）跳绳者技巧：多于1名跳绳者在长绳中完成跳绳，难度等级增加"1"级；跳绳者在套人时完成的各种动作，难度等级增加"1"级；跳绳者在被套的过程中，所做的移动或旋转的动作，难度等级增加"1"级；摇绳者在摇绳的移动过程中，跳绳者完成的队形变换，难度等级增加"1"级；在跳绳的过程中，当增加一个规定元素时，难度等级增加"1"级。

2. 旅行跳

旅行跳是1名跳绳者去套2名及以上跳绳者，要求被套的跳绳者之间最多只能空跳1次，难度从0开始，即1名跳绳者去套多名跳绳者，同时和被套的跳绳者同时过一根绳子。

（1）套人者的技巧：套人者单摇套人时，根据绳子摇数增加1个等级，比如双摇增加"2"级难度等级，3摇增加"3"级难度等级；连续的套人难度等级增加"1"级；套人者反摇套跳绳者难度等级增加"1"级；套人者不看跳绳者的动作，难度等级增加"1"级；套人者在套人过程中，每旋转180°难度等级增加"1"级，360°难度等级增加"2"级，540°难度等级增加"3"级，以此类推。套人者套人时完成的各种动作按单绳的难度叠加。如果被套的跳绳者是2人，同时伴有空拍，难度等级增加"1"级；如果连续地套2人，难度等级增加"2"级。

（2）跳绳者的技巧：跳绳者在被套时完成的动作技巧按照单绳难度和车轮跳难度叠加在一起。套人者和跳绳者在移动的过程中完成动作，难度等级增加"1"级，套人过程中，跳绳者队形发生了变换，难度等级增加"1"级。额外的组合难度等级增加"1"级。

二、集体自编项目的完成

集体自编项目分成2个部分，一是对跳绳者技术的评判，一是对音乐的选择使用和整个套路编排评判。完成分为3个等级，即基本的（-）、平均的（√）、优秀的（+），每个动作的完成都按照这3个等级来评判。在国内外大赛中裁判员每2秒就会给予一个评判。

技术动作的完成包括各种技术动作的完成、跳绳者身体的控制、绳体的控制。比如，队形不整齐会被认定为基本的（-）评判等级；队形变化少，多数是直线队形会被认定为平均的（√）评判等级；队形变化多样、整齐划一会被认定为优秀的（+）评判等级。

技术动作风格：技术风格主要表现在跳绳者在动作中的表现，并与观众联系起来。比如，在集体自编动作中出现了令人分心的面部表情会被认定为基本的（-）评判等级；表情内向，缺乏与观众交流会被认定为平均的（√）评判等级；表情得体，自然微笑，与观众有交流会被认定为优秀的（+）评判等级。

娱乐编排和音乐：娱乐编排部分，技能和技术的组合、动作之间的平稳过渡，都会影响娱乐编排的效果。比如，绳子的弧度不稳定可认定为基本的（-）完成等级；绳子的弧线没有异常，可以认定为平均的（√）完成等级；绳子的弧线是连续平滑的，可以认定为优秀的（+）完成等级。在音乐完成部分，要注重音乐的有效运用和独特音乐的选择。比如，跳绳者在跳绳中不在音乐的节拍和节奏上，可以认定为基本的（-）完成等级；跳绳者有时在音乐的节拍和节奏上，可以认定为平均的（√）完成等级；跳绳者都在音乐的节拍和节奏上可以认定为优秀的（+）完成等级。

集体自编项目的规定元素：完成规定元素是有一定的要求的。第一，跳绳者必须完成一个具有难度等级的动作；第二，跳绳者可以在同一时间内完成多个规定元素；第三，可以在各种难度上完成规定元素；第四，有75%以上的人员完成规定元素才能被认为是完成。集体自编项目的规定元素包括个人绳、交互绳、车轮跳、长绳、旅行跳。

集体自编项目失误和时间、空间违例：在完成动作时，至少影响场上一半以上的跳绳者的失误，称为一次失误。集体自编项目不计算空间违例。所谓时间违例是跳绳者在音乐被听到之前开始做动作，或在音乐结束后还在做相关动作，一次时间违例相当于一次失误。

第五节　跳绳规定项目

本节主要介绍跳绳的规定项目，规定项目的形式与其他跳绳项目不同，有其自身的特点。规定项目的动作顺序是固定的，练习者按照动作的顺序练习，不能对动作进行更改，但是可以有队形的变化，通过队形的变化使规定项目更加丰富多彩。跳绳规定项目包括很多，本节主要针对国内跳绳比赛中经常采用的规定项目来做简要介绍。主要介绍这些项目的动作过程和技术要点，使读者能够清楚地了解这些项目，按照规定项目的具体要求来学习和训练，并能够学习这些要点来用跳绳健身，甚至去比赛。跳绳规定项目主要包括个人花样规定套路、个人花样集体规定套路、车轮花样集体规定套路、交互绳花样集体规定套路、广场绳舞集体规定套路、集体自编赛规定套路、DDC 交互绳规定套路。

规定项目参赛人数及要求：各规定项目的音乐是固定不变的。个人花样规定套路，参加人数要求 1 人。个人花样集体规定套路，每队参加人数要求 8～12 人，参赛人员性别不限，包括个人花样集体规定初级套路、个人花样集体规定中级套路和个人花样集体规定高级套路。车轮花样集体规定套路，每队参加人数要求 6～12 人，而且 2 人 1 组同步完成，包括车轮花样规定基础套路和车轮花样规定提高套路。交互绳花样集体规定套路，每队参加人数要求 9～15 人，3 人 1 组，来完成同步动作，包括交互绳花样规定基础套路和交互绳花样提高套路。广场绳舞集体规定套路，每队参加人数要求 8～12 人，性别不限。集体自编赛规定套路，每队参加人数要求 6～10 人，性别不限。DDC 交互绳规定套路，每队参加人数为 5～8 人，性别不限。

规定项目的评分因素：规定项目评分因素包括三个方面，即主裁判扣分、创意编排、完成质量。

主裁判扣分：主裁判每次扣分包括几个方面。第一，更改一个八拍的内容；第二，在完成跳绳套路过程中中断 4 秒以上；第三，在完成套路的过程中时间不足或者超时；第四，跳绳者没有行绳礼，跳绳者的着装、发型、化妆等没有按照要求去做，或佩戴首饰，或首饰在跳绳中脱落；第五，在个人花样规定套路中，跳绳者踩线或出界。主裁判判定取消比赛资格：第一，跳绳者 60 秒没有出场视为比赛弃权；第二，更改 4 个八拍的规定套路内容；第三，参赛人数与比赛要求不一致；第四，利用外部助力器材完成动作；第五，有违背奥林匹克精神的动作出现；第六，在跳绳中有不文明用语或嘴里咀嚼口香糖；第七，在完成动作时没有穿跳绳鞋；第八，在完成动作中，有体现暴力、宗教、色情等因素出现。

创意编排：创意编排是规定项目的重要方面，体现出了规定项目的丰富性和多样性，在创意编排中可以体现出体育精神，把积极向上、努力拼搏融入编排中去，在动作中含有优美的姿势、健康的体魄、大胆的展示，这些都是创意编排的亮点。在规定项目中创意编排分数占 20%。10 分以下是差评，10~13 分是中等，14~17 分是良好，18~20 分是优秀。评分分为两个方面：第一，动作的过度链接、场地的利用情况和成套动作的编排；第二，跳绳者的现场表现情况。

完成质量：完成质量因素主要包含以下几个方面。第一，动作的准确性；第二，动作的熟练性；第三，动作的合拍性；第四，运动能力一致性；第五，表演技巧一致性。跳绳者在完成动作时能够展现身体的力量、速度、平衡、柔韧、协调能力。在规定项目中完成质量分数占 80%。29 分及以下是差评，30~59 分是中等，60~69 分是良好，70~80 分是优秀。

思考与研究

（1）几种基础跳绳的技术要领是什么？

（2）正规比赛的跳绳项目包括哪些？

第十四章　飞盘运动

章节导读

2019 年，习近平总书记在全国教育大会中指出：“要在加强品德修养上下功夫，教育引导学生培育和践行社会主义核心价值观，踏踏实实修好品德，成为有大爱大德大情怀的人。”教育引导学生牢牢把富强、民主、文明、和谐作为国家层面的价值目标，把自由、平等、公正、法治作为社会层面的价值取向，把爱国、敬业、诚信、友善作为公民层面的价值准则，将社会主义核心价值观内化于心、外化于行。极限飞盘运动是近年来深受广大青年喜欢的一项运动，通过学习极限飞盘，体会飞盘精神，学生可以深刻领悟社会主义核心价值观，进而提升品德修养。

第一节　飞盘运动概述

飞盘运动是近年来深受广大青年喜欢的项目，通过对极限飞盘基本技战术的学习，提高学生素质，全面提升学生能力。

飞盘（frisbie）的起源可追溯到公元前 8 世纪的古希腊。当时，古希腊的人民通过投掷圆盘类的坚硬物体来进行狩猎和军事训练。

20 世纪初，美国一家叫作弗里斯比（Frisbie）的餐厅，制作的披萨深受当地大学生的喜爱，用餐后学生们相互掷圆形的披萨盘来娱乐，由于披萨上印有“Frisbie”的标志，学生们会在投掷时大喊“Frisbie”来提醒他人躲避，“Frisbie”（或“Frisbee”）这个名称沿用至今。

1946 年，美国人弗瑞德·莫瑞森（Fred Morrison）发明了第一枚飞盘，并迅速传播。飞盘运动 20 世纪 70 年代风行欧美，于 20 世纪 70 年代末 80 年代初传入我国。世界飞盘联合会（The World Flying Disc Federation，WFDF）是国际飞盘运动管理机构，成立于 1985 年，现有来自非洲、亚洲、大洋洲、欧洲、北美洲和南美洲的 70 多个会员国。

飞盘运动分为极限飞盘（团队飞盘）、掷准飞盘、躲避盘、花式飞盘、飞盘勇气赛、双人飞盘、回收飞盘赛、回收计时赛、飞盘掷远赛、飞盘越野赛等。高校飞盘运动主要指极限飞盘运动。

第二节　极限飞盘介绍

极限飞盘英文名为 ultimate frisbee 或简称 ultimate，是飞盘众多竞赛项目中的一种，也是目前飞盘运动最受欢迎的四个项目中的一种。

极限飞盘是一项严格要求无身体碰撞的对抗型竞技运动。发明于 1968 年美国新泽西州的哥伦比亚高中，2001 年被列入世界运动会（World Game）项目，为一项融合了橄榄球、足球和篮球等运动特点的团队型运动，曾被《纽约时报》评为世界上发展速度最快的运动。

2013 年，国际奥林匹克委员会（IOC）承认世界飞盘联合会为单项运动国际组织，标志着飞盘运动在国际上进一步获得认可。

官方比赛所用飞盘重量为 175 g，在 100 m×37 m 规格的场地上进行，赛场两侧各有一块 18 m×37 m 的得分区域，进攻方通过各种战术方式的跑动、传递飞盘，让队友在攻入得分区接盘得分。正式比赛为两队间 7vs7 的比赛（平时比赛人数弹性较大，可以是 5vs5，6vs6，7vs7，而且男女比例也可按两队情况决定）。

极限飞盘是一项无裁判员参与的体育竞赛，因此，比赛中，在展示飞盘技战术的同时，极限飞盘精神尤为重要。

极限飞盘精神包括：

避免身体接触——自控、避免冲突的意识（avoid body contact）

保持公平公正——公平意识、平等待人（be fair-minded）

享受玩的过程——塑造良好的团队氛围（enjoy playing）

友好交流——尊重他人的意识、沟通及表达能力（communication respectfully）

熟知规则——守则、自律（know the rules）

第三节　极限飞盘运动基本技术

一、传盘基本技术

（一）直线传盘

1. 反手直线传盘技术

反手传盘是极限飞盘的重要的基本技术，持盘手虎口贴住飞盘外沿，拇指放在飞盘正面纹路上并压紧，其余四指以握拳的姿势置于飞盘底部并紧扣飞盘内沿。握盘力度不要太松更不能太紧，以保证控制飞盘角度（图 14-3-1、图 14-3-2）。

在反手传盘时，要时刻保持飞盘与小臂在同一水平面，握盘手同侧的腿向出盘方位的反方向斜前方迈出，脚外展指向出盘方向，身体重心略向迈腿方向倾斜，重心放在身体中轴线处，降低重心，保证身体稳定，双眼看向传盘方向。持盘手肩膀对向传盘目标，当转动到胸口正对传盘目标时将飞盘掷出，掷盘时手腕由内旋转向外展发力，随即制动，以提高飞盘旋转速率，飞盘旋转速率越快，飞行越稳定。整个掷盘过程要求全身协同发力（图 14-3-3）。

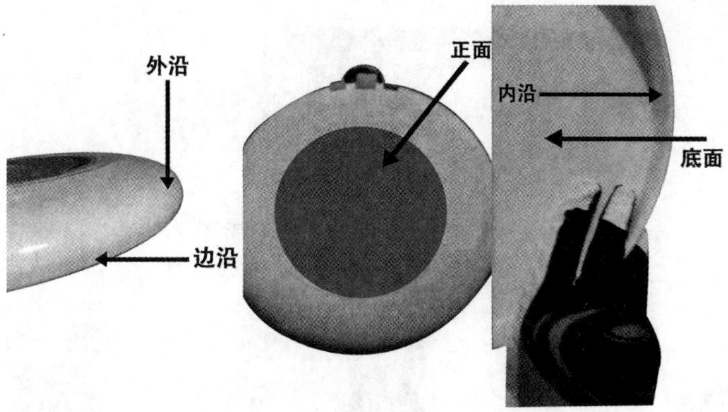

图 14-3-1　极限飞盘结构

图 14-3-2　反手直线传盘手型

图 14-3-3　反手直线传盘动作流程

2. 正手直线传盘技术

正手握盘姿势是将飞盘置于传盘手虎口位置，虎口抵住飞盘外沿，拇指紧压飞盘外沿上部，食指和中指顶在飞盘内沿，两指可以并拢也可以适当分开，无名指和小指压在飞盘外沿（图 14-3-4）。

传盘时，握盘手同侧的腿向身体侧面迈出，成侧弓步，降低重心，将身体重心控制在身体中轴线上，手臂弯曲离开身体，肘部靠近但不要贴住身体，肩下沉，利用手腕和小臂甩动发力，出盘瞬间飞盘外侧略向下倾斜，保持平稳飞行（图 14-3-5）。

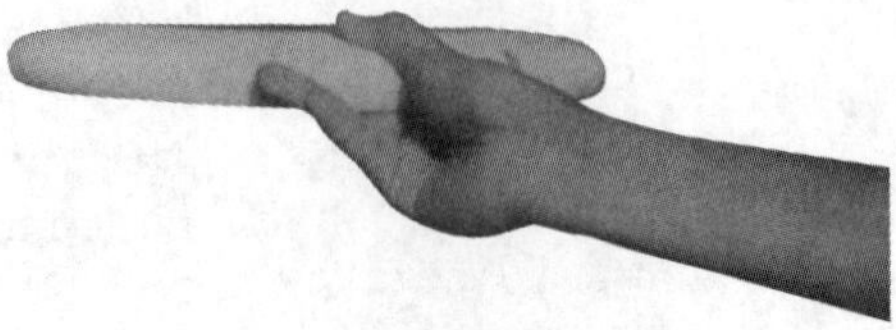

图 14-3-4　正手直线传盘手型

图 14-3-5　正手直线传盘动作流程

（二）颠倒盘

颠倒盘握盘动作要领是将飞盘置于虎口位置，虎口和拇指夹紧飞盘外沿，拇指指向飞盘中心，中指压在飞盘内沿，食指可以与中指并拢或分开，以此来控制飞盘平衡。

传盘时，握盘手同侧腿向身体侧面迈出，直立站位保持身体平衡，将重心控制在身体中轴线上，持盘手从侧抬至头顶倒握飞盘，运用手腕甩动发力，飞盘呈颠倒状飞出。

（三）弧线盘

弧线盘分为反手内弧线、外弧线，正手内弧线、外弧线。

1. 反手内弧线

反手握盘手型，外侧抬起盘成倾角 15°，传盘时，握盘手同侧腿向异侧腿前方迈出，成弓步。出盘时，手臂、手腕从异侧反向前方发力，手腕微抬高，飞盘在空中从内侧向外侧旋，旋转至正前方队友位置。

2. 反手外弧线

反手握盘手型，外侧抬盘成倾角 15°~30°，握盘处为最高点。传盘时，握盘手同侧腿向异侧腿前方迈出，成弓步。出盘时，持盘手在异侧边向后打开，手臂远离身体，手腕微抬高，飞盘在空中从外侧向内侧旋转至正前方队友位置。

3. 正手内弧线

正手握盘手型，外侧抬起盘成倾角 15°，传盘时，握盘手同侧腿向同侧侧前方迈出，成弓步。出盘时，手臂在外向内发力，飞盘在空中从内测向外旋转至正前方队友位置。

4. 正手外弧线

正手握盘手型，外侧抬盘成倾角 15°~30°，握盘处为最低点，传盘时，同侧腿向同侧迈出，成弓步。出盘时，手臂向同侧打开，远离身体，手腕微抬高，飞盘在空中从外侧向内侧旋转至正前方队友位置。

（四）高位传盘

指在肩膀以上位置出盘的传盘方式，分为反手高位传盘和正手高位传盘。

1. 反手高位传盘

反手握盘手型，飞盘平置，身体保持直立，同侧脚向异侧迈出，手臂在异侧手臂向上至头顶伸直时，手腕手指发力，飞盘从头顶掷出。

2. 正手高位传盘

正手握盘手型，飞盘平置，手臂体侧成屈曲，发力时手腕从胸口向上至手臂在头顶伸直时，手腕手指同时发力，飞盘从头顶掷出。

（五）低位传盘

低位传盘指飞盘从膝盖以下位置传出，分为反手低位传盘和正手低位传盘。

1. 反手低位传盘

反手握盘手型，握盘手同侧脚向异侧脚前方迈出，重心控制在身体中轴线，降低重心，肩膀下沉，手臂远离身体在膝盖下方出手，飞盘前方微微向上倾斜，倾斜角度以落入队友胸口处为佳。

2. 正手低位传盘

正手握盘手型，握盘手同侧腿向同侧迈出，重心控制在身体中轴线，降低重心，肩膀下沉，手臂远离身体在膝盖下方出手，飞盘前方微微向上倾斜，倾斜角度以落入队友胸口处为佳。

（六）长　传

长传是飞盘比赛中重要的得分方式，长传分为反手长传和正手长传。

1. 反手长传

反手握盘手型，出盘时，肩膀位置略低于正常反手传盘时肩膀位置，保持飞盘与小臂平行，以内弧线的角度将飞盘传出以获得更多向前的动能。出手点在腰部附近，腿、臀、肩、臂、腕发力。

2. 正手长传

正手握盘手型，虎口夹紧飞盘，拇指用力下压以增加摩擦力，拉长手臂远离身体，飞盘前端微微抬高，通过转髋挺髋动作增加飞盘向前的动能。

二、接盘基本技术

接盘技术是极限飞盘中重要的组成部分，也是得分与否的关键，主要分为双手拍接、双手握接、单手握接、飞扑接盘等。

（一）双手拍接

双手拍接是最基本和稳定的接盘方式，多用在腰部以上、肩部以下来盘时的接盘动作。双手掌心相对，五指自然分开，传盘手在上，以便接盘后后续连贯动作的完成。接盘过程中时刻注意来盘的位置，接盘后注意主动缓冲（图 14 3 6）。

（二）双手握接

双手握接飞盘主要用在近距离传盘时，多用在肩部以上、腰部以下来盘时的接盘动作。当飞盘高度过肩时，采用高位握接，手臂尽可能向前上伸展，掌心向下、拇指与掌心成对掌状，注意观察飞盘，双手触盘时，发力握住飞盘；当飞盘高度低于腰部时，采用低位握接，掌心向上，拇指与掌心成对掌状，注意观察飞盘，双手触盘时，发力握住飞盘（图 14-3-7）。

图 14-3-6　双手拍接手型

图 14-3-7　双手握接手型

（三）单手握接

比赛中，双手拍接、握接主要是来盘方向较正，位置较好的情况下的接盘方式。在激烈的比赛中，由于防守严密、传接盘速度过快，大部分的盘的位置达不到双手接盘的要求。而单手接盘控制范围广、速度快，因此，在比赛中，单手接盘是最常见和实用的接盘方式。单手握接时，腰部以上的来盘应掌心向下，拇指与掌心成对掌状，双眼注视来盘，做到稳准狠，这需要较长时间的练习来提高单手接盘成功率（图 14-3-8）。

图 14-3-8　单手握接手型

（四）飞扑接盘

飞扑接盘是来盘远离身体时所采用的一种方法，也是观赏性较强的接盘动作。双眼注视来盘，蹬地鱼跃，手臂尽量前伸，身体尽量放平，在空中接住来盘，接盘后胸口触地向前滑行。

第四节　极限飞盘运动基本进攻战术

极限飞盘是一项团队运动，多采用 7vs7 的形式进行，它融合了橄榄球、足球和篮球等运动特点。比赛中，要想获得胜利，需要掌握一定的进攻战术，极限飞盘进攻战术主要包括个人进攻战术、得分区进攻配合、团队进攻战术。

一、个人进攻战术

（一）斜插直传

斜插直传是两人进攻的重要手段，在对方防守失位或接盘人通过跑动、假动作、反跑等甩开防守队员获得斜插直传的机会时，向持盘人前方进攻方向路线上跑位，从而达到层层推进的目标。

斜插直传需要队员用眼神沟通，在获得斜插空间后，快速甩开防守队员，传盘队员出盘要尽量平稳，做到人、盘同时到位，这需要出盘时机与跑位时机高度默契（图 14-4-1）。

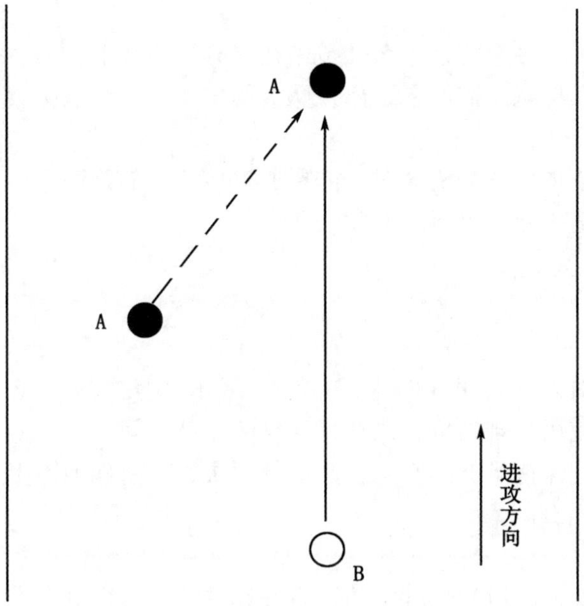

图 14-4-1　斜插直传战术

（二）横传和回传

横传和回传进攻主要是充分利用场地的宽度和深度，以寻找更加合适进攻机会的一种进攻手段。

横传时，动作尽量伸展，出手点远离防守人。横传时，要尽量给队友提前量，从而获得向前进攻的时间和空间，当无法向前进行传盘时，要尽量采用横传或回传，以免造成十秒违例（图 14-4-2）。

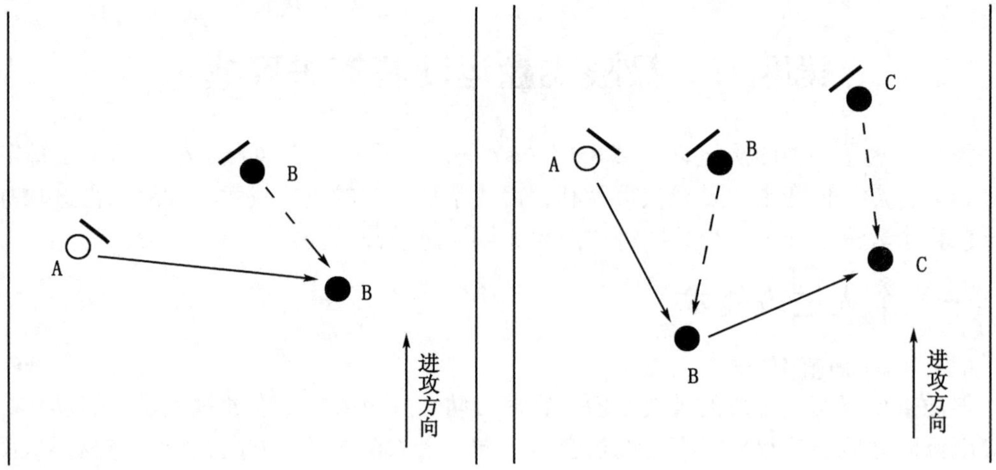

图 14-4-2　横传和回传战术

二、得分区进攻配合

（一）单　打

单打是得分最多的一种形式，一名队员站在得分区前线上，通过变向跑动，摆脱防守接盘得分的方式。其他队友需站在远离该队员的位置，以给该队员更多的跑动空间。

（二）传盘手得分

当跑动队员无法创造出得分机会时，需要通过传盘手的跑动来得分，多采用斜插直传的方式，这需要传盘手起动灵活、速度快。

三、团队进攻战术

（一）竖排战术

竖排战术是在面对人盯人防守时采用的一种战术，竖排战术充分利用了场地的长度，在得分区时也会使用竖排站位，以获得足够的跑动空间。

落位时，队员之间保持足够的空间，队员分层次、有目标地跑出，持盘人注意观察空位，在最合适的时机出盘。

（二）横排战术

横排战术是利用队列前后的长度空间，更好地进行长传得分。

落位时，中间的跑动队员与传盘手保持在 15 m 左右的距离，4 名中间位置队员两两相互跑位，在靠近得分区时，需要转变为竖排站位。

第五节　极限飞盘运动基本防守战术

极限飞盘运动中，防守是比赛获得胜利的重要一环，防守战术主要包括防守持盘人、防守跑动队员、区域防守等。

一、防守持盘人和防守跑动队员

防守持盘人和防守跑动队员是极限飞盘的基础，是干扰持盘人传盘的重要手段。

防守持盘人时要面对持盘人，与持盘人保持一盘的距离，降低重心，重心微向前，双手保持晃动，以干扰持盘人出盘，在靠近持盘人 3 m 内时就可以进行读秒。这里需要注意以下几点：第一，和持盘人保持一盘及以上的距离；第二，不可用手遮挡持盘人的眼睛；第三，不可以环抱对方，不可侵犯持盘人的圆柱体；第四，双脚的连线不可穿过持盘人的轴心脚。

防守跑动队员时要注意与对手的距离，一般控制在 2 m 以内，降低重心，做好起动准备。

二、区域防守

区域防守是以区域分工为主的防守战术，这需要队员之间的默契协防，将防守作为一个整体来增加防守效果。

区域防守是在区域分工的基础上，随着盘的转移和进攻队员的穿插不断调整防守站位、队形，重点防守持盘区域。这种防守分工明确、位置固定、突出重点，通过团队力量来给予进攻方压力。区域防守需要团队协同配合才能达到最佳效果，如果某一环节或某一队员出现失误，容易给进攻方造成以多打少的局面。

思考与研究

（1）反手直线传盘动作要领是什么？影响传盘质量的因素有哪些？

（2）通过极限飞盘的学习，你获得了什么？

第十五章　户外运动

章节导读

微信扫码：精讲视频 配套题库

2018 年，习近平总书记在全国教育大会上强调：“要在增强综合素质上下功夫，教育引导学生培养综合能力，培养创新思维。”户外运动，是在自然环境下进行的带有探险特征的运动项目群，包括徒步、登山、攀岩、悬崖速降、皮划艇、潜水、帆船、定向运动等项目。户外运动拥抱自然、挑战自我，其探险特性深受年轻人喜爱，充分激发学生的创造性思维，要求在复杂、高压环境下快速做出准确判断，符合习近平总书记关于引导学生培养综合能力，培养创新思维的要求。

户外运动源于 18 世纪末阿尔卑斯地区的登山运动，风靡欧美 2 个世纪。后来派生出来的众多探险、休闲活动在 20 世纪 90 年代传入我国，统称为户外运动。户外运动不是一种简单的体育运动，也不同于中国传统的旅游方式；是一种把旅游、运动、文化、人际交流紧密结合起来的生活方式，尤其是它能帮助人们从社会生活中暂时地脱离出来，以最放松的心态感受大自然的魅力，再以更加积极的态度回归到社会生活中去。

第一节　露营与野外生存

一、露　营

露营是指不仰赖山屋、旅社等人工设备，而是用自己准备的装备和食品，在山野中生活过夜。

过去的露营活动，常见于部队的军训活动，而现在一般是指在野外、大自然中，以停宿地为中心的自由活动方式。但它仍有许多形式与方法，并非千篇一律，大如军队的夜宿，小至只有一人的露宿，都可以被认定为露营。

在野外旅行，不可避免地要在荒野中露营。以下，介绍一些野外露营的方法和经验。

（一）露营地的选择

野外旅行中，免不了要野外宿营，拥有一块好的宿营地将会使人得到良好的休息。

露营地点的选择，除考虑个人的实际情况之外，还应考虑靠近水源和燃料，同时要注意防避雪崩、滚石以及突如其来的山洪和涨水，此外，还应考虑防避风雨和蚊虫等。

夏季，露营地点应选择在干燥、地势较高、通风良好、蚊虫较少的地方。通常，湖泊附近和通风的山脊、山顶是夏天较为理想的设营地。冬季，设营地点应视避风，以及距燃料、设营材料、水源的远近等情况而定。一般来说，森林和灌木丛是理想的设营地。应避开易被积雪掩埋的地点，如避开崖壁的背风处，因为在这种地形上，风很快会吹起大量的雪将帐篷埋没。

1. 近　水

营地要选择离水源近的地方，这样既能保证做饭饮用的用水，又能提供洗漱用水，但在深山密林中，靠近水源会遇到野生动物，要格外小心。

2. 背　风

最好是在小山丘的背风处、林间或林边空地、山洞、山脊的侧面和岩石下面等。

3. 避　险

营地上方不要有滚石、滚木，不要在泥石流多发地建营，雷雨天不要在山顶或空旷地上安营，以免遭雷击。

4. 防　兽

建营地时要仔细观察营地周围是否有野兽的足迹、粪便和巢穴，不要建在多蛇多鼠地带，以防其伤人或损坏装备设施。要有驱蚊、虫、蝎药品和防护措施。在营地周围遍撒些草木灰，可以有效防止蛇、蝎、毒虫的侵扰。

5. 日　照

营地要尽可能选在日照时间较长的地方，这样会使营地比较温暖、干燥，便于晾晒衣服、物品和装备。

6. 平　整

营地的地面要平整，不要存有树根、草根和尖石碎物，也不要有凹凸或斜坡，这样会损坏装备或刺伤人员，同时会影响人员的休息质量。

最后请注意：在野外要保护自然环境，撤营时必须将燃火彻底熄灭，垃圾废物要尽可能带出，丢放在指定的地方，特殊情况无法带走时可将垃圾挖坑掩埋。

（二）简易帐篷的架设

架设简易帐篷可使用方块雨衣、毛毯、帆布等就便器材。

1. 屋顶形帐篷

将绳子拴在两棵树之间，或用随身携带的工具等作为支柱，用背包带连接，两端固定在地上。然后将方块雨布搭在绳子或背包带上，底边用石块压牢即可。也可将数块雨布连接，构成4~8人用的大帐篷。这样的屋顶帐篷适合各种地形。

2. 一面坡形帐篷

这种帐篷适于在断墙、棱坎等处架设。架设时，把雨布一头固定在墙壁或棱坎上，另一头固定在地面，两边用树枝、野草堵塞挡风。在林地架设时，也可以用树木固定。

冬季架设帐篷应注意：在雪层较薄的地面，应先将架设地点的雪扫尽。在雪层较深的地面，如果只是暂时驻留，可不必清扫积雪，但应将其压实、压平，在冻结的地面上形成一道隔绝层。如果暂时不转移，则应在雪地中挖坑埋设帐篷。这样可以更好地抵御寒风。在开阔地上架设帐篷时，可在帐篷迎风面筑 道雪墙，既可挡风又便于生火。

（三）在森林中露营

在森林中过夜，最好不要露宿。因为当人睡着之后，血液循环变慢，皮肤松弛，对外界的抵抗力降低，皮肤上的露水蒸发时又带走了热量，会使人着凉受寒，关节酸痛。林区露营，可就地取材搭制临时的遮窝。首先，选择两棵树作立柱。然后，在距地面一米处绑一横杆，横杆上斜搭（约45°）若干后杆，在后杆上再绑上两条横杆，即可将树枝像铺瓦一样，一层层重叠地搭挂在支架上。遮棚的两侧也用树枝遮堵。在遮棚透空面可架设长条形篝火以取暖。

（四）在热带丛林中露营

在热带丛林地带，应搭制较严密的遮棚以防蛇虫的侵扰和暴雨。通常，遮棚可设置在便于排水的高地，在天气闷热时，高地也常有凉爽的微风。

在丛林中可充分发挥创造性，利用树木、竹、藤、茅草、芭蕉叶并结合雨布、蚊帐等就便器材，搭制各种形式的遮棚。其基本方法是：先撑棚架后盖顶，围墙铺床同时行，最后挖出排水沟，铲除杂草把地平。在热带丛林中露营，注意不要捣破蚂蚁窝、黄蜂窝，要清除营地四周杂草，周围挖一道排水沟，并且撒一层草木灰以防蛇虫爬入。床铺应离开地面30~50 cm，若打地铺，可用树枝、树叶或细竹垫铺，尽量不要用杂草。临睡前先在地上敲打，捕除爬上的昆虫。醒来时，应首先仔细地察看身体周围，否则附近若有蛇和昆虫会被突然的活动惊动。还要注意保持遮棚的清洁，所有垃圾必须及时掩埋。因为只要有星点的油脂，就有可能把蚂蚁引来，蚂蚁又会将蜥蜴引来，而蜥蜴又会把蛇引来。注意不要火烧鱼骨头，这种气味也会把蛇引来。此外，由于丛林地带地面潮湿，毒蛇、毒虫多，在地面搭铺易受其侵害，因此吊床非常适用。将吊床的两端拴在两棵树上，上面再拉一根绳子，搭上方块雨布，四角用绳子系牢，便形成一个防水帐篷。

（五）在冬季露营

（1）寒区积雪厚的地区可以掏筑雪洞以避风寒，洞容量的大小根据需要而定。如无临时栖身的洞穴、帐篷，烧石睡床也适于冬季露营。挖一个适合身材的坑，在坑底铺上已烧热的石头，上面覆上热灰土使之平坦，然后再铺枯草、枯叶即可。

（2）雪地宿营睡袋不能直接放在覆满冰雪的地面上，可把松树枝和外衣铺在睡袋下面，以免人体使冰雪融化而发冷。在使用睡袋前应使其充分蓬松，这样保温效果更好。睡袋必须保持干燥，晴天时应将其晒干。每次使用后，要把袋内的暖空气放掉，以免暖空气遇冷后水汽凝结弄湿睡袋。进睡袋时衣服不可穿得过多，穿多了会使人出汗，致使睡袋潮湿，隔热性能降低。

（3）如果没有睡袋，可将毛毯折叠成睡袋的形式。方法是将毯子对折，上部比下部长，将较长的部分叠压在身体下方，再把脚部的毯子叠到毯下，如此就可以如睡袋一样保暖。

（4）保持服装干燥，特别是手套和袜子的干燥很重要。夜间最好用火烘干或放在睡袋里，在人睡眠时用体温使其干燥。鞋最好也放在睡袋里面，如把鞋子放在睡袋外面，到第二天早晨，它会被冻硬，不仅不好穿，而且会磨伤脚。融化冻鞋子要用一个多小时的时间。不可穿着鞋子烤脚，这样不但不易烘干，反而会使鞋内产生水汽，在冰雪中步行会凝结成冰，容易发生冻伤。还可在袜子外面套上塑料袋再穿上鞋，可使双脚保暖并隔潮。

（5）冬季露营，还有一些辅助增温的方法。例如，将装满热水的军用水壶，去掉保温套，抱在怀里，既可取暖，次日还可洗脸。又如，把一两块烧热的石头、砖头放在被窝里取暖，效果也很好。此外，可将少量的生石灰打碎后装入瓶子、厚塑料袋或水壶内，加入一些水，密封放入被窝，10~20 分钟后可产生热量，并可在 4~5 小时内保持较高的温度。

二、野外生存

野外生存，即人在住宿无着的山野丛林中求生。这时，迷路、饥饿、疲劳和伤病是最大的敌人。

（一）利用自然特征判定方向

如果不小心迷了路，又没有地形图和指北针等器材，就需要掌握一些利用自然特征判定方向的方法。

1. 利用太阳判定方位

用一根标杆（直杆），使其与地面垂直，把一块石子放在标杆影子的顶点 A 处；约 10 分钟后，当标杆影子的顶点移动到 B 处时，再放一块石子。将 A，B 两点连成一条直线，这条直线的指向就是东西方向。与 AB 连线垂直的方向则是南北方向，向太阳的一端是南方。

2. 利用指针式手表对太阳的方向判定方法

手表水平放置，将时针指示的（24 小时制）时间数减半后的位置朝向太阳，表盘上 12 点时刻度所指示的方向就是概略北方。假如现在时间是 16 时，则手表 8 时的刻度指向太阳，12 时刻度所指的就是北方。

3. 夜间天气晴朗的情况下，可以利用北极星判定方向

寻找北极星首先要找到大熊星座（即北斗星座）。该星座由 7 颗星组成，开头就像一把勺子一样。当找到北斗星座后，沿着勺边 A，B 两颗星的连线，向勺口方向延伸约为 A，B 两星间隔的 5 倍处一颗较明亮的星就是北极星。北极星指示的方向就是北方。还可以利用与北斗星相对的仙后星座寻找北极星。仙后星座由 5 颗与北斗星亮度差不多的星组成，形状像 W。在 W 字缺口中间的前方，约为整个缺口宽度的两倍处，即可找到北极星。

4. 利用地物特征判定方位

利用地物特征判定方位应根据不同情况灵活运用。独立树通常南面枝叶茂盛，树皮光滑。树桩上的年轮线通常南面稀、北面密。农村的房屋门窗和庙宇的正门通常朝南开。建筑物、土堆、田埂、高地的积雪通常南面融化得快，北面融化得慢。大岩石、土堆、大树南面草木茂密，而北面则易生青苔。

在野外迷失方向时，切勿惊慌失措，而要立即停下来，冷静地回忆一下所走过的道路，想办法通过一切可能利用的标志重新确定方向，然后再寻找道路。最可靠的方法是“迷途知返”，退回原出发地。

在山地迷失方向后，应先登高远望，判断应该向什么方向走。通常应朝地势低的方向走，这样容易碰到水源。顺河而行最为保险，这一点在森林中尤为重要。因为道路、居民点常常是滨水临河而筑的。

如果遇到岔路口，道路多而令人无所适从时，首先应明确要去的方向，然后选择正确的道路。若几条道路的方向大致相同，无法判定，则应先走中间那条路，这样可以

“左右逢源”，即便走错了路，也不会偏差太远。

（二）野外常见伤病的防治

昆虫叮咬的防治：在野外为了防止昆虫叮咬，人员应穿长袖衣裤，扎紧袖口、领口，皮肤暴露部位涂搽防蚊药。不要在潮湿的树荫和草地上坐卧。宿营时，烧点艾叶、青蒿、柏树叶、野菊花等驱赶昆虫。被昆虫叮咬后，可用氨水、肥皂水、盐水、小苏打水、氧化锌软膏涂抹患处止痒消毒。

蚂蟥是危害很大的虫类。遇到蚂蟥叮咬时，不要硬拔，可用手拍或用肥皂液、盐水、烟油、酒精滴在其前吸盘处，或用燃烧着的香烟烫，让其自行脱落，然后压迫伤口止血，并用碘酒涂搽伤口以防感染。在行进中，应经常查看有无蚂蟥爬到脚上。在鞋面上涂些肥皂、防蚊油，可以防止蚂蟥上爬。涂一次的有效时间约为 4～8 小时。此外，将大蒜汁涂抹于鞋袜和裤脚，也能起到驱避蚂蟥的作用。

1. 昏　厥

野外昏厥多是由摔伤、疲劳过度、饥饿过度等原因造成的。主要表现为脸色突然苍白，脉搏微弱而缓慢，失去知觉。遇到这种情况，不必惊慌，一般过一会儿便会苏醒。醒来后，应喝些热水，并注意休息。

2. 中　毒

其症状是恶心、呕吐、腹泻、胃疼、心脏衰弱等。遇到这种情况，首先要洗胃，快速喝大量的水，用指触咽部引起呕吐，然后吃蓖麻油或泻药清肠，再吃活性炭等解毒药及其他镇静药，多喝水，以加速排泄。为保证心脏正常跳动，应喝些糖水、浓茶，暖暖脚，并立即送医院救治。

3. 中　暑

其症状是突然头晕、恶心、昏迷、无汗或湿冷，瞳孔放大，发高烧。发病前，常感口渴头晕，浑身无力，眼前阵阵发黑。此时，应立即在阴凉通风处平躺，解开衣裤带，使全身放松，再服十滴水、仁丹等药。发烧时，可用凉水浇头，或冷敷散热。如昏迷不醒，可掐人中穴、合谷穴使其苏醒。

4. 冻　伤

如发现皮肤有发红、发白、发凉、发硬等现象，应用手或干燥的绒布摩擦伤处，促进血液循环，减轻冻伤。轻度冻伤用辣椒泡酒涂擦便可见效。如发生身体冻僵的情况，不要立即将伤者抬进温暖的室内，应先摩擦肢体，做人工呼吸，待伤者恢复知觉后，再转移到较温暖的地方抢救。

5. 蜇　伤

被蝎子、蜈蚣、黄蜂等毒虫蜇伤，出现伤口红肿、疼痒，并伴有恶心、呕吐、头晕等症状。要先挤出毒液，然后用肥皂水、氨水、烟油、醋等涂擦伤口，或将马齿苋捣碎，汁冲服，渣外敷。也可将蜗牛洗净捣净后捣碎涂在伤口上。此外，蒜汁对蜈蚣咬伤有疗效。

6. 外　伤

在野外，被石头绊倒或被树枝刮伤是家常便饭，但撞击到的如是要害部位，就可能演变成紧急事态。若只是手脚轻微撞伤，可用水冷敷，再将患部抬得比心脏高，这样的紧急处置已足够。若头部受重撞后发生呕吐现象便有危险，必须尽快送医院治疗。

第二节 定向运动

一、定向运动概述

定向运动起源于瑞典，最初只是一项军事体育活动。作为一种体育项目开展是从20世纪初在北欧开始的。1932年，举行了第一次世界定向运动比赛。1961年，国际定向运动联合会（IOF）在丹麦哥本哈根成立。国际定向运动联合会是世界定向运动的行政实体，是国际体育联合会总会之一，我国于1992年加入国际定向运动联合会组织，该组织现有成员国63个。定向运动也是国际承认的奥林匹克体育项目。

定向运动是利用一张专业定向地图（map）和一个指北针（compass）探索未知区域，按定向规则到访地图上所指示的检查点（controls），以最短时间到达所有检查点或规定时间内到访检查点所得分值最高为胜的一种体育活动。定向运动的种类很多，分为工具定向，如滑雪定向、山地自行车定向、残疾人轮椅定向、摩托车定向等；徒步定向，如传统定向越野、接力定向、积分定向、夜间定向、五日定向、公园定向等。定向运动通常在森林和郊外进行，也可在公园、城镇和校园里进行。其中，徒步定向、山地自行车定向和滑雪定向已有世界锦标赛。定向运动近年来在国内的学校中得到了很快的发展，浙江省、湖南省、广东省等是在学校中开展定向运动较早的省份。

定向运动是一项体力和智力并重的运动，只有脑力与体力协调配合才能取得期望的理想成绩。定向运动对运动员辨别方向、识图能力和奔跑能力方面要求很高，可以提高人在野外最基本的生存能力（正确地使用指北针和地图辨别方向）。教育部为了在高校和各级学校中更好地开展这一项目，于2003年12月在杭州成立了中国学生定向协会。定向运动已被列入2004年全国大学生运动会的比赛项目，定向越野已被正式列入2025年第十五届全国运动会项目。高校的学生主要学习徒步定向（orienteering）。

定向运动的工具主要包括定向地图、指北针、点标旗和打卡器等。

（一）地　图

地图是地球表面从空中鸟瞰的简缩。地图上所标明的比例尺说明地图被缩小的比例。定向运动有专门的定向地图（orienteering map）。定向地图更加准确详细，更容易比较地图上的符号标记与实际地形中的实物。

（1）地图上的比例尺和等高线。比例尺1∶1000说明地图上的1 cm对应实际地形上的1000 cm（10 m）。当今，大多数森林定向图的比例尺为1∶10000；大多数公园定向图为1∶4000或1∶5000。等高线可以表示地形高度的差距，它们表示哪里有山，哪里有坑谷以及地形的陡缓。每一条等高线之间的距离在地图上用等高线平距表示，通常为2~5 m。不同地图，等高距不同。等高线越紧密，坡越陡；等高线越稀疏，坡越缓（图15-2-1）。

（2）地图上的符号。不同的颜色符号表示不同的地物。如地形地貌用棕色表示，岩石与石块用黑色和灰色表示，水系和湿地用蓝色表示，植被用空白或黄色和绿色表示

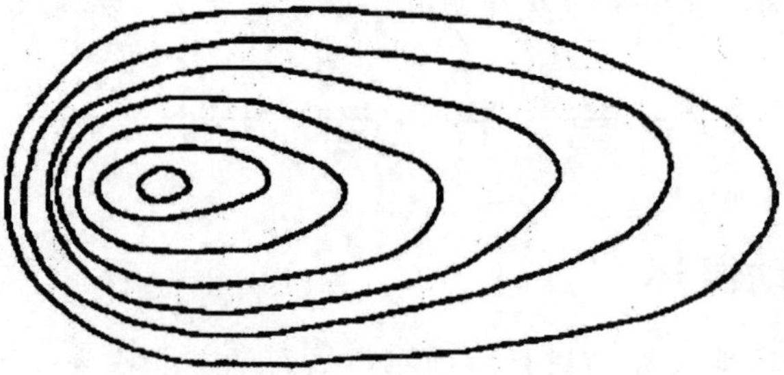

图 15-2-1　等高线

等。另外，还有磁北线、地图套版线、高程注记（海拔高）等。

（3）比赛路线符号。比赛路线在一般的定向比赛中是用工绘制在地图上的，但高级别、大规模的比赛则将比赛路线直接印刷在地图上，颜色用红色或紫色表示。定向运动的比赛路线图通常按环形设计（图 15-2-2）。

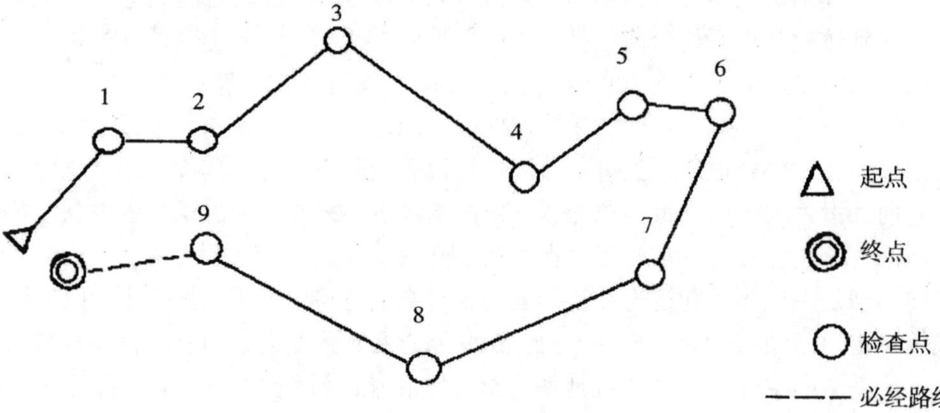

图 15-2-2　比赛路线

（二）指北针

指北针是定向运动最重要的仪器，是定向运动可利用的唯一合法帮助。在定向中，为便于标定地图、确定站立点辨别方向，指北针红色的指针永远指向北。

（三）点标旗和打卡器

一个橘黄色和白色相间的点标旗（图 15-2-3）是在实际地形中，标志着运动员应该找到的点的位置。为了证实找到某一点，运动员必须在到达的每一个点标处使用打卡钳（图 15-2-4）打卡，不同的打卡钳打出不同的针孔，以示作为各个点的区别。今天，电子打卡系统已被广泛使用。它不仅能证实是否按正确顺序到访，还能记录到访时间。

图 15-2-3　点标旗

图 15-2-4　打卡钳

二、定向运动技术

定向运动技术指定向运动参与者为完成定向地图所指定的所有任务采用的各种方法和手段，定向运动技术主要有合理性、相对性、整体性、个体性等特点。合理性体现在在规则允许条件下，合理利用解剖、生理、心理、力学等规律，采用实用并符合规则要求的技术；相对性体现在个体差异造成对路线选择的偏爱性；整体性体现在一次完整的定向运动要结合场地环境、天气环境、身体状态、技术水平等多方面因素，因此，完整的一次定向运动要从整体上考虑各个环节之间的联系，优化各环节，达到最佳效果；个体性体现在定向运动要依据个人身体素质水平与技术水平进行合理的运用，例如，参赛者的路线要根据自己的体能和水平来选择，技术好的参与者可以选择穿越以缩短跑动距离，体能好技术一般的参与者可以选择沿路跑，虽然距离较远，但不易出错等。

定向运动技术体系主要包括读图、指北针使用、路线选择、距离判断、重新定位、检查点确定等部分。

定向地图是将起伏、立体的地貌特征绘制在二维平面地图上。因此，在熟悉定向地图符号、图例的基础上，将平面图在头脑中形成与实地相对应的立体的地形概括。读图练习主要包括以下几个方面。

（1）地图与实地对照练习（标定地图）。

（2）利用地图和指北针确定下一检查点方向（确定行进方向）。

（3）折叠地图，在不影响读图和奔跑情况下，将地图折叠成适合自身的大小。

（4）拇指辅行，利用拇指压住站立点后侧方，随不停的运动随时调整在地图上按压的位置，始终保持拇指按压位置为现在所处地图位置。

（5）概略地图是将地图信息进行简化，保留自己捕捉检查点的必要信息，精读地图是将地图所有信息进行整合，是在确定检查点确切位置时的一种方法。

（6）提前读图是在定向参与者具备一定的水平之后提高速率的一种方法，以保持整个过程的连贯性，从而提高运动成绩。

指北针是定向运动最重要的工具，是定向运动可利用的唯一合法帮助。指北针使用要点如下。

（1）使用指北针时要将指北针放平，地图置于指北针下方。

（2）指北针红针方向为北，旋转地图，将地图的北（上北下南）与指北针红针指的方向一致，将指北针指针与地图磁北线（经线）平行或重叠。

（3）利用指北针卡尺边缘将已找检查点和下一检查点进行连线，之后进行标定地图操作，地图标定后，卡尺方向即为确定的行进方向。

距离判断是利用典型参照物、步测技术、目测技术、比例尺、时间掌控等手段对实际距离进行判断的方法，距离判断是经验性的估算判断方法，受地形、天气、心理等因素影响，距离判断需要经过大量训练积累来提高。

路线选择技术是定向运动精髓所在，是该运动风靡全球的重要原因，指到达定向地图检查点进行的路线设定。路线选择并不唯一，适合自己的即为最佳选择，它受到定向技术、体能、场地、植被、爬坡量、竞技状态等多方面影响。

重新定位技术指在行进过程中丢失在地图上所在位置后重新确定地图上站立点的技术，丢失站立点后首先要保持冷静，通过标定地图、图地对照找到能够准确定位的最后位置，目测最显著特征建筑物，如以上均不能重新确定站立点，则应根据原路线回到上一检查点位置，重新确定行进方向。

检查点确定是定向技术的重要一环，首先通过典型参照物及检查点说明表确定检查点位置，在发现目标检查点后，要迅速查看下一检查点方向，做到打点、寻找下一点时迅速、连贯。在确认检查点位置并达到检查点位置后未发现目标检查点，应迅速调整目标检查点参照物，重新进行定位。

三、定向运动战术

根据定向运动（徒步定向）分类，徒步定向分为个人赛和团体赛。个人赛包括短距离、中距离、长距离、积分赛、百米定向等个人参加的项目。

个人赛战术分为赛前、赛中、赛后三部分。

赛前战术主要指分析赛事信息、设置竞赛目标、制定训练计划。由于定向比赛特殊的场地环境，在确定参加指定比赛前，要熟知比赛场地地形、气候特点，制图员的制图风格、路线设计员的设计风格，以及比赛规模、日程、参赛对手情况等；根据所了解的赛事信息，根据运动员自身的经历、优势、缺点以及比赛对手情况，设定合理的成绩目标；确定比赛目标后，根据比赛信息和成绩目标制定个性化的训练计划。训练计划的制定主要考虑以下问题：第一，与比赛场地相似的训练场地（包括地形、气候）；第二，找到与同一制图员风格相近的地图或训练场地；第三，找到同一路线设计员风格相近的地图或训练场地。

赛中战术主要指批次出发前至1，2个检查点战术；中间赛段战术；结束赛段战术。定向运动是按批次出发的，无论有无引导起点，靠前批次出发的运动员的出发方向即是自己的出发方向，边跑边读图，中大型定向比赛领队一般会告知检查点说明表及场地的一些细节，通过这些，可以判断比赛场地的地形情况，根据地形、直线距离、检查点个数来提前制定本场比赛的体能分配等战术，出发后至1，2检查点前要适当控制速度，以便顺利找到第1个检查点，以此来建立比赛信心。中间段战术包括捕捉检查点、速度分配、穿越战术，实际上点签器的摆放位置是地图中检查点说明表圆心的位置。这就要求要观察地图检查点圆心的图例是什么，参照物是什么，攻击点的正确选择。这里，攻击点选择的优劣判断依据是快速、安全。比赛中段是成绩好坏的重要环节，受体能、导航难度、技能、场地、天气、心理等多方面的影响，对于参赛者来说，最容易犯的错误是速度过快而失去在地图上所在的位置。穿越是定向比赛获胜的关键，成功的穿越是获得好成绩的关键，但作为双刃剑，穿越失误也很容易造成无法完赛等情况，因此，穿越的把握性非常重要，有把握的穿越受定向基础知识、技术等多方面影响。

结束段战术指最后1，2检查点战术，最后的1，2检查点大多为引导去终点的路线设计，但由于比赛接近尾声，人多嘈杂，容易分散精力，从而出现最后阶段漏点的情况。

团体赛主要包括接力赛和团队赛。

定向运动接力赛是较为精彩的定向项目，分为2人接力、3人接力、4人接力、混合接力等，与田径4×100米接力战术相似，根据自己队伍具体情况制定战术。以3人接力为例，如果全体队员水平较低，安排体能较好的先出发，技能较好的后出发，如果有1名水平较高，较高水平的先出发，体能较好的第2棒出发，技术较好的第3棒出发，总体思路即水平高的最先出发，体能较好的第2棒，技术较好的第3棒。

团队赛一般分为3人团队赛和4人混合团队赛，团队赛分为必打点和自由点，必打点团队成员都要到访，自由点只要团队其中一人到访即可，根据规则特点，战术制定规则是根据团队成员能力水平进行自由点分配，团队赛战术的实施需要团队所有成员不断进行磨合训练才能达到最佳效果。

四、定向运动竞赛裁判工作

定向裁判员特点：由于定向运动场地的特殊性，自竞赛赛程公布之日起，比赛场地、地图、路线设计均需要保密，因此，保密性是定向裁判的首要特点；定向运动多在地形复杂的场地进行，因此裁判工作流程复杂，为保证比赛顺利进行，裁判组需要至少提前2.5小时到达比赛场地进行布置，辛苦性是定向裁判工作又一特点。

定向裁判构成为：总裁判长1人，副总裁判长1~2人；起点裁判长1人，副裁判长1~2人，裁判员6~10人；场地裁判长1人，副总裁判长2~4人，布点员2~4人，看点员25~60人，场地巡查员3~5人；终点裁判长1人，副裁判长1~3人，裁判员2~4人；成统裁判长1人，副裁判长1人，裁判员2~4人。裁判员人数根据比赛规模、难易程度等情况适当增减。

1. 总裁判长工作职责

（1）拟定赛事裁判工作计划。

（2）组织所有裁判员学习竞赛规则和规程，对规则进行统一理解。

（3）主持赛前联席会议。

（4）监督和把握起点、场地、终点、成统裁判组工作。

（5）处理比赛中出现的各种问题。

（6）批准和宣布比赛成绩。

2. 副总裁判长工作职责

以2名副总裁判长为例，其中，1名副总裁判长负责场地裁判工作，另1名副总裁判长负责起点、终点、成统裁判工作。

3. 起点裁判工作职责

（1）按路线设计员的方案布置起点区和接力交接区。

（2）组织参赛选手、教练员、领队、随队工作人员进入控制区，并控制所有人员进出控制区。

（3）根据出发批次组织参赛队员检录，进入就位区、待发区。

（4）按批次组织参赛队员出发。

（5）提前一天根据参赛选手组别和人数备图。

4. 场地裁判工作职责

（1）提前检查器材是否正常。

（2）根据路线设计，赛前完成检查点器材的布置。

（3）保证比赛中各检查点及器材的有效运行。

（4）检查、组织和处理场地中的违规行为。

（5）安置弃赛及受伤队员。

（6）组织搜寻迷失方向和出图的队员。

（7）处理场地中出现的其他情况。

5. 终点裁判工作职责

（1）按路线设计员方案布置终点场地。

（2）保证沿必经线路到终点的选手顺利通过终点。

（3）检查号码布、指卡并回收地图。

（4）记录并判定集体出发参赛选手到达终点的排名。

（5）一般情况下，负责接力赛中交接地图场地布置及即将到达队员的号码或代表队。

（6）控制终点区域完赛队员活动范围，禁止完赛队员在比赛全部结束前进入场地和控制区。

6. 成统裁判工作职责

（1）录入与变更参赛队员信息。

（2）分发号码布和指卡。

（3）编排出发顺序。

（4）准备签到表和检录表。

（5）处理接力赛和团队赛运动员的临场变更。

（6）录入运动员成绩及成绩打印。

（7）公布实时成绩。

（8）确定最终成绩并上报总裁判长。

（9）准备成绩表。

（10）统计团体比赛成绩。

思考与研究

（1）什么是户外运动?

（2）在野外旅行中，怎样选择露营地?

（3）如何利用自然特征判定方向?

（4）学习定向运动的意义何在?

参考文献

[1] 陈庆伟，张瑞瑛. 大学生体育与健康教程［M］. 沈阳：东北大学出版社，2016.

[2] 刘建和. 运动竞赛学［M］. 北京：人民体育出版社，2008.

[3] 王亚琼. 运动竞赛学［M］. 北京：北京师范大学出版社，2009.

[4] 黄晨曦. 体育欣赏［M］. 南京：东南大学出版社，2005.

[5] 李老民. 田径运动教程［M］. 北京：北京体育大学出版社，2012.

[6] 李建臣，王永安，文世林. 田径运动教程［M］. 北京：化学工业出版社，2018.

[7] 唐建倦，周琥，邹卫国. 现代篮球运动教程：理论·方法·实践［M］. 广州：华南理工大学出版社，2014.

[8] 邱红武. 篮球规则理论解析与实践［M］. 厦门：厦门大学出版社，2022.

[9] 付哲敏，林森. 新编排球运动教程［M］. 北京：人民体育出版社，2019.

[10] 马代银. 六人制排球与气排球竞赛规则的对比研究［J］. 安徽冶金科技职业学院学报，2021，31（2）：59-61.

[11] 徐延龙，邢大伟，刘贵波. 气排球运动指南［M］. 北京：社会科学文献出版社，2024.

[12] 周雷，董海宇，蒋健保. 足球运动［M］. 杭州：浙江大学出版社，2017.

[13] 麻雪田. 高等学校教材：现代足球运动高级教程［M］. 北京：高等教育出版社，2004.

[14] 陈善平，潘秀刚，洪流. 现代搏击运动［M］. 西安：西安交通大学出版社，2021.

[15] 邱慧芳. 24 式太极拳详解［M］. 修订版. 北京：北京理工大学出版社，2023.

[16] 国际体操联合会 2022—2024 周期竞技健美操评分规则：中文版［EB/OL］.（2020-01-01）［2024-01-05］. https：//sjzaa. net/data/upload/file/20220221/国际体操联合会 2022-2024 周期竞技健美操评分规则（中文版）. pdf.

[17] 西安交通大学体育中心. 健美操［M］. 西安：西安交通大学出版社，2022.

[18] 刘柳，吴卫. 健美操［M］. 北京：北京师范大学出版社，2020.

[19] 贾丽敏. 轮滑运动教程［M］. 北京：北京理工大学出版社，2022.

[20] 付进学. 单排轮滑球［M］. 北京：北京体育大学出版社，2012.

[21] 黄文武，侯少华，田祖国. 小球运动教程［M］. 长沙：湖南大学出版社，2021.

[22] 朱建国. 羽毛球运动教学与训练教程［M］. 2 版. 北京：清华大学出版社，2019.

[23] 刘建和. 乒乓球教学与训练［M］. 北京：人民体育出版社，2008.

[24] 程杰，郭立亚，赵月. 网球运动［M］. 北京：高等教育出版社，2018.

[25] 周伟良. 中华民族传统体育概论高级教程［M］. 北京：高等教育出版社，2003.

[26] 毛振明. 毽球运动［M］. 北京：北京师范大学出版社，2015.

[27] 熊志冲. 传统体育与传统文化［J］. 体育文史，1989（5）：4-9.

[28] 胡小明. 民族体育 [M]. 桂林：广西师范大学出版社，2005.
[29] 张选惠. 民族传统体育概论 [M]. 北京：人民体育出版社，2006.
[30] 邱丕相. 民族传统体育概论 [M]. 北京：高等教育出版社，2008.
[31] 白晋湘. 民族民间体育 [M]. 北京：高等教育出版社，2010.
[32] 韩耀刚，刘树军. 跳绳 [M]. 北京：科学出版社，2022.
[33] 刘树军. 花样跳绳 [M]. 北京：高等教育出版社，2013.
[34] 宋鸽，张钰. 极限飞盘：Ultimate [M]. 大连：大连理工大学出版社，2016.
[35] 许新夏. 大学极限飞盘教程 [M]. 长沙：湖南大学出版社，2022.
[36] 王翔，彭光辉，梁方勇，等. 定向运动 [M]. 2版. 北京：高等教育出版社，2009.
[37] 胡炬波，厉丽玉. 户外运动与拓展训练 [M]. 杭州：浙江大学出版社，2017.

附　录

附录 A　单排轮滑球竞赛规则（2014 版本）

前言

《单排轮滑球竞赛规则》是单排轮滑球（ROLEER IN LINE HOCKEY）竞赛过程中所需遵循的法规性文件之一。它为单排轮滑球竞赛提供了客观、统一的标准，为正确指导运动员训练、参赛和裁判员公正、准确地执法提供依据。

本竞赛规则是根据国际轮滑联合会单排轮滑球委员会（CIRILH）2013 年版规则翻译而来，结合国内竞赛实践制定，适用于全国各级、各类单排轮滑球竞赛活动和单排轮滑球运动技术等级评定。

本规则由北京体育大学付进学教授翻译编写。

本书由国家体育总局社会体育指导中心审核。

第一章　一般规则

1　一般比赛规定

1.1　球队和运动员的资格

A. 中国轮滑协会面向全国各行业单位、学校和轮滑球俱乐部开放，条件是他们的运动员须在中国轮滑协会注册，并在中国轮滑协会主办的全国性比赛规定的截止时间前确认参赛并按时交纳参赛费。

B. 运动员参赛必须持身份证和注册证，以及能证明是所代表单位的合法运动员资格。

C. 青年男子组运动员的年龄最小是 14 岁，最大是 19 岁。

D. 青年女子组运动员的年龄最小是 14 岁，最大是 19 岁。

E. 成年女子组运动员的年龄最小是 15 岁，最大按照中国轮滑协会相关竞赛规程规定。

F. 成年男子组运动员的年龄最小是 15 岁，最大按照中国轮滑协会相关竞赛规程规定。

1.2　比赛时间和暂停

A. 正常比赛应 20 min 一局，共两局，中间休息 5 min。

B. 每个队在每局可以申请一次暂停，暂停时间为 1 min。

C. 中国轮滑协会可根据比赛具体情况调整比赛时间。

1.3　平局

A. 如果在比赛结束时比分相等，该场比赛称为平局，每队在名次排列中各得一分。

单淘汰的比赛必须分出胜负时除外。

B. 比赛必须分出胜负时（1/8决赛、1/4决赛、半决赛和决赛，或者其他类型的单淘汰比赛），决定胜负的方法如下：

a. 在正常比赛时间结束后如系平局，将休息3 min，进行一个突然死亡法的决赛，并宣布首先得分的队为胜队。

b. 如果在10 min的比赛时间里都没有得分，将采用互射点球的方法分出胜负（1.3E）。

C. 任何加时赛都是比赛的组成部分，受罚没有结束的队员都将继续受罚。

D. 在循环赛中不进行加时赛。

E. 射球（互射点球）：当采用突然死亡法的加时赛无法分出胜负时，将使用射球的方法来打破两队积分相等的平局。

a. 射球时每队派3名射手，两队交替射球，其程序按照罚点球的方法进行。两队的队长在开始射球前将指定的三名射手报告给裁判员，裁判员在开始射球前将该名单交给比赛记录员。

b. 两队的队长用抛币的方法决定哪个队先开始射球。两队的守门员防守各自的球门，不使用公共的球门。

c. 在每队3次射门中得分高的队为胜队。

d. 如果第一轮射完仍为平局，将由每队一人进行打破平局的射球。比赛使用新的队员，并由另一方先开始射球。比赛将在两名队员分出胜负时结束。

2　场地和设施

2.1　轮滑球场

A. 单排轮滑球比赛应在运动地板、瓷砖、木地板、沥青、水泥或任何合适材料铺成的地面上进行。

B. 理想的场地尺寸为50 m×25 m。然而，场地可以在长40～60 m，宽20～30 m的范围内变化。但其宽度和长度的比例应为1∶2。

C. 世界锦标赛和国际级赛事的场地最小尺寸为50 m×25 m。全国比赛场地可以允许的最小尺寸是44 m×22 m。

D. 比赛场地应按照本规则所示的场地图及上面所标的精确尺寸进行画线。在场地中间画一条红线，以区别攻区和守区。

E. 场地的四周应用木板或玻璃纤维制成围墙，围墙高101～122 cm，理想的高度是107 cm。围墙的四角应为圆弧形，圆弧的半径约为5 m。

F. 各地方协会的比赛场地如果与标准场地大小不同，他们的球门线和争球圈可以根据场地的大小按比例变化。如果在全国比赛或邀请赛中使用这样的场地，应在规程或发给各被邀请单位的信息中注明有关场地大小及画线情况。

2.2　球门

A. 如图所示，球门是由铁管做成的一个矩形架，面向前面的门架内侧高105 cm，内侧宽170 cm。

B. 面向前面的门架应用7.6 cm直径的镀锌铁管制作，上面、底座和后面的支架应用5 cm直径的铁管制作。球门底座的深度从前面到后面弧顶的外缘应为109 cm，顶部门架的深度从前面到后面架的外缘应为 74 cm，球门后面中间应用直径 5 cm 的立柱连接上面门架和底座，球门顶部和后面应用非常结实的门网覆盖，该网应用密集的尼龙线绳机织而成，结实到可以抗得住最强有力的射球，并保证球无法穿过。不允许使用金属制的球门网。

C. 在球门横梁向后的球门内 45 cm 处应悬挂一个白色垂网。这个垂网可比外侧的网细密，宽 180 cm，高 110 cm，悬挂在门内以防止球从门内反弹出来。这个网必须系在门顶部，让它自由下垂到地面，并与球门柱平行。球门立柱和横梁必须漆成荧光红色或橙色，其他部分应漆成白色。球门底座的弧形和后面的立柱应用吸震材料包裹起来以防止劲射后球反弹出门外。

D. 两个球门位于球场的两端相对放置于球门线上，球门线距端线围墙的距离为 3. 8 m。

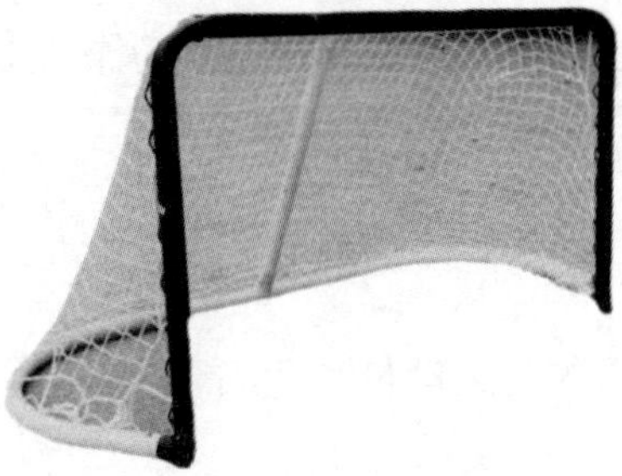

2. 3　球门区

A. 在每个球门的前面，用 5 cm 宽的红线划定一个球门区。从两个球门柱沿球门线向外 30 cm 处，垂直向球门前画出两条 1. 2 m 长的线，用一条平行于球门线的线连接两条垂直线的顶端，即为球门区。对球门区的理解应是立体的，即从地面垂直向上的所有空间。

注：守门员特权区域，前面是到两个端区争球点之间，后面到球门线（见场地图所示）。守门员的身体任何部分在这个区域内时可以压或抓球。

B. 守门员可以压或抓球门线以后的球或球门网两侧的球，前提是他的身体的任何部分仍在球门区以内。如果他的身体离开了球门区或守门员特权区域而压或抓球而造成比赛停止，应被判小罚。

2. 4　争球点和争球圈

A. 单排轮滑球场上标有 5 个争球的位置。

B. 中心争球点直径 22. 5 cm，严格地位于球场的中心位置。以争球点中心为圆心，在其周围画一个半径 3 m 的争球圈。

C. 在每个端区里应画两个争球点，争球点直径 22. 5 cm。两个争球点的连线与球门线平行，距球门线 6. 10 m，两点的圆心彼此相距 13. 40 m，也就是各距球场纵长中心线 6. 70 m。以每个争球点的中心为圆心再画一个半径 3 m 的圆圈为争球圈，争球圈的线宽 5 cm。

2. 5　裁判区

在紧靠记罚员席位前的场地内，画一个半径 3 m 的半圆为裁判区。在比赛停止时未经裁判员的允许，任何运动员不得进入该区域内。裁判区的线宽 5 cm。

2. 6　运动员席

每个场地应为每个队准备座椅或板凳，该位置称为“队员席”。每个队员席应至少有16个人的座位，位于边线围墙处尽可能紧靠球场的中央，并方便去休息室的地方。

2.7 受罚席

每个场地应准备称为“受罚席”的座椅或板凳，它是为受罚运动员、记罚员、计时员、记录员准备的。如果受罚席与运动员席在场地的同一侧，受罚席应距运动员席有一定的距离。推荐将受罚席设在队员席的场地对面。

2.8 信号和计时装置

每个场地应有合适的声响装置和计时装置供比赛工作人员使用。并提供电子计时显示供所有比赛的参与者了解比赛的时间情况。计时装置应显示比赛的剩余时间和运动员的剩余受罚时间。

第二章 球队和比赛工作人员

3 球队

3.1 球队的组成

3.1.1 队员

A. 每队的登记名单最少为6名运动员和2名守门员，最多为14名运动员和2名守门员。

B. 一旦锦标赛开始，就不准许调整替补运动员或新增加运动员。

C. 达到了前面规定的最少登记人数，比赛就不能因此而被取消，除非该队由于不符合8.1的规定上场人数少于4名运动员和1名守门员时该队将被取消比赛资格。

3.1.2 队长和副队长

A. 每队应任命一名队长。

B. 每队所有时候都应有一名队长在场上，如果队长不在场上，应由副队长（每队不超过3名）代替他行使职权。

C. 守门员不能担任队长或副队长。

D. 只有在场上的队长或副队长（但不能两人一起）在比赛停止时有权与裁判员讨论在比赛中出现的与规则解释有关的问题。

3.2 运动员装备

3.2.1 一般规定

所有的装备，除了球和轮滑球鞋以外，都应是正规的轮滑球装备。

3.2.2 球杆

A. 球杆应是单排轮滑球球杆样式，用木制或其他所允许的材料制成，不允许有任何突出部分。

B. 在杆刃上可以缠任何颜色的胶带以增强或改善对球的控制。

C. 球杆从根部至杆柄端部不得长于1.57 m，杆刃从根部到端部不得长于32 cm，杆刃的弧度没有限制，运动员球杆的杆刃最窄5 cm，最宽9 cm。

D. 守门员球杆杆刃的宽度不得超过13 cm，后根部分不得超过14 cm，杆刃从根部至端部不得超过39 cm。

3.2.3 轮滑球鞋

A. 轮滑球鞋必须是单排轮的，运动员的鞋可由 3 或 4 个轮子组成。

B. 守门员的轮滑球鞋可以装 5 个小轮子，但所有轮子都必须在鞋的下面，前或后面都不能突出。

C. 如果轮架是设计装一定数量的轮子，那么所有轮子都必须在位。所有螺丝和轮轴都应是镶嵌或凹进去的，并必须用保护材料覆盖起来，以防伤及他人和破坏地面。

D. 在比赛中不允许使用双排轮滑鞋。

3.2.4　保护装备

A. 所有队员，守门员除外，在全部比赛时间里必须穿戴护腿，护肘，经认证的冰球手套，经认证的头盔，男运动员要戴护裆罩，女运动员要戴骨盆保护装备。

B. 手套的手掌全部或部分被摘掉或割裂而赤手握杆的，被认为是非法装备。

C. 守门员必须穿戴合身的护胸，规定的守门员手套，经认证的面罩，男运动员要戴护裆罩，女运动员要戴骨盆保护装备。如果守门员戴前臂保护套，该套应是软的和易弯曲的。任何单排轮滑球的正规护具都是可以接受的。

D. 在全国锦标赛上，19 岁以下的运动员必须戴全护面罩，该面罩须与头盔安装在一起。这条规定对男女运动员都适用。年龄超过 19 岁的运动员可以选择戴或不戴全护面罩。缺少面罩的运动员由他们自己承担危险。

E. 可以选择佩戴或不戴护齿，但推荐佩戴。

F. 所有运动员的头盔都必须用带在下颏系牢。

3.2.5　守门员的装备

A. 守门员的全部装备（轮滑鞋、球杆除外）必须是为了保护头或身体，决不允许有任何能给防守球门以不合法帮助的衣服或装备。

B. 守门员手套上的连接拇指与食指之间的连接物、窝或小兜子，不能超过拇指与食指充分张开时所形成的角度的面积。

C. 守门员手套背部的保护垫和其手套的组成部分，不得超过 20 cm 宽和 40 cm 长。

D. 守门员所穿用的护腹禁止超过大腿前部或露在运动裤外面。

E. 守门员的护腿是新的时，穿着时测量不应超过 30 cm 宽，并不允许有任何形式的改变。

3.2.6　保护装备的认证

运动员的头盔和面罩，守门员的面罩都必须是 HECC/CSA/CE 认证的。

3.2.7　护具的穿戴

所有护具（手套、头盔和守门员的护腿除外）必须全部穿在运动服里面，皮质护肘不允许穿在上衣外面。

3.2.8　危险装备

A. 严禁使用金属或其他容易引起运动员受伤的材料制成的护具和保护物品。

注：护肘如未使用海绵状橡皮或类似的软材料包裹，厚度小于 12.5 mm 的，即被认为是危险装备。

B. 佩戴眼镜者的眼镜必须是塑料的，不允许用玻璃的或焦距透镜的镜片。

C. 任何运动员如需穿戴由医师包扎的保护装备，必须在赛前经组委会批准。

3.2.9　比赛服装

A. 所有参赛的运动员都应有两套不同颜色的上衣。

B. 服装必须是长袖上衣和长裤子，守门员上衣应与队友同色同款。

C. 每个队员和每个守门员都必须使用自己的号码，号码只允许缝在后背，至少20~25 cm高。

D. 同一队里不能有两个相同的号码，每名运动员的两套不同颜色服装必须使用同一号码。在最初的登记以后未经组委会书面批准任何运动员不得改变或更换号码。

E. 一名队长和三名副队长的“C”“A”符号应缝在左肩上。

F. 允许运动员在护腿或运动服上使用胶带，但胶带必须是透明的。

3.2.10　服装颜色的分配

A. 在比赛中，如果两队服装颜色相近，主队有责任更换队服。此事由当场执法裁判决定。主队应穿浅色的比赛服。

B. 全队的服装（“上衣及护裤”）必须是相同的款式和统一的颜色。

3.2.11　服装和装备的检查

在比赛开始之前负责该场比赛的裁判人员应检查两队的服装和护具。对在比赛开始之前穿戴不符合规则的装备的运动员不予处罚。对在比赛开始之后穿戴非法或危险装备的应按照规则进行纠正。

3.2.12　球

A. 比赛用球必须是经组委会认证的球。

B. 主队或承办方应提供足够的比赛用球。

C. 这些球应保存在受罚席，由一名场外裁判员或一个专门的人负责保管。

4　比赛工作人员

4.1　工作人员的任命

A. 每场比赛应用两名裁判员。

B. 其他裁判员包括计时员、记录员、监门员以及负责受罚队员受罚时间的记罚计时员。

C. 如果在比赛进行中原来正式任命的裁判员到场，他们是否将替补裁判员换下场，应由中国轮滑协会裁判委员会的在场代表决定。

4.2　裁判员

A. 所有锦标赛的比赛将使用由中国轮滑协会裁判委员会任命的两名裁判员。

B. 如果指定的裁判员不能到场，将由中国轮滑协会裁判委员会任命其他的裁判员。

C. 其中的一名裁判员将被任命为主裁判员。

D. 两名裁判员有相似的职责，但在有争议时主裁判的决定是最终的。

E. 主裁判对比赛中出现的所有争议拥有最终决定权。而不会根据申诉进行重新裁决。

F. 主裁判对所有进球有最终决定权，无论有争议与否。在做出最终决定前可与另一裁判员和监门员（如果设立的话）商讨。

G. 裁判员是中国轮滑协会的代表。他们控制和管理全部场上和场下的运动员、场外裁判员和参赛俱乐部的官员。他们将在所有合法情况下得到支持。

H. 所有裁判员应穿黑色的裤子和经认证的裁判服上衣，并穿戴其他必要装备。

I. 执场的裁判员应是来自与参赛队无关的组织。

J. 所有的裁判员和场外裁判员在比赛期间必须得到全体运动员和队的官员的礼貌对待。对这条规则的违反将报告给中国轮滑协会，由其给予处罚。

K. 裁判员应在每场每局比赛规定开始的时间看着双方队来到场上，并开始每局和决胜局的比赛。

L. 当某队领队或教练提出要求时，应检查运动员所穿的装备。

M. 裁判员应对所有出现的犯规进行处罚，并向记录员报告判罚时间和犯规内容。裁判员还应报告射中者和协助者的号码。

N. 裁判员在每局和决胜局结束时应留在场上看着双方队回到运动员席或更衣室。

O. 每场比赛结束后裁判员应检查记录表并签字，并确保双方队长签好字，然后交还记录员。

P. 裁判员应在比赛结束后立即在比赛记录表上向中国轮滑协会报告有关判开除比赛、严重违例、特别严重违例和取消比赛资格的详细情况，以及非正常的延误情况。这个报告是被信任的。

4.3 记录员

记录员应该：

A. 比赛开始之前，记录员应从每队的领队或教练处得到比赛运动员名单，由其核实运动员名单并签字。将每队的队长和副队长在记录表上做出标记。

B. 记录员应在比赛开球之前将上场阵容名单交给裁判员，并把他认为不符合规则的事情提醒裁判员注意。

C. 记录员应在记录表上正确记录射中得分，得分者和协助者。

D. 如果使用广播设备，记录员应在每次射中球门后立即宣布得分运动员和协助运动员的号码和姓名。

E. 根据监门员报告记录守门员的救球次数。如果没有监门员，由记录员进行记录。

F. 正确记录所有的判罚，包括受罚运动员的姓名和号码，受罚时间，犯规内容以及判罚的时间。

G. 记录员应提醒裁判员某运动员在该场比赛中已受第二次或第三次处罚，或已受第二次违例处罚。

H. 每场比赛结束后在记录表上签字，让裁判员检查记录表并签字，并确保双方队长签好字，然后交给指定的中国轮滑协会代表。

I. 每场比赛结束后，队长或教练必须在比赛记录表上签字，连同裁判员一起检查其记录的准确性。

4.4 计时员

计时员应该：

A. 计时员应记录和掌握比赛开始和结束的时间，以及比赛中的实际比赛时间。

B. 计时员应用信号通知裁判员比赛开始的时间和第二局、决胜局的开始时间。如果场地没有设置自动音响、锣、汽笛，或这些设备失灵，计时员应用吹哨通知每局和决胜局比赛的结束。

C. 当每局和决胜局比赛还剩 2 min 时，计时员应通过广播予以宣布。

D. 从计时钟上记录每次射中得分和犯规判罚的时间，记录时间应用分和秒。

E. 记录每队请求暂停的时间。

4.5 记罚计时员

记罚计时员应该：

A. 记罚计时员在比赛中掌握受罚运动员的受罚时间。当受罚运动员要求时告诉其还需受罚多少时间。

B. 如果受罚运动员在受罚期满之前离开受罚席，记罚计时员应记下时间并示意裁判员，裁判员应尽快停止比赛。

C. 如果有公共广播设备，记罚计时员应通过宣告员宣布受罚运动员的名字，犯什么规和受什么处罚。

4.6 监门员

A. 由中国轮滑协会决定是否使用监门员。

B. 每个球门后应有一名监门员，他们被保证在比赛中不是某比赛队的成员，在比赛过程中不能更换他们，除非在比赛开始后，发现某一监门员明显地偏袒一方或做出不公正的决定，在这种情况下，主裁判可以指定一名监门员替换他。

C. 比赛中每个监门员必须在球门后的固定位置，他们在比赛开始后全场不调换位置。他们的职权只限于当场。

D. 监门员的职责如下：

a. 检查球门网，确保没有球可以穿过的洞。

b. 查看球门在所有的时间里都在正确的位置上。

c. 当球完全越过球门线而进入球门时，监门员向上伸直双臂，手于头上。

d. 当球射在门上但没有进球时监门员应向两侧伸直手臂。

e. 当确定攻队队员是否在球进入球门区之前在球门区内时协助裁判员做决定。

f. 当球被守门员压住而无法继续比赛时，以伸直一臂于头上示意给裁判员。

g. 监门员必须为守门员救球次数精确的计数，在半场结束和全场结束时报告给记录员。

注：救球是指当时要进门但被守门员挡住的球。

第三章　比赛规则

5 比赛的进行

5.1 赛前程序

A. 比赛开始之前，双方的领队或教练必须把本场合法参加比赛的队员名单交给比赛记录员名单里包括队员、守门员、队长、副队长。

B. 这些队员的名字必须是包括在锦标赛之前上交的队员名单之内的。

C. 在比赛开始之后，队员名单不能再改变或增加，除非在比赛开始后守门员受伤或得病，可由替补守门员或一名事先在名单中包括的运动员代替受伤或得病的守门员。

5.2 准备活动

A. 所有上场做准备活动的运动员必须穿戴全部护具和正规的比赛服。

B. 在赛前准备活动和各局比赛开始之前的准备活动，各队只能在自己所在的半场内进行。

5.3 比赛首发阵容

A. 比赛开始之前，队的领队或教练应向裁判员或记录员列出首发阵容名单。

B. 在裁判员吹哨开始比赛时每队必须有 1 名守门员和 4 名运动员在场上。

5.4 比赛的开始和每局的开始

A. 比赛开始之前，裁判员应查看比赛计时员、记录员、记罚计时员及监门员是否已经就位。

B. 比赛应在预定的时间以在中心争球点争球的方式开始比赛。下半场、每次射中球门之后，突然死亡法的决胜局都以同样的方式开球。

C. 比赛不能因仪式、展览、抗议、赠送礼品等原因推迟，除非事先经过赛会组织者批准。

D. 主队应挑选开赛时防守哪个球门。

E. 两队在开始比赛时应防守距自己队员席远端的球门。

F. 只有着比赛服装的运动员以及领队、教练、训练员（共 5 名非比赛人员）可以在队员席内。

G. 比赛期间，领队、教练和训练员应严格位于在队员席的长度范围之内。违反这个规定，应受队小罚。

5.5 比赛通则

5.5.1 争球

A. 争球时，两队都应在场上列出正确的人数就位准备争球。所有的争球，客队应首先在场上列好比赛阵容。

B. 争球的运动员应正面向对方的端区，彼此相距约一杆远的距离，杆刃放在地面上。所有其他运动员必须距争球运动员至少 3 m 远并在己方一侧。

C. 争球运动员必须把杆刃平放在地上。

D. 无论在什么地方争球，运动员都不得用自己的身体或球杆与对方运动员身体作任何接触，直到争球结束比赛进行时。裁判员应对违反这条规则而做身体接触的运动员判小罚。

注："争球"的开始是指在裁判员指定了争球地点并已将球掷下时。一旦某队已经就位，裁判员应在 5 s 内掷球开始比赛。

E. 如果争球运动员在裁判员指令时还不立刻做好争球姿势，裁判员可以命令他退出争球，由该队另一名场上运动员替他争球。

F. 攻队在攻区内造成比赛停止，应在中心开球点争球。

注：包括在没受到守队干扰的情况下，攻队运动员把球射到门网背后造成的比赛停止。

C. 双方犯规造成的比赛停止，在双方犯规或比赛停止的地点争球，除非规则另有规定。

H. 当比赛停止出现在端区争球点与端线界墙之间时，应在比赛停止一侧的端区争球点争球，除非规则另有规定。

I. 当球从裁判员身上直接弹入球门时，应判无效，应在该端区争球点争球。

J. 在比赛停止期间攻队的替补队员进入到攻区内双方队员聚集的地方，该次争球应移到中心争球点进行。

注：这款的目的是防止比赛停止后队员的聚集和可能发生的吵架。

K. 由于规则内没有明确规定的原因造成的比赛停止，应在比赛停止的地点争球。

5.5.2　暂停

A. 暂停应由队长或副队长在比赛停止时提出。暂停后以争球方式恢复比赛。

B. 暂停时间为 1 min，每队每半场可以请求一次暂停。在比赛中的任何时候裁判员都可以叫暂停。

C. 当暂停时，两队都可以回到运动员席处去。

D. 在加时赛中不允许叫暂停。

5.5.3　整理服装和装备

A. 比赛不能由于整理衣服、装备、轮滑鞋或球杆的原因而停止，也不能因此而延误比赛。违反此规定应判小罚。

B. 运动员有责任保持服装和装备处于合适状态，如果需要整理时，应离开场地由别人替补上场，以不影响比赛的继续进行。

注：1. 如果运动员在比赛中头盔掉了，他必须马上拾起头盔戴好系牢，或者立刻回到队员席。违反这条规定应以“不合适的装备”判小罚。

2. 得到裁判员允许的守门员可以整理或修理服装、装备、轮滑鞋。在得到裁判员允许时，守门员可以更换他的面罩，但不允许用时间来修理或固定面罩。

5.5.4　运动员的替换

A. 在比赛进行中，任何时候每队不得在场上超过 4 名运动员和 1 名守门员。

B. 任何时候都可以从运动员席上替换运动员，被替换的运动员应先到达距运动员席 3 m 以内后替补运动员方可进场。

C. 守门员可以被其他运动员替换，但这个运动员不享有守门员的特权。

D. 如果守门员离开球门区去运动员席进行替换，在替他的运动员进场前他必须到达距运动员席 3 m 的范围内。

E. 受罚结束的运动员若被替换，他必须通过赛场内回到自己的运动员席方可被替换。

F. 如果换人的队控制球，而替换的人过早入场，裁判员应立刻停止比赛，在中心开球点或端区争球点争球（在哪争球以对非犯规队有利为原则）。如果非法替换的队当时没有控制球，裁判员应判该队小罚。

G. 在比赛停止期间进行运动员替换，将要执行争球的裁判员将先回到争球时应站的位置。不执行争球的裁判员将留出 5 s，允许客队更换运动员。这 5 s 结束之后，不执行争球的裁判员将举起手臂，示意客队不允许再更换运动员；裁判员仍然举着手臂，持续 5 s，让主队更换运动员；5 s 后裁判员放下手臂，表示主队也不可以再替换运动员。此时执行争球的裁判员吹哨，并在 5 s 内掷球开始比赛。如果某队在给他们规定的时间之后换人，裁判员应将该运动员们送回运动员席，此后如该队再有违反这个程序的犯规，裁判员应判该队队小罚。

注：一次换人包括换 1 到 4 个运动员。一旦某队使用了给他规定的时间换人，他就

不能再进行额外的换人。

H. 每次比赛停止每队只允许进行一次换人。

5.5.5 守门员

A. 每队在场上只允许有一名守门员。

B. 任何替补守门员进场比赛都不允许有准备活动时间。

5.5.6 受伤的运动员

A. 比赛中当有运动员（守门员除外）受伤或被迫离开场地时，他可以退出比赛被另外的运动员替补，但两队不能离开场地而应继续比赛。

B. 如果守门员受伤或得病时，他应立刻准备重新开始比赛，或立刻被替补守门员替换，裁判员不能因他受伤或得病而浪费时间来等待他恢复比赛。替补守门员没有准备活动时间。

C. 替补守门员应遵守对守门员的所有规定并享有守门员的特权。

D. 当对正式的守门员进行替换后，这名正式的守门员在此后的第一次比赛停止前不得再进场比赛。

E. 当运动员因受伤不能继续比赛也不能回到运动员席时，在该队得到控制球权以前，比赛不能停止。如果该队在运动员受伤时就控制球，除非该队有良好的得分的机会，否则比赛应立刻停止。

F. 运动员（守门员除外）受伤明显很严重导致比赛停止，他在恢复比赛的争球以前不得再参加比赛。

注：运动员明显地受重伤时裁判员可以立即停止比赛而不管谁在控制球。

5.5.7 球必须保持运动

A. 在所有时间里球必须保持运动。

B. 在没有对方阻截的情况下，控制球队在自己的守区球门后运球一次后就必须向对方球门方向前进。除非该队场上人数缺少。

C. 第一次违反这个规定，应停止比赛，在犯规队球门附近的争球点争球，并警告犯规队队长或副队长或该队。在同一半场中同一队第二次违反这个规定，应判该犯规运动员以小罚。

D. 运动员在没有受到对方挤贴时，故意将球向界墙挤住，应判小罚。

E. 违反这个规定，应在该犯规队球门附近的争球点争球。

5.5.8 踢球

在任何区域内均可踢球，但攻队运动员踢球入门应判无效。

5.5.9 球出界或无法比赛

A. 当球飞出场地端线或边线界墙，或球打中赛场上面除界墙、防护玻璃或防护网以外的障碍物时，应在球被射或被弹的地点争球，除非规则另有规定。

B. 当球困在球门网外侧而无法比赛时，或双方运动员故意挤住球，或其他原因无法比赛时，裁判员应停止比赛并在邻近的争球点争球。如果裁判员认为比赛停止是由攻队运动员造成的，应在该队球门邻近的争球点或中线争球点争球。

注：包括攻队运动员在没有对方运动员干扰的情况下把球射到守队球门网后面造成的比赛停止。

C. 守队或攻队可以在 3 s 之内把球打离球门网而继续比赛，如果球在球门网上超过 3 s，应停止比赛，在最近的争球点争球，如果是攻队造成的，在中圈争球点争球。

D. 如果球掉到界墙上边，可以用手或球杆打下来继续比赛。

5.5.10　看不见球或非法球

A. 因运动员争夺球或运动员意外地摔倒在球上，裁判员看不见球时，应立刻停止比赛，在距比赛停止地点最近的争球点争球。

B. 在比赛进行中场上出现两个球时，可用合法的球比赛到控制球一方完成比赛。如果裁判员认为合法的球受到了干扰，应立刻停止比赛。

5.5.11　射中和协助

A. 攻队运动员用球杆将球射进两球门柱之间、横梁以下，并完全越过球门线，即为射中球门。

B. 把球合法地射入对方门内得分者，应记入记录表。

C. 当有运动员射中球门时，对在攻区内给他传球导致进球的运动员应确定为协助者。

D. 守队运动员以任何方式将球碰入球门，判为射中，攻队最后触球运动员为射中者，不判协助者。

E. 攻队运动员射的球，触及同队运动员的任何部分弹入门内，判为射中球门，被球触及的运动员为射中者。

F. 运动员将球合法地打入对方球门区时，这个球应是自由的，可以被另外的攻队运动员获得，由此而射中球门应为合法。

G. 如果球被踢入、扔入或其他用球杆以外的东西故意导入门内，不算射中。

H. 如果攻队运动员踢球从任何运动员身上弹入门内，进球无效。

I. 球碰到裁判员身上直接弹入门内，不算射中。

J. 攻队队员用高于球门横梁的球杆击球入门，进球无效。如果守队队员这样击球入自己门，进球有效。

K. 当守门员在球门区内时，运动员对其冲撞和进行身体接触，根据裁判员的判断，干扰了守门员的正常防守，那么在接触之前或之后的进球都判无效，并对该运动员判大罚加严重违例。

L. 任何规则规定以外的进球都无效。

6　处罚

6.1　处罚的定义

6.1.1　处罚的类别

A. 小罚。

B. 队小罚。

C. 大罚。

D. 违例。

E. 严重违例。

F. 停赛。

G. 罚点球。

6.1.2 小罚

A. 运动员（守门员除外）受到小罚时，应离场受罚2 min。在这个时间内不允许替补。双方同时犯规时除外（规则6.2.3）。

B. 守门员犯规受小罚，不到受罚席去，而由一名犯规时在场上的运动员代替他去受罚。这名运动员由犯规队的领队或教练通过场上队长指定并不得改变。

C. 如果受伤的运动员被判一个小罚，受罚队应派一名替补运动员到受罚席去代替受罚。代替受罚的运动员必须是从受罚席上进入比赛，违反此规定应判队小罚。因受伤而由其他运动员代替他受罚的运动员，在他受罚期满前他不能参加比赛。

D. “队小罚”是指受罚队的一名运动员应离场受罚2 min。如果可以识别造成犯规的运动员，由该队员受罚，如果不能识别造成犯规的运动员，受罚队的领队或教练可通过场上队长指定队内任何一名犯规时在场上的运动员去受罚。

6.1.3 大罚

A. 任何队员或守门员被判大罚时还应被判一个严重违例。

B. 当双方运动员在同一次比赛停止同时各被判同样时间的处罚（包括大罚/取消比赛资格）时，双方同样数目的替补运动员即进场代替他们比赛。这种处罚不属于暂缓处罚的范围。

C. 当双方同时犯规被判大罚/取消比赛资格立即替补的规定适用时，但又有被判时间不同的处罚时，引起总受罚时间不同的处罚应由受罚运动员按正常方式并首先受罚，引起总受罚时间不同的处罚应执行6.1.2小罚和6.2.2暂缓处罚的规定。任何代替引起总受罚时间不同的处罚而去受罚的人必须是犯规当时在场上的运动员。

6.1.4 违例

A. 运动员（守门员除外）受到违例处罚时，应离场受罚10 min，但允许另有运动员立即上场替补。受违例处罚的运动员，须在受罚席等到比赛停止时再上场。

B. 守门员受到违例处罚时，由犯规当时在场上的其他同伴代替他去受罚，这名运动员由该队领队或教练通过场上队长去指定。

C. 一名运动员同时被判一个小罚和一个违例处罚时，受罚队应立即派一名替补运动员到受罚席受小罚，并不得改变。违例处罚将从小罚结束时开始。

6.1.5 严重违例

A. 受严重违例处罚的运动员，将被停止参加该场剩余时间的比赛，但允许另有运动员立即替补。对他的处罚要报告给中国轮滑协会以便采取进一步的处罚。如果对该犯规运动员还有其他时间处罚的话，该队领队或教练通过场上队长去指定一名犯规当时在场上的其他同伴代替他去受时间的处罚。

B. 守门员犯规受严重违例处罚，由该队的一名运动员或替补守门员上场代替他比赛。如果是运动员应允许其10 min内穿戴全部守门员的装备。

C. 受严重违例处罚的运动员，无论何时被判罚，在记录表上都要给该运动员记10 min。

注：对严重违例犯规的跟踪处理由赛会组委会负责，中国轮滑协会批准。

6.1.6 取消比赛资格

A. 受取消比赛资格处罚的运动员不准在比赛的剩余时间里参赛，应立即退场至更衣室。该队应立即派一名运动员到受罚席受 5 min 的处罚。不管对方射中球门与否，该处罚不能自动解除。

B. 守门员犯规受取消比赛资格处罚，由该队的一名运动员或替补守门员上场代替他比赛。如果是运动员应允许其穿戴全部守门员的装备，可给 10 min 穿戴守门员装备。但根据各单独条款所判的处罚仍要执行，包括取消比赛资格。这些处罚由犯规队的领队或教练通过场上队长指定一名犯规当时在场上的运动员去代替他受罚。

C. 对所有取消比赛资格的处罚，不论何时被判罚，或按规定增加了什么处罚，对每个犯规运动员应记录 5 min。

6.1.7 附加处罚

A. 任何队员或守门员在同一场比赛中第三次被判罚，应再增判一个违例的处罚。

注：该运动员将应由一名替补运动员为他受小罚，而他本人要受全部 12 min 的处罚。

B. 任何受到附加违例处罚的队员在该场比赛又受到处罚时，应受到开除该场比赛的处罚。

C. 任何运动员在一场比赛中第三次被判杆上犯规，对该运动员还应加判开除该场比赛的处罚，使其被罚退出该场比赛。一名替补运动员将替他受被判的处罚。杆上犯规包括用杆击打，高杆、横杆推阻，杆柄杵人，杆刃刺人。

注：开除该场比赛的处罚是该犯规队员退场到更衣室，不能参加该场剩余时间的比赛。由同队其他队员代替他到受罚席受第三次被判的处罚。

D. 任何队员或守门员在一场比赛中受到第二次违例处罚时，还应对他加判严重违例的处罚。

6.1.8 罚点球

A. 遇有犯规判罚点球时，要按下列方式进行：

注：判罚点球的 5 项条件是：被犯规的队员必须控制球，运球越过中线，除守门员外没有其他对方队员需要越过，必须是被从背后的犯规所影响，失去了合理的得分机会。

除了执行罚球的运动员以外，罚点球时其他运动员要全部回到运动员席去。

在判罚点球时，受罚队的守门员已下场由另一名运动员替补，可允许其在罚点球之前回到场上。

裁判员应通过宣告员宣布由裁判员指定的或罚球队选派的执行罚点球运动员的姓名。

当判罚点球是根据非法加入比赛、投扔球杆、从背后犯规时，裁判员应指定由被犯规涉及的运动员执行罚球。当判罚点球是根据球门区内压球、从球门区内拿起球时，应由非犯规队队长从犯规当时在场上的运动员中选派一名运动员执行罚球。

如果由于受伤的原因被裁判员指定的运动员在合理的时间内不能执行罚球时，应由该队队长从犯规当时在场上的运动员中选派一名运动员执行罚球。

这个由该队队长选择的运动员应报告给裁判员并不得改变。

如果判罚点球被犯规涉及的运动员在同一次比赛中也犯了规，不论在判罚之前或之后，他应先执行罚球而后去受罚。

裁判员将球放在中心开球点上，罚球运动员根据裁判员的哨音开始去攻对方的球门。

守门员在裁判员吹响哨前必须留在球门区内。罚球运动员控制球后必须保持球向对方球门线方向前进，并一次射门结束罚球。如果守门员在罚球运动员触球前离开球门区，而该队员又没有罚中球门，应让该运动员重新罚球。

任何性质的反弹回的球再射门都无效，球一旦越过球门线罚球就算结束。守门员可以用任何方式阻止射门，但不得投扔球杆或其他物件，违者判射中一球。

注：球从守门员身上反弹入门，进球有效。

B. 如果罚球时对方运动员（守门员除外）对罚球运动员进行干扰，不管进球与否都判射中一球。罚点球所占的时间不包括在规定的比赛时间或决胜局的时间内。

C. 罚点球射中球门时，应在开球点上争球，未射中球门时，应在罚球区域内的端区争球点上争球。

D. 如果招致判罚点球的犯规只够判小罚，则不管罚球射中与否，小罚免予处罚。

E. 如果这个招致判罚点球的犯规达到判大罚或取消比赛资格的程度，这样的处罚仍应执行。

F. 如果裁判员示意犯规缓判时比赛结束，但造成判罚点球的犯规是发生在实际比赛时间内，应照常判罚点球并立即执行。

6.2 处罚的管理

6.2.1 处罚情况的管理

A. 当某队场上人数只剩 3 人（包括守门员）时，此时再对该队的处罚不应使其人数再减少，这时的处罚就变为暂缓处罚。

B. 当某队由于一个或一个以上小罚或队小罚而引起“人数缺少”时，对方射中球门，则上述那些处罚中第一个受罚运动员应自动结束受罚。

注：“人数缺少”是指该队在被射中球门时，在场上的运动员数目少于对方的数目。自动结束受罚的运动员应是引起“人数缺少”的那一个（第一个）。双方犯规同时被判的小罚没有引起哪一方“人数缺少”，尽管运动员席内各有受罚运动员，但场上人数没有受到影响，因此，对双方同时犯规所判的处罚时间不会因有射中球门而缩短。这条规定也适用于罚点球得分时。

C. 当某运动员同时受一个大罚和一个小罚时，应先受大罚，除非根据规则 6.2.2 的规定小罚应先受罚。

注：这也适用于同一个运动员受两个处罚（见 6.2.2 款 C 的注）。

6.2.2 暂缓处罚

A. 如果某队已有两名运动员正在受罚，又有第三名运动员被判罚，他的受罚时间要在前两名受罚运动员之一的受罚时间结束时开始计算。但第三个运动员一经被判罚，他应立刻到受罚席去，在他的受罚时间开始之前可由另一名运动员替补他上场比赛。

B. 某队同时有三名运动员在受罚席受罚，根据暂缓处罚的规定，有一名运动员替补第三名犯规运动员上场时，在比赛停止前，谁也不能返回场内。如果比赛停止了，受罚期满了的运动员都可以返回场内。然而，由于受罚结束，该队已有权在场上超过四名运动员时，记罚计时员可以允许其按照受罚结束的顺序返回场内。

C. 在出现暂缓处罚时，裁判员应提醒记罚计时员，受罚运动员受罚结束只有在比赛停止时才能让其上场。若同一队的两名受罚运动员受罚时间同时结束，队长应向裁判员指定哪一名先进场，裁判员应通知记罚计时员。当同队的两个运动员同时被判犯规，一个是大罚，一个是小罚，记罚计时员应将小罚作为第一个处罚记录。

注：这也适用于两个处罚判给同队的不同的运动员。

D. 某队已经场上人数缺少，裁判员又对该队进行犯规缓判，此时对方射中球门，原来引起人数缺少的受罚运动员应自动结束受罚，对现在缓判的运动员应正常判罚，场上仍人数缺少。

6.2.3　双方同时犯规的处罚

A. 当双方运动员同时犯规各被判同样时间的处罚（小罚/大罚），不会引起两队人数缺少（例如4打4或3打3）。当他们被判罚，这些受罚运动员就应到受罚席去，双方队可以对这些运动员立即替补。

B. 这些受罚运动员应罚满他们的全部受罚时间，并坐到他们受罚时间结束后的第一次比赛停止。

C. 如果某队在此前已有一名运动员受罚，那么这些双方同时犯规的处罚不改变场上的人数。

6.3　处罚的判定

A. 控制球队运动员犯规应判小罚、大罚，或取消比赛资格时应立即停止比赛，处罚犯规运动员。争球应在犯规队守区的争球点。

B. 非控制球队运动员犯规应判小罚、大罚、违例、或取消比赛资格时，裁判员应举起右臂表示暂缓判罚，待控制球队完成比赛或失掉球权，裁判员吹哨立即停止比赛，处罚犯规运动员。争球应在犯规队守区的争球点。

C. 如果缓判的是小罚，非犯规队射中球门，这个小罚将不予处罚，但大罚和取消比赛资格仍按正常方式处罚，而不管射中球门与否（处罚应由记录员记录）。

注：这款中的“控制球队完成比赛”是指球必须被对方运动员或守门员控制或掌握，或者球被双方挤住，而不是指球从守门员处、球门或界墙弹离，或偶然接触了对方运动员的身体或装备。

D. 如果裁判员已示意缓判，在他鸣哨前，非犯规队由于自己运动员的动作使球进入自己的球门，则进球有效，裁判员表示缓判的犯规照常处罚。

E. 某队由于一个或几个小罚、队小罚而人数缺少，裁判员又对该队示意小罚的缓判，在他鸣哨前非犯规队射中球门，缓判的小罚应处罚，但正在受罚的小罚中的第一个应自动结束受罚（见6.2.1款B）。

F. 无论在裁判员鸣哨之前或之后，该犯规运动员在同一次比赛中又犯了规，他应连续受所有这些犯规的处罚。如果某运动员被缓判一个小罚，但在裁判员吹哨前对方射中球门，该小罚将不予处罚，但这个犯规应记录在该运动员的犯规总数里。如果缓判的是大罚，应正常处罚。

6.4　处罚的执行

6.4.1　常规

A. 任何队员或守门员在比赛进行或停止时犯规，都应像在比赛进行中一样对其进行处罚。

B. 除非受罚时间结束，或半场或全场比赛结束，受罚运动员不能离开受罚席，也不能因任何其他原因离开受罚席。加时赛是比赛的一部分，任何受罚时间未结束的运动员必须继续受罚。所有受罚运动员必须在受罚席内坐到他们的受罚时间结束。

C. 当受罚运动员的受罚时间结束，或因该队被射中球门而结束受罚，在他被替补前他必须先回到场上去。

D. 当双方同样数目的运动员同时犯规各被判同样数目的小罚时，这些受罚运动员应在受罚席坐到他们受罚时间结束后的第一次比赛停止。当他们一被判罚，双方同样数目的替补运动员即进场代替他们比赛。这种处罚不属于6.3暂缓处罚的范围。

6.4.2　抗议

A. 对处罚的抱怨不属于“规则解释”的问题，任何队长、副队长和其他运动员对判罚进行抱怨的行为应被判违例。

B. 任何队长、副队长或运动员离开运动员席来抗议或以任何目的来干涉裁判员的行为必须判违例。

6.4.3　非法装备

A. 队员，包括守门员在比赛中使用不符合规则3.2.2规定的球杆应被判小罚。

B. 任何队员穿着不符合规则3.2.3规定的轮滑鞋上场比赛，应被判小罚。在他没有更换或修理轮滑鞋使其符合规定前不得再上场参加比赛。

C. 任何队员穿戴不符合规则3.2.4规定的护具参加比赛应被判小罚。

D. 守门员使用或穿戴非法装备应被判小罚。

E. 比赛进行中守门员的头盔脱落，裁判员应立刻停止比赛，不予处罚，除非裁判员认为守门员是故意使头盔脱落以造成比赛停止，这种情况在不构成判罚点球的条件下应对其判小罚。守门员的其他装备脱落时不应停止比赛。

F. 当裁判员对使用不符合规则3.2.7规定有关保护装备的运动员一次警告之后，再犯时应对其判小罚。

6.4.4　争球

A. 对在争球时做引起双方身体接触的动作的队员应判小罚。

B. 对某队在同一次争球中第二次违犯规则5.5.1款规定的队员应按延误比赛判小罚。

6.4.5　整理服装和装备

对违犯规则5.5.1款规定调整服装和装备的队员应按延误比赛判小罚。

注：1. 如果运动员在比赛进行中头盔掉了，他必须马上拾起头盔戴好系牢，或者立刻回到队员席被替换。如果他参加了比赛，应立刻停止比赛，判该队员小罚。

2. 得到裁判员允许的守门员可以整理或修理服装、装备、鞋和滑轮。在得到裁判员允许时，守门员还可以更换他的面罩，但不允许用时间来修理或固定面罩。

6.4.6　运动员的替换

A. 对违犯规则5.5.4款中任何规定的队员应判队小罚，由该犯规的队员去受罚。

B. 在换人的过程中，无论是进场的运动员还是离场的运动员故意用球杆、轮滑鞋、手打了球，或与对方运动员进行身体接触，而离场或进场的运动员实际还在场地内时，应按“场上多人”判该队小罚。然而，如果进场或离场的运动员是意外地被球打中，不应对其判罚，比赛也不应停止。

C. 如果在比赛的最后 2 min 或加时赛中，守队有意进行非法替换（场上多人），应由非犯规队罚点球，而不执行队小罚。

6.4.7　守门员犯规的处罚

A. 守门员以任何方式越过中线参加了比赛，应判小罚。

B. 当守门员的身体完全离开了守门员的特权区域，或球在球门线后时守门员的身体完全离开了球门区，故意摔倒压球、握球，将球抓或搂向身体，或将球向界墙挤住，应对其判小罚。

C. 当没有对方队员在附近时，守门员用手握球超过 3 s，应被判小罚。

D. 守门员不能以任何方式故意握球使裁判员认为其目的是造成比赛停止的行为，也不能故意将球放到护腿里或球门网上面，不能在球门前或其附近堆积障碍物等裁判员认为可以阻挡球入门的行为。

注：1. 本款规定的目的是保持比赛顺利进行，守门员的任何行为造成比赛不必要的停止，不必警告，必须判罚。

2. 守门员向前方投扔球被对方运动员获得，裁判员应允许比赛继续进行。如果是被同队队员获得，应停止比赛进行争球。允许守门员用手给自己的同伴传球，但必须是向自己特权区域的外面（两侧）或球门侧面球门线以后。

E. 守门员故意将球放到球门网上面造成比赛停止，应被判小罚。

F. 当守门员离开了他的球门区附近参加了争执，应判严重违例。

注：对守门员的处罚，无论由谁代替他受罚或谁替换他，在记录表上都记在守门员名下。

6.4.8　移动球门

A. 运动员（包括守门员）故意将球门移动离开它的正常位置，应按延误比赛判小罚。

B. 如果上款的情况出现在全场比赛的最后 2 分钟或加时赛，应判罚点球。

6.4.9　侮辱比赛工作人员和其他不良行为

A. 根据裁判员的判断，对侮辱比赛工作人员和有其他不良行为的运动员可以对其判小罚或违例。

注：1. 执行这条规则的时候，在许多情况下，裁判员对判“小罚”、“违例”或“队小罚”可予以选择。原则上对出现在靠近运动员席或运动员席中脱离了比赛的运动员身上，影响了没参加比赛的人或运动员的这类犯规，应判“队小罚”。

2. 对在场上的运动员可判小罚或违例。对在场上的队员或受罚席里受罚的队员，容易确定是谁犯规的，应对其判“违例”。

B. 对在裁判员到达拣球地点时故意将球击开的运动员，应判严重违例。

C. 对无论何时用球杆或其他装备猛敲界墙或球门的运动员判违例。

D. 运动员受罚后不立即前往受罚席应被判违例。一名运动员卷入打架或吵架被拆散并被罚时，没有立即去受罚席，或坚持及企图继续打架或吵架，或反抗裁判员执行他们的职责，应判严重违例。

E. 经裁判员一次警告后，任何坚持错误（包括用威胁、辱骂的语言或手势或类似的动作）、企图激怒对方使其犯规而受罚的行为的运动员应判严重违例。

F. 任何代表队领队、教练、训练员以及相关人员发生无论何种类型的不良行为犯规，应判将其从比赛场馆中驱逐出去，他的行为应报告给中国轮滑协会。

G. 如果任何领队、教练或训练员被裁判员命令离开运动员席，他也不能坐在他的运动员席附近，不得以任何方式指导或企图指导他的队的比赛。

H. 如果某队的运动员对任何人或任何裁判员使用肮脏的、不尊敬的以及骂人的语言，应判违例。

I. 比赛进行或停止时，任何运动员、领队、教练或训练员在运动员席或受罚席及附近向场内投扔任何东西，应判严重违例。

J. 任何运动员、领队、教练或训练员以任何方式干扰比赛工作人员，包括裁判员、计时员或监门员执行其工作职责时，应判严重违例。

注：根据这条规则裁判员如果认为有正当理由，可对其进一步处罚。

K. 当裁判员在进行报告或与比赛工作人员，包括计时员、记罚计时员、记录员或宣告员商讨事情时，任何运动员进入裁判区应判违例，但如果他是为了到受罚席去受罚时除外。

L. 任何队员或队的官员对裁判员的判定进行争论或有不符合运动员道德的行为，应对其判小罚或队小罚。对坚持争论的队员或守门员应判违例，对更进一步争论的队员或守门员应判严重违例。如果队的官员在被判小罚或队小罚后坚持争论，应判严重违例。裁判员在判违例或严重违例之前不是必须先判小罚，但他可以在最初时判这些处罚中的任何一种。

6.4.10　企图伤人

运动员以任何方式企图伤害对方运动员、裁判员、领队、教练或训练员，应判取消比赛资格，并将情况报告给中国轮滑协会以便进一步处理。受罚运动员在 5 min 以后允许被替补。

6.4.11　球杆折断

A. 运动员或守门员球杆损坏后，立即丢下坏杆可以参加比赛，违者应判小罚。

B. 运动员或守门员球杆折断不能接受从球场任何处投扔到场地上的球杆，而必须是从他的运动员席处取得球杆。根据本条规则非法取得球杆的运动员或守门员将被判小罚。对向场地内投扔球杆的运动员应判小罚。如果不能确认是哪个运动员，应对该队判队小罚。

C. 守门员也不能使用坏杆继续比赛。

注：坏杆是指裁判员认为不适合在正常比赛中使用的球杆。

6.4.12　非法冲撞

A. 运动员助跑或跳起冲撞对方或袭击对方，根据裁判员的判断，可判小罚或大罚加严重违例。

B. 当守门员在球门区内时，运动员对其冲撞应判大罚加严重违例。根据裁判员的判断，如果冲撞的运动员是对正常防守的守门员进行身体接触和干扰，那么在接触之前或之后的进球都判无效。

注：当守门员在球门区外时，对方运动员对其进行不必要的接触，应按干扰或非法冲撞判罚（小罚或大罚）。

6.4.13　向界墙撞人

运动员用身体冲撞、横杆推阻、肘顶、非法冲撞或绊的方法使对方猛烈摔到界墙上，应判小罚或者裁判员视其猛烈程度判大罚加严重违例。

注：1. 对运球的运动员做不必要的接触使其被摔到界墙上应按“向界墙撞人”判罚，对没有接触到界墙的情况应按“非法冲撞”判罚。

2. 使沿界墙运球、努力从非常狭小的空当中通过的运动员“翻车”，不算向界墙撞人，但如果对方不是运球者则被认为是向界墙撞人、非法冲撞或干扰犯规，如果是用臂或球杆造成的应按抱人、勾人处罚。

6.4.14　横杆推阻

A. 运动员用横杆推阻对方，应判小罚，或者根据裁判员的判断，可判大罚加严重违例。

B. 运动员用横杆推阻对方在球门区内的守门员应判大罚加严重违例。

C. 运动员用横杆推阻使对方受伤，应判大罚加严重违例。

注：“横杆推阻”是指用双手握全部离开地面的球杆做推阻动作。

6.4.15　故意伤害对方

A. 运动员以任何方式故意伤害对方应判取消比赛资格。

B. 从判取消比赛资格时开始，经过5 min的比赛时间后方可对被判罚的运动员进行替补。

C. 运动员踢或企图踢对方运动员身体的任何部分或轮滑鞋，应判取消比赛资格。

注：所有这些情况应报告给中国轮滑协会。

6.4.16　延误比赛

A. 不允许运动员或守门员用故意射或打球出界的方式延误比赛。对将球扔出界外的运动员或守门员，裁判员应立即判小罚而不必经过警告。

B. 当裁判员警告队长或副队长，要求他们纠正场上人数和开始比赛，而他们没有执行裁判员的要求，并以增加替补运动员或任何其他方式延误比赛，应判该队队小罚。

6.4.17　肘顶人和膝顶人

A. 对用肘或膝顶对方的运动员，应判小罚，或者根据裁判员的判断，可判大罚加严重违例。

B. 对用肘或膝顶人致使对方受伤的运动员，应判大罚加严重违例。

6.4.18　摔倒压球

A. 运动员（守门员除外）故意摔倒在球上或把球搂住，应判小罚。

注：如果由于防守运动员跪下阻挡射球而球射到他的下面，或打进他的服装或装备里，不应处罚。但是任何用手使球无法比赛时，应立刻判罚。

B. 球在球门区内时，守队运动员（守门员除外）不得摔倒在球上或抱球，或把球搂住、握住。违反了这个规则，比赛应立刻停止，并判罚点球。如果此时守门员因被替换而不在场上，不应判罚点球，而是直接判射中得分。

6.4.19　打架

A. 打架的定义是运动员用拳击打对方并实际接触了对方。

注：推、搡、抓、拽是可以判罚的犯规，但根据这个定义可以不认为是打架。

B. 对首先开始打架的运动员判大罚加严重违例。

C. 被打的运动员还击或企图还击应判小罚，如果这些运动员继续进行打架，裁判员可视情况判大罚或双重小罚。

注：1. 这条规则给裁判员提供了很宽的处罚范围，使他能对程度明显不同的参加者的处罚有所区别，无论在斗殴中是开始的还是继续斗殴的，裁判员对上述权力应确切执行。

2. 裁判员应利用规则的每一条款去制止吵架，并执行6.4.9款来达此目的，但双方同时被判大罚时除外。

D. 对参与离开比赛场地的打架或与场外的运动员打架者，应判严重违例。

E. 对第一个介入打架的场上运动员或守门员应判严重违例。

F. 对故意摘掉头盔去参与打架，在其应判的处罚外再加判特别严重违例。

注：1. 如果被判该处罚的运动员所在的队下一场轮空，这个处罚可以延至该队的下下场比赛执行。

2. 受罚队应派一名运动员到受罚席，该队应场上人数缺少一个大罚的时间。

G. 参与打架的运动员如果手上戴戒指或缠了胶带，以获得优势或致对方受伤，应判取消比赛资格。

H. 任何运动员因打架被判大罚加严重违例，将自动被取消他该场比赛的剩余时间和参加该队下一场比赛的资格，除非规则另有规定。

6.4.20 用手运球

A. 运动员（守门员除外）故意合闭手或手套握球，应停止比赛并判小罚。

B. 任何运动员（守门员除外）在比赛进行中用手拿起地面上的球，应判小罚。

C. 允许运动员用张开的手停或击腾空球，或用手沿地面推球，比赛可不停止，除非根据裁判员的判断他是故意将球导给同队的运动员，这种情况下应停止比赛，在犯规地点争球。

注：这款规定也是为了保证比赛的连续性，裁判员不应停止比赛，除非他认为导球给同队运动员是故意的。不得用手击球直接或间接入门，只要最后打球是用手，无论是从哪弹入门内都无效。唯一的例外是用手打球的人如果是守队队员，球入门内应判有效。

6.4.21 高杆

A. 禁止运动员将球杆刃举过肩部的正常高度。

B. 不准举杆过肩击腾空球，发生这种情况时应鸣哨，在犯规地点争球，但下列情况除外：

a. 守队运动员这样击球后球为对方获得，比赛应继续进行。

b. 守队运动员这样击球入自己的球门，应判进球有效。

C. 如果挥舞高于肩部的球杆打靠近对方运动员的球时，应按高杆判小罚。

对这款规定例外的情况：当运动员在头上将球杆从一手换到另一手时，可以击球，但以对其他运动员没有危险为条件。

注：1. 在大力击球动作的开始和结束时球杆刃可以高于肩的水平。

2. 判高杆处罚时不必是接触着对方才判，但必须是对方运动员距离非常近时才能判。

D. 如果运动员将球杆刃举过对方肩部的正常高度时与对方接触或恫吓对方，应判小罚，或者根据裁判员的判断，也可判大罚加严重违例。如果造成对方受伤，应判大罚加严重违例。

E. 如果运动员握杆的任何部分高于肩部，伤及了对方运动员的头或脸部，应判大罚加严重违例。

F. 场上人数多于对方的队的运动员举杆过肩击球而使比赛停止，争球应在犯规队守区争球点进行。

6.4.22　抱人

A. 用手、腿、脚或球杆，或任何其他方式抱对方运动员，应判小罚，或者根据裁判员的判断，可判大罚加严重违例。

B. 抱人动作的后果致使对方受伤，应判大罚加严重违例。

6.4.23　钩人

A. 用球杆的无论哪端钩人，阻碍或试图阻碍对方运动员前进，应判小罚，或者根据裁判员的判断，可判大罚加严重违例。

B. 由于钩人致使对方受伤的运动员应判大罚加严重违例。

注：当运动员阻截其他人时，只是球杆对球杆的接触，这样的动作不算是钩人或抱人，他可以将对方的球杆压转下来。

6.4.24　干扰

A. 对干扰或阻碍对方非控制球运动员的前进，或有意打落对方手中的球杆，或阻碍对方拾起球杆，或向对方运球者打、射任何掉落的或折断的球杆、非法的球或其他物件，使其分散注意力的运动员应判小罚，或者根据裁判员的判断，可判大罚加严重违例。

注：最后触球的运动员（守门员除外）应被认为是控制球的运动员。在执行本规则时，裁判员应确定干扰的引起者——经常是攻队运动员的动作引起干扰，因为守队运动员有权防守他的区域或紧逼进攻运动员。不允许控制球的一方为掩护带球运动员而有意阻扰对方。

B. 比赛进行中如果运动员席或受罚席上的运动员用球杆或身体干扰球或运动员，应判小罚，或者根据裁判员的判断，可判大罚加严重违例。

C. 除了球已在球门区内时以外，任何运动员用身体或球杆与对方球门区内的守门员发生直接接触，干扰或妨碍了守门员的行动，应判小罚。

D. 球不在球门区内时，不允许攻队运动员站在球门区线上或球门区内，或将球杆放在球门区内，若出现这种情况时射中球门应判无效，在中心争球点争球。

E. 正当进攻运动员由于受守队运动员的身体干扰而在球门区内时，此时射中球门应判有效。

F. 如果当某队守门员离场时，该队任何非法上场的人，包括领队、教练或训练员，用身体或球杆或其他物件对球或对方运动员进行干扰，裁判员应立刻判非犯规队射中得分。

注：1. 对非控制球的运动员进行不必要的接触都应按干扰处罚。

2. 裁判员应特别注意以下三种类型应判为干扰的犯规：

a. 守队在自己的端区控制球时，该队其他运动员排列阻截干扰对方来抢球的人以掩护运球运动员。

b. 争球运动员争球后，在对方运动员没控制球时对其进行干扰。

c. 运球运动员在留传后，用身体接触对方进行干扰。

3. 所有攻方和守方运动员都企图和可以在门前占据位置，由此而发生偶然的接触不应认为是干扰或不必要的粗暴。然而，如果某运动员跑向并接触了对方，或使用身体冲撞，裁判员根据判断，可对其按干扰、非法冲撞或不必要的粗暴判小罚。

6.4.25 观众干扰

如果观众将运动员抱住或干扰了运动员，裁判员应吹哨停止比赛，如受干扰的队正在控制球，应允许该队完成比赛后吹哨。争球应在比赛停止的地点进行。

注：运动员与观众吵架，无论当时对其处罚与否，裁判员应向主办单位报告情况以便给予可能的纪律制裁。如果观众向场上投扔物件而干扰了比赛，裁判员应停止比赛，并在比赛停止的地点争球。

6.4.26 从背后冲撞

A. 运动员在场地的任何地方从背后推、身体冲撞或打击对方运动员，应判大罚加严重违例。

B. 运动员从对方运动员背后用高杆、横杆推阻、身体冲撞、打击或推等任何方式，使对方运动员摔到界墙或球门上，使该运动员无法保护或防护自己，对此应判取消比赛资格。

注：当运动员受到从背后以任何方式来的冲撞时，裁判员不能以其他处罚来代替此条规定的处罚，这条规则必须严格地得到执行。

6.4.27 离开运动员席或受罚席

A. 除非每局结束或受罚时间结束，任何运动员不得离开受罚席。

B. 不论比赛是停止还是进行，运动员在他的受罚期满之前离开受罚席，应加判小罚，在原受罚期满后立刻执行。

C. 如果受罚运动员在他受罚期满前离开受罚席，记罚计时员应记下时间并在下次比赛停止时通知裁判员。运动员受罚未结束而回到场上是由于记罚计时员的错误时，不应对其判罚，他只需罚满未罚完的时间。

D. 受罚运动员在受罚未结束前离开受罚席（不管是谁的错误），非法进入场地，当他在场上时该队射中球门，应判无效，对所有应判的处罚仍应执行。

E. 任何时候运动员不得离开运动员席或受罚席去加入吵架。吵架之前替换运动员是允许的，但替换的运动员不得加入吵架。

F. 对在场上吵架期间第一个离开队员席或受罚席的队员应判双重小罚加严重违例。

G. 如果双方运动员同时离开队员席，应识别出两队各自的第一个离开的队员，判他们双重小罚。根据这条规则对任何离开队员席的运动员都可以判严重违例，再加上他们可能招致的其他处罚。

H. 受罚运动员在比赛停止期间离开受罚席并加入吵架，应判小罚加严重违例，在原受罚期满后立刻执行。

I. 如果有运动员从运动员席上非法加入比赛，在他在场上时该队射中球门应判无效，对所有应判的处罚仍应执行。

6.4.28　攻击工作人员

A. 任何运动员触及或抱裁判员或比赛工作人员，或用手或球杆绊，或用身体冲撞裁判员或比赛工作人员，应判取消比赛资格。对此处罚可按规定进行替补。

B. 任何领队、教练或训练员抱或打比赛工作人员，应判取消比赛资格。

6.4.29　猥亵性语言或手势

运动员、领队、教练、训练员如有下列行为应被判严重违例：

A. 在场上或赛场的任何地方对任何人使用猥亵性语言或手势，包括丑化比赛和种族歧视的评论。

B. 对裁判员的判决进行争论或表示不敬。

C. 败坏比赛的声誉。

注：所有比赛工作人员和队的工作人员都有责任向中国轮滑协会送交报告，写明有关运动员、教练或其他队的官员使用猥亵性语言或手势的详细情况，中国轮滑协会应对其进行进一步的处罚。

6.4.30　用球杆击打

A. 运动员用球杆击打对方，以阻碍或企图阻碍对方运动员的行进，裁判员可视情况判小罚或大罚加严重违例。任何运动员追赶对方运球运动员时球杆与对方身体的接触将被认为是用球杆打人。

B. 运动员用球杆击打对方致使对方受伤者，应判大罚加严重违例。

注：运动员向对方挥舞球杆（无论在距离之内还是之外），不管触及对方与否，或者运动员借口打球而乱舞球杆，以此恐吓对方，都应按“用球杆击打”处罚。

C. 运动员在与另一个运动员吵架时挥舞球杆触及了对方，应判取消比赛资格。这将被认为是故意去伤害对方。

D. 任何非控制球的运动员不能用球杆与对方守门员接触，否则即被认为是用杆击打犯规而被判罚。

注：除非规则另有规定外，裁判员应对违反本条规则的队员正常处罚，并把违反这条规则的情况向中国轮滑协会报告。

6.4.31　用杆刃刺人和用杆柄杵人

A. 运动员用杆刃刺人或企图用杆刃刺人，用杆柄杵人或企图用杆柄杵人，应判双重小罚。

B. 用杆刃刺人或用杆柄杵人致使对方受伤者应判取消比赛资格。这应像6.4.15故意企图伤害对方一样对待。

注：1. 用杆刃刺人是指用一手或两手握杆，用杆刃的尖去刺对方。用杆柄杵人是指用一手或两手握杆，用杆柄后端头去刺对方。

2. “企图用杆刃刺人”包括所有做出来的刺人动作，不管实际接触对方与否。

6.4.32　投扔球杆

A. 任何队员或非比赛人员，从队员席或受罚席向场上投扔球杆或其他物品，应判队小罚加严重违例。如果不能确定是哪个运动员，只对该队判队小罚。

B. 任何场上运动员，在任何区域里投扔球杆、球杆的损坏部分，或其他物品，应判大罚加严重违例。如果这个行为被判罚点球时除外。

C. 如果对方的守门员已离场（例如被合法替换），攻队队员没有其他对方队员需越过时遭到投扔球杆或物品的干扰，失去对空门的得分机会时，应判射中一球。

注：如果运动员向场地边上扔打坏的球杆而又没有越过界墙，没有干扰比赛和对方运动员，不应判罚。裁判员应将运动员向场外投扔球杆或坏杆的事件向中国轮滑协会报告，以便采取纪律处罚。

6.4.33 绊人

A. 用球杆、膝、足、臂、手或肘去绊对方运动员或使对方摔倒时，应判小罚，或者根据裁判员的判断可判大罚加严重违例。

注：裁判员如确认某运动员是为了钩挡球而夺得了球时，因此绊倒了对方运球运动员，应不予处罚。

B. 用球杆、膝、足、臂、手或肘去绊对方运动员并使对方摔倒而受伤，应判大罚加严重违例。

6.4.34 粗暴

A. 任何运动员有粗暴行为，应判小罚，或者根据裁判员的判断，可判大罚加严重违例。

B. 如因粗暴犯规的结果使对方运动员受伤时，应判该粗暴运动员大罚加严重违例。

注：1. 这不包括双方去追球而有身体接触的运动员，或挤压对方使其丢球，或接触了对方的头，只要是设法得球，可不认为是粗暴。然而，这不适用于那些非控制球的运动员使自己的身体抛向对方以此得球。

2. 当对方运动员与控制球运动员有不必要的接触都应判为不必要的粗暴。

6.4.35 判罚点球和射中

A. 攻队控制球的运动员正处在他与对方守门员之间没有阻碍者的情况下，受到对方非法加入比赛的运动员的干扰，应判罚点球。

B. 如果对方守门员已离场，攻队运动员进攻没人防守的球门时被非法加入比赛的人干扰，应判射中一球。

C. 如果对方守门员已离场，攻队控制球运动员没有对方运动员需越过，受到对方运动员投扔的球杆或坏杆的干扰，或受到从后边来的犯规的侵犯，阻碍了他对空门的清楚的射门，应判射中一球。

D. 比赛进行中队员（守门员除外）将球门区内的球用手拿起来，应立刻停止比赛，判罚点球。

E. 比赛进行中球在球门区内时，守队队员（守门员除外）摔倒在球上，握住球，或将球搂到身体下，应立刻停止比赛，判罚点球。

注：对这条规则的解释是当球在球门区内时判罚点球，当球在球门区外时应判小罚。

F. 如果队员（包括守门员）故意移动球门以阻止对方突破队员的得分机会，或对方队员的理想得分机会时，对该队应判罚点球。如果此时守门员已被其他队员替换而不在场上，应判射中一球。

G. 球在守区时，守队的运动员，包括守门员，故意向球投扔球杆或坏杆或其他物件，应允许攻队完成比赛，如果攻队未射中球门，应判由非犯规队罚点球，由裁判员指定被犯规涉及的运动员执行罚球。

H. 控制球的运动员在攻区内，除守门员外没有其他运动员需越过时，因遭到从后面来的绊或其他侵犯而失去合适的射门机会，应判罚点球。在攻队没有失掉控制球以前不要停止比赛。

注：这款规定是为了恢复在攻区内由于背后犯规而失掉的合理得分机会。“控制球”是指用球杆运球。如果在运球过程中球被另一运动员或他的装备接触或打到球门柱上弹离，这个运动员不再被认为是控制球。

I. 如果守队守门员已下场（被合法替换下场），攻队控制球队员与球门之间没有防守运动员，受到绊或其他犯规而失掉打空门的机会时，应立刻停止比赛，判射中一球。

第四章　纪律行动和抗议

7　纪律

7.1　常规

中国轮滑协会将通过事故报告得到有关锦标赛发生的纪律制裁情况。

交给中国轮滑协会的事故报告应是下列内容：

A. 中国轮滑协会应及时调查受到取消比赛资格处罚的运动员，并有全部权利给予进一步的处罚。

B. 受到取消比赛资格处罚的运动员应被取消锦标赛的余下比赛，或等待中国轮滑协会进行全部调查之后。中国轮滑协会有权利修改或调整取消比赛资格的期限。

8　制裁

8.1　取消比赛

A. 取消比赛应根据下列原因：

a. 在比赛开始时（裁判员吹哨开始比赛）某队没有派4名运动员和1名守门员穿着全部服装和装备在场上。

b. 某队队长递交了不能参加某场比赛的书面报告并被赛会监督接受同意。在这种情况下对方队无需着装备和出现在赛场上，但仍算该队获胜。

c. 在比赛进行中某队由于受伤或有病无法派4名运动员和1名守门员去继续比赛。

d. 由于运动员受到处罚，该队不能在场上列出应有人数继续比赛。

e. 当裁判员通过某队的领队、教练命令该队开始比赛时，该队没有在5分钟内回到场上开始比赛，应取消这场比赛，并将该事件向中国轮滑协会报告，以便给予进一步处理。

f. 当两个队都在场上时，裁判员命令比赛开始，某队由于任何原因拒绝比赛，裁判员应警告队长，并限该队在15 s内开始或恢复比赛，如果15 s结束，该队仍拒绝比赛，裁判员应判该队一个队小罚，由领队或教练通过队长指定一名运动员受罚。如果同一事件重复继续，裁判员应宣布比赛取消，并将该事件向中国轮滑协会报告，以便给予进一步处理。

B. 当出现取消比赛的事情后，得分及统计应按如下计算：

a. 被取消比赛的队该场比赛得 0 分（负），对方队得 2 分（获该场比赛胜利），进球数判为 1 比 0。被取消比赛资格的队（负队）如果可以继续参加循环赛时，将为该场比赛被处罚 2 分，将从该队在循环赛中的积分中减去 2 分。

b. 胜队的队长被判射中一球（这个球不能算给其他人），不判协助者。

c. 无论哪个队的守门员都不统计被射、救球和失球数。

C. 一个队在一次比赛中只允许被取消比赛一场，不影响该队继续参赛的资格。如果该队被取消比赛第二场，将被取消参加余下场次的比赛资格。如果在循环赛结束以后的比赛中出现取消比赛的情况，无论是在争夺奖牌的比赛还是排名次的比赛，一次即取消该队所有余下比赛的资格。

D. 在出现某队被从比赛中开除的事件时，需改变下列统计：

a. 被开除队的所有统计将被取消，包括队的得分、所有进球、协助、救球、失球、受罚时间及其他有关统计。

b. 所有与被开除队比赛过的队的成绩和统计也要取消，视为没有与该队比赛过。

注：1. 被开除队的所有被判罚时间也取消时，比赛监督或组委会对运动员的处罚将不取消。

2. 主办单位应发出通报，通报被开除队的情况。

8.2　停赛

A. 任何队员被判大罚加严重违例将自动被取消参加该场比赛的余下时间，并自动停止参加该队的下一场比赛，除非规则另有规定。

B. 如果在裁判员警告之后，运动员、教练、领队坚持继续其特别严重违例的行为，将被停赛一年或更长，由中国轮滑协会决定。

C. 在比赛开始以后，未经裁判员允许，任何教练、训练员、领队擅自进入比赛场上，将被判严重违例，立刻被驱逐出场地，并被停止参加该队下一场比赛的资格。任何运动员抱或打裁判员将被取消参加锦标赛所有余下比赛的资格。

D. 任何领队、教练、训练员抱或打裁判员将被驱逐回更衣室，由中国轮滑协会决定进一步的处罚措施。

附录B　极限（团队）飞盘规则

世界飞盘联合会规则正文
2021—2024

官方版本自2021年1月1日起生效
由世界飞盘联合会团队飞盘规则小组委员会制定

介绍

团队飞盘是一项使用飞盘进行竞技的七人制团队运动。它在一个约为足球场一半宽度的长方形场地上进行，两端各有一个得分区。每队的目标是通过传接飞盘，在己方进攻的得分区接住飞盘以得分。持盘队员不能带着飞盘进行跑动，但可以将飞盘传给任意方向的任意队友。一旦传盘不成功，就会发生攻防转换，另一方队伍将获得盘权并尝试在该队进攻的得分区内完成得分。比赛通常为15分制，或100分钟。团队飞盘采用自我仲裁且禁止身体接触的方式。通过飞盘精神引导队员进行自我仲裁并规范自己在比赛场上的行为。

许多规则本质上都是通用的，且涵盖了比赛中的大多数情况，然而某些规则涵盖了特定情况，且进行判定时优先于一般情况。

基本结构或者规则可以更具比赛的特殊性，参与比赛的队员数量、年龄或者可以使用的场地空间等条件而变化。可以根据相关附录中提到的额外规则以应用于世界飞盘联合会赛事。

1. 飞盘精神

1.1　团队飞盘是一项禁止身体接触，自我仲裁的运动。所有队员都有责任施用以及遵守相关规则。团队飞盘要求每个队员都遵循公平竞赛的飞盘精神。

1.2　参赛队员之间互相信任，没有队员会故意违反规则；因此，无意的违规行为不会受到严厉的处罚，届时将会通过模拟没有违反规则的行为发生时最有可能出现的情况来继续比赛。

如果存在故意或严重违反比赛规则、飞盘精神的情况，队长们应讨论这一情况并确定合适的结果，即使讨论出的结果不符合相应的规则条款。

1.3　队员应该注意，在场上出现任何需要仲裁的情况时，他们需要担当裁判的角色。队员必须：

1.3.1　知晓规则；

1.3.2　保证公正、客观；

1.3.3　保证诚实；

1.3.4　清楚、简要地解释自己的观点；

1.3.5　给对手正当发言的机会；

1.3.6　考虑对手的观点；

1.3.7 言行文明，并考虑潜在的文化差异；

1.3.8 尽快解决争议；

1.3.9 在整场比赛中采用一致的示意标准；

1.3.10 仅在对规则的违反足以对结果产生影响的情况下进行示意。

1.4 鼓励比赛的高竞技性，但不应牺牲队员之间的相互尊重、违背既定比赛规则、不顾队员的人身安全或牺牲比赛的基本乐趣。

1.5 以下行为是良好飞盘精神的范例：

1.5.1 撤回你认为不正确的示意；

1.5.2 争议行为出现后，在场下与对手交流确认；

1.5.3 称赞对手出色的技术或良好的精神；

1.5.4 向对手自我介绍；

1.5.5 冷静地回应分歧或挑衅。

1.6 以下行为明显违反了飞盘精神，所有参赛者都必须避免：

1.6.1 危险动作和攻击性行为；

1.6.2 故意犯规或其他故意违反规则的行为；

1.6.3 嘲弄或恐吓对方队员；

1.6.4 得分后以不尊重对手的方式进行庆祝；

1.6.5 报复性的示意；

1.6.6 示意对方队员向己方传盘；

1.6.7 其他为了获胜而不择手段的行为。

1.7 作为飞盘精神的守护者，各队伍必须：

1.7.1 负责向队员教授飞盘规则和飞盘精神；

1.7.2 训导并纠正有不良精神的队员；

1.7.3 向其他队伍提出建设性反馈，包括他们目前的良好表现以及如何进一步践行飞盘精神；

1.7.4 酌情示意精神暂停以解决飞盘精神方面的问题。

1.8 如果新队员因不了解规则而违规，有经验的队员应向其进行解释。

1.9 经验丰富的队员需要提供规则上的建议并引导解决场上的争议，在有新的或年轻的队员参赛时对其比赛场上的表现给予监督。

1.10 比赛中的示意应该由直接参与比赛的队员和具有比赛最佳视角的队员进行讨论。

1.10.1 如果未参与该回合比赛的队员发现队友做出了错误的示意，以及造成犯规或违例的情况，应提醒其队友。

1.10.2 除队长之外，非场上队员应该避免参与到争议事件中来。但场上队员可以通过求助于他人的比赛视角以阐明规则条款，并协助自己做出合适的示意。

1.11 队员和队长全权负责进行示意和解决所有示意。

1.12 如果讨论后队员不能达成一致，或者以下情况没有明显的视角：

1.12.1 比赛中发生的情况；

1.12.2 比赛中最有可能的情况，飞盘必须返回最后一个无争议的持盘队员手中。

2. 比赛场地

2.1　比赛场地是一个矩形区域，其尺寸和区域如图 1 所示，要求地面平坦，没有障碍物，并合理保障队员的安全。

2.2　比赛场地四周环绕场地线，由沿长边的两条边线和沿宽边的两条底线组成。

2.3　场地线不属于比赛场地的一部分。

2.4　得分线是分隔中心区域和得分区域的线，属于中心区域。

2.5　砖头点是中心区中两条相交的一米线的交叉点，与两条边线的距离相等，且与得分线的距离等同于得分区深度。

2.6　八个可移动的亮色物体（例如塑料角标）应用于标记得分区的角落以及得分区位置。

2.7　可移动物体不应出现在比赛场地的周围。如果比赛被非场上队员或物体在距限制线三米范围内影响，任何被阻碍的队员或持盘队员可以示意“违例”。

团队飞盘场地图

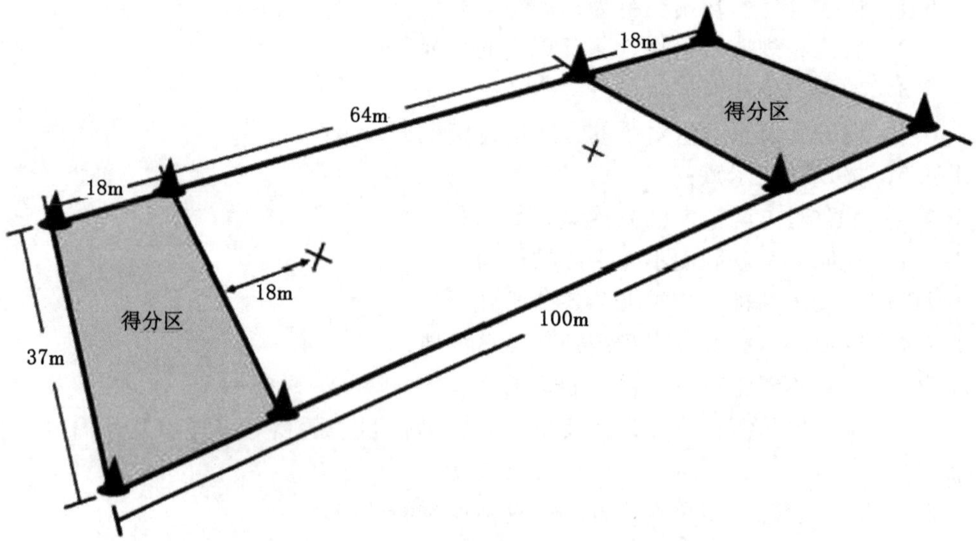

图 1　比赛场地

3. 比赛装备

3.1　比赛只能使用赛事组委会指定的飞盘。

3.2　世界飞盘联合会将会提供推荐使用的飞盘列表。

3.3　每个队员必须穿戴区别于其他队伍的队服。

3.4　任何队员不得穿戴可能伤害自己或其他队员、妨碍对手比赛的服装或携带相关装备。

4. 回合、得分与比赛

4.1　一场比赛由许多回合组成，每个回合以得分告终。

4.2　任意一支队伍获得 15 分时比赛结束，该队伍获得该场比赛胜利。

4.3　一场比赛分为上下半场，某一队伍率先获得 8 分时进入半场。

4.4　每个半场的开始也是当前半场第一个回合的开始。

4.5 每次得分后，如果比赛尚未结束或未到半场时限：

4.5.1 下一回合立刻开始；

4.5.2 双方队伍交换其防守的得分区；

4.5.3 得分队伍成为防守方并进行开盘。

5. 队伍构成

5.1 每支队伍在每回合内需要最多七人最少五人进行比赛。

5.2 每支队伍需要设置一名队长以及一名精神队长作为代表。

5.3 一支队伍在得分后、做出预备开盘的手势之前，可以无限制地进行人员替换。

6. 开赛准备

6.1 两个队伍的代表应公平决定哪个队伍首先选择：

6.1.1 接或投掷开盘；

6.1.2 先防守哪个得分区。

6.2 另一个队伍被赋予剩下的选择。

6.3 在下半场开始时，双方互换初始选择。

7. 开盘

7.1 在比赛开始、半场开始或一次得分后，比赛重新通过防守方的一次飞盘投掷开始，这被称为开盘。

参赛队伍必须做好开盘准备，不得无理由地拖延。

7.2 只有在两队都示意准备完毕之后才能开盘，开盘方的开盘队员以及至少一名进攻队员需要举手进行示意。

7.3 在发出准备信号后，所有进攻队员必须有一只脚站在本方的防守得分线上，并且不改变己方队员的相对位置，直到开盘结束。

7.4 在发出准备信号后，所有防守队员必须保持双脚完全在得分线的垂直平面之后，直到开盘结束。

7.5 如果一支队伍违反了7.3或7.4条款，对方队伍可以示意越位违例。该示意必须在进攻方接触到飞盘之前做出（7.8条款适用）。

7.5.1 如果防守方示意越位，则持盘队员必须参照7.9，7.10，7.11或7.12条款中的说明建立轴心脚，并按照正常暂停结束后开始比赛的方式尽快开始比赛。

7.5.2 如果进攻方示意了越位，则他们不能碰触飞盘并让飞盘落地，比赛被视为示意在砖头点的情况继续进行（无需验盘）。

7.6 飞盘一旦掷出，所有队员都可朝任意方向移动。

7.7 在进攻方接触到飞盘或飞盘触地之前，防守方的队员不得在开盘后接触飞盘。

7.8 如果一个进攻方队员在飞盘落地前接触了飞盘，无论在界内或界外，只要进攻方未能实际建立盘权，即为失误（一次“接开盘失误”）。

7.9 如果进攻队员在某一位置接住开盘，他必须在赛场上最接近该位置的点建立轴心，即使该点位于其防守的得分区内。

7.10 如果飞盘的第一落点在比赛场地内，并且一直没有出界，则持盘队员必须在飞盘停止滚动的位置建立轴心，即使该点位于其防守的得分区内。

7.11 如果飞盘的第一落点在比赛场地内，且在未接触进攻队员的情况下出界，则持盘队员必须在飞盘第一次越过边线的位置建立轴心，如果该点位于其防守的得分区内则必须在最接近中心区域的位置建立轴心。

如果飞盘在出界之前接触了进攻队员，持盘队员也必须在飞盘第一次越过边界线的位置建立轴心，即使该点位于其防守的得分区内。

7.12　如果飞盘在接触比赛场地或进攻队员前接触到界外的区域，则持盘队员可以在最接近其防守的得分区的砖头点处或离飞盘出界点最近的中心区域的位置建立轴心（规则11.7）。砖头点选项必须在捡起飞盘前通过做出砖头点手势进行示意，任意进攻队员需要单臂伸展举过头顶并喊出“砖头点”进行示意。

8. 比赛的状态

8.1　以下状态为“死盘”状态，不会有攻防转换发生：

8.1.1　一个回合开始后，直至开盘前；

8.1.2　开盘后或一次攻防转换后，直至持盘队员建立轴心前；

8.1.3　比赛中断的状态下；

8.1.4　从飞盘触及地面，直至相应的队伍建立对飞盘的控制前；

8.1.5　队员允许在“死盘”状态时移动（除非另有说明）。

8.2　比赛在“死盘”状态外的均为“活盘”。

8.3　持盘队员不得将“死盘”的盘权转让给其他队员。

8.4　任何队员都可以在飞盘触地后阻止其滚动或滑动。

如果在试图阻止飞盘滚动或滑动时，某队员明显改变了飞盘的位置，则对方队伍可以要求在接触飞盘的位置建立轴心。

8.5　在攻防转换和开盘后，进攻队员必须至少以步行的速度来直接取回飞盘并建立轴心。

8.5.1　在8.5条款的情况中，攻防转换后若飞盘未出界，且处于以下两种位置时，进攻方需要在以下时限内继续进行比赛：

8.5.1.1　飞盘在中央区域内，飞盘停止滚动后10秒内需要建立轴心；

8.5.1.2　飞盘在得分区内，飞盘停止滚动后20秒内需要建立轴心。

8.5.2　若进攻方违反了8.5或8.5.1条款，防守方可以给予警告（“拖延比赛”或使用预读秒）或示意“违例”。

若进攻方在警告后仍继续违反8.5或8.5.1条款，则9.3.1条款不再适用，防盘人可以开始读秒。

9. 读秒

9.1　防盘队员通过宣布“读秒开始”后从“1”到“10”对持盘队员进行读秒。读秒中每两个数字的间隔必须至少为一秒。

9.2　读秒的声音必须被持盘队员清楚听见。

9.3　防盘队员只能在以下情况开始或继续读秒：

9.3.1　比赛为活盘状态，或者在一次攻防转换发生后，到持盘队员建立轴心前；

9.3.2　距离持盘队员的轴心点三米范围内，或者在持盘队员仍未建立轴心的情况，防盘队员已经位于正确的轴心点的三米范围内；

9.3.3　并且所有防守队员都处于符合规则的位置（18.1条款）。

9.4 如果防盘人离开持盘队员的半径三米的范围内，或者一名新的防守队员成为防盘队员，则读秒必须从“1”重新开始。

9.5 比赛中断后，在以下情况下继续比赛的读秒数为：

9.5.1 在防守方无争议的违反规则后，读秒从“1”重新开始。

9.5.2 在进攻方无争议的违反规则后，读秒最高从“9”重新开始。

9.5.3 在一次有争议的持盘超时之后，读秒从“8”重新开始。

9.5.4 在所有其他示意后，包括“阻挡”发生的情况，读秒最高从“6”重新开始，但是：

9.5.4.1 如果持盘队员和接盘队员两处均出现示意，并且最终回盘给持盘队员，则根据持盘队员的示意的相关结果恢复读秒。

9.5.4.2 如果存在与验盘有关的违例（第10章部分条款），则读秒将恢复为在该违例发生之前确定的秒数。

9.6 继续比赛时进行一次“最大为 n 秒”的读秒，其中“n”由9.5.2或9.5.4或20.3.6条款进行确定，含义如下：

在双方无争议的情况下，如果“x”是在争议发生前进行读秒的最后一个数字，则读秒从“（x+1）秒”或“n 秒”继续，取这两个数字中较低的一个。

10. 验盘

10.1 每当比赛在某回合因犯规、违例、有争议的攻防转换、特定的攻防转换（例如持盘超时）、有争议的得分、比赛技术或者伤病暂停后、争议或者在队伍示意的暂停结束后，必须尽快通过验盘重新开始。验盘只能因对示意的讨论而延迟。

10.2 队员在示意后的位置（暂停情况除外，除非另有指定）：

10.2.1 如果比赛在传出的飞盘离手前停止，则所有队员必须返回示意发生时所在的位置。

10.2.2 如果比赛在传出的飞盘离手后停止，则：

10.2.2.1 如果回盘到持盘队员，则所有队员必须返回持盘队员刚投掷出飞盘时自己所在的位置，或示意发生时所在位置，取较早者；

10.2.2.2 如果比赛结果成立，则所有队员必须返回建立盘权或飞盘触地时自己所在的位置；

10.2.2.3 如果除持盘队员以外的队员因无争议的违反规则而获得盘权时，则所有队员必须返回发生违反规则行为时自己所在的位置。

10.2.3 所有队员在验盘前必须保持在原位静止。

10.3 任何队员都可以在一定程度上延长比赛的停止时间，用以解决装备的相关问题，但不可以在正常进行的比赛过程中以此为由停止比赛。

10.4 进攻队员在验盘前必须与最近的对方队员确认其队伍成员已准备就绪并根据10.2条款进行落位。

10.5 如果在验盘时出现不必要的延迟，对方队员可以发出口头警告，如果延迟情况继续发生，队伍可以通过口头示意“比赛开始”以验盘，且无需对方的同意，但前提是防守方的队员都没有移动，并且已按照10.2的要求进行站位。

10.6 当重新开始比赛需要验盘时：

10.6.1　若持盘队员持有飞盘：

10.6.1.1　如果在可接触到的范围内有防守队员，则防守队员必须触摸飞盘；

10.6.1.2　如果在可接触到的范围内没有防守队员，则持盘队员必须将飞盘盘沿接触地面并示意“比赛开始”。

10.6.2　当飞盘在地面上时，最接近飞盘的防守队员必须示意“比赛开始”。

10.7　当对手出现以下关于验盘的情况时，队员可以示意违例：

10.7.1　在没有进行正确的验盘的情况下就进行传盘；

10.7.2　在没有征求最近的防守队员确认的情况下继续开始比赛；

10.7.3　在验盘前进行了移动；

10.7.4　不在正确的位置上；

10.7.5　在该次违例示意后，任何结果都不保留，无论传盘是否成功，都将回盘到持盘队员手中（除非16.3条款生效）。

11. 出界

11.1　整个比赛场地都是处于界内的。边界线不是比赛场地的一部分，属于界外。所有非场上队员都是界外的一部分。

11.2　界外区域由非界内场地和与其接触的一切事物组成，但防守队员除外，他们始终被视为“界内”状态。

11.3　一个不在界外的进攻队员即处于界内。

11.3.1　在空中的队员保留其界内或界外状态，直到该队员再次接触到界内或界外的场地。

11.3.2　接住飞盘的队员如果在接触了界内区域后又接触了界外区域，需要确认其保持了对飞盘的控制并建立盘权，则其仍然被认为处于界内。

如果接盘队员离开了比赛场地，则他们必须在穿过场地线的位置上建立轴心点（除非14.3条款生效）。

11.3.3　处于界内的持盘队员接触到了界外场地时仍被视为在界内，直到其传出了飞盘。

11.3.4　队员之间的相互接触并不会传递其自身的界内或界外状态。

11.4　以下情况是出界导致的攻防转换，或不被认为有接盘动作发生：

11.4.1　在进攻队员接触飞盘时，其身体的任意部分处于界外状态；

11.4.2　在空中接住飞盘后，进攻队员在保持接触飞盘的状态下与地面的第一接触点处于界外。

11.5　飞盘在活盘状态下，或比赛开始或重新开始后即处于界内状态。

11.6　一旦飞盘在触碰界外区域或出界的进攻队员时，该飞盘即处于界外状态。当飞盘被进攻队员接住时，其与该队员具有相同的界内或界外状态。如果飞盘同时被多个进攻队员接住，只要其中一名队员处于界外状态，则该飞盘亦处于界外状态。

11.7　飞盘可能飞越边界线后返回比赛场地，场上队员可以在界外区域对飞盘做出反应。

11.8　飞盘出界的位置是发生在飞盘与界外场地或者队员发生接触的情况前，其最近一次：

11.8.1 部分或全部位于比赛场地上空；

11.8.2 被一名界内队员接触时的位置。

11.9 如果飞盘出界且距离需要确立的轴心点的位置超过3米时，非场上队员可以去取回飞盘。离比赛场地的最后3米必须由持盘队员将飞盘重新带回界内。

12. 接盘队员及位置

12.1 当一名队员用身体的两个部位对一个不旋转的飞盘保持了控制时，即为接住飞盘。

如果队员由于随后与地面、队友、处在合法位置的对手发生接触而失去了对飞盘的控制时，则被视为没有建立盘权。

12.2 在接住飞盘后，接盘队员即为持盘队员。

12.3 如果进攻队员和防守队员同时接住飞盘，则进攻方保有盘权。

12.4 占据一部分位置的队员有权停留在该位置，对方队员不允许与该队员产生接触。

12.5 每个队员都有权占据任何未被对方队员占据的场上空间，只要他们在占据该位置时没有主动造成与对方队员的身体接触，且没有鲁莽或危险的侵略性行为。

但当飞盘在空中时，队员的移动不能仅仅是以阻挡对手为了对飞盘做出反应而占据一个未被占据的路径为目的。

12.6 所有玩家都必须避免与其他队员产生接触，不存在合理的主动发起接触的情况。这包括避免与静止不动的对手接触，或根据其既定的速度和方向与某一对手在预期位置发生接触的情况。“正在对飞盘做出反应”不是与其他队员发起接触的合法理由。

如果一名队员在对手正在进行合法移动之时无法确定自己是否可以合法地对飞盘做出反应，则其必须调整自身动作以避免发生接触。作出这种调整后，比赛结果仍然生效。

12.7 以下行为视为发起接触：

12.7.1 在到达发生接触的位置时，对手已合法地占据了该位置（静止的或正在跑动中的）；

12.7.2 在考虑到所有队员的既定位置、速度和方向的情况下，仍然与正在进行合法移动的对手产生了不可避免的接触。

12.8 当两名或多名队员同时向一个点移动时可能会发生轻微接触。轻微接触应尽量减少，但不被视为一次犯规。

12.9 队员不得使用他的手臂或腿阻挡对方队员的移动。

12.10 任何队员不得用身体协助其他队员移动，也不得使用物品或装备来协助接盘。

13. 攻防转换

13.1 以下情况下攻防转换发生，盘权从一方转移到另一方：

13.1.1 当进攻方队员没有建立盘权时，飞盘触及地面（一次“飞盘落地”）；

注：但如果一位接盘队员在飞盘触及地面之前完成了接盘，并在与地面发生接触时保持着对飞盘的控制，则不视为飞盘落地。

13.1.2 防守队员直接建立了盘权（“拦截”）；

13.1.3　飞盘出界（进攻队员接到飞盘时出界或和地面的第一接触点在界外）；

13.1.4　在开盘过程中，接盘队员在飞盘触地前触碰飞盘，但未能建立盘权（“接开盘失误”）。

13.2　以下情况中，盘权从一队转移到另一队并且比赛中止：

13.2.1　无争议的进攻方接盘犯规；

13.2.2　持盘队员在防盘队员读秒到“10”秒前没有传出飞盘（“持盘超时违例”）；

13.2.3　持盘队员故意将飞盘递给另一名队友，其中不存在两名队员均未触碰飞盘的时刻（“手递手违例”）；

13.2.4　持盘队员故意利用另一名队员回弹并让自己接到飞盘（“回弹违例”）；

13.2.5　在试图传盘时，持盘队员在掷出飞盘后在其他队员触碰飞盘前接住飞盘（“自传自接”）；

13.2.6　进攻队员故意协助队友移动以接盘；

13.2.7　进攻队员使用装备或其他物品以帮助接盘。

13.3　如果队员确认了一次攻防转换的发生，他们必须立即做出相应的示意。如果该示意有争议，则对方可以示意“有争议”，此时比赛停止。经过讨论后，如果双方队员不能达成一致，或者不清楚比赛中发生的情况，则飞盘必须返还到上一个无争议的持盘队员手中。

13.4　在“持盘超时”示意后：

13.4.1　如果持盘队员仍持有飞盘，当他认为防盘队员读秒过快，但自己在“持盘超时”的示意前没有合适的机会示意“读秒过快”，则该情况被视为无争议的防守方违反规则（9.5.1条款）或有争议的持盘超时（9.5.3条款）；

13.4.2　如果持盘队员完成了传盘且队友完成了接盘，并且认为这不是一次“持盘超时”，或者在“持盘超时”的示意前读秒过快，他们可以对这次超时示意提出争议；

13.4.3　如果持盘队员对该持盘超时提出了争议后仍然传出飞盘，若传盘未能被队友接住，则攻防转换的结果成立，在验盘后比赛继续进行。

13.5　任何一名进攻方队员都可在攻防转换发生后去建立盘权，除了以下情况：

13.5.1　在一次“拦截”导致的攻防转换后，进行拦截的队员必须保有盘权；

13.5.2　在一次进攻方接盘犯规的情况下，被犯规的队员必须保有盘权。

13.6　在攻防转换或飞盘在开盘时落地之后，持有盘权的队员故意掉落飞盘、将飞盘放在地上或移交盘权时，他们必须重新建立盘权并通过验盘重新开始比赛。

13.7　一次攻防转换后，攻防转换发生的位置是：

13.7.1　飞盘已停止滚动或进攻队员拾起飞盘的位置；

13.7.2　完成拦截的防守队员停止跑动的位置；

13.7.3　根据13.2.2，13.2.3，13.2.4，13.2.5条款，示意发生时持盘队员所在的位置；

13.7.4　根据13.2.6和13.2.7条款，进攻队员所在的位置；

13.7.5　无争议的进攻方接盘犯规发生的位置。

13.8　如果攻防转换的位置在界外，或者飞盘在攻防转换发生后接触了界外区域，则持盘队员必须在离飞盘出界时位置最近的中心区域的点处建立轴心（11.8 条款）。

如果 13.8 条款不适用，则必须根据 13.9，13.10 或 13.11 条款来建立轴心。

13.9 如果攻防转换的位置位于中心区域，则持盘队员必须在该点建立轴心。

13.10 如果攻防转换的位置在进攻方进攻的得分区，则持盘队员必须在离该点最近的得分线上的点建立轴心。

13.11 如果攻防转换的位置在防守方防守的得分区，则持盘队员可以选择在以下其中一处建立轴心：

13.11.1 在攻防转换发生的位置，通过停留在该点或在该点进行一次挥臂动作以确定。

13.11.2 从攻防转换的位置移动到离该位置最近的得分线上的位置。

在拾取飞盘之前，持盘队员可以通过将一只手臂完全伸过头顶的手势来示意将移动到得分线上开始比赛。

13.11.3 离开、停留在攻防转换的位置，挥臂动作或做出在得分线发盘的手势的行为一旦发生，就决定了在何处建立轴心，不能撤销更改。

13.12 如果在无争议的攻防转换后，比赛在不知情的状况下继续进行，则比赛停止，在飞盘返还到攻防转换发生的位置后，所有队员须重新回到自己在攻防转换发生时所在的位置，通过验盘重新开始比赛。

14. 得分

14.1 一次得分的定义为一名处于界内的队员接住合规的传盘，并且：

14.1.1 当其站定时，与地面的所有接触点都完全在其进攻的得分区内，或一名在空中的队员在接住飞盘后第一次接触地面的点完全在其进攻的得分区内；

14.1.2 并且他们随后确立了盘权，并在与地面接触的过程中仍然保持对飞盘的控制（注意 12.1 以及 12.1.1 条款）。

14.2 如果一名队员认为已经得分，则他可以示意“得分”且比赛停止。在有争议的或撤回的得分示意后，比赛必须通过验盘重新开始，该示意被认为是在该名队员确立盘权时做出。

14.3 在 14.1 条款中，拥有盘权的队员在他们的得分线后面确立了轴心但并没有得分的情况下，该队员必须在该位置点得分线最近的位置建立轴心。

14.4 得分发生的时间被认为是该队员确立盘权的时刻。

15. 示意犯规、违规与违例

15.1 两个或两个以上的双方队员之间出现的非轻微接触而违反规则的情况是犯规。

一名队员故意造成轻微接触仍然违反规则，但这个行为将被视为违例而非犯规。

15.2 违反有关防盘或走步规则的行为即为违规。违规行为发生时比赛不中断。

15.3 所有其他违反规则的行为都是违例。

15.4 只有被犯规的队员可以示意“犯规”。

15.5 在通常情况下，只有持盘队员可以通过示意违规的特定名称以示意防盘违规。

任何进攻方的队员都可以示意多人防盘违规，任何防守方的队员都可以示意走步违规。

15.6　任何对方队员都可以通过示意违例的特定名称或“违例”以示意违例行为，除非存在其他规则另作说明。

15.7　当做出停止比赛的犯规或违例示意时，队员一旦得知示意发生就必须通过手势或声音以传达比赛中止的信号，并且所有队员都应在赛场上重复该示意。如果比赛在没有任何示意被做出的情况下因为讨论而中止，则示意在讨论开始时即被视为已做出。

15.8　在出现违反规则的行为时应立即做出示意。

15.9　在一名队员因为听错示意、不了解规则或没有立即做出示意而错误地中止了比赛之后：

15.9.1　如果对方获得或保有盘权，则随后的比赛结果成立；

15.9.2　如果对方没有获得或保有盘权，飞盘必须返回到上一个无争议的持盘队员手中，除非16.3条款生效。读秒按照进行错误示意的队员发生了无争议的违反规则的行为处理。

15.10　如果被示意犯规、违规或违例的队员对该示意存在争议，或认为该示意不正确，则他们可以示意“有争议”。

15.11　如果一名队员认为他的示意不正确，可以通过示意“撤回”以撤回其示意。读秒则按照该队员发生违反规则的行为处理。

15.12　如果在一次比赛过程中或比赛中止前出现了多个违反规则的行为，则应当以发生顺序相反的流程以得出比赛结果（先解决后发生的，再解决先发生的违反规则的行为）。

15.13　鼓励队员使用世界飞盘联合会发布的相关手势进行示意。

16. 犯规或违例示意之后如何继续比赛

16.1　每当做出犯规或违例示意，或一名队员通过其他任何方式要求中止比赛后，比赛立即停止并且不会有攻防转换发生（除非出现15.9，16.2和16.3条款中相应的情况）。

16.2　如果犯规或违例：

16.2.1　是针对持盘队员做出的示意且持盘队员在此之后尝试传盘。

16.2.2　是当持盘队员处于投掷行为的过程中持盘队员进行的示意。

16.2.3　是飞盘处于空中时进行的示意，则比赛继续，直到确立盘权。

16.2.4　一旦盘权确立：

16.2.4.1　如果示意犯规或违例的队伍获得或保有盘权，则比赛结果成立。如果造成本次犯规或违例的队员立即示意“继续”，则比赛在不中断的情况下继续进行；

16.2.4.2　如果示意犯规或违例的队伍在传盘后没有获得或保有盘权，比赛必须中止。

如果示意犯规或违例的队伍认为盘权受到该犯规或违例的影响，则飞盘将返还给持盘队员通过验盘重新开始比赛（除非对具体规则另有规定）。

16.3　无论何时有示意被做出，若双方队伍的队员都同意该情况或示意不影响比赛结果，则比赛结果成立。此条款不被任何其他规则所取代。

16.3.1　如果比赛结果为得分，则得分成立。

16.3.2 如果比赛结果没有产生得分，则受影响的队员可以弥补任何由该情况或示意所造成的位置劣势并重新验盘开始比赛。

17. 犯规

17.1 危险动作：

无论是否或何时出现鲁莽地、无视其他队员安全的行为，或可能对其他队员造成重大伤害风险的行为，以及其他具有攻击性的行为，都将被视为危险动作，且同时作为犯规处理。本条款不被任何其他犯规规则所取代。如果危险动作的示意是无争议的，则该情况按照第17章节中相关的条款处理。

17.2 接盘犯规：

17.2.1 一次接盘犯规发生于当一名队员在根据飞盘做出反应之前、正在或之后造成了与另一名队员的非轻微接触。

在飞盘被自己接住或在对手无法继续对飞盘做出反应时，与对手的手臂或手存在接触的情况并不被视为犯规，但应尽量避免（不包括与17.1，17.3条款相关的接触）。

17.2.2 在一次无争议的接盘犯规之后，被犯规的队员在违反规则的行为发生的位置获得盘权，即使这个位置处于一个得分区内，比赛通过验盘继续开始。在验盘后14.3条款生效，防盘队员只能在持盘队员在离该犯规位置最近的得分线上的点建立轴心后开始读秒。如果该犯规存在争议，则回盘给上一名持盘队员。

17.3 夺权犯规：

17.3.1 夺权犯规发生于当有一名对方队员对对方队员造成犯规，导致对方队员曾抓住的飞盘落地或失去对其飞盘的控制时；

17.3.2 如果本应得分，且该犯规是无争议的，得分结果成立。

17.4 阻拦犯规：

阻拦犯规是指一名队员占据的位置是他的对手以合法方式进行移动时无法避开的位置。需要考虑到该位置为基于对方队员的既定速度和方向，但仍会造成非轻微接触的位置。该犯规将被视为一次接盘犯规或间接犯规，以适用者为准。

17.5 被迫出界犯规：

17.5.1 被迫出界犯规发生在接盘队员在建立对飞盘的控制过程中，在进攻方队员建立盘权前被防守方队员犯规，并且该接触使接盘队员：

17.5.1.1 出界而非处于界内；

17.5.1.2 在中心区接住飞盘，而非其进攻的得分区。

17.5.2 如果接盘队员本应在其进入的得分区内接到飞盘，则这是一次得分。

17.5.3 如果被迫出界犯规有争议，且接盘队员处于界外，则飞盘返还到持盘队员处，否则接盘队员保有盘权。

17.6 防盘犯规：

防盘犯规发生于：

17.6.1 防盘队员非法站位（18.1条款），并且该防守队员与持盘队员在该非法空间内有非轻微接触。

17.6.2 防盘队员造成了与持盘队员的非轻微接触，或者在持盘队员出盘前与防盘队员因争夺同一个未被占据的空间而产生非轻微接触。

17.6.3　如果防盘犯规发生在持盘队员传出飞盘前，并且持盘队员没有进行传盘动作，则持盘队员可以示意“有接触”以示意存在接触的防盘违规。如果对存在接触的防盘违规没有争议，则比赛不需要停止，读秒从1开始。

17.7　传盘犯规：

17.7.1　当由持盘队员全责造成了与处于合法位置的防盘队员发生非轻微接触时，即为传盘犯规。

17.7.2　因持盘队员传盘的挥臂动作而发生的接触不是一次犯规，但应尽量避免。

17.8　间接犯规：

17.8.1　间接犯规发生于接盘队员与防守队员之间发生了不直接影响其对飞盘做出反应的非轻微接触时。

17.8.2　如果该犯规无争议，则被犯规队员可以弥补任何由犯规所导致的身位劣势。

17.9　抵消犯规：

17.9.1　如果进攻和防守方队员对同一个对飞盘做出反应的行为做出了示意，双方的犯规行为均是无争议的，这就是一次抵消犯规，飞盘将返还到上一个无争议的持盘队员手中。

17.9.2　当两个或两个以上不同队伍的队员同时向一个点移动时发生的非轻微接触必须被视为抵消犯规。

但是如果该情况发生在飞盘已被接住或相关队员不能再对飞盘作出反应之后，则必须被视为间接犯规（不包括17.1条款中提到的接触行为）。

18. 违规和违例

18.1　防盘违规：

18.1.1　防盘违规行为包括：

18.1.1.1　防盘队员“读秒过快”：

18.1.1.1.1　错误地开始或继续读秒；

18.1.1.1.2　在开始读秒或重新开始读秒前没有说“读秒开始”；

18.1.1.1.3　读秒间隔少于一秒；

18.1.1.1.4　未按要求正确地减少或重置读秒；

18.1.1.1.5　没有从正确的秒数开始读秒。

18.1.1.2　“跨坐”：防盘队员双脚的连线与持盘队员的轴心点间少于一个飞盘直径的距离。

18.1.1.3　“盘距”：防盘队员的任意身体部位距离持盘队员的身体躯干少于一个飞盘直径的距离。但如果该情况完全由持盘队员的移动造成，则不是一次防盘违规。

18.1.1.4　“环抱”：防盘队员双手或手臂之间的连线与持盘队员的身体躯干少于一个飞盘直径的距离，或者防盘队员身体的任意部分在持盘队员的轴心点之上。然而，如果该情况完全由持盘队员的移动造成，则不是一次防盘违规。

18.1.1.5　“多人防盘”：一名不是防盘队员的防守队员距离持盘队员的轴心点少于3米，且没有在防守另一名进攻队员，而是仅仅跑动穿越该区域，并不是“多人防盘”。

18.1.1.6 “阻挡视野”：一名防守队员用他身体的任一部分去故意阻挡持盘队员的视线。

18.1.2 防守方可以对防盘违规提出异议，在该情况下比赛中止。

如果已完成了一次传接盘，则在该情况下有争议或撤回的防盘违规示意必须被视为进攻方违例，飞盘必须返还到持盘队员手中。

18.1.3 在所有 18.1.1 条款中列出的防盘违规没有争议的情况下，防盘队员必须从该示意前最后读秒的秒数减去 1 后继续读秒。

18.1.4 在纠正不合规的站位之前，防盘队员不能恢复读秒。不然则导致再次的防盘违规。

18.1.5 以下情况持盘队员可以示意防盘违例而非防盘违规，此时比赛中止；

18.1.5.1 读秒不正确；

18.1.5.2 没有进行读秒；

18.1.5.3 有非常严重的防盘违规行为；

18.1.5.4 重复的防盘违规行为。

18.1.6 如果持盘队员示意防盘违规或防盘违例，并且在示意之前、期间或之后尝试传盘，则该示意无效（除非 18.1.2.1 条款生效）。如果传盘没有被接住，则攻防转换成立。

18.2 “走步”违规：

18.2.1 持盘队员完全处于界内或已在界内建立轴心时便随时可尝试传盘。

然而在空中接住飞盘的界内队员可以在接触地面前尝试传盘。

18.2.2 在接住飞盘后，持盘队员必须尽快减速且不能改变方向，直到其建立轴心点。

然而如果一名队员在跑动或跳跃状态下接到了飞盘，其可以在不减速、不建立轴心的情况下传出飞盘，前提是：

18.2.2.1 在其传盘前没有改变方向或者加速；

18.2.2.2 并且在其接住飞盘后、传出飞盘前最多与地面产生两次接触。

18.2.3 持盘队员在建立一个轴心点后可以向任意方向进行移动（跨步）。轴心点是指持盘队员在传出飞盘前用其身体的一个部位和地面保持接触时该确切的点。

18.2.4 不处于站立状态的持盘队员可使用其身体的任意部位作为轴心点。

在此情况下持盘队员站起不属于走步，但前提是其在同一位置建立轴心点。

18.2.5 以下情况是走步违规：

18.2.5.1 持盘队员在不正确的位置建立轴心点，包括接盘后没有尽快减速或接盘后改变行径方向的情况；

18.2.5.2 传盘时违反 18.2.2.1 条款的相关规则；

18.2.5.3 当持盘队员需要到达特定位置时，其未在该位置确立轴心就做出挥臂动作或传出飞盘；

18.2.5.4 持盘队员在传出盘前未能保持轴心点的建立；

18.2.5.5 队员仅为了让飞盘向特定方向移动而故意漏接盘、拍盘或触盘。

18.2.6 在无争议的走步违规示意后，比赛不会中止。

18.2.6.1　持盘队员需要在示意走步的队员指示的正确位置建立一个轴心点。双方涉事队员均不能拖延以上行为的发生。

18.2.6.2　当读秒因此暂停时，持盘队员不得投掷飞盘，直到其在正确的位置建立轴心。

18.2.6.3　在恢复读秒前，防盘队员不需要说“读秒开始”。

18.2.7　如果在一次走步违规到建立正确的轴心点前，进攻方完成了一次传接盘，则防守方可以示意走步违例。此时比赛停止，飞盘返还到持盘队员手中。持盘队员必须返回走步违规发生时所在的位置。比赛在验盘后重新开始。

18.2.8　在一次走步违规后，若进攻方传接盘未成功，则比赛结果保留。

18.2.9　在一次有争议的走步违规后，若持盘队员未掷出飞盘，则比赛停止。

18.3　“阻挡”违例：

18.3.1　如果一名防守队员正在防守一名进攻队员，而另一名队员阻止了该名防守队员向其防守的队员移动，在此情况下该名防守队员可以示意“阻挡”。但是如果被防守的队员和造成阻挡的队员都对飞盘做出反应，则这不是一次阻挡。

在进行“阻挡”示意之前，防守队员最多有两秒的时间确定该次阻挡是否影响比赛。

18.3.2　如果比赛因此停止，被阻挡的队员可以移动到如果没有阻挡发生时他们本可以占据的位置，除非存在其他的特殊情况。

18.3.3　所有队员都有责任避免阻挡的发生。

在任何比赛中断期间，双方队员可以稍微调整位置以避免潜在的阻挡的发生。

19. 比赛安全中断

19.1　伤病中断

19.1.1　受伤的队员及其队友均可以示意伤病中断。

19.1.2　如果受伤不是由对手造成的，则该队员必须选择替换下场或使用一次本队暂停额度。

19.1.3　如果受伤是由对手造成的，则该队员可以选择留在场上或被替换下场。

19.1.4　如果受伤的队员已经建立了盘权，然而其因伤失去了对飞盘的控制，则该队员保有盘权。

19.1.5　伤病中断被视为在受伤时立即示意的，除非受伤的队员在比赛因伤病中断前选择继续比赛。

19.1.6　如果示意伤病中断时飞盘在空中，则比赛继续直到有一名队员确立盘权，或飞盘触地。如果受伤不是对方犯规造成的，则该次传接盘或攻防转换成立，比赛中断后在飞盘所在处继续开始。

19.2　技术中断

19.2.1　在任何队员意识到存在危及队员的情况时，例如某位队员有暴露在外或流血的伤口时，应立即示意比赛技术中断。此时比赛必须立即停止。

19.2.1.1　队员、教练或指定的竞赛组织人员都应积极提醒队员注意相关安全情况。

19.2.1.2　一名受伤的队员有70秒的时间高效处理暴露在外的或流血的伤口。若其仍需要额外时间处理该情况，则必须替换该队员或者使用一次其队伍暂停额度以延长处理时间。

19.2.2 持盘队员可以在比赛过程中示意一次技术暂停以更换严重损坏的飞盘。

19.2.3 在一次技术暂停示意之后，如果飞盘处于空中或比赛因没有意识到技术暂停的发生而继续进行时：

19.2.3.1 如果示意或发生的情况不影响比赛，则传接盘或攻防转换结果成立，且比赛于飞盘所在处继续开始；

19.2.3.2 如果示意或发生的情况影响了比赛，则飞盘返还到上一个持盘队员处。

19.3 若一名队员因受伤、装备不合法或有故障而进行替换时，对方队伍也可以选择替换一名队员。

替换上场的队员继承他们所替换队员的全部状态（位置、盘权、读秒等），并可以代表被替换的队员做出示意。

20. 暂停

20.1 示意暂停的队员必须用双手或单手与飞盘形成 T 的手势，并应向对方队员示意“暂停”。

20.2 在一次得分完成至双方队伍都示意准备就绪前，两队的任意队员都可以示意暂停。暂停会导致回合开始至最终开盘的时间延长为 75 秒。

20.3 在开盘后，只有拥有盘权的持盘队员可以示意暂停。暂停从 T 手势被做出时开始，持续 75 秒。在此暂停后：

20.3.1 除受伤情况外，不允许换人；

20.3.2 比赛在轴心点处继续开始；

20.3.3 持盘队员必须保持不变；

20.3.4 所有进攻队员可以在场地的任意位置落位，但是其最终必须保持静止；

20.3.5 进攻方队员确定位置后，防守方队员可以在场地的任意位置落位，但是其最终必须保持静止；

20.3.6 读秒最高从 9 开始。但如果更换了防盘队员，则读秒从 1 开始。

20.4 比赛处于“活盘”状态时，如果持盘队员试图在己方队伍没有剩余暂停额度时示意暂停，则比赛停止。防盘队员需要在之前读秒的秒数加 2 秒后作为继续比赛的读秒，比赛通过验盘开始。如果该行为导致读秒数大于或等于 10，则造成一次“持盘超时”的攻防转换。

定义

投掷动作	详见投掷状态
影响比赛	一次影响比赛的违反规则行为是：在合理的推测下若无此行为发生时，比赛结果将发生改变
进攻得分区	当前进攻的队伍试图得分的相应区域
最佳视角	一名队员可以提供的最完整的视角信息，其中包括在该次争议中的飞盘、地面、队员以及边线的相关位置

表(续)

投掷动作	详见投掷状态
示意	一次明确宣布发生了犯规、违规、违例或受伤的声明。应使用以下术语进行宣布：犯规、走步、特定防盘违规的名称、违例（特定的违例名称）、特定的攻防转换、技术以及伤病中断
接住飞盘	用身体的两个部位对一个不旋转的飞盘保持了控制。 如果一名队员接住了传盘，但是在建立轴心前未能保持接住飞盘的状态（接住飞盘的状态是指持续性地用身体的两个部位对一个不旋转的飞盘保持了控制），则代表本次接盘无效
中心区	指包括得分线但不包括得分区和边界线的赛场区域
防守得分区	当前防守的队伍试图阻止对手在该得分区完成得分的区域
防守队员	未掌控盘权的队伍中的任何队员
得分区	比赛场地两侧的两个区域之一，相应队伍可以通过在该区域接住飞盘以得分
得分线	分隔中心区与两侧得分区的线，得分线不属于得分区的一部分
地面	地面由大量的固体物体组成，包括草地、角标、运动装备、水瓶、树木、围栏、墙壁以及非场上队员，但不包括场上队员、队员所穿衣物、空中物体以及雨水
触地	指与特定事件或动作直接相关的队员与地面的所有接触，包括失去身体平衡后的落地或平衡的恢复（例如跳跃、飞扑、绊倒或摔倒）
防守	一名防守队员在进攻队员三米范围内防守该进攻队员并对其做出反应
横截飞盘	防守方队员接住进攻方队员的掷盘并建立盘权
合法位置	由一名队员在场上建立的合法的静止或跑动中位置
场地线	规定比赛区域的边界线。在没有划线的场地上，边界由两个标志物所延伸的虚拟场地线划分，宽度与标志物相当。场地线长度不超过标定用的两个标志物间的距离
对飞盘做出反应	指队员试图以任何方式与在空中的飞盘发生接触，例如接住或拍落飞盘。这包括队员向预计与飞盘接触的位置进行跑动的过程
防盘队员	可以对持盘队员以及读秒的防守队员进行示意
轻微接触	该接触为物理状态极小的力，其并不会造成其他队员动能或位置的改变。 与对手外展的即将或者已经触碰飞盘的手臂或手、处于传盘投掷动作中的持盘队员的手产生的接触不被认为是轻微接触
非场上队员	包括队伍成员在内，任何一名不在场上比赛的队员
进攻队员	掌控盘权的队伍中的任意队员
界外（OB）	任何不属于比赛场地的事物，包括边界线
边界线	将中心区或得分区与出界区域分割的线。边界线不是比赛场地的一部分

表（续）

投掷动作	详见投掷状态
轴心	持盘队员的身体某一部位与场地某点一直保持接触时，可以以该点为中心往任何方向进行转动，该点即为轴心点； 持盘队员可以在其希望建立轴心点的位置通过将其身体的一部分放置在该点上以建立轴心点。如果持盘人有多个建立轴心点的位置选择，轴心点在其完成建立轴心后才被确定
轴心位置	在攻防转换、开盘、暂停结束、离开中心区后持盘人需要在比赛场地上建立轴心点的位置或已经建立的轴心点位置
比赛	开盘开始之后和得分之前的时间。比赛可能由于示意而中断，在这种情况下需要通过验盘重新开始比赛
队员	正参与当前回合的人
比赛场地	包括中心区和得分区的区域，但不包括边界线
盘权	当一名队员满足以下条件即建立了盘权： ① 其接住了传盘并至少在一个可察觉的瞬间内保持了对飞盘的控制，并且在和地面发生接触的过程中一直保持对飞盘的控制，直到其完成了掷盘； ② 在一次攻防转换、开盘或比赛中断后，队员可以通过捡起已经落地的或被给予的飞盘建立盘权。一旦该名队员建立盘权，其改变握盘的方式并不影响该次盘权，只要其一直保持和飞盘的接触。建立盘权后或被一名队员接住的飞盘被认为是该名队员身体的一部分； ③ 队伍中的一名队员保持对飞盘的控制或捡起了飞盘即代表该队伍建立了盘权
预读秒	根据继续比赛的时间限制而给出的警告，分别在 20 秒、10 秒以及 5 秒时进行示意（若需）
开盘	在上下半场比赛开始或一次得分后防守方将飞盘掷给进攻方从而开始比赛的动作。开盘不被视为一次合法的传盘
接盘队员	持盘队员之外的所有进攻队员
比赛中断	任何由于犯规、违例、讨论、受伤或暂停导致比赛停止时，需要通过验盘重新开始比赛
掷盘	在投掷动作后正在飞行的飞盘，包括导致持盘队员和飞盘失去接触的假动作以及故意的掉盘； 一次传盘等同于一次掷盘
持盘队员	拥有盘权的进攻队员，或是在掷盘结果确定前掷出飞盘的队员
投掷动作	投掷动作是指从持盘队员转移到飞盘所飞行的方向而产生动能的动作。跨步和挥臂动作不是投掷动作的一部分
攻防转换	任何导致双方队伍改变盘权的事件。攻防转换不是一次违例
飞盘停止的位置	指一名队员建立盘权、飞盘自然停止运动或滚动、滑动时的位置